高等院校会计与财务管理系列教材
上海市精品课程

会计学（第四版）

ACCOUNTING

丁小云　袁树民 ◎ 主编

上海财经大学出版社

图书在版编目(CIP)数据

会计学/丁小云,袁树民主编．—4版.—上海:上海财经大学出版社,
2016.8
(高等院校会计与财务管理系列教材)
(上海市精品课程)
ISBN 978-7-5642-2476-9/F·2476

Ⅰ.会… Ⅱ.①丁… ②袁… Ⅲ.①会计学-高等学校-教材
Ⅳ.①F230

中国版本图书馆 CIP 数据核字(2016)第 137190 号

□ 责任编辑　王　芳
□ 封面设计　杨雪婷

KUAIJIXUE
会 计 学
(第四版)

丁小云　袁树民　主编

上海财经大学出版社出版发行
(上海市武东路 321 号乙　邮编 200434)
网　　址:http://www.sufep.com
电子邮箱:webmaster @ sufep.com
全国新华书店经销
上海华业装璜印刷厂印刷装订
2016 年 8 月第 4 版　2016 年 8 月第 1 次印刷

787mm×1092mm　1/16　18.25 印张　467 千字
(练习册　6.5 印张　190 千字)
印数:31 501—35 500　定价:49.00 元
(本教材免费赠送配套练习册,请向售书单位索取)

第四版前言

《会计学》是会计学专业的入门课，也是经济管理其他各专业的必修课程。全国同类教材虽然版本较多，但本书在编写过程中侧重会计基本理论知识、基本处理方法和基本操作技能的阐述和训练，强调应用性。本教材自2007年初版、2008年第二版、2013年第三版以来，累计印刷3万余册，这次再版，编者以《企业会计准则》和《小企业会计准则》为依据，以及参考2014年会计准则修订后内容进行修改再版，并充实管理会计内容体系，充分考虑会计学专业和非会计专业学生的不同特点，强调内容与方法的实用性、体系和观点的科学性、研究与就业的差异性，力求做到由浅入深、循序渐进。通过本教材的学习，对会计专业的学生在了解会计基本理论的同时，更强调的是会计基本方法和基本技能的熟练应用，为后续的专业会计学习打下坚实的基础；而对其他经济管理专业的学生则强调培养学生更好地认识会计信息，提高运用会计信息分析、解决问题的能力。会计学是任何经济管理工作者必须掌握的知识，不管是会计专业还是非会计专业的学生，即使将来不直接从事会计信息的产生和加工的工作，但可能终身都是会计信息的使用者。

本书由上海立信会计金融学院丁小云副教授、袁树民教授主编，其中第一章、第十一章由袁树民、丁小云编写，第二章由袁树民和应小陆副教授编写，第三章由袁树民和廖声华老师编写，第四章由袁树民和张慧珏老师编写，第五章、第六章由张慧珏老师编写，第七章由廖声华老师编写，第八章、第九章、第十章由丁小云编写，最后由袁树民和丁小云共同修改、补充和定稿。

为了帮助学生进一步理解和掌握本教材的内容，我们编写出版了配套的《会计学》练习册，配备了题型多样的练习题及其参考答案。

我们为本教材确定的目的以及教材所要达到的各项要求，很可能超过了我们的学识和教学经验的范围，因此，书中的缺点及错误恐难以避免，恳请读者批评指正。

编　者

2016年8月

目　录

第四版前言/1

第一章　总论/1
　第一节　会计的发展历程/1
　第二节　会计的含义/3
　第三节　会计核算的基本前提和会计信息质量要求/9
　第四节　会计的基本程序和方法/14
　第五节　会计规范与会计工作组织/17

第二章　账户与复式记账/23
　第一节　会计要素/23
　第二节　会计等式/28
　第三节　会计科目与会计账户/33
　第四节　复式记账/41
　第五节　会计循环/57

第三章　资产的核算/70
　第一节　概述/70
　第二节　货币资金/71
　第三节　应收和预付款项/78
　第四节　存货/84
　第五节　投资/92
　第六节　固定资产与无形资产/100

第四章　负债的核算/109
　第一节　概述/109
　第二节　流动负债/110
　第三节　非流动负债/125

第五章　所有者权益的核算/130
　第一节　概述/130
　第二节　实收资本/131
　第三节　资本公积/135

第四节　留存收益/137

第六章　收入、费用与利润的核算/140
第一节　概述/140
第二节　收入的核算/143
第三节　费用与成本的核算/153
第四节　利润的核算/156

第七章　财务报表及其分析利用/161
第一节　概述/161
第二节　资产负债表/163
第三节　利润表/170
第四节　现金流量表/175
第五节　所有者权益变动表/182
第六节　财务报表附注/184
第七节　财务报表的分析利用/185

第八章　管理会计概述/194
第一节　管理会计的产生与发展/194
第二节　管理会计的基本理论框架/196

第九章　决策与规划/201
第一节　成本习性与本量利分析/201
第二节　预测分析/207
第三节　决策分析/230
第四节　预算管理/239

第十章　控制与业绩评价/256
第一节　战略成本控制/256
第二节　业绩评价/260

第十一章　会计信息系统概述/265
第一节　会计信息系统的含义/265
第二节　企业信息化的关键是会计信息化/266
第三节　会计信息处理/277
第四节　会计信息化是会计发展的必然趋势/279

附录　1元的终值、现值及1元的年金终值、年金现值/282

第一章

总　论

本章主要介绍会计的发展历程；会计的定义，会计是一个提供以财务信息为主的经济信息系统，也是一种管理活动；会计的对象、目标与职能；会计核算的基本前提和会计信息质量要求；会计的基本程序和方法；会计规范与会计工作组织。

第一节　会计的发展历程

会计是适应人类生产实践和经营活动的客观需要而产生的。人类社会自从有了经济活动，计算和记录就成为必要。原始计量记录法应用于同一地域，可因时、因人而异；应用于同一时期，可因时、因地而异，表现了原始文化的多元发展性质。原始计量记录法的主要形式有实物记事（计数）、绘画记事（计数）、结绳记事（计数）、刻契记事（计数）、书符臆测等。作为具有综合性质的人类原始计量记录行为，既是人类会计行为产生的条件，也为人类数学、统计、文字、画画等行为的孕育、产生提供了条件。我国远古时期曾出现过“结绳记事”和其他刻记方式等简单的会计行为，并被认为是会计的起源。早在西周时期，我国就设立了专门的官职掌握皇朝的财物税赋，进行“月计岁会”。清人焦循在《孟子正义·万章篇》中，对“会计”一词注释为：“零星算之为计，总合算之为会。”会计的产生，源于人们关心经济效益和管理经济的需要。会计在早期作为人们进行生产、交换、分配和消费活动的附带职能，随着生产和经营规模的日益扩大，逐步成为一个独立的职能。

自西汉开始，出现了名为“计簿”或“簿书”的账册，以登记会计事项。到宋代初年，官厅会计把钱粮收支分为四个部分：元管、新收、已支、见在，用于反映财产的增减变化。这一方法在元代传入民间。明代初期，这一方法概括为“四柱清册”，即旧管、新收、开除和实在，通过“旧管＋新收－开除＝实在”这一平衡式定期清算账目，相当于现在的“期初结存＋ 本期收入－本期支出＝期末结存”，交代所经管财产的来龙去脉。

明末清初，我国资本主义生产方式开始萌芽，商业和手工业发展迅速，在这样的环境中，会计结算方式有了突破性的发展，在“四柱清册”的基础上出现了我国固有的复式记账方法——“龙门账”，用于计算盈亏。“龙门账”把全部账目分为“进”（相当于收入）、“缴”（相当于支出）、“存”（相当于资产）和“该”（相当于资本和各项负债）四类，采用“进－缴＝存－该”的平衡式计算盈亏，分别编制“进缴结册”和“存该结册”，两表计算结果相等，称为“合龙门”。随着商品经济的进一步发展，在“龙门账”的基础上又产生了“天地合账”。根据这种方法，所有账项，无论是现金收付还是商品购销、债权债务，都要在账簿上记录两笔，同时登记“来账”（收方）和“去账”（付方），以反映同一账项的来龙去脉。账簿采用垂直书写，直行分上、下两格，上格记收，称为“天”，下格记付，称为“地”，上、下两格所记数额必须相等，称为“天地合”。“四柱清册”、“龙门账”和“天地合账”是典型的中式簿记方法。

鸦片战争后，西方列强瓜分中国，在帝国主义控制的企业中开始采用西式簿记。20世纪30年代，我国会计界也开始逐渐引进西式簿记，改良中式簿记，使西式簿记在民族资本主义企业中得到运用。解放前，我国会计是中、西式并存。新中国成立后，国家非常重视会计工作，解放初期，财政部设立会计制度司，主管全国会计工作。1950年，财政部着手统一全国企业的会计制度。1951年11月，召开了全国企业财务管理及会计会议，经会议讨论研究，制定了适用于全国工业企业的一套统一的会计科目和会计报表格式；同时，在全国范围内建立了国营企业的决算报告制度。在此后的40多年里，为了适应我国计划经济的需要，财政部会同其他中央主管部门建立了20多种分行业的会计制度。1962年5月，根据中央领导指示，召开了全国会计工作会议，中共中央批转了财政部和中国人民银行党组的《关于全国会计工作会议情况的报告》。1978年，国务院修订颁发了《会计人员职权条例》。1985年，全国人大常委会通过了《会计法》，标志着我国会计工作法制化的开端。

自1978年党的十一届三中全会以来，随着经济体制改革的深入和对外开放的扩大，会计所处的环境不断变化。自1984年起，我国开始转向有计划的商品经济体制，传统的会计逐渐难以适应需要。自1992年起，我国又开始实行社会主义市场经济体制，国有企业被推向市场，逐步成为真正的会计主体。

20世纪90年代，我国证券市场的出现和发展对会计的发展产生了重要影响。1990年12月，在上海设立了中国第一家证券交易所；1991年7月，又在深圳设立了证券交易所。1992年10月，中国证券监督管理委员会(以下简称中国证监会)成立。1993年12月，《公司法》颁布，公司组织的成立和运作有了法律依据。此后，一大批国有企业改制，上市公司的数量不断增加，证券市场的规模与日俱增。截至2015年12月底，沪、深两个交易所的上市公司已达2 809家，总市值超过50万亿元，全国的股票投资账户已超过2亿个。

在公司组织中，股东通常并不直接从事企业的经营活动，他们通过董事会或股东大会聘用经理人员去管理企业，经理层要通过会计向股东报告他们的经营业绩，会计起着交代经管责任的作用。从股东的角度看，由于社会经济资源的稀缺性，他们要选择能有效使用经济资源的企业，以得到更好的投资回报，会计信息应当有助于投资者评价公司的投资回报率及相关的风险，投资者的利益及其会计信息需求必须在设计会计制度时得到考虑。

鉴于计划经济体制下会计的局限性，1992年5月，财政部与国家体改委联合颁发了《股份制试点企业会计制度》，较多地借鉴了国际会计惯例。1992年，财政部又颁布了适应市场经济发展需要的《企业会计准则》，要求全国企业执行。它是在我国经济改革开放后，随着我国由计划经济体制向市场经济体制转变，财政部会计事务管理司根据当时的国情，借鉴国际惯例而出台的第一个会计准则。它的颁布，是我国会计改革的一次重要转折，标志着我国的会计体系工作开始走向国际化，具有继往开来的重大意义。此后，财政部又多次修改了企业会计制度，制定和颁布了十多项具体会计准则，不断满足经济体制转型和证券市场发展的需要。

科学技术的进步也对我国的会计工作产生了重大冲击。长期以来，我国会计基本上处于算盘和账簿这样的手工操作系统，拥有计算机的企业凤毛麟角，会计程序和方法主要适用于手工操作的会计信息系统。20世纪80年代中期以后，科学技术尤其是现代信息技术突飞猛进，会计电算化程度越来越高，技术愈益成熟，用计算机处理和加工会计信息更加普遍。会计信息的生成、加工、分析和利用更应该在计算机环境下加以讨论。

科学技术的进步还导致企业竞相开展有关研究和开发活动,专利权、技术秘方、计算机软件等无形资产相继登台。随着社会法制观念的加强,著作权、商标权等的价值得到承认,迫使会计界重新认识资产的概念,资产的外延有了很大突破。

随着我国经济融入世界的步伐不断加快,我国企业进入世界资本市场的步伐也在加快。作为经济语言的会计,必须很好地融入世界。为此,我国财政部于 2006 年 2 月发布了新的会计准则和审计准则体系(会计准则体系由 1 项基本会计准则和 38 项具体会计准则组成)。其中,新会计准则体系于 2007 年 1 月 1 日起在上市公司中执行,在其他企业中鼓励执行。本次新会计准则体系的发布,使中国会计准则与国际财务报告之间实现了实质性趋同,是促进中国经济发展和提升中国在国际资本市场中地位的非常重要的一步。为保持我国会计准则与国际财务报告准则的持续趋同,财政部在 2012 年发布了一系列准则征求意见稿后,于 2014 年正式修订了五项、新增了三项企业会计准则,发布了一项准则解释,并修改了《企业会计准则——基本准则》中关于公允价值计量的表述。

在国外,会计也有很长的历史。公元前两三千年,一些文明古国就有了计量和记录的活动。在“原始的规模小的印度公社”里,就有“一个记账员,登记农业账目,登记和记录与此有关的一切事项”。13 世纪到 15 世纪,在地中海沿岸某些城市,如威尼斯、热那亚、佛罗伦萨等,商业和金融业较为发达,成为推动会计发展的重要因素,出现了较为科学的复式记账方法。1494 年,意大利数学家卢卡·帕乔利(Luca Pacioli)的《算术、几何及比例概要》一书问世,其中“计算与记录详论”部分系统地介绍了意大利商人的借贷记账方法,成为复式簿记的经典著作。在随后的 100 多年里,这一名著先后被译为英、德、法等多种文字,借贷复式簿记这一科学的记账方法得以在全世界广泛传播。自 18 世纪起,西方发达国家爆发产业革命,新技术和大机器为家庭作坊转变为工厂提供了便利条件,铁路工业也迅速发展起来。这一切引发了会计变革,出现了折旧观念,突出了划分资本和收益的重要性,成本会计得以形成和发展。自 19 世纪开始,公司制取得了合法的地位,股份公司和有限责任公司大量涌现,从而进一步推动了会计核算的经常性、连续性和经济性,触发了会计思想的革命。也正是股份公司的发展,推动了资本市场的发展,进而孕育了会计规范化的萌芽,会计准则、会计原则逐渐成为许多发达国家会计规范化的主要形式,以注册会计师为代表的会计职业不断壮大。20 世纪 50 年代后,电子技术的突飞猛进引起了会计手段的一场深刻革命,会计电算化已成为不可逆转的趋势。

经济的发展、社会的进步以及科学技术的日新月异,促使会计向更广、更深的领域发展,会计分支也越来越多,创立了管理会计、国际会计、社会责任会计、人力资源会计、绿色会计等新学科,还有许多更新的尚未开拓的领域等待人们去探索、研究。

第二节 会计的含义

一、会计的定义

(一)会计是一个信息系统

信息在当代社会已成最重要的战略资源之一,企业决策离不开信息,信息反映企业经营环境的客观真实情况,要使企业在社会竞争中立于不败之地,必须随时掌握反映客观现实的信息。企业决策所需信息大部分来自会计系统,从而使得在信息分析基础上所做的决策在很大程度上依赖于会计信息。

会计是一个信息系统，它旨在向利害攸关的各个方面传递企业或其他经济个体的以财务信息为主的经济信息。会计的各种方法体现了对信息的不同作用。填制和审核凭证是收集信息、初步确认信息；设置账户是为了取得某种信息，预先设置好塑造该种信息的模型或框架；复式记账是信息的分类；登记账簿是进一步确认信息；财产清查是确认账面信息；成本计算是通过各种分类的方法，把有关成本信息从发生的总费用中提炼出来；编制会计报表是汇总信息；经济活动分析是会计信息的反馈；会计管理是会计信息的使用；会计检查主要是审查会计信息。

企业在发生经济业务时，首先是填制和审核凭证，然后在开设好的账户中，用复式记账的方法来登记账簿，要定期或不定期地进行财产清查，期末要进行成本计算，在账证、账账、账实相符的基础上，编制会计报表，达到账表相符、表表相符；要不时地对经济活动进行分析考核，运用会计信息进行管理，并依据国家有关的财经政策审查会计信息的合理性和合法性。所有这些会计活动有着紧密的内在联系，它们相互依存、环环紧扣，构成了一个有秩序的数据处理和信息生成的过程。这一过程可分为若干部分，每一部分都有各自的信息处理任务；但所有部分又互相联系、互相配合，服从于一个统一的目标，形成一个会计活动的有机整体，这个有机整体就称为会计信息系统。从这一点看，会计是一个信息系统。

（二）会计是一种管理活动

企业是国民经济的细胞。每个企业都是根据一定的目标创立并运行的，如持续地向社会提供高质量的产品或劳务、稳步提高市场占有率、利润极大化等。为此，必须实施科学、有效的管理。

会计信息对于经济活动的有效管理是必不可少的。在一个企业组织内，会计信息产生于一个系统。会计信息系统所服务的对象是现代企业组织，它是一个很复杂的机构。这样，一个组织可以雇用成千上万的人从事设计和研制新产品，直至广大销售人员的推销管理工作。现代企业组织在当今世界具有重要的地位，它的经济活动关系到社会中很多部门的利益。现代企业如何能够计划、组织、控制和检查多方面的经济活动？它如何向关心其经济活动的人士和机构提供信息？又怎样反过来从那些关心其经济活动的人士和机构获取信息？会计信息系统在完成这些工作方面起着极其重要的作用。

计划是管理活动的开端，是指根据既定的生产经营活动的目标和方针，草拟和选择方案。在制定计划时，管理人员需要透彻地了解问题，寻找处理重要问题的各种方案，设想或预测每一个方案采用以后可能产生的结果，并从中选择最佳方案，制定实施该计划的具体措施等。在计划阶段，会计人员不仅要为草拟、选定方案、预算提供信息，而且要参与分析各种方案、预算的可行性和利弊得失，为最终确定计划献计献策。

组织是管理人员在制定出计划之后，把员工集合起来，发挥团队精神，以完成计划的行为。在组织阶段，会计人员要协助最高管理层组织人员和资金，将计划具体化为财务指标。尤其是筹措所需资金，确定资金的来源、流入企业的时间、使用资金的成本等。此外，会计人员还要直接从事管理信息系统尤其是财务信息系统的设计、安置等，使管理人员能及时取得信息，并据以采取有效的措施，确保生产经营的正常进行。

控制是计划执行过程目标实现的保证。在计划执行阶段，管理人员必须对实际的生产经营活动实施有效的控制。控制用来保证达到计划所设定的目标，对执行过程放任自流或缺乏控制将导致不利的后果。在控制阶段，会计人员要利用一些会计技术，根据既定的方针、计划和预算，控制各种资源的流入、流出和配置，如控制原材料的领用、工资津贴的发放以及成本的控制等。若无法直接采取措施，会计人员应及时将计划实施过程中的异常现象反映给有关管理人员，由后者采取控制措施。

检查就是总结企业各项计划的实际执行情况，考察实际情况与原定计划的差异，分析差异的原因，以便在下一个计划的制定和执行过程中采取必要的对策，使各生产经营环节按照既定目标和方针运行。如果计划中的目标不切合实际，就应适当调整原来的目标。在检查阶段，会计人员要报告各种生产经营活动在财务上的集中反映，分析财务状况和经营成果的预计数和实际数的差异及其产生的原因，然后与相关管理人员一起会商对策。

可见，管理过程的每一个阶段都离不开会计人员的积极参与。会计人员除了为管理各环节提供信息之外，还直接或间接地参与管理活动，尤其是管理资金和成本。因此，又可以将会计视为一种管理活动。会计是通过收集、处理和利用经济信息，对经济活动进行计划、组织、控制和检查，促使人们权衡利弊、比较得失、讲求经济效果的一种管理活动。从这一点看，会计是一种管理活动。

（三）会计的定义

综上所述，我们认为会计是以货币为主要计量单位，运用特有的一套方法，对一个组织的经济活动过程中所有财产、物资和发生劳动消耗的事项进行连续、全面、综合的反映和控制，既是一个以提供财务信息为主的经济信息系统，同时直接或间接地参与管理，也是一种管理活动。

这一概念包含了以下四个基本要点：

1. 会计的特点——以货币为主要计量单位（基本特征），以及连续性、全面性、综合性、(一般特性)。

2. 会计对象——一个组织中的经济活动。

3. 会计的基本职能——反映和控制。

4. 会计的本质——提供信息、参与管理。

二、会计对象

会计对象是指会计所反映和监督的内容，具体表现为一个组织中的经济活动。经济活动大体可分为能用货币表现的经济活动和不能用货币表现的经济活动。能用货币表现的经济活动称为会计事项或经济业务，如物资的进出、货币的收付；不能用货币表现的经济活动一般无法计量，如制定计划、签订合同。由于会计以货币为主要计量单位，因此，它只反映能用货币表现的经济活动；又由于一个组织中财产物资的货币表现（包括货币本身）被称为资金，资金在不停地运动，会计必须如实加以反映和监督，因此，会计对象也可以概括为一个组织中的资金运动。一个组织可以是一个企业单位，也可以是一个非营利组织，本书所讨论的组织以企业单位（工业企业）为主。

工业企业是指按照市场经济的要求，依法成立、自主经营、自负盈亏、自我发展、自我约束的产品生产经营单位。工业企业的会计对象是其生产经营过程中的资金运动。工业企业的资金运动和其他物质运动一样，表现为相对静止和显著变动两种状态。

资金运动的静态是指资金在某一时点的存在状况，具体表现为资产和权益两个方面。任何一个企业，资产和权益总存在恒等关系，这种状况就称为财务状况。

资金运动的动态表现为资金投入企业、资金在企业内部循环和周转及资金退出企业三个阶段的运动。

资金投入企业使资产和权益同时等量增加。例如，投资人向企业投入资本，银行向企业贷款。

资金在企业内部循环和周转表现为资金依次经过供应过程、生产过程和销售过程不断改变自己的存在状态。在供应过程中，企业用现金或银行存款购买原材料，货币资金转化为储备资金。在生产过程中，资金主要发生两次形态变化：当企业将原材料投入生产，生产工人将其加工成在产品时，储备资金转化为生产资金；当在产品被进一步加工成产成品时，生产资金又转化为成品资金。除了这两次主要形态变化外，生产过程中的资金还因支付生产人员工资和其他费用，由货币资金转化为生产资金；由于计提固定资产折旧，固定资金转化为生产资金。在销售过程中，因为企业出售产成品、收取货款，成品资金又转化为货币资金。工业企业的资金从货币资金开始，依次经过储备资金、生产资金和成品资金，最后又回到货币资金的一次形态变化，称为资金循环；资金周而复始不停滞、不间断的循环，称为资金周转。

资金退出企业表现为资产和权益的等量减少，如清偿债务、归还借款、缴纳税金、发放红利等。

综上所述，工业企业资金运动的静态表现为一定时点上的财务状况；在资金运动动态的资金投入企业阶段和资金退出企业阶段，所引起的是资产、权益两方面的变化；而资金在企业内部的循环周转阶段将使企业发生费用、收入并形成利润。资产、权益、收入、费用和利润的变化可以概括企业资金运动的全过程，它们的增减变动就是工业企业会计所要反映和监督的内容。

三、会计的目标与职能

（一）会计目标

会计作为一个以提供财务信息为主的经济信息系统，与其他任何人造的系统一样，都必须以一定的目标作为系统运行的基本导向和最终归宿。

1. 会计信息的使用者

如前所述，会计信息使用者有两种基本类型：内部会计信息使用者和外部会计信息使用者。内部会计信息使用者主要是指企业的管理当局。他们需要通过会计信息了解企业的经营管理情况，以便进行恰当的预测、决策、计划与控制，最终达到改善企业经营管理的目的。外部会计信息使用者包括：(1)国家宏观管理部门，如统计、财政、税务等，他们需要通过会计信息进行宏观调控。(2)处于企业外部、不直接参与企业经营管理的投资者和债权人(包括目前的与潜在的)，他们需要通过会计信息评估管理当局的受托责任履行情况，以进行有关的决策。(3)与企业有相关利益的各个集团(尽管有时只是一种间接利益关系)，如职工、客户、供应商以及有关的社会福利部门等，他们需要通过会计信息来了解企业日后的发展前景。

各种会计信息使用者需要的会计信息的侧重点是不同的，甚至在每一类会计信息内部，各种不同的会计信息需求者之间也存在着显著的差异。比如，国家宏观管理部门需要的是有利于对企业进行宏观管理的会计信息，而在各个宏观管理部门中所需要信息的侧重点也不同：税务部门关注企业对应交税金的核算与缴纳情况的信息，财政部门则十分关注企业对国有资产保值、增值的会计信息。债权人关注的是一个企业偿债能力的会计信息，如流动资产与流动负债之间的比例增减变化、资产与负债之间是否保持一个恰当的比率等。投资者则关注企业的盈利能力和企业未来的现金净流量，但有些股东也关注企业的长远发展趋势，还有些股东则只关注企业对利润的支付情况等。管理当局关注企业的整体情况，以便从经营者的角度对企业进行把握，更好地进行经营管理。此外，社会有关部门则关注企业是否履行了其应该承担的社会责任,在治理环境污染、保持可持续发展方面做了什么样的工作,以及对职工生活的关心程度等。

尽管会计信息使用者对会计信息的侧重点要求不同,但企业以下方面的会计信息则是他们所共同关注的,即:

(1)关于一个企业特定时点的财务状况的信息;

(2)关于一个企业特定会计期间的经营成果的信息;

(3)关于一个企业特定会计期间现金流入和流出的信息。

2. 会计目标的内容

自从企业能够独立进行经营并被赋予"法人"地位以后,企业的所有权和经营权便逐渐开始分离,企业的所有者作为资源提供的一方与企业的管理当局作为经营的一方就构成了一种经济上的委托与受托关系。当然,这需要以两个集团之间的契约为纽带,从这个意义上说,现代企业可以认为是一种以委托代理契约为纽带的契约关系的网络。随着所有权和经营权日益分离,作为资源提供一方的所有者与债权人就要求企业的管理当局必须定期提供财务报表,以便于他们定期了解企业的财务状况、经营成果和现金流动情况,评估企业管理当局对受托责任的履行情况,并在此基础上做出有关的投资与信贷决策。其次,企业组织形式的复杂化和资本市场的发展导致企业股东与债权人日益分散和投资者数目日益增多,这些投资者与债权人不仅包括现在的投资者与债权人,而且包括了潜在的投资者与债权人。潜在的投资者与债权人主要利用企业财务会计提供的会计信息进行相关决策,因此,会计目标又进一步增加了"提供决策有用信息"的含义。

由此我们认为,企业会计目标包含两个方面的内容:第一,提供评估管理当局对受托责任履行情况的信息(受托责任观);第二,提供可以供各种投资者和债权人进行投资与信贷决策的信息(决策有用观)。

(二)会计职能

会计的职能是会计固有的功能,是会计本质的体现。由于会计的本质由生产发展特别由商品经济对信息的客观需求所决定,因此,会计的职能(尤其是基本职能)就具有客观性和相对稳定性。职能是会计本质的体现,带有客观必然的要求,因而成为确定会计目标的客观依据;会计目标是会计信息使用者向会计信息系统提出的主观要求,但会计目标的提出不能脱离、也不能超越会计的职能。

会计的职能有多种,并随着经济的发展及会计内容和作用的不断扩大而发展变化着。从会计的本质来讲,核算和监督是会计的两项基本职能,同时,还具有预测经营前景、参与经济决策、评价经营业绩等拓展职能。

1. 会计核算职能

会计核算职能,又称会计反映职能,是指会计以货币为主要计量单位,对特定主体的经济活动进行确认、计量、记录和报告。作为经济信息系统,会计的基本使命或基本功能是提供财务信息和其他经济信息。经济信息是经济活动的反映。就企业会计来说,它主要反映企业作为整体已形成的财务状况、财务状况的变动和经营成果。这些信息是企业经济活动及其结果的历史写照,只要真实、可靠、公正并及时地予以反映,历史信息同样具有预测价值和反馈价值,对于决策仍是必要和有用的。从管理活动的角度看,管理会计主要反映企业内部基于决策需要的有关经营、理财和投资的未来活动方案,以及这些方案的预期经济利益及其评估比较。管理会计所反映的经济活动是现在正在进行和预计(计划)将要进行的那些部分,因此,它主要能提供各种预测信息。从决策的观点看，预测信息比历史信息更加相关。

对已经发生的经济活动进行事后的确认、计量、记录和报告，通过加工处理后提供大量的信息资料，反映经济活动的现实状况及历史状况，这是会计核算的基本工作。但是，随着经济的发展，市场竞争日趋激烈，企业经营规模不断扩大，经济活动日益复杂化，经营管理需要加强预见性。为此，会计要在事中、事后核算的同时进一步发展到事前核算、分析和预测经济前景，为经营管理决策提供更多的经济信息，这样才能更好地发挥会计的管理功能。

2. 会计监督职能

会计监督职能，又称会计控制职能，是指会计机构和会计人员在进行会计核算的同时，对特定会计主体和相关会计核算的真实性、合法性和合理性进行监督检查。任何一个信息系统都具有一定的控制功能，但控制的性质、范围和影响程度应当具体分析。财务会计作为一个较为严密的信息子系统，其本身具有保护性控制作用（目的在于保证会计核算信息的正确和真实）。在我国，把符合国家有关法律、规定和制度作为确认的基本标准和主要条件之一，是运用会计实行控制和监督的一个重要特点。由于会计以提供历史信息为主，因此，反馈控制应是会计发挥控制作用的主要表现。但要使具有反馈价值的历史信息对未来经济活动起到控制作用（如纠正实际脱离计划或预算的偏差，修订计划或预算，指导企业按预定的或修正过的目标前进），必须通过经济决策。管理会计中的成本会计特别是标准成本会计系列，由于能及时揭示偏离标准的差异，反映管理会计所制定的目标、规划和各种备选方案，也由于同各项决策最为相关，因此，应当说，它们都是企业经营者据以进行决策从而加以控制的必要信息。但管理会计同样是一个信息系统而不是一个控制系统，任何一个信息系统都只能通过信息的输出去支持决策，而后才能实施控制。不管是财务会计还是管理会计，核算总是最基本的职能，在此基础上才能进行监督。

3. 预测经营前景

现代会计还能预测企业经营活动（其实也包括投资和理财活动）的前景。从财务会计看，具有预测价值的历史信息就能预测企业的经营前景。在西方国家，这种预测信息通常在财务报表以外的其他财务报告中揭示。在我国，类似于其他财务报告的财务情况说明书也会对整个企业未来的发展前景作出描述。至于管理会计，由于它以企业未来的资金运动，特别是其中的预期现金流动为对象，因此，运用科学的方法对未来的经营活动进行预测并加以规划乃是它的主要职能。例如，目标成本和目标利润等未来信息的确定，都要以预测生产和销售的前景为前提。

4. 参与经济决策

现代会计的职能是提供有助于决策的信息，换句话说，就是提供信息、参与决策。决策是一个过程，狭义的决策即决策中起关键作用的核心活动，是指决策者从各种备选方案（各项建议）中挑选出他认为最佳或较佳方案，作为行动的指南，并把它付诸实施。简单地说，就是作出未来行动的决定。会计活动当然不是狭义的决策活动，会计人员也不是决策者（指企业经济活动的决策）。决策还可做广义理解，理解为从收集数据、提供信息、讨论各种备选方案，直到最后作出选择最优方案的全过程。在这个过程中，会计提供信息的活动是其中的一部分，而会计部门和会计人员则是决策的参与者和支持者。因此，现代会计就具有参与决策（提供决策支持）的职能。

5. 评价经营业绩

会计所具有的评价经营业绩的职能是通过财务报表的分析完成的。这种分析可以从总体上对企业的经营活动绩效进行评估、发现问题并提出改进工作的对策。同时，业绩的评估可以通过在企业内部建立各种责任中心并推行责任会计来实现。

现代企业的全部经济活动除经营活动外，还有投资活动和理财活动，对企业业绩的评价也就应当扩展到理财和投资领域，从而更全面地评定一个企业的成败得失和有关方面应承担的责任。

所有以上职能，表明会计既提供信息，又参与管理。

第三节 会计核算的基本前提和会计信息质量要求

会计核算主要是向有关方面提供决策所需的会计信息。使用者对会计信息的需求是多方面的，这就要求会计在一定的时间和空间范围内按一定的程序和方法予以提供。会计核算的基本前提就是为保证会计信息质量和会计工作的正常进行而对会计核算的范围、内容以及基本程序和方法所做的限定，包括会计主体、持续经营、会计分期、货币计量四项内容，同时企业会计的确认、计量、记录和报告应当以权责发生制为基础。会计信息质量要求是指为了保证从事会计账务处理、编制会计报表的质量而应依据的一般规则和准绳，主要包含真实性、相关性、明晰性、可比性、重要性、谨慎性、及时性和实质重于形式等对会计信息质量方面的要求。

一、会计核算的基本前提

（一）会计主体

会计主体是一个重要的会计概念，指的是会计工作特定的空间范围。具体来说，会计工作总是在某一特定单位里进行。这个单位单独进行生产经营或业务活动，在经济上独立或相对独立。如果是营利性质的，就是一家企业，如公司、工厂、商店等；如果是非营利性质的，就是一个事业、机关、团体等单位，如学校、医院、科研单位、妇女团体等。会计处理的数据和提供的信息，严格地限于这一特定的空间范围，而不是漫无边际的。因此，一般认为，把会计建立在每一个经营主体（主要指企业）的基础上，要求会计只反映涉及该主体的资产、负债、所有者权益、收入、费用和利润（或亏损）的交易或事项。换言之，信息属于某一特定的企业，而不属于另一家企业，也不属于企业的所有者，开展企业会计工作的前提条件就是不仅要把特定个体的经济业务与其他特定会计主体的经济业务严格分开，还要与企业所有者的私人经济活动严格分开。但是，作为特定个体的企业，可能组织很复杂，规模很庞大。大型企业的内部，往往分设分厂、分部。在这种情况下，除企业本身是一个个体外，也不排斥将这些不具有法人资格的分厂、分部也视为会计主体。所以，会计主体不一定是法人，会计工作的空间范围与法人是截然不同的两个概念。

需要注意的是，确定会计主体时应本着实质重于形式的原则。例如，在企业集团的背景下，我国会计准则中的会计主体一般指的是合并主体，而不是指法律主体。

我国《企业会计准则——基本准则》第 5 条规定："企业应当对其本身发生的交易或者事项进行会计确认、计量和报告。"

（二）持续经营

持续经营指的是在一个主体范围内，假定其生产经营持续不断地进行下去，因而将按预期的用途使用其现有的资产，同时也将按照现时承诺的条件去清偿它的债务。一句话，会计的出发点是企业的经营现状，预测其将不会改变。

持续经营指的是如果不存在明显的反证，一般都认为企业将无限期地经营下去。这里的"反证"，是指那些表明企业的经营将在可以预计的时刻结束。持续经营，就是情况正常。既然正常，则现存的资产自然会按照原来的购买意图，正常地仓储、投产、运用，从而各项资产不能用清算价格计价，而必须用正常的实际成本计价。相应地，各项负债和企业所有者权益，亦要按照正常情况计价处理。

显而易见，持续经营虽是一种假设、一种预见，但它是唯一可行的办法，因而为会计人员所广泛接受，成为一个前提条件。因为在任何一个时点上，企业的前景只有两种可能：持续经营和停业清算，非此即彼，没有第三种可能。当登记账册、编制报表之际，企业营业正常，财务健全，职工稳定，产品适销，对其前景的推测，持续经营是完全合乎情理的，推测企业清算倒闭则有悖情理。

持续经营并不要求生搬硬套。在持续经营这一前提下，一旦有与持续经营相反的证据表明企业经营欠佳，处于难以自拔的逆境，维持经营现状将有困难，那么，就要从实际出发，即放弃持续经营这一前提，而改成以营业期限届满的自动歇业、对部分资产重新估价，或因资不抵债而宣告破产、被迫清理等作为会计的前提。

有人认为，持续经营这一提法有片面性，只见到经营而见不到停业。据上所述，可见这种指责很难成立，因为这种指责源于对持续经营的完整含义理解得不够充分。

我国《企业会计准则——基本准则》第 6 条规定："企业会计确认、计量和报告应当以持续经营为前提。"

（三）会计分期

企业自创立之日起，直到解散停业为止，其生产经营活动是连绵延续的，犹如长江滚滚流水，奔腾向东，没有停息的时候。企业在其存在期内财务状况不断变化，一直到停业之日才停止变动，凝固下来。企业的经营成果，是盈是亏，到停业之日，方能正确无误、实实在在地确定下来。然而，一切成了定局，此时提供会计信息，对于管理人员、企业所有者、债权人以及其他利益相关方面已经时过境迁、一无是处了。

因此，必须在创立以后、停业以前这段时间里，随着生产经营活动的进行，在合适的时点，归纳、汇总、概括账上的资料，编成报表，及时传输给各类信息用户。这个问题的焦点是时间问题。会计分期的概念由此产生。

在会计工作中，人为地在时间上把连续不断的企业生产经营活动及其结果用起讫日期加以划分，形成会计期间，这就是会计分期的概念。按年划分的称为会计年度，年度以内，还可分季、分月。要分别计算报告各期的经营成果和财务状况，以便考核，进行对比，改善经营管理。会计年度可采用历年制，即与日历年度保持一致，也可采用非历年制。非历年制常见的有营业年制，即每年以营业最清淡的时期为年度结束期，以利于账务的总结。例如，食品业的水果罐头厂，生产的季节性很强，草莓罐头的生产必须从草莓成熟大量采摘上市时开始，到落市为止。

分期的会计信息有利于提高会计信息的及时性，满足宏观、微观经济管理的需要，满足投资者的需要。

我国《企业会计准则——基本准则》第 7 条规定："企业应当划分会计期间，分期结算账目和编制财务会计报告。会计期间分为年度和中期。中期是指短于一个完整的会计年度的报告期间。"

（四）货币计量

会计如何计量它的对象，即各种资产、负债和所有者权益，以及收入、费用、利润，这是一个涉及把会计制度建立在什么前提之上、要求它传输出怎样的会计信息的根本问题。

会计的对象包括各种财产物资。各种财物各有其不同的物质表现形态，其计量单位亦各不相同。例如，钢材、房屋、汽车、船舶等，钢材以吨计，房屋以幢计，汽车以辆计，船舶以艘计。在会计工作中，人们早已发现用具有一般等价物特性的货币来统一计量，可使不同质的财物可以相加、相减，可使收入和费用、成本相互配比，因而是可行的，也是可能的。把货币计量当作一条会计前提来认识，则是因为在现代社会，要计量一家企业的财务状况及经营成果——资产和权益的增减变化、收入对比费用的盈利或亏损，货币是必须使用的计量手段。如果没有货币计量这个手段，会计工作就无法进行，或至少是无法按照现在的模式进行下去。货币计量是唯一可用的手段，舍此别无选择。

用做货币计量单位的货币，通常是指各国(各地区)的法定名义货币，并假定货币的价值稳定不变。货币计量这个附带的要求，更加是会计工作的前提条件。即货币作为一种特殊商品，它本身的价值应当稳定不变，或者即使有所变动，其变动幅度也应是微不足道的，因为货币在这里是当作像度量衡器具一样的手段来使用的。例如，量体裁衣所用米尺长度若无标准，今天以 0.99 米为 1 米，明天又用 1.1 米作为 1 米，那么，量体不准，所裁制的服装势必不会合身。不幸的是，货币本身的价值并非总是稳定不变的。当然，特定国家、地区存在着或存在过稳定或相对稳定的局面，但币值不稳定的局面并非罕见。世界上某些国家目前正为剧烈的通货膨胀、物价迅速上升所困扰。

币值不稳定时，以货币计量的会计信息，其可信赖的程度就大大下降。如何处理、消除货币贬值对会计信息的影响，已受到中外会计学者的重视，有关论著已出版不少，但众说纷纭，迄今尚无妥善的解决办法。我国《企业会计准则第 19 号——外币折算》规定，企业对处于恶性通货膨胀经济中的境外经营的财务报表，资产负债表和利润表项目都应当运用一般物价指数予以重述，再按照最近资产负债表日的即期汇率进行折算。

货币计量还有一个缺陷，就是它把那些不能用货币去量度的因素，纵然它们能传输的信息很重要、很有用，却一概排除在会计系统之外了，如管理水平、人力资源、社会责任等。

我国《企业会计准则——基本准则》第 8 条规定："企业会计应当以货币计量。"

二、会计基础

企业会计的确认、计量、记录和报告应当以权责发生制为基础。权责发生制又称应计制，是企业用来确认报告期内的收入和费用的基础之一。权责发生制企图把成果或损失归入导致发生收入或支出的那个报告期，而不归之于实际收付现金的那个报告期。它的操作规则是：凡属本期已获得的收入，不管其款项是否收到，都作为本期的收入处理；凡属本期应负担的费用，不管款项是否付出，都作为本期的费用处理。反之，凡是不应归属于本期的收入，即使款项已经收到并入账，都不作为本期的收入处理；凡是不应归属本期的费用，即使其款项已经付出并入账，都不作为本期的费用处理。由上可知，实行权责发生制，必须辨明收入和费用的应归属期和收支期间。收入和费用的应归属期，是指应获得收入，即创造收入的会计期间，及应负担费用，即费用受益的会计期间。收入和费用的收支期间，则指收入收到了现款和费用付出了现金的会计期间。

把企业与企业的所有者之间的交往排除在外，则企业的收入必有资产的增加或负债的减少伴随，支出则必有资产的减少或负债的增加伴随。所以，权责发生制不仅影响收入和费用，同时也影响资产和负债。

权责发生制解决收入和费用何时予以确认、确认多少的问题。

与权责发生制相对应的是现金制或收付实现制，即以现金的实际收付作为当期的收入和费用，而不考虑与现金收支行为相连的经济业务实质上是否发生。

目前，我国行政单位会计采用收付实现制，事业单位会计除经营业务可以采用权责发生制外，其他大部分业务采用收付实现制。

我国《企业会计准则——基本准则》第 9 条规定："企业应当以权责发生制为基础进行会计确认、计量和报告。"

三、会计信息质量要求

会计信息质量要求是对企业财务报告中所提供会计信息质量的基本要求，是使财务报告中所提供会计信息对投资者等使用者决策有用应具备的基本特征，主要包括可靠性、相关性、可理解性、可比性、重要性、谨慎性、及时性和实质重于形式等。

（一）可靠性

可靠性要求是指企业应当以实际发生的交易或者事项为依据进行会计确认、计量和报告，如实反映符合确认和计量要求的各项会计要素及其他相关信息，保证会计信息真实可靠、内容完整。可靠性是指对于经济业务的记录和报告，应当以客观的事实为依据，而不能受主观意志的左右。可靠性是对会计核算工作的基本要求，如果会计数据不能真实、客观地反映企业经济活动的客观情况，就无法满足会计信息使用者的要求，影响其决策的有效性。

我国《企业会计准则——基本准则》第 12 条规定："企业应当以实际发生的交易或者事项为依据进行会计确认、计量和报告，如实反映符合确认和计量要求的各项会计要素及其他相关信息，保证会计信息真实可靠、内容完整。"

（二）相关性

相关性要求是指企业提供的会计信息应当与财务会计报告使用者的经济决策需要相关，有助于财务会计报告使用者对企业过去、现在或者未来的情况做出评价或者预测。

由于会计信息的使用者是多方面的，他们对会计信息所提出的要求也各不相同，这就要求会计核算在提供信息时既要考虑企业加强内部经营管理的需要，又要满足有关各方了解企业财务状况和经营成果的需要，还应符合国家宏观经济管理的需要。

我国《企业会计准则——基本准则》第 13 条规定："企业提供的会计信息应当与财务会计报告使用者的经济决策需要相关，有助于财务会计报告使用者对企业过去、现在或者未来的情况作出评价或者预测。"

（三）可理解性

可理解性要求是指企业提供的会计信息应当清晰明了，便于财务报告使用者理解和使用。由于会计记录与财务报告的使用者是多方面的，既有会计专业工作者，又有与企业有利害关系的集团和个人，其中有些人并不懂得会计知识，更不熟悉会计业务，这就要求会计在提供信息时尽量少用专业术语，对复杂的经济业务应该用规范的文字加以表述，对需要解释的问题做出必要的说明，减少不确定性，做到通俗易懂、清晰明了。

我国《企业会计准则——基本准则》第 14 条规定："企业提供的会计信息应当清晰明了，便于财务会计报告使用者理解和使用。"

（四）可比性

可比性要求企业提供的会计信息应当相互可比。主要包括两层含义：

1. 同一企业不同时期可比

为了便于投资者等财务报告使用者了解企业财务状况、经营成果和现金流量的变化趋势，比较企业在不同时期的财务报告信息，全面、客观地评价过去、预测未来，从而作出决策，会计信息质量的可比性要求同一企业不同时期发生的相同或者相似的交易或者事项，应当采用一致的会计政策，不得随意变更。但是，满足会计信息可比性要求，并非表明企业不得变更会计政策，如果按照规定或者在会计政策变更后可以提供更可靠、更相关的会计信息的，可以变更会计政策。有关会计政策变更的情况，应当在附注中予以说明。

2. 不同企业相同会计期间可比

为了便于投资者等财务报告使用者评价不同企业的财务状况、经营成果和现金流量及其变动情况，会计信息质量的可比性要求不同企业同一会计期间发生的相同或者相似的交易或事项，应当采用规定的会计政策，确保会计信息口径一致、相互可比，以使不同企业按照一致的确认、计量和报告要求提供有关会计信息。

我国《企业会计准则——基本准则》第 15 条规定："企业提供的会计信息应当具有可比性。同一企业不同时期发生的相同或者相似的交易或者事项，应当采用一致的会计政策，不得随意变更。确需变更的，应当在附注中说明。不同企业发生的相同或者相似的交易或者事项，应当采用规定的会计政策，确保会计信息口径一致、相互可比。"

（五）重要性

重要性要求是指企业提供的会计信息应当反映与企业财务状况、经营成果和现金流量等有关的所有重要交易或者事项。即对于影响经营决策的重要经济业务分别核算、分项反映，并做重点说明；对于次要的经济业务，在不影响会计信息真实性的情况下，可适当简化或合并反映。坚持重要性，主要是出于对成本收益原则的考虑，企业的经济情况纷繁复杂，会计不可能将所有的经济数据都转化为会计信息。强调重要性，一方面可以提高核算的效益，减少不必要的工作量；另一方面，可以使会计信息分清主次、突出重点。

重要性包括质和量两个方面的内容。从性质上看，如果会计事项的发生可能对决策产生重大影响，则该事项属于具有重要性的事项；从数量上看，如果某会计事项的发生达到一定数量或比例可能对决策产生重大影响，则该事项属于具有重要性的事项。

我国《企业会计准则——基本准则》第 17 条规定："企业提供的会计信息应当反映与企业财务状况、经营成果和现金流量等有关的所有重要交易或者事项。"

（六）谨慎性

谨慎性要求又称稳健性，是指企业对交易或者事项进行会计确认、计量和报告应当保持应有的谨慎，不应高估资产或者收益、低估负债或者费用。在市场经济条件下，风险在所难免，企业必须对所面临的风险与可能发生的损失和费用做出合理预计，以避免损失发生时对正常经营产生严重影响。

实现谨慎性，对于企业存在的经验风险加以合理的估计，对防范风险起到预警作用，有利于企业做出正确的经验决策，有利于保护投资者和债权人的利益，有利于提高企业在市场上的竞争力。但是，企业不能滥用谨慎性而计提各种秘密准备，人为地调节企业利润，这样势必会造成会计工作秩序的混乱。

我国《企业会计准则——基本准则》第 18 条规定："企业对交易或者事项进行会计确认、计量和报告应当保持应有的谨慎，不应高估资产或者收益、低估负债或者费用。"

（七）及时性

及时性要求是指企业对于已经发生的交易或者事项，应当及时进行会计确认、计量和报告，不得提前或者延后。任何信息的使用价值不仅要求其真实可靠，而且还在于必须保证时效，在信息使用者需要时及时提供；否则，时过境迁，就不能充分发挥会计的作用。

及时性主要体现在三个方面，即及时收集会计信息、及时处理会计信息、及时传送会计信息。

我国《企业会计准则——基本准则》第 19 条规定："企业对于已经发生的交易或者事项，应当及时进行会计确认、计量和报告，不得提前或者延后。"

（八）实质重于形式

实质重于形式要求是指企业应当按照交易或者事项的经济实质进行会计确认、计量和报告，不应仅以交易或者事项的法律形式为依据。在会计核算过程中，如遇到一些经济实质与法律形式不吻合的业务或事项时，应依据经济业务的实质进行确认和计量。例如，融资租入固定资产业务，在租期未满之前，从法律形式上讲，所有权并没有转移给承租方，但是，从经济实质上讲，与该项固定资产相关的风险和收益已经转移给承租人，承租人实际上也能实施对该项资产的控制，因此，承租人应该将其视同自有的固定资产核算，并计提折旧。

我国《企业会计准则——基本准则》第 16 条规定："企业应当按照交易或者事项的经济实质进行会计确认、计量和报告，不应仅以交易或者事项的法律形式为依据。"

第四节　会计的基本程序和方法

会计是一个信息系统，它旨在向利害攸关的各个方面（会计信息使用者）传递一家企业或其他经济个体的以财务信息为主的经济信息。会计信息系统如何提供会计信息使用者所需要的会计信息？为了实现会计目标，会计信息系统在提供信息时，有着其独特的一套会计程序与方法。

一、会计的基本程序

会计的基本程序是指会计信息系统在加工数据并形成最终会计信息的过程中所特有的步骤，包括会计确认、会计计量、会计记录与财务报告几个基本环节。

（一）会计确认

所谓会计确认，是把某个项目作为企业的资产、负债、所有者权益、收入、费用或者其他会计要素加以正式记录或列入最终财务报表之中的过程。包括：

1. 是否应该记录某项经济活动；
2. 何时、以何种金额、通过何种要素进行记录（初始确认）；
3. 何时、以何种金额、通过何种会计要素列入财务报表（再确认）。

严格地讲，确认包含有四项基本条件：

（1）可定义性，即必须符合某个财务报表要素的定义；

（2）可计量性，即要能够利用某种计量属性进行计量；

（3）计量的相关性；

（4）计量的可靠性。

上面四项条件可以认为是一项数据可以进入会计信息系统的最基本条件，但是，一项数据要想进入会计信息系统进行加工，还有一个何时进入会计信息系统的问题，即会计确认的时间问题。在商品经济条件下，由于商业信用广泛存在，使得经济业务发生的时间与相应的现金收支行为发生的时间往往不能取得完全的一致，此时在选择确认的时间基础时，就有两种选择：权责发生制和收付实现制。

（二）会计计量

会计计量包括两个方面的内涵：(1)选择计量尺度；(2)选择计量属性。

前面在论述会计的基本前提时曾经提到，以货币作为计量尺度成为最佳的选择，当然，货币作为计量尺度并不排斥在会计计量中同时运用实物或时间等计量尺度，但是，会计计量应该以货币计量为主，实物和时间只能够作为货币计量的补充。

至于会计计量属性的选择，则相对要复杂一些。一般情况下，在相关的财务报表尤其是资产负债表中，资产项目一般以它们的成本进行列示，原因在于历史成本的取得存在着可靠的证据——原始凭证，可以进行验证。但是，在资产价格受供求关系的影响过大，或者因为通货膨胀存在时，期末对资产按照成本进行列示并按照历史成本核算相应的成本费用，必然会带来利润的虚增，扭曲企业的经营成果。为此，当存在上述情况时，会计上要求按照重置成本、可变现净值、市场价格或未来现金流量的贴现值等计量属性来进行计量。

（三）会计记录

会计记录是对经过确认而进入会计信息系统的各项数据，通过预先设置好的各种账户，运用一定的文字与金额，按照复式记账的有关要求，在账簿中进行记录的过程。通过会计记录，可以对价值运动进行详细与具体的描绘与量化，也可以对数据进行初步的加工、分类与汇总。只有经过会计记录这个基本的程序，会计才有可能最终生成有助于各项经济决策的会计信息。

（四）财务报告

财务报告是指把会计信息系统的最终产品——会计信息传递给各个会计信息使用者的手段。财务报告包括基本的财务报表（核心组成部分）、财务报表附注、财务报表附表和其他财务报告（我国称之为财务情况说明书）。

二、会计核算方法

在会计的发展过程中，为了实现会计信息系统的目标而逐渐形成了 7 种基本的会计核算方法，即填制与审核凭证、设置账户、复式记账、登记账簿、财产清查、成本计算和编制财务报表。

（一）填制与审核凭证

会计凭证是反映经济业务发生、明确经济责任，并作为登记账簿依据的一种书面证明。任何一项经济业务的发生，都需由经办人员或有关单位填制凭证，并签名盖章；所有凭证都要经过会计部门的审核，只有经过审核并认为正确无误的凭证，才能作为记账的依据。可见，填制和审核凭证是会计核算工作的第一步，它可为经济管理提供真实可靠的资料，也是实行会计监督的一个重要方面。

（二）设置账户

设置账户是对会计对象的具体内容进行分类反映和监督的一种专门方法。会计对象的具体内容是复杂多样的，要对它们进行系统的反映和监督，就必须进行科学的分类，将会计对象划分为若干个项目，即设置不同的账户，以便取得各种不同性质的核算指标。因此，对各项资产、负债、所有者权益、收入、费用、利润的增减变化，都要分别在一定的账户中归集登记，以便取得经济管理所需要的分类核算资料。

（三）复式记账

复式记账是指对发生的每项经济业务都以相等的金额，在两个或两个以上有关联的账户中进行登账的一种方法。由于对每项经济业务都在相互联系的账户中做记录，因此，不仅可以了解资金运动的来龙去脉，而且在把全部经济业务都登记入账后，可以通过账户记录，完整、系统地反映经济活动的过程和结果，便于检查经济业务的合理性和合法性。同时，由于对每项经济业务都以相等的金额进行登记，因此，可以对记录的结果进行试算平衡，检查账户记录的正确性。

（四）登记账簿

账簿是由具有一定格式、相互联系的账页所组成的，以会计凭证为依据，用于全面、系统、序时、分类记录各项经济业务的簿籍。登记账簿是完整、连续、系统地记录和反映企业经营活动的专门方法。企业应以审核无误的会计凭证为依据，运用复式记账方法，在具有规定格式的账簿中，把全部经济业务既序时又分类地反映出来，以便提供系统、分类的核算资料，为编制会计报表提供依据。

（五）财产清查

财产清查是通过盘点实物、核对账目，查明各项财产物资、货币资金、往来款项的实存数，并将实存数与账存数比较，看其是否相符的一种专门方法。通过财产清查，可以保证会计记录的正确性，做到账实相符；同时，还可以查明各项财产物资的保管和使用情况以及往来款项的结算情况，以便对积压或残损的财产物资和逾期未还的款项，及时采取措施进行清理，从而挖掘物资潜力，加速资金周转。

（六）成本计算

成本计算是把经营过程中所发生的费用，按一定的对象进行归集和分配，以确定各该对象的总成本和单位成本的一种专门方法。通过成本计算，可以提供实际成本资料，借以考核成本计划的执行情况，确定实际与计划的差异，分析原因，挖掘潜力，降低成本；通过成本计算所提供的实际成本资料，还可以对比收支、计算盈亏，并为国家制定价格政策提供依据。

（七）编制财务报表

会计报表是企业对外提供的反映企业某一时点的财务状况和一定时期的经营状况、现金流量的文件。编制会计报表是对日常会计核算资料的总结。由于会计报表是以账簿记录为主要依据，经过加工整理而产生的报告文件，所以，它提供的各项指标不仅是企业分析、检查和编制计划的依据，也是投资者、债权人决策的重要依据，更是进行经济综合平衡所必需的参考资料。

以上各种会计核算方法相互联系、紧密结合，形成了一个完整的会计核算方法体系。任何企业当经济业务发生时，总是先填制和审核凭证，然后在开设好的账户中，用复式记账方法登记账簿，定期或不定期地进行财产清查，期末进行成本计算，在账证、账账、账实相符的基础上编制会计报表，达到账表相符、表表相符（表表相符是指某张财务报表的数据与同期另一张财务报表的数据存在着勾稽关系。例如，资产负债表中的未分配利润一定等于利润分配表中的未分配利润；利润表中的净利润一定等于利润分配表中的净利润）。可见，从填制和审核凭证到编制会计报表是一个会计循环，其中，填制和审核凭证是起点，编制会计报表是终点，其余各环节是中间点。

第五节 会计规范与会计工作组织

一、会计规范

会计规范是国家机构或民间团体所制定的会计法规、准则和制度等的总称，它既是约束会计行为的标准，也是对会计工作进行评价的依据。由于会计信息的重要性，每个国家都有一整套约束会计行为的会计规范体系，一般包括会计法律规范和会计道德规范。本书探讨的是我国的会计法律规范和会计道德规范。

（一）会计法律规范

我国的会计法律规范体系主要由《中华人民共和国会计法》（以下简称《会计法》）、会计准则和会计制度等组成，并已形成了以《会计法》为核心、以会计准则和会计制度为基本内容的一个比较完整的规范体系。

1.《会计法》

新中国成立后，主要以制定国家统一的会计制度为起点，逐步建立起以规范会计行为为主要内容的会计法规体系。1985 年 1 月，新中国第一部《会计法》诞生，这是我国社会主义会计立法取得的重大成果，标志着我国的会计工作进入了社会主义法制化的新时期。1993 年 12 月，第八届全国人大常委会第五次会议通过了《关于修改〈中华人民共和国会计法〉的决定》，自公布之日起施行。1999 年 10 月，再次经第九届全国人大常委会第十二次会议修正，重新修订的《会计法》共 7 章、52 条，自 2000 年 7 月 1 日起施行。

《会计法》是一切会计工作最重要的根本大法，是会计法律制度中层次最高的法律规范，是拟订其他会计法规、制定会计准则和会计制度的依据，也是指导会计工作的最高准则。

重新修订的《会计法》对我国会计工作的主要方面做了规定，突出了会计法的立法宗旨是规范会计行为，保证会计资料的真实性和完整性，强调了单位负责人对本单位会计工作和会计资料的真实性和完整性负责，完善了会计记账规则和会计核算制度，强化了会计监督制度，实行了会计从业资格管理制度，加大了对违法会计行为的惩治力度。

2. 会计准则

会计准则是反映经济活动、确认产权关系、规范收益分配的会计技术标准，是生成和提供会计信息的重要依据，也是政府调控经济活动、规范经济秩序和开展国际经济交往等的重要手段。会计准则具有严密和完整的体系。我国已经颁布的会计准则有《企业会计准则》《小企业会计准则》和《事业单位会计准则》。

综观世界各国的会计现状，会计准则可以由民间机构制定，如美国由财务会计准则委员会（FASB）制定，英国由会计准则委员会（ASB）制定；也可以由国家机构制定，如我国由财政部负责制定，日本由大藏省（相当于我国的财政部）制定，德国则在商法中加以规定。

我国企业会计准则可以根据其运用范围，划分为三个层次：

第一层次：基本准则。基本准则是企业进行会计核算工作必须遵守的基本要求，是企业会计准则体系的概念基础，是制定具体准则、会计准则解释的依据。包括总则、会计信息质量要求、财务会计报表要素、会计计量、财务会计报告等内容。

第二层次：具体准则。具体准则是在基本准则的指导下，处理会计具体业务标准的规范。其具体内容包括正文、应用指南及起草说明。

第三层次：企业会计准则解释。企业会计准则解释公告主要为了深入贯彻实施企业会计准则，解决执行中出现的问题，同时，实现会计准则持续趋同和有效。

基本会计准则是财务会计理论和实务发展的结晶，是制定具体会计准则的依据；反过来，具体会计准则应当体现基本会计准则的要求，两个层次的会计准则应当保持协调一致。会计准则解释，为广大会计工作者的具体会计实务操作提供了指导。我国会计准则的制定始于1988年，于1992年11月发布了我国第一个会计准则，即《企业会计准则——基本准则》，并于1993年7月1日开始施行。《企业会计准则——基本准则》是根据《会计法》制定的，适用于设在中国境内的所有企业；即使我国投资、设在境外的企业，向国内有关部门编报财务报告，也应按照该规定办理。

《企业会计准则——基本准则》颁布实施后，财政部于1994年起陆续分批推出了31份具体会计准则征求意见稿，加快了我国具体会计准则制定的步伐。1997年5月22日，为了适应我国社会主义市场经济发展的需要，特别是规范上市公司的相关会计信息披露，财政部颁布了我国第一个具体会计准则——《关联方的关系及其交易的披露》，该会计准则从1997年1月1日起首先在上市公司开始施行。

随着我国市场经济的发展和国际化程度的提高，为了使我国的会计准则与国际会计准则达到本质上的趋同，财政部于2006年2月15日颁布了《企业会计准则》，其中包括1个基本准则和38个具体会计准则。

2006年2月颁布的《企业会计准则——基本准则》共11章、50条，规范了我国会计工作最基本的各个方面。具体会计准则的内容大致包括总则、确认和初始计量、后续计量及披露等内容。

另外，1997年5月，为了适应社会主义市场经济体制和社会主义事业发展的需要，规范事业单位的核算行为，强化事业单位会计的管理与监督职能，推动社会主义事业稳步、健康发展，财政部制定了《事业单位会计准则(试行)》，要求全国非营利组织遵照执行。

为了促进小企业发展以及财税政策日益丰富完善，形成以减费减免、资金支持、公共服务等为主要内容的促进中小企业发展的财税政策体系。2011年10月18日，财政部发布了《小企业会计准则》，该准则分10章90条，要求符合适用条件的小企业自2013年1月1日起执行。

2012年12月6日，财政部修订发布了《事业单位会计准则》，自2013年1月1日起在各级、各类事业单位施行。该准则对我国事业单位的会计工作予以规范，共分为9章49条。

2014年修订或新增8项会计准则、1项准则解释，并于2014年7月1日开始正式实施。至此，会计准则体系由1个基本准则和41个具体准则组成。这次大规模的准则修订和增补尚属首次。这些新准则进一步完善了我国企业会计准则体系，提高了财务报表列报质量和会计信息透明度；基本与相关国际财务报告准则一致，保持了持续趋同。

3. 会计制度

在我国，会计制度有广义和狭义两种含义。广义的会计制度是指国家制定的会计方面所有规范的总称，包括会计工作制度、会计人员管理制度和会计核算制度等。狭义的会计制度仅指国家财政部门制定的会计核算行为规范，即会计核算制度。

我国《会计法》第8条规定："国家实行统一的会计制度。国家统一会计制度由国务院财政部门根据本法制定并公布。"《会计法》第50条规定："国家统一会计制度，是指国务院财政部门根据本法制定的关于会计核算、会计监督、会计机构和会计人员及会计工作管理的制度。"可见，我国《会计法》所指的会计制度是广义的会计制度，其中的会计核算制度包括了会计准则。但为叙述方便，本书采用狭义的会计制度概念。

新中国成立以后，我国基本上采用的是分行业、分所有制的会计制度，直到2000年12月，财政部颁布了《企业会计制度》，才使我国的会计制度真正步入国家统一会计制度的轨道。根据财政部的部署，国家统一会计制度包括《企业会计制度》、《金融保险企业会计制度》、《小企业会计制度》以及《行政事业单位会计制度》四大部分。

2006年10月30日，财政部颁布了《企业会计准则——应用指南》，要求自2007年1月1日起在上市公司范围内施行，鼓励其他企业执行。执行《企业会计准则——应用指南》的企业，不再执行《企业会计制度》、《金融企业会计制度》。

2011年10月26日，财政部、工业和信息化部、国家税务总局、工商总局、银监会发出《关于贯彻实施小企业会计准则的指导意见》(财会【2011】20号)，要求小企业提高认识，积极采取有效措施，学习好、宣传好、贯彻好《小企业会计准则》，并以此为契机，全面提升内部管理水平。

《小企业会计准则》实施以后，不再执行《小企业会计制度》。目前执行的会计制度有《会计基础工作规范》《内部控制规范》《会计从业资格管理办法》等。

(二)会计道德规范

会计道德规范指的就是会计人员的职业道德规范，它是一般社会公德在会计工作中的具体体现，是制约、引导会计人员行为，调整会计人员与社会、相关利益集团以及会计人员之间关系的社会规范。会计职业道德贯穿于会计工作的所有领域和整个过程，体现了社会要求与个性发展的统一，着眼于人际关系的调整，以是否合情合理、善与恶为评价标准，并以社会评论(荣誉)和个人评价(良心)为主要制约手段，是一种通过将外在要求转化为内在的即精神上的动力要求来起作用的非强制性的规范。会计职业道德规范的构成要素有会计职业理想、会计工作态度、会计职业责任、会计职业技能、会计工作纪律、会计工作作风。现代会计职业道德的形成与发展，通常要经历以下三个阶段：(1)以会计职业责任和义务为核心，重在社会对个人的“防范”、理论对欲望的“束缚”的他律阶段；(2)以会计职业良心为核心，会计工作职责转变为会计人员内心道德感与道德行为准则的自律阶段；(3)会计职业责任与职业良心在职业目标的统帅下融为一体，职业道德的他律性与自律性高度统一，外在导向的价值目标与内心价值追求目标完全吻合的统一阶段。制定会计职业道德守则，加强会计职业道德教育，以及会计人员增进会计职业道德修养三位一体，是形成良好的会计职业道德风尚和改善会计职业环境，并卓有成效地保证其他会计规范顺利贯彻实施的重要条件。

二、会计工作组织

(一)会计工作组织的意义和基本要求

会计工作组织，从广义上讲，包括与组织会计工作有关的一切事务；从狭义上讲，包括会计机构的设置、会计人员的配备、会计制度的制定与执行等各项工作。科学、合理地组织会计工作对实现会计目标、发挥会计在经济管理工作中的作用，具有重要的意义。为了保证会计工作的顺利进行，不断提高会计工作的质量，必须合理地组织会计工作。《会计法》中有专门条款指出会计工作的管理体制、会计人员的职权任免、会计机构的职责，它是正确组织会计工作的依据和准绳。

正确组织会计工作，应注意以下基本要求：

1. 遵循国家颁布的会计准则和行业会计制度，是组织会计工作的首要要求。各单位提供的会计信息是国家制定方针、政策、计划和预算的重要依据，只有按照国家对会计工作的统一要求来组织会计工作，才能发挥会计工作在维护社会主义市场经济秩序、加强经济管理、提高经济效益中的作用。

2. 要考虑各单位的具体情况，根据各单位经营管理的具体要求组织会计工作。组织会计工作既要符合国家“统一领导”的要求，又要贯彻“分级管理”的原则，根据各企业经营管理的特点，在设置会计机构、配备会计人员、制定会计规章制度时，必须适应本单位的生产经营规模、生产特点、业务繁简程度以及管理要求，以便加强管理。

3. 组织会计工作要在保证会计工作质量的前提下，符合精简节约的原则。尽量节约人力、物力和财力，讲求工作效率，减少重复劳动和不必要的工作环节，在保证工作质量的前提下，对会计机构的设置、会计人员的配置以及会计凭证、会计账簿和会计报表的设计、使用和各项会计处理手续、程序的规定等，都应该避免繁琐，力求精简。

（二）会计机构设置

企业、单位和主管部门一般都要设置单独的会计机构。会计机构是处理会计业务工作的专职机构，其主要任务是组织和处理本单位的会计工作，如实反映本单位的经济活动，及时向有关领导、主管部门及财政、税务、银行等提供会计报表，参与经营决策，加强经济核算，降低成本，增加企业的积累。

在会计机构内部，还要按会计工作繁简和会计人员的多少进行合理分工，一般设置若干职能组，如材料组、工资组、成本组、综合组等，实行分工协作，共同完成会计工作任务。

会计机构按其核算内容分，可分为独立核算单位和非独立核算单位。独立核算单位主要具有以下特点：单独设置会计机构和配备会计人员；具有一定的资金，在银行单独开户，独立经营，计算盈亏；具有完整的凭证、账簿和报表系统；定期编制会计报表。

非独立核算单位又称为报账单位，它一般是由上级拨给备用金和物资，从事日常业务活动，平时进行原始凭证的填制和整理，汇总后报送上级单位核算，其收入全部上缴上级单位，支出向上级单位报销，本身不独立计算盈亏，也不编制会计报表。

会计机构按其组织形式，可分为集中核算和非集中核算。

集中核算是指将企业会计工作主要集中在厂（公司）级会计部门进行的一种核算组织方式。采用集中核算组织方式，企业经济业务的明细核算、总分类核算、会计报表编制和各有关项目的考核分析等会计工作，集中由厂（公司）级会计部门进行。其他职能部门、车间、仓库的会计组织或会计人员，只负责登记原始记录和填制原始凭证，并经初步整理后，为厂（公司）级会计部门进一步核算提供资料。

实行集中核算，可以减少核算环节，简化核算手续，精简会计人员，但不便于企业内部有关部门及时利用核算资料进行考核与分析。集中核算一般适用于中、小型企业单位。

非集中核算又称分散核算，是指将企业某些经济业务的凭证整理、明细核算以及与企业内部单位日常管理需要相适应的内部报表的编制和分析，分散到直接从事该业务的车间、仓库、部门进行，如材料的明细核算由供应部门以及所属的仓库进行，但总分类核算、全厂（公司）型会计报表的编制和分析仍由厂（公司）级会计部门集中进行，厂（公司）级会计部门还应对企业内部各单位的会计工作进行业务上的指导和监督。

实行分散核算，有利于企业内部有关部门及时利用核算资料进行考核与分析，但会增加会计人员的数量，对厂（公司）级会计部门集中掌握和监督企业内部各单位的经济业务情况也有一定影响。

集中核算和非集中核算是相对的，而不是绝对的。在实际工作中，有的企业对某些会计业务采用集中核算，而对另一些业务采用非集中核算。但无论采用哪种形式，企业对外的现金、银行存款往来、物资购销、债权债务的结算都应由厂（公司）级会计部门集中办理。

一个单位的会计工作组织，要按照经营管理的需要选择合适的核算形式。

（三）会计人员的配备

1. 会计人员的职责

每个单位的会计机构为了更好地完成会计工作，必须配备必要的会计人员，并明确他们的职责权限。按照中华人民共和国国务院 1978 年修订后正式颁发的《会计人员职权条例》的规定，会计人员的主要职责是：

（1）做好会计核算工作，如实反映情况。会计人员要如实反映经济活动情况，做到手续完备，内容真实，数字准确，账目清楚，日清月结，按时编制报表和上报，保管好会计凭证及账簿等档案。

（2）实行会计监督，维护国家财经方针、政策、制度和法律。会计人员必须按照国家有关规定，对本单位的经济活动实行监督，对不真实、不合法或违反国家财经制度、财务制度规定的收支，坚决不予办理。

（3）参与预测、决策，考核计划、预算的执行情况。会计人员要深入车间、部门了解生产经营情况，挖掘增产节约、增收节支的潜力，要揭露经营管理中存在的问题，做好信息反馈工作。

（4）拟订本单位办理会计事务的具体办法和各项规定，如材料收发保管制度、国家资产使用保管制度等。

（5）做好其他会计工作。

2. 会计人员的权限

为了保障会计人员顺利地履行自己的职责，国家有关会计法规在明确会计人员职责的同时，也赋予了他们必要的权限，主要表现在以下几个方面：

（1）会计人员有权要求本单位有关部门、人员严格遵守国家财经法纪和法规制度，认真执行本单位的计划、预算，对于内部有关部门违反国家法规的情况，会计人员有权拒绝付款、拒绝报销或者拒绝执行，并及时向本单位领导或上级有关部门报告。

（2）会计人员有权参与本单位编制计划、制定定额、对外签订合同，以及参加有关生产、经营管理会议和业务会议；有权了解企业的生产经营情况，并提出自己的建议。

（3）会计人员有权监督、检查本单位有关部门的财务收支、资金使用和财产保管、收发、计量、检验等情况。

《会计人员职权条例》中还明确规定，各级领导和有关人员要支持会计人员行使工作权限。如果有人对坚持原则的会计人员反映的情况进行刁难、阻挠或打击报复，上级机关要查明情况，严肃处理。

3. 对会计人员的要求

《会计人员职权条例》一方面赋予会计人员重任，另一方面也对会计人员提出了严格的要求，具体如下：

（1）会计人员要以科学发展观为统领，努力学习马列主义、毛泽东思想、邓小平理论和“三个代表”的重要思想，热爱本职工作，全心全意为建设和谐社会贡献力量。

（2）深刻领会国家财经政策、法令、制度。会计工作要贯彻国家财经政策、法令、制度，所以，会计人员必须领会其精神实质，以身作则、一尘不染，同时还应宣传和解释国家的财经政策，抵制一切违法乱纪、贪污盗窃的行为，要勇于负责，不怕打击报复。

(3)刻苦钻研会计业务。会计人员不仅要熟悉会计专业的业务，还要掌握经营管理和生产技术等方面的知识，不断提高业务水平和工作能力。

(4)要深入基层，调查研究。会计人员只有经常深入工作第一线，大兴调查研究之风，才能提供真实可靠、符合实际的会计信息，充分发挥会计信息的控制和反馈作用，从而为提高企业的经济效益提供建议并参与决策。

(四)企业内部会计制度的设计

会计制度是进行会计工作的前提，它具体规定了进行会计工作应遵循的规则、方法和程序。会计制度应根据《会计法》和财政部颁发的《企业会计准则》等制定。

设计企业内部会计制度时应遵循目的性、合法性、效益性、可操作性、监控性的原则。具体进行会计制度设计时应包括以下基本内容：(1)内部核算单位；(2)会计机构、会计人员管理；(3)会计科目、凭证、工作流程；(4)对内、对外会计报表(报告)。

第二章

账户与复式记账

会计要素是对会计对象进行的基本分类；会计等式是指表明会计要素之间内在经济联系的恒等式；会计科目是对会计对象具体内容进行分类核算和监督的项目；会计账户是根据会计科目设置的，具有一定格式和结构，用来分类、连续地记录经济业务，反映会计要素增减变动及其结果的载体。借贷记账法是世界通用的会计方法，也是我国《企业会计准则——基本准则》中明确规定的会计记账方法。会计循环是指各会计处理方法周而复始地进行。

第一节　会计要素

会计要素是对会计对象进行的基本分类，是会计核算对象的具体化，是用于反映会计主体财务状况、确定经营成果的基本单位。它为会计分类核算提供了基础，也为财务会计报告构筑了基本框架，同时也是设置账户的基本依据。

我国《企业会计准则——基本准则》中要求企业应当按照交易或者事项的经济特征确定会计要素。会计要素包括资产、负债、所有者权益、收入、费用和利润六项。前三项为反映财务状况的会计要素，反映企业一定时点（如月末、季末、年末）的财务状况，是编制资产负债表的基础；后三项为反映经营成果的会计要素，反映企业一定期间（如月度、季度、年度）的经营成果，是编制利润表的基础。

一、反映财务状况的会计要素

财务状况是指企业一定日期的资产及权益情况，是资金运动相对静止状态时的表现。反映财务状况的会计要素包括资产、负债和所有者权益三项。

（一）资产

资产是指由企业过去的交易或者事项形成、由企业拥有或者控制、预期会给企业带来经济利益的资源。符合这个定义，并同时满足以下两个条件时，确认为资产：(1)与该资源有关的经济利益很可能流入企业；(2)该资源的成本或者价值能够可靠地计量。资产应具有以下三个特征：

1. 资产是由过去的交易或事项所形成的。企业过去的交易或者事项包括购买、生产、建造行为或其他交易或者事项。只有过去发生的交易事项，才能增加或减少企业的资产。预期未来发生的交易或者事项可能产生的结果，不能作为资产确认。因为未来的、尚未发生的事项可能后果无法确认，也没有可靠的计量依据，即不能根据合同中或者计划中的经济业务来确认一项资产。

2. 资产由企业所拥有或控制。所谓“拥有”，是指企业享有某项资源的所有权。所谓“控制”，是指企业虽然不享有某项资源的所有权，但该资源在一定时期或一定条件下能被企业自主支配，如融资租入固定资产。

3. 资产能够直接或间接地给企业带来经济利益。经济利益是指直接或间接流入企业的现金和现金等价物。资产可以单独或与其他资产相结合，直接或间接地为企业提供未来的经济利益。这种能力可以表现为直接购买力、潜在的服务能力或给企业带来某些权利（如股权、债权、专利权等）。它必须能为企业所利用，能为企业带来经济利益。只有这样的经济资源才能作为资产，如果这种经济资源（或能力）已经耗尽，就不应列为资产。

资产按变现速度和能力（流动性），可分为流动资产和非流动资产。

1. 流动资产

流动资产是指预计在一个正常营业周期中变现、出售或耗用的资产；或主要为交易目的而持有的资产；或预计自资产负债表日起 1 年内（含 1 年）变现的资产；或自资产负债表日起 1 年内，交换其他资产或清偿负债的能力不受限制的现金或现金等价物。流动资产主要包括库存现金、银行存款、交易性金融资产、应收账款、应收票据、存货等。

（1）库存现金，是企业流动性最强的流动资产，可以充当媒介，自由流通，可以随时用来购买所需要的财产物资，偿还债务，支付各种费用，也可以随时存入银行。

（2）银行存款，是指存入银行或其他金融机构的各种款项，可以自由提取和使用。

（3）交易性金融资产，是指企业为交易目的所持有的债券投资、股票投资、基金投资等。企业的这部分资产能够随时变现而且持有时间不准备超过 1 年（含 1 年），持有交易性金融资产通常是以有效利用闲置资金为目的。

（4）应收账款，是指企业因销售商品、提供劳务等经营活动而发生的应收而未收到的款项。其他原因所发生的应收款项，如应收各种保证金、应收各种赔款、应收各种罚款等，则用其他应收款项来表示。

（5）应收票据，是指企业因销售商品、提供劳务等而收到的，出票人或者付款人在某一特定日期或某一特定期间，无条件支付一定金额给持票人的书面证明。如商业汇票，包括银行承兑汇票和商业承兑汇票。

（6）存货，是指企业在日常活动中持有以备出售的产成品或商品、处在生产过程中的在产品、在生产过程或提供劳务过程中耗用的材料和物料等。作为存货，必须同时满足两个条件，才能予以确认：一是该存货包含的经济利益很可能流入企业；二是该存货的成本能够可靠计量。不同的行业，存货的内容不尽相同，一般来说，制造业的存货主要有原材料、半成品、产成品等。

2. 非流动资产

非流动资产是指在 1 年以上或超过 1 年的一个营业周期以上才能变现、出售或耗用的资产。非流动资产主要包括长期股权投资、固定资产、无形资产和其他资产。

（1）长期股权投资，是指持有时间准备超过 1 年（不含 1 年）的各种股权性质的投资。如企业投资购买某公司的股票并准备长期持有，即是一项长期股权投资。

（2）固定资产，是指为生产商品、提供劳务、出租或经营管理而持有的、使用寿命超过一个会计年度以上，并在使用过程中能够保持其原有实物形态的资产。固定资产包括房屋及建筑物、机器设备、运输设备、工具器具等。

（3）无形资产，是指企业拥有或者控制的没有实物形态的可辨认非货币性资产。无形资产具有以下特征：①不具有实物形态；②具有可辨认性；③属于非货币性资产。无形资产包括专利权、非专利技术、商标权、著作权、土地使用权等。

（4）其他资产，是指除上述资产以外的其他资产，如长期待摊费用。

（二）负债

负债是指企业过去的交易或者事项形成的、预期会导致经济利益流出企业的现时义务。作为负债，在符合定义的基础上，还必须同时满足以下两个条件时，才确认为负债：（1）与该义务有关的经济利益很可能流出企业；（2）来来流出的经济利益的金额能够可靠地计量。一般来讲，负债具有以下基本特征：

1. 负债是企业承担的现时义务。现时义务是指企业在现有条件下已承担的义务，包括法定义务和推定义务。负债作为企业的一种义务，是由于过去的交易或事项形成的现在已承担的义务。企业预期在将来要发生的经济事项可能产生的债务，不能作为负债。

2. 负债的清偿预期会导致经济利益流出企业。清偿负债导致经济利益流出企业的形式是多种多样，如：用现金偿还或以实物资产偿还；以提供劳务偿还；部分转移资产、部分提供劳务偿还；将负债转为所有者权益，如将国有企业对金融机构的债务转为金融机构拥有的所有者权益。企业不能或很少可以回避现时义务，如果企业能够回避该项义务，则不能确认为企业的负债。

3. 负债是由过去的交易或事项形成的。作为现时义务，负债是过去已经发生的交易或事项所产生的结果，是现实的义务。只有过去发生的交易或事项才能增加或减少企业的负债，未来发生的交易或者事项形成的义务，不属于现时义务，不应确认为负债。如银行借款是因为企业接受了银行贷款而形成的，如果企业没有接受贷款，就不会发生银行借款这项负债；应付账款是因为企业采用信用方式购买商品或接受劳务而形成的，在购买商品或接受劳务发生之前，相应的应付账款并不存在。

负债按偿还期限长短（流动性），可分为流动负债和非流动负债。

1. 流动负债

流动负债是指企业预计在正常营业周期中清偿的，或自资产负债表日起 1 年内到期应予以清偿的，或企业无权自主地将清偿期推迟至自资产负债表日后 1 年以上，或主要为交易目的而持有的负债。企业需要通过转让资产、提供劳务或者以新的流动负债来清偿债务。

对于自资产负债表日起 1 年内到期的负债，企业预计能够自主地将清偿义务展期至资产负债表日后 1 年以上的，应当归类为非流动负债；不能够自主展期的，列为流动负债；企业在资产负债表日或之前违反了长期借款协议条款，导致贷款人可随时要求清偿的负债，应当归类为流动负债。

流动负债包括短期借款、应付账款、应付票据、应付职工薪酬、应交税费等。

（1）短期借款，是指企业为了维持正常生产经营周转而向银行或其他金融机构等借入的期限在 1 年以下（含 1 年）的各种借款。

（2）应付账款，是指企业因购买材料、商品和接受劳务供应等经营活动应支付而未付的款项。

（3）应付票据，是指企业购买材料、商品和接受劳务供应等而发生的，必须于约定日期支付一定金额给持票人的书面证明。

（4）应付职工薪酬，是指企业根据有关规定应支付给职工的各种薪酬。

（5）应交税费，是指企业在生产经营过程中按照税法等规定计算出的应向国家缴纳的各种税费,包括增值税、消费税、营业税、所得税、资源税、土地增值税、城市维护建设税、房产税、土地使用税、车船税、教育费附加等。

2. 非流动负债

非流动负债是指企业偿还期在1年或者超过1年的一个营业周期以上的各种债务,包括长期借款、应付债券等。

(1)长期借款,是指企业向银行或其他金融机构借入的、偿还期在1年(不含1年)或超过1年的一个营业周期以上的各项借款。

(2)应付债券,是指企业为筹集长期资金而发行的预定在某一特定日期还本付息的书面证明。

(三)所有者权益

所有者权益是指企业资产扣除负债后由所有者享有的剩余权益。公司的所有者权益又称为股东权益。所有者权益的来源有:所有者投入的资本、直接计入所有者权益的利得和损失以及留存收益等。

利得是指由企业非日常活动所形成的、会导致所有者权益增加的、与所有者投入资本无关的经济利益的流入。损失是指由企业非日常活动所发生的、会导致所有者权益减少的、与向所有者分配利润无关的经济利益的流出。应该注意的是:利得和损失有两个去向,即作为资本公积直接反映在资产负债表中,或作为非经常损益反映在利润表中。

直接计入所有者权益的利得和损失,是指不应计入当期损益、会导致所有者权益发生增减变动、与所有者投入资本或者向所有者分配利润无关的利得或者损失,如资产评估增值,反映在资本公积中。

直接计入当期利润的利得和损失,是指应当计入当期损益、会导致所有者权益发生增减变动、与所有者投入资本或者向所有者分配利润无关的利得或者损失,如处置固定资产收益,计入营业外收入。

所有者权益是企业的主要资金来源,其主要特征表现在:

1. 所有者权益在数额上为全部资产减去全部负债后的余额。

2. 所有者按其出资额的比例分享企业的利润,并承担企业的经营风险。

3. 所有者具有经营管理权,或将经营管理权委托其他人代为行使。

所有者权益包括实收资本(或者股本)、资本公积和留存收益三个部分,而留存收益包括盈余公积和未分配利润两个部分。

1. 实收资本。实收资本是指投资者按照企业章程或者合同、协议的约定,实际投入企业的资本。投入资本也称资本金,它是企业所有者权益的主体。投入资本在不同的企业组织形式中有不同的称谓,在股份公司中称为"股本",在一般企业中称为"实收资本"。其形态表现为货币资金、实物资产、无形资产等。

2. 资本公积。资本公积是指由投资者投入,但不构成实收资本,或从其他来源取得的由全体投资者享有的资金。从本质上讲,资本公积是企业所有者投资的一部分,具有资本的属性。

3. 盈余公积。盈余公积是指企业按照规定,从税后利润中提取的具有专门用途的资金,属于企业的留存收益。盈余公积包括法定盈余公积和任意盈余公积。其中,法定盈余公积是指企业按照规定的比例从净利润中提取的盈余公积;任意盈余公积是指企业经股东大会或类似机构批准,按照规定的比例从净利润中提取的盈余公积。

企业的盈余公积可以用于弥补亏损、转增资本(或股本)。符合规定条件的企业,也可以用盈余公积分派现金股利。

4. 未分配利润。未分配利润是指企业留存以后年度分配的利润或待分配的利润。它是企业所有者权益的重要组成部分,这部分净利润既没有分配给投资者,也没有被指定专门的用途,属于企业的留存收益。

负债与所有者权益虽然都是资产的来源,但两者有着根本的区别:负债是一项债务责任,它只能通过偿还才能消灭,或者用新的负债来代替旧的负债。负债反映的是企业作为债务人与债权人的关系,形成企业的债务资本。所有者权益反映的则是产权关系,即企业净资产归谁所有,形成的是永久性资本。

二、反映经营成果的会计要素

经营成果是企业在一定时期内从事生产经营活动所取得的最终成果,是资金运动显著变动状态的主要体现。反映经营成果的会计要素包括收入、费用、利润三项。

(一)收入

收入是指企业在日常活动中形成、会导致所有者权益增加、与所有者投入资本无关的经济利益的总流入。收入只有在经济利益很可能流入从而导致企业资产增加或者负债减少,且经济利益的流入额能够可靠计量时,才能予以确认。

收入与利得的不同主要在于收入是日常活动形成的,利得是非日常活动形成的。收入一般具有以下基本特征:

1. 收入是企业在日常活动中形成的

日常活动是指企业为完成其经营目标所从事的经常性活动以及与之相关的活动。例如,工业企业制造并销售产品、商业企业销售商品、保险公司签发保单、咨询公司提供咨询服务、商业银行对外贷款等,均属于企业的日常活动。明确界定日常活动是为了将收入与利得相区分,因为企业非日常活动所形成的经济利益的流入不能确认为收入,而应当计入利得。

2. 收入是与所有者投入资本无关的经济利益的总流入

收入应当会导致经济利益的流入,从而导致资产的增加。例如,企业销售商品,应当收到现金或者在未来有权收到现金,才表明该交易符合收入的定义。但在实务中,经济利益的流入有时是所有者投入的增加所导致的,所有者投入资本的增加不应确认为收入,应当将其直接确认为所有者权益。

3. 收入会导致所有者权益的增加

与收入相关的经济利益的流入应当会导致所有者权益的增加,不会导致所有者权益增加的经济利益的流入不符合收入的定义,不应确认为收入。例如,企业向银行借入款项,尽管也导致了企业经济利益的流入,但该流入并不导致所有者权益的增加,反而使企业承担了一项现时义务。企业对于因借入款项所导致的经济利益的增加,不应将其确认为收入,应当确认为一项负债。

(二)费用

费用是指企业在日常活动中发生、会导致所有者权益减少、与向所有者分配利润无关的经济利益的总流出。费用只有在经济利益很可能流出从而导致企业资产减少或者负债增加,且经济利益的流出额能够可靠计量时,才能予以确认。

1. 费用是企业在日常活动中形成的

费用必须是企业在日常活动中所形成的，这些日常活动的界定与收入定义中涉及的日常活动的界定相一致。因日常活动所产生的费用通常包括销售成本(营业成本)、职工薪酬、折旧费、无形资产摊销费等。将费用界定为在日常活动中所形成的，目的是为了将其与损失相区分，企业非日常活动所形成的经济利益的流出不能确认为费用，而应当计入损失。

2. 费用是与向所有者分配利润无关的经济利益的总流出

费用的发生应当会导致经济利益的流出，从而导致资产的减少或者负债的增加(最终也会导致资产的减少)。其表现形式包括现金或者现金等价物的流出，存货、固定资产和无形资产等的流出或者消耗等。鉴于企业向所有者分配利润也会导致经济利益的流出，而该经济利益的流出显然属于所有者权益的抵减项目，不应确认为费用，应当将其排除在费用的定义之外。

3. 费用会导致所有者权益的减少

与费用相关的经济利益的流出应当会导致所有者权益的减少，不会导致所有者权益减少的经济利益的流出不符合费用的定义，不应确认为费用。

(三)利润

利润是指企业在一定会计期间的经营成果。利润包括收入减去费用后的净额、直接计入当期利润的利得和损失等。

利润的金额取决于收入和费用、直接计入当期利润的利得和损失的金额，即：

利润＝收入－费用＋计入当期利润的利得－计入当期利润的损失

利润是指企业在一定会计期间的经营成果，包括营业利润、利润总额和净利润。利润由收入与费用的差额确定，与收入、费用密切相关。

营业利润是指营业收入(主营业务收入＋其他业务收入)减去营业成本(主营业务成本＋其他业务成本)、营业税金及附加、资产减值损失、销售费用、管理费用和财务费用后，加上公允价值变动收益(公允价值变动损失则减去)和投资收益(投资损失则减去)等的金额。

利润总额是指营业利润加上营业外收入，减去营业外支出后的金额。

净利润是指利润总额减去所得税费用后的金额。

以上六大会计要素的划分在会计核算中具有重要作用，它们相互影响、密切联系，全面、综合地反映企业的经济活动。六大会计要素是企业设置会计科目和账户的依据，构成了会计报表的基本框架。

第二节　会计等式

会计等式是指表明会计要素之间内在经济联系的恒等式。会计等式也称会计平衡公式或会计方程式，它揭示了会计基本要素之间本质的内在联系，是设置会计账户、复式记账和编制会计报表的理论基础。

一、会计基本等式

企业为了开展生产经营活动，首先必须拥有或控制一定数量、能满足其生产经营需要的资产，如资金和实物等。企业拥有的这些资产必有其来源，会计上将企业资产的来源称为权益，它是指企业资产的提供者对资产所享有的索取权。资产与权益是企业同一资金的两个不同方面，是从两个不同角度观察和分析的结果。资产和权益是相互依存、互为条件的，没有权益的存在，就不会有资产；同样，没有资产的存在，就不会产生有效的权益。从数量关系看，一定量的资产必有与其等量的权益；反过来说，一定量的权益也必然有与其等量的资产。所以，任何一个企业的全部资产总额与全部权益总额必然相等。资产与权益之间这种客观存在的数量上的平衡关系，用公式表示为：

资产＝权益

企业的资产主要来源于企业的债权人和投资者，权益也就包括债权人权益（负债）和所有者权益。因此，会计等式可表示为：

资产＝负债＋所有者权益

上述公式在会计上称为会计基本等式，也是国际上通用的会计等式。这一等式反映了资产、负债和所有者权益三个会计要素之间的经济联系和基本数量关系。这种数量关系表明了企业在一定时点上的财务状况，所以，这一会计等式也称为静态会计等式，它是编制资产负债表的理论基础。

二、会计扩展等式

企业的目标就是从生产经营过程中获取收入，实现盈利。企业在取得收入的同时，也必然会发生相应的费用。收入与费用相比较的结果，就是企业在一定时期所获得的利润或发生的亏损。收入、费用和利润的关系用公式可表示为：

利润＝收入－费用

这一公式反映了一定时期内收入、费用和利润三个会计要素之间的经济关系及在一定时期内企业经营成果的形成过程，因此，也称为动态会计等式，它是编制利润表的理论基础。

企业在一定时期内取得的经营成果能够对资产和所有者权益产生影响，如果企业的收入大于费用，企业就获得了利润，所有者权益将增加；如果企业的收入小于费用，企业就发生亏损，所有者权益将减少。收入可以导致企业资产的增加或负债的减少，最终导致所有者权益增加；费用可以导致企业资产的减少或负债的增加，最终导致所有者权益减少。所以，一定时期的经营成果必然影响一定时点的财务状况。因此，将这种关系用公式表示为：

资产＝负债＋所有者权益＋利润

＝负债＋所有者权益＋（收入－费用）

或：

资产＋费用＝负债＋所有者权益＋收入

上述公式是会计基本等式的扩展形式，它将会计的六大要素有机地结合起来，完整地反映了企业的资金运动过程，揭示了资产负债表要素和利润表要素内部及其相互之间的联系和依存关系。

三、经济业务对会计等式的影响

（一）经济业务的发生对会计基本等式的影响

企业在正常的生产经营过程中会发生许多具体的经济业务，这些经济业务的发生都会引起各个会计要素数额上的增减变动。有的经济业务会引起会计等式的左方（资产）内部要素项目的增减变化，有的经济业务会引起会计等式的右方（负债和所有者权益）内部要素项目的增减变化，有的经济业务则会引起会计等式左、右两方同时发生增减变化。但是，这些增减变化都不会影响会计等式的平衡关系，即会计等式左方与右方的金额始终是相等的。为了证明这一点，下面举例进行说明。

【例 2—1】 斯利尔公司 2016 年 7 月 31 日资产、负债和所有者权益有关项目的金额及平衡关系如表 2—1 所示。

表 2—1 斯利尔公司 2016 年 7 月 31 日资产、负债和所有者权益有关项目的金额及平衡关系 单位:元

资 产	金 额	负 债	金 额	所有者权益	金 额
银行存款	100 000	短期借款	100 000	实收资本	350 000
应收账款	200 000	应付账款	250 000	资本公积	150 000
原材料	300 000	应交税费	50 000	未分配利润	100 000
固定资产	400 000				
合 计	1 000 000	=	400 000	+	600 000

斯利尔公司 2016 年 8 月份发生下列经济业务:

1. 8 月 1 日,向银行借入短期借款 50 000 元,存入本公司银行账户。

这项经济业务的发生,一方面使公司权益方(负债项目:短期借款)增加了 50 000 元,另一方面使公司资产方(资产项目:银行存款)增加了 50 000 元,增加金额相等,因此,公司的资产和权益总额都增加了 50 000 元,所以,这项经济业务的发生不会改变会计恒等式的平衡关系。对会计等式的影响为:

资产类(1 000 000)+银行存款增加额(50 000)=负债+所有者权益(1 000 000)+短期借款增加额(50 000)

资产(1 050 000)=负债+所有者权益(1 050 000)

2. 8 月 5 日,投资人向公司投入资本 200 000 元,款项存入银行。

这项经济业务的发生,涉及资产和权益两方的同增:一方面使公司资产方的银行存款增加了200 000元,另一方面又使公司权益方(所有者权益项目:实收资本)增加了200 000元,双方增加金额相等,因此,会计恒等式的平衡关系没有改变。对会计等式的影响为:

资产类(1 050 000)+银行存款增加额(200 000)=负债+所有者权益(1 050 000)+实收资本增加额(200 000)

资产(1 250 000)=负债+所有者权益(1 250 000)

3. 8 月 8 日,公司以银行存款归还应付账款 100 000 元。

这项经济业务的发生,涉及资产和所有者权益两方的同减:一方面使公司资产方的银行存款减少了 100 000 元,另一方面又使公司权益方(负债项目:应付账款)也减少了 100 000 元,双方减少金额相等,因此,会计恒等式的平衡关系没有改变。对会计等式的影响为:

资产类(1 250 000)—银行存款减少额(100 000)=负债+所有者权益(1 250 000)— 应付账款减少额(100 000)

资产(1 150 000)=负债+所有者权益(1 150 000)

4. 8 月 20 日,由于市场原因,经同意,缩小生产规模,撤资 100 000 元。

这项经济业务的发生,涉及资产和所有者权益两方的同减:一方面使公司资产方的银行存款减少了 100 000 元,另一方面又使公司权益方(所有者权益项目:实收资本)减少了100 000元,双方减少金额相等,因此,会计恒等式的平衡关系没有改变。对会计等式的影响为:

资产类(1 150 000)+银行存款减少额(100 000)=负债+所有者权益(1 150 000)+实收资本减少额(100 000)

资产(1 050 000)＝负债＋所有者权益(1 050 000)

5. 8月22日，以银行存款购进固定资产20 000元。

这项经济业务的发生，只在资产方此增彼减：一方面使公司资产方的银行存款减少了20 000元，另一方面使公司资产方的固定资产增加了20 000元，增减金额相等，因此，公司总资产金额未发生变化。另外，这项经济业务没有涉及负债和所有者权益项目，不会引起权益总额发生变化。所以，这项经济业务的发生不会改变会计恒等式的平衡关系。对会计等式的影响为：

资产类(1 050 000)＋固定资产增加额(20 000)－ 银行存款减少额(20 000)＝负债＋所有者权益(1 050 000)

资产(1 050 000)＝负债＋所有者权益(1 050 000)

6. 8月25日，公司向银行借入短期借款50 000元，直接归还所欠购货单位货款。

这项经济业务的发生，只在权益方此增彼减：一方面使公司权益方(负债项目：短期借款)增加了50 000元，另一方面使公司权益另一方(负债项目：应付账款)减少了50 000元，增减金额相等，因此，公司的权益总额未发生变化。另外，这项经济业务没有涉及资产项目，不会引起资产总额发生变化，所以，这项经济业务的发生不会改变会计恒等式的平衡关系。对会计等式的影响为：

资产类(1 050 000)＝负债＋所有者权益(1 050 000)＋短期借款增加额(50 000)－应付账款减少额(50 000)

资产(1 050 000)＝负债＋所有者权益(1 050 000)

7. 8月28日，经同意，公司以资本公积50 000元，转增资本。

这项经济业务的发生，只在权益方此增彼减：一方面使公司权益方(所有者权益项目：实收资本)增加了50 000元，另一方面使公司权益另一方(所有者权益项目：资本公积)减少了50 000元，增减金额相等，因此，公司的权益总额未发生变化。另外，这项经济业务没有涉及资产项目，不会引起资产总额发生变化，所以，这项经济业务的发生不会改变会计恒等式的平衡关系。对会计等式的影响为：

资产类(1 050 000)＝负债＋所有者权益(1 050 000)＋实收资本增加额(50 000)－资本公积减少额(50 000)

资产(1 050 000)＝负债＋所有者权益(1 050 000)

8. 8月30日，公司宣告将以未分配利润50 000元，支付股东股利50 000元。

这项经济业务的发生，只在权益方此增彼减：一方面使公司权益方(所有者权益项目：未分配利润)减少了50 000元，另一方面使公司权益另一方(负债项目：应付股利)增加了50 000元，增减金额相等，因此，公司的权益总额未发生变化。另外，这项经济业务没有涉及资产项目，不会引起资产总额发生变化，所以，这项经济业务的发生不会改变会计恒等式的平衡关系。对会计等式的影响为：

资产类(1 050 000)＝负债＋所有者权益(1 050 000)＋应付股利增加额(50 000)－未分配利润减少额(50 000)

资产(1 050 000)＝负债＋所有者权益(1 050 000)

这些经济业务发生后，引起了资产、负债和所有者权益的增减变化，出现了新的平衡关系。斯利尔公司2016年8月31日资产、负债和所有者权益有关项目的金额及平衡关系如表2—2所示。

表 2—2　斯利尔公司 2016 年 8 月 31 日资产、负债和所有者权益有关项目的金额及平衡关系　单位:元

资　产	金　额	负　债	金　额	所有者权益	金　额
银行存款	130 000	短期借款	200 000	实收资本	500 000
应收账款	200 000	应付账款	100 000	资本公积	100 000
原材料	300 000	应交税费	50 000	未分配利润	50 000
固定资产	420 000	应付股利	50 000		
合　计	1 050 000	=	400 000	+	650 000

可以看出,斯利尔公司 2016 年 8 月份发生经济业务以后,资产与负债和所有者权益仍然保持着平衡关系。由此可知,任何一项经济业务的发生,都一定会引起资产和权益至少两个项目发生增减变动,并同时引起相关的会计要素发生等量增减变动。从上述例题中可以看出,经济业务的发生对会计等式的影响不外乎有两种情况:一是引起会计恒等式两边对应项目同增或者同减,增减金额相等,使双方原来的总额发生同增或同减的变动,但变动的结果,双方变动后的总额保持相等关系(如业务 1、业务 2 和业务 3、业务 4);二是引起会计恒等式一边内部有关项目有增有减,增减金额相等,相互抵消后,不但不影响会计恒等式两边总额的平衡,而且原来的总额也不会发生变动(如业务 5 和业务 6、业务 7、业务 8)。由此可以得出结论:任何一项经济业务的发生,无论引起会计要素发生什么样的增减变动,都不会改变会计恒等式的平衡关系。

企业在生产经营过程中所发生的经济业务是多种多样、错综复杂的,而这些多种多样的经济业务,归纳起来不外乎以下四种类型:

第一种类型:经济业务的发生引起会计等式左、右两边的金额同时增加,即资产增加,负债和所有者权益也等额同时增加,由于双方增加金额相等,故变动后会计等式仍保持平衡。(业务 1、业务 2)

第二种类型:经济业务的发生引起会计等式左、右两边的金额同时减少,即资产减少,负债和所有者权益也等额同时减少,由于双方减少金额相等,故变动后会计等式仍保持平衡。(业务 3、业务 4)

第三种类型:经济业务的发生引起会计等式左边内部项目金额发生增减变动,即资产类内部项目一个增加、一个减少,由于增减金额相等,变动后资产总额不变,故会计等式仍保持平衡。(业务 5)

第四种类型:经济业务的发生引起会计等式右边内部项目金额发生增减变动,即负债类内部各项目之间、所有者权益类内部各项目之间或者负债类项目与所有者权益类项目之间此增彼减,由于增减金额相等,变动后权益总额不变,故会计等式仍保持平衡。(业务 6、业务 7、业务 8)

以上四种经济业务类型可用图 2—1 来表示。

(二)经济业务的发生对会计扩展等式的影响

如果考虑收入、费用和利润这三个会计要素,企业经济业务的发生对会计扩展等式的影响如下:

1.企业收入的取得,或者表现为资产要素和收入要素同时同等金额的增加,或者表现为收入要素的增加和负债要素同等金额的减少,结果,扩展的会计等式仍保持平衡。

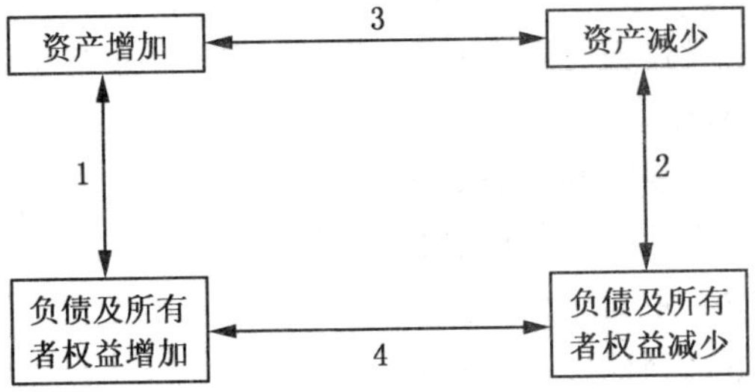

图 2—1　经济业务的类型

2.企业费用的发生，或者表现为负债要素和费用要素同时同等金额的增加，或者表现为费用要素的增加和资产要素同等金额的减少，结果，扩展的会计等式仍保持平衡。

3.在会计期末，将收入与费用相减，得出企业利润。利润在按照规定程序进行分配以后，留存企业的部分（包括盈余公积和未分配利润）转化为所有者权益的增加（或减少），同时，要么是资产要素相应增加（或减少），要么是负债要素相应减少（或增加），结果，扩展的会计等式仍保持平衡。

由于收入、费用和利润这三个会计要素的变化实质上都可以表现为所有者权益的变化，因此，上述三种情况都可以归纳到前面我们总结的四种经济业务类型中去。也正是因为如此，扩展的会计等式也就始终保持平衡。

以上分析说明，资产、负债、所有者权益、收入、费用和利润六大会计要素之间存在着一种平衡关系。会计等式的平衡关系是贯穿于会计核算始终的一条主线，正确理解和运用这一平衡关系，对于掌握和运用会计核算的基本方法，具有重要的意义。

第三节　会计科目与会计账户

一、会计科目的概念和意义

（一）会计科目的概念

会计科目是对会计要素具体内容进行分类核算和监督的项目。会计对象的具体内容各有不同，管理要求也各有不同。为了全面、系统、详细地反映和监督各项经济业务的发生情况，以及由此引起的各资产、负债、所有者权益和各项损益的增减变动，分门别类地为经济管理提供会计核算资料，就有必要按各项会计对象分别设置会计科目。

设置会计科目就是根据会计对象的具体内容和经济管理的要求，事先规定分类核算项目或标志的一种专门方法。通过设置会计科目，可以对纷繁复杂、性质不同的经济业务进行科学的分类，可以将复杂的经济信息变成有规律的、易识别的经济信息，并为其转变为会计信息准备条件。在设置会计科目时，需要将会计对象具体内容相同的归为一类，设置一个会计科目，凡是具备这类信息特征和要求的经济业务，都应在这个科目项下进行核算。设置会计科目从信息分类的角度来看，是将性质相同的信息给予约定的代码。例如，根据资产这一会计要素的特征以及经济管理的要求，可以设置"固定资产"、"无形资产"、"库存现金"、"银行存款"、"原材料"等会计科目，这样才能对资产这类会计要素的具体内容进行核算。设置会计科目时，要为每一个具体的类别规定一个科目名称，并且限定该科目应核算的内容。例如，为了核算库存现金，就要设置一个“库存现金”科目，同时限定“库存现金”科目就是用来核算企业库存现金的收付与结存情况。可见，会计科目就是对会计要素的具体内容分类的标志，在每一个会计科目中都要有明确的含义和核算范围。

在实际工作中，会计科目由财政部事先统一规定。通过设置会计科目对会计要素的具体内容进行科学分类，可以为会计信息使用者提供科学、详细的分类会计信息。在会计核算的具体方法中，设置会计科目占有重要地位，它决定着账户的开设、报表结构的设计，是正确进行会计核算的一个重要条件，也是会计核算的一种专门方法。

（二）会计科目的意义

会计科目是进行各项会计记录和提供各项会计信息的基础，在会计核算中具有重要意义。

1. 会计科目是复式记账的基础。复式记账要求每一笔经济业务在两个或两个以上相互联系的账户中进行登记，以反映经济业务引起的资金增减变化情况。

2. 会计科目是编制记账凭证的基础。在我国，会计凭证是确定所发生的经济业务应记入何种科目以及分门别类登记账簿的依据。

3. 会计科目为成本计算与财产清查提供了前提条件。通过会计科目的设置，有助于成本核算，使各种成本计算成为可能；而通过账面记录与实际结存的核对，又为财产清查、保证账实相符提供了必备的条件。

4. 会计科目为编制会计报表提供了方便。会计报表是提供会计信息的主要手段，为了保证会计信息的质量及其提供的及时性，会计报表中的许多项目与会计科目是一致的，并根据会计科目所设置账户的本期发生额或余额填列。

二、会计科目的设置原则

会计科目作为分类信息的项目或标志，是投资者、债权人、企业经营管理者等提供会计信息的重要手段，必须根据一定的原则来设置。分类是管理的一种形式，分类正确与否关系到会计信息的科学性、系统性，从而决定管理的科学性。设置会计科目时，应该遵循以下几项原则：

1. 必须结合会计要素的特点，全面反映会计要素的内容

会计科目作为对会计对象具体内容即会计要素进行分类核算的项目，其设置应能保证全面、系统地反映会计要素的全部内容，不能有任何遗漏。同时，会计科目的设置必须反映会计要素的特点。各会计主体除了需要设置各行各业的共性会计科目外，还应根据各行各业经营活动的特点，设置相应的会计科目，不能千篇一律。例如，制造企业的主要经营活动是制造产品，因而需要设置反映生产耗费的会计科目，“生产成本”、“制造费用”等科目就是为适应这一特点而设置的。

2. 既要满足对外报告的要求，又要符合内部经营管理的需要

会计核算资料应能满足各方面的需要：满足政府部门加强宏观调控、制定方针政策的需要，满足投资人、债权人及有关方面对单位经营和财务状况作出准确判断的需要，满足单位内部加强经营管理的需要。因此，在设置会计科目时，要兼顾对外报告信息和单位内部经营管理的需要，如“固定资产”、“实收资本”等科目提供的总括性指标基本上能满足单位外部有关方面的需要，而在“固定资产”总分类科目下按照固定资产的类别设置明细分类科目，所提供的明细核算资料，主要为单位内部管理服务。

3. 既要适应经济业务发展的需要，又要保持相对稳定

会计科目的设置要适应社会经济环境的变化和本单位经济业务发展的需要。例如，随着

商业信用的发展，为了反映和监督商品交易的延期付款或延期交货而形成的债权关系，应单独设置“预收账款”和“预付账款”科目，即把预收、预付货款的核算从“应收账款”和“预付账款”科目中分离出来。又如，随着技术市场的形成和专利法、商标法的实施，对企业拥有的专有技术、专利权、商标权等无形资产的价值及其变动情况，有必要专设“无形资产”科目予以反映。但是，会计科目的设置应保持相对稳定，以便在一定范围内综合汇总和在不同时期对比分析利用。

4. 要将统一性与灵活性结合起来

所谓统一性，是指在设置会计科目时，应根据提供会计信息的要求，对一些主要会计科目的设置及其核算内容进行统一规定，以保证会计核算指标在一个部门、一个行业乃至全国范围内可以进行汇总和比较。在此前提下，各单位可以根据本单位的具体情况和经济管理要求，对统一规定的会计科目做必要的增补或简并。

5. 会计科目要简明、适用，并要分类、编号

每一个会计科目都应有特定的核算内容。在设置会计科目时，对每一个科目特定的核算内容必须严格、明确地界定，不能混淆。会计科目的名称应与其核算的内容相一致，并要含义明确、通俗易懂。会计科目的数量和粗细程度应根据单位规模的大小、业务的繁简和管理的需要而定。同时，对所设置的会计科目要进行分类、编号。

现根据财政部公布的《企业会计准则——应用指南》附录中统一规定的会计科目，将企业常用的会计科目列示如表 2—3 所示。

表 2—3　　　　企业常用会计科目表

顺序号	编号	会计科目名称
		一、资产类
1	1001	库存现金
2	1002	银行存款
3	1012	其他货币资金
4	1101	交易性金融资产
5	1121	应收票据
6	1122	应收账款
7	1123	预付账款
8	1131	应收股利
9	1132	应收利息
10	1221	其他应收款
11	1231	坏账准备
12	1321	代理业务资产
13	1401	材料采购
14	1402	在途物资
15	1403	原材料
16	1404	材料成本差异

续表

顺序号	编号	会计科目名称
17	1405	库存商品
18	1406	发出商品
19	1407	商品进销差价
20	1408	委托加工物资
21	1411	周转材料
22	1471	存货跌价准备
23	1501	持有至到期投资
24	1502	持有至到期投资减值准备
25	1503	可供出售金融资产
26	1511	长期股权投资
27	1512	长期股权投资减值准备
28	1521	投资性房地产
29	1531	长期应收款
30	1532	未实现融资收益
31	1601	固定资产
32	1602	累计折旧
33	1603	固定资产减值准备
34	1604	在建工程
35	1605	工程物资
36	1606	固定资产清理
37	1701	无形资产
38	1702	累计摊销
39	1703	无形资产减值准备
40	1711	商誉
41	1801	长期待摊费用
42	1811	递延所得税资产
43	1901	待处理财产损溢
	二、负债类	
44	2001	短期借款
45	2101	交易性金融负债
46	2201	应付票据
47	2202	应付账款

续表

顺序号	编号	会计科目名称
48	2203	预收账款
49	2211	应付职工薪酬
50	2221	应交税费
51	2231	应付利息
52	2232	应付股利
53	2241	其他应付款
54	2314	代理业务负债
55	2401	递延收益
56	2501	长期借款
57	2502	应付债券
58	2701	长期应付款
59	2702	未确认融资费用
60	2711	专项应付款
61	2801	预计负债
62	2901	递延所得税负债
		三、共同类
63	3101	衍生工具
64	3201	套期工具
65	3202	被套期项目
		四、所有者权益类
66	4001	实收资本
67	4002	资本公积
68	4101	盈余公积
69	4103	本年利润
70	4104	利润分配
71	4201	库存股
		五、成本类
72	5001	生产成本
73	5101	制造费用
74	5201	劳务成本
75	5301	研发支出

续表

顺序号	编号	会计科目名称
		六、损益类
76	6001	主营业务收入
77	6051	其他业务收入
78	6101	公允价值变动损益
79	6111	投资收益
80	6301	营业外收入
81	6401	主营业务成本
82	6402	其他业务成本
83	6403	营业税金及附加
84	6601	销售费用
85	6602	管理费用
86	6603	财务费用
87	6701	资产减值损失
88	6711	营业外支出
89	6801	所得税费用
90	6901	以前年度损益调整

为了便于会计核算工作的顺利进行，尤其是适应会计电算化的要求，一般在其分类基础上编制成会计科目表，将所使用的全部会计科目列于其中，并对每一会计科目加以编号。会计科目的编号采用“四位数制”。以千位数数码代表会计科目按会计要素区分的类别，一般分为五个数码：“1”为资产类，“2”为负债类，“3”为共同类，“4”为所有者权益类，“5”为成本类，“6”为损益类；百位数数码代表每一大类会计科目下较为详细的类别，可根据实际需要取数；十位和个位上的数码一般代表会计科目的序号，为了便于会计科目增减，在序号中一般留有间隔数字。

企业应按照《企业会计准则——应用指南》附录中统一规定的会计科目，在不影响会计核算要求和会计报表指标汇总，以及对外提供统一的会计报表的前提下，根据实际情况自行增设、减少或合并某些会计科目。企业在填制会计凭证、登记账簿时，应填写会计科目的名称，或者同时填写会计科目的名称和编号，但不应只填写会计科目的编号，不填写会计科目的名称。

三、会计科目的分类

为了便于掌握和运用会计科目，有必要按一定标准对会计科目进行分类。

（一）会计科目按其反映的经济内容分类

每个会计科目都有自身所反映的经济内容。会计科目按其反映的经济内容不同，可分为资产类、负债类、共同类、所有者权益类、成本类和损益类（见表2－3）。

（二）会计科目按其提供经济信息的详略程度分类

会计科目按其提供经济信息的详略程度不同，一般可分为总分类科目和明细分类科目。

设置总分类科目和明细分类科目的目的是方便会计的分工记账，满足管理部门对不同层次会计信息的需求。其中，总分类科目又称一级科目，明细分类科目又可分为子目（二级科目）和细目（三级科目）。

1. 一级科目

一级科目即总分类科目，也称总账科目，是对会计对象不同经济内容进行总括分类，提供总括核算资料的科目，如“原材料”、“固定资产”、“实收资本”、“应收账款”等科目。为了满足国家宏观经济管理的需要，一级科目原则上由财政部统一规定。

2. 二级科目

二级科目即二级分类科目，也称子目，是指在一级科目的基础上，对一级科目所反映的经济内容进行较为详细分类的会计科目。如“应交税费”科目属于一级科目，下设的“应交增值税”、“应交营业税”、“应交消费税”、“应交所得税”科目属于二级科目。

3. 三级科目

三级科目即明细科目，也称细目，是指在二级科目的基础上，对二级科目所反映的经济内容进一步详细分类的会计科目。如“应交税费”总账科目提供一定时期应交税费的总体信息，在“应交增值税”二级科目下分别按“进项税额”、“销项税额”、“已交税金”、“进项税额转出”等设置三级科目，具体反映应交增值税的具体情况。

总分类科目、明细分类科目的关系如表2—4所示。

表2—4　　总分类科目、明细分类科目的关系

总分类科目（一级科目）	明细分类科目	
	二级科目（子目）	三级科目（细目）
应交税费	应交增值税	进项税额 销项税额

会计科目按其提供经济信息的详略程度分类，有利于了解会计科目反映的具体内容，满足经营管理所需要的会计信息。明细分类科目除会计制度规定设置的以外，各单位可根据实际需要自行设置。但是，应当说明的是，并不是所有的一级科目都需要强调分设二级科目和三级科目，根据信息使用者所需不同信息的详细程度，有些只需设置一级科目，有些只需设置一级科目和三级科目，而不需要设置二级科目。

四、会计账户的概念和意义

会计账户是根据会计科目设置的，具有一定格式和结构，用来分类、连续地记录经济业务，反映会计要素增减变动及其结果的载体。

会计科目只是规定了对会计要素具体内容进行分类核算的项目或名称，还不能进行具体的会计核算，不能反映经济业务发生所引起的会计要素各项目的增减变动情况和结果。为了全面、序时、连续、系统地记录由于经济业务的发生而引起的会计要素的增减变动，提供各种会计信息，还必须根据规定的会计科目在账簿中开设账户。每个账户都有一个名称，在账簿中拥有一定的账页，具有规定的账页格式。

设置会计账户是会计核算的一种专门方法。正确地设置和运用会计账户，把各项经济业务的发生情况，以及由此而引起的各会计要素的增减变化，系统地、分门别类地进行核算和监督，以提供各种会计信息，对于加强宏观和微观经济管理具有重要意义。

1. 通过设置会计账户，可以将经济业务发生的原始数据转化为初始的会计信息。企业的各项经济活动是具体的，它可以形成定量化与定性化的数据，在未经确认并按账户分类正式记录之前，这些数据仅仅是数据而已。而把数据区分为会计信息与非会计信息，是通过账户来实现的。数据一旦进入账户，就转化为以账户为标志的会计信息，就与原来的数据产生了本质的区别。

2.通过设置会计账户，可以压缩会计信息数据，确保会计信息的质量。企业各项经济活动中所反映的数据往往是零散的、单个的、缺乏有机联系的，数据难以体现价值运动的内在联系。况且，会计信息使用者要求会计提供的是连续、系统、全面的信息，而绝不是零散的、单个的、缺乏有机联系的重复数据。通过设置会计账户，可以将这些零散的、单个的数据根据类别形成在本质上既有联系又有区别的会计信息，从而形成会计信息的有序性与层次性。

各企业在会计核算中必须依据会计科目开设会计账户。一方面，应当根据会计科目按其反映的经济内容分类开设账户；另一方面，应当根据会计科目按其提供经济信息的详略程度分类，分别开设总分类账户、二级账户和明细分类账户，以全面反映会计要素的具体内容，为企业管理提供各种各样有价值的核算资料。

五、会计账户的基本结构和内容

会计账户的结构是指账页的格式。账户要记录由于经济业务发生而引起的各会计要素的增减变动情况，就必须拥有一定格式的账页。会计账户的基本结构是由会计要素的数量变化情况决定的。由于经济业务发生所引起的各会计要素的变动，从数量上看不外乎是增加和减少两种情况，因此，会计账户结构也就相应分为左方、右方两个方向，一方反映增加额，另一方反映减少额。同时，为了反映其增减变动的结果，账户还需要设置反映结余数的部分。这样，账户的基本结构由“增加额”栏、“减少额”栏和“余额”栏三个部分构成。这一基本结构，不论企业在实际工作中所使用账户的具体格式如何，总是一样的。

当然，对于一个完整的账户而言，除了必须有反映增加额、减少额和余额的栏目外，还应包括其他栏目，反映其他相关内容。一般来说，一个完整的账户结构应包括下列内容：

1. 账户名称(即会计科目)；
2. 日期(用于说明经济业务发生的日期)；
3. 凭证编号(表明账户记录所依据的凭证)；
4. 摘要(概括说明经济业务的内容)；
5. 增加额、减少额和余额(说明经济业务发生的金额)。

账户的一般格式如表 2—5 所示。

表 2—5　　账户的一般格式

账户名称(会计科目)

年		凭证编号	摘要	增加额	减少额	余额
月	日					

为便于说明问题，可将账户的核心部分简化为“T”形，只保留左、右两方，其他略去，将余额写在下方，其简化形式如图 2—2 所示。

左方	账户名称(会计科目) 右方
期初余额 增加额 ……	减少额 ……
本期增加发生额 期末余额	本期减少发生额

图 2—2 "T"形账户

账户的左方和右方分别记录增加额和减少额。增减相抵后的差额,即为余额。因此,每个账户一般有四个金额要素,即期初余额、本期增加发生额、本期减少发生额和期末余额。本期增加发生额和本期减少发生额是指在一定的会计期间内,账户在左、右两方分别登记的增加额合计和减少额合计。本期增加发生额和本期减少发生额相抵后的差额,即为本期的期末余额。如果将本期的期末余额转入下一期,就是下一期的期初余额。每个账户的本期发生额反映的是该类经济业务内容在本期内变动的情况,而余额则反映变动的结果。正常情况下,账户四项金额要素的关系可以用下列等式表示:

期末余额＝期初余额＋本期增加发生额－本期减少发生额

账户的左、右两方是按相反方向来记录增加额和减少额的,也就是说,如果在账户左方记录增加额,则在账户右方记录减少额;反之,如果在账户右方记录增加额,则在账户左方记录减少额。在每一个具体账户的左、右两方中,究竟哪一方记录增加额,哪一方记录减少额,取决于所采用的记账方法和账户所记录的经济业务内容。账户的余额一般与账户记录增加额在同一方向。

六、会计账户与会计科目的联系和区别

会计账户与会计科目是会计学中两个密切相关的概念,两者之间既有联系,又有区别。

会计科目与会计账户的联系是:它们都是用来分门别类地反映会计要素的具体内容的,两者口径一致、性质相同,会计科目是设置会计账户的依据,是会计账户的名称;会计账户是会计科目的具体运用。由于会计科目就是会计账户的名称,两者完全一致,因此,在实际工作中,会计科目与会计账户常被作为同义语来理解,互相通用,不加严格区分。

会计科目与会计账户的区别在于:首先,两者的概念不同。会计科目只是对会计要素具体内容分类的标志,而会计账户是记录由于发生经济业务而引起的会计要素具体内容的各项目增减变化的空间场所。其次,两者的表现形式不同,会计科目仅是一个分类标志,本身没有结构,不能记录和反映经济业务的内容;而会计账户则有一定的结构,能记录和反映经济业务的增减变化及结果。

第四节 复式记账

一、复式记账的概念

为了对会计要素进行核算和监督,在按一定原则设置了会计科目,并按会计科目开设了账

户以后，就需要采用一定的记账方法将会计要素的增减变动情况登记在账户中。

记账方法是指按照一定的规则，使用一定符号，在账户中登记会计要素增减变动的技术方法。记账方法按其登记一项经济业务涉及账户的多少划分，可分为单式记账法和复式记账法两种。

单式记账法是指一项经济业务发生后，只在一个账户中进行记录的记账方法。在单式记账法下，通常只登记现金和银行存款的收付和债权债务方面发生的经济业务，一般不登记实物的收付业务。例如，用现金 1 000 元购买原材料这样一笔经济业务，在记账时，只在现金账上记录一笔库存现金减少了 1 000 元，至于原材料增加则略而不计。由此可见，采用单式记账法手续简单，但没有设置完整的账户体系，账户之间也没有对应关系，不能全面、系统地反映经济业务发生而引起的会计要素的增减变动及结果，不便于检查账户记录的正确性，因而是一种不够科学的记账方法。

复式记账法是相对于单式记账法而言的，是指对每一项经济业务，都必须以相等的金额在两个或两个以上相互联系的账户进行同时登记的一种记账方法。例如，用现金 1 000 元购买原材料，记账时，不仅要在现金账上记录库存现金减少 1 000 元，而且还要同时在原材料账上记录原材料增加 1 000 元。显然，复式记账法与单式记账法相比，具有两个特点：一是每一项经济业务，都要在两个或两个以上相互联系的账户中同时登记。由此，通过账户记录不仅可以全面、清晰地反映出经济业务的来龙去脉，而且还能通过会计要素的增减变动，全面、系统地反映经济活动的过程和结果。二是每一项经济业务发生后，要求以相等的金额在两个或两个以上的账户中同时记账，其金额必须相等。因此，可以对账户记录的结果进行试算平衡，以便检查账户记录的正确性。正是由于复式记账法所具有的上述特点，因而被认为是一种科学的记账方法。

二、复式记账的原理

复式记账的经济内容是会计要素，它们是相互联系、相互依存的，各自具有独立的含义，又以不同的具体形式存在着，企业发生的经济业务，都会引起每一个具体形式的价值数量变化，因而设置相应的账户进行登记，就使复式记账组成一个完整的、系统的记账组织体系。有了这样一个记账组织体系，不仅反映了资产、负债和所有者权益的增减变化和结存情况，而且还能够确知收入、费用和利润的数额及其形成原因。这是复式记账能够全面地核算和监督企业经济活动的根本原因。

复式记账通过价值形式的计算和记录，为经济管理提供核算指标，因此，复式记账必然具有一定的记账技术方法。它是以记账内容之间所表现出的数量上的平衡关系，作为记账技术方法的基础。会计等式即是各会计要素之间的关系表达式，它不仅是价值数量的关系表现，而且也有经济性质上的说明。会计等式的数量双方，必然要求经济事物发生相互联系和等量的变化。如有一项发生增减变化，其他一项必然随之而发生等量的增减变化，为此，必须通过两个或两个以上的账户，相互联系地做双重记录，才能得到全面的反映。显然，这是由复式记账本身的要求所决定的，它如实地反映了经济事物的客观联系，说明复式记账法是科学的。目前，我国的企业和行政、事业单位均采用复式记账法。

在我国，曾经出现过三种不同的复式记账法：增减记账法、收付记账法和借贷记账法。目前，借贷记账法是世界各国普遍采用的一种记账方法。我国《企业会计准则——基本准则》中明确规定会计记账方法为借贷记账法。

三、借贷记账法的应用

（一）借贷记账法的产生与发展

借贷记账法是以会计等式作为记账原理，以“借”、“贷”做记账符号，记录各会计要素增减变化和结果的一种复式记账法。这种记账方法大约起源于13世纪的意大利。当时，意大利沿海城市的商品经济特别是海上贸易已有很大的发展，在商品交换中，为了适应商品资本和借贷资本经营者管理的需要，逐步形成了借贷记账法。“借”、“贷”两个字的含义，最初是从借贷资本家角度来解释的，借贷资本家以经营货币资金的借入和贷出为主要业务，对于借进的款项，记在贷主名下，表示自身的债务增加；对于贷出的款项，则记在借主名下，表示自身的债权增加。这样，“借”、“贷”两个字分别表示债权（应收款）、债务（应付款）的变化。随着商品经济的发展，经济活动的内容日趋复杂化，记录的经济业务也不再仅局限于货币资金的借贷业务，而逐渐扩展到财产物资、经营损益和经营资本等的增减变化。这时，为了求得账簿记录的统一，对于非货币资金的借贷业务，也利用“借”、“贷”两个字说明经济业务的变化情况。这样，“借”、“贷”两个字逐渐失去了原来的字面含义，转化为一对单纯的记账符号，成为会计上的专门术语。到了15世纪，借贷记账法逐渐完备，被用来反映资本的存在形态和所有者权益的增减变化。与此同时，“资产＝负债＋所有者权益”平衡公式（亦称会计方程式）的提出，奠定了借贷记账法的理论基础，并根据这个理论确立了借贷记账法的记账规则，从而使借贷记账法日臻完善，为世界各国所普遍采用。20世纪初，借贷记账法由日本传入我国，目前成为我国法定的记账方法。

（二）借贷记账法的基本内容

借贷记账方法作为复式记账法的一种方式，主要包括记账符号、账户结构、记账规则、试算平衡四个方面的内容。

1.借贷记账法的记账符号

记账符号是用于表示经济业务的增减变动和记账方向而规定使用的符号，是会计核算中采用的一种抽象标记。借贷记账法以“借”、“贷”两个字作为记账符号，“借”表示记入账户的借方，“贷”表示记入账户的贷方。

借贷记账法使用的“借”、“贷”两个字，已不再含有其词语上的原意，而演变成单纯的记账符号，成为会计上的专门术语。“借”、“贷”两个字作为会计记账符号，包含以下三层意思：

（1）指账户中借方和贷方两个对立部位，用来指明在账户中应记入的两个不同方向。

（2）指已登记在账户中“借方”和“贷方”的数字所涉及的资金数量是增加还是减少，可用来了解一笔经济业务所引起的资金增减变化的来龙去脉。

（3）指已登记在账户中两个对立部位的数字所包含的不同经济内容，可用来说明账户的经济性质。

在借贷记账法下，“借”、“贷”两个符号对会计等式两边的会计要素规定了相反的含义，即抽象地看，无论是“借”还是“贷”，都既表示增加，又表示减少。而具体地看，“借”对会计等式左边的账户（即资产、费用类账户）表示增加，对会计等式右边的账户（即负债、所有者权益、收入和利润类账户）则表示减少；“贷”对会计等式左边的账户（即资产、费用类账户）表示减少，对会计等式右边的账户（即负债、所有者权益、收入和利润类账户）则表示增加。

2.借贷记账法的账户结构

在借贷记账法下，任何账户都分为借方和贷方两个基本部分，通常左方为借方，右方为贷方，分别用“借”、“贷”两个记账符号表示各会计要素的增加和减少。记账时，账户的借、贷双方必须做相反方向的记录，即对于一个账户来说，如果借方用来登记增加额，则贷方就要用来登记减少额；如果借方用来登记减少额，则贷方就要用来登记增加额。在一个会计期间内，借方登记的发生额称为借方发生额，贷方登记的发生额称为贷方发生额，借方和贷方之间的差额称为余额。如果借方数额大于贷方数额，称为借方余额；如果贷方数额大于借方数额，称为贷方余额。究竟账户的哪一方用来登记增加额，哪一方用来登记减少额，要看账户反映的经济内容和账户的性质。不同性质的账户，其结构是不同的。下面把各类账户的结构用“T”形账户加以说明。

(1)资产类账户结构

资产类账户的结构是，账户的借方登记资产的增加额，贷方登记资产的减少额；由于资产的减少不可能大于它的期初余额与本期增加额之和，所以，这类账户期末如有余额，必定在借方。资产类账户的发生额与余额之间的关系，可以用下列公式表示：

期末借方余额＝期初借方余额＋本期借方发生额－本期贷方发生额

资产类账户的基本结构如图 2－3 所示。

借方　　资产类账户　　贷方

借方	贷方
期初余额 增加额	减少额
本期发生额 期末余额	本期发生额

图 2－3　资产类账户的基本结构

(2)负债及所有者权益类账户结构

由“资产＝负债＋所有者权益”的会计等式所决定，负债及所有者权益类账户的结构与资产类账户的正好相反，贷方登记负债及所有者权益的增加额，借方登记负债及所有者权益的减少额；由于负债及所有者权益的增加额与期初余额之和，通常也要大于其本期减少额，所以，这类账户期末如有余额，必定在贷方。负债及所有者权益类账户的发生额与余额之间的关系，可以用下列公式表示：

期末贷方余额＝期初贷方余额＋本期贷方发生额－本期借方发生额

负债及所有者权益类账户结构如图 2－4 所示。

借方　　负债及所有者权益类账户　　贷方

借方	贷方
减少额	期初余额 增加额
本期发生额	本期发生额 期末余额

图 2－4　负债及所有者权益类账户的基本结构

(3)成本费用类账户结构

企业在生产经营中所发生的各种耗费，在抵销之前，可将其视为一种资产。所以，成本费用类账户的结构与资产类账户的结构基本相同，账户的借方登记增加额，贷方登记减少额或转销额。由于借方登记的增加额一般都要通过贷方转出，所以，除反映成本的账户外，费用类账户期末一般没有余额。成本类账户如果有余额，则表示资产的余额。成本费用类账户的基本结构如图 2—5 所示。

借方　　　　成本费用类账户　　　　贷方

期初余额 增加额	减少额或转销额
本期发生额	本期发生额

图 2—5　成本费用类账户的基本结构

(4)收入类账户结构

收入类账户的结构与负债及所有者权益类账户的结构保持一致，因此，收入类账户的贷方登记收入增加额，借方登记收入减少额或转销额；由于贷方登记的收入增加额一般通过借方转出，所以，这类账户通常也没有期末余额。收入类账户的基本结构如图 2—6 所示。

借方　　　　收入类账户　　　　贷方

减少额或转销额	增加额
本期发生额	本期发生额

图 2—6　收入类账户的基本结构

综上所述，可以看出，“借”、“贷”两个字作为记账符号所表示的经济含义是不一样的。在借贷记账法下，“借”表示资产、成本、费用的增加，负债、所有者权益、收入的减少；“贷”表示负债、所有者权益、收入的增加，资产、成本、费用的减少。

“借”、“贷”作为记账符号，指示着账户登记的方向是左边还是右边。一般来说，各类账户的期末余额与登记增加额的一方在同一方向，即资产类账户的期末余额一般在借方，负债及所有者权益类账户的期末余额一般在贷方。因此，根据账户余额所在的方向来判断账户性质，成为借贷记账法的一个重要特点。基于这一特点，决定了在借贷记账法下，可以设置双重性质的账户。

借贷记账法下各类账户的基本结构归纳如表 2—6 所示。

表 2—6　　借贷记账法下各类账户的基本结构

账户类别	借　方	贷　方	余额方向
资产类	增加	减少	借方
负债类	减少	增加	贷方

续表

账户类别	借　方	贷　方	余额方向
所有者权益类	减少	增加	贷方
成本类	增加	减少(或转销)	借方
收入类	减少(或转销)	增加	一般无余额
费用类	增加	减少(或转销)	一般无余额

3.借贷记账法的记账规则

在借贷记账法下,按照复式记账原理,对发生的每一项经济业务,都必须以相等的金额同时记入一个或几个账户的借方和一个或几个账户的贷方。因此,借贷记账法的记账规则可概括为“有借必有贷,借贷必相等”。借贷记账法的记账规则是根据以下两个方面的原理来确定的:

(1)根据复式记账的原理,要求对每一项经济业务都必须以相等的金额在两个或两个以上相互联系的账户中进行登记。

(2)根据借贷记账法账户结构的原理,要求对每个账户中涉及到金额的增减,必须以相反的方向进行记录。因此,借贷记账法要求对每一项经济业务都要按借贷相反的方向,以相等的金额,在两个或两个以上相互联系的账户中进行登记。

运用借贷记账法的记账规则登记经济业务时,一般按以下步骤进行:首先,分析经济业务中所涉及的账户名称,并判断账户的性质;其次,判断账户中所涉及的资金数量是增加还是减少;最后,根据账户的结构确定记入账户的方向。

下面举例说明借贷记账法的记账规则。

【例 2—2】 2016 年 9 月 8 日,斯利尔公司收到投资者追加投入的资本 500 000 元,款项已存入银行。

这笔经济业务的发生,一方面使斯利尔公司的银行存款这一资产项目增加了 500 000 元,另一方面使斯利尔公司的实收资本这一所有者权益项目增加了 500 000 元。因此,这项经济业务涉及到“银行存款”和“实收资本”两个账户。按照账户结构的规定,资产类账户的增加额记入借方,所有者权益账户的增加额记入贷方。这样,该项经济业务应同时记入“银行存款”账户的借方和“实收资本”账户的贷方。其登记结果如下:

借　实收资本	贷		借　银行存款	贷
	500 000	←→	500 000	

【例 2—3】 2016 年 9 月 15 日,斯利尔公司以银行存款偿还短期借款 40 000 元。

这笔经济业务的发生,一方面使斯利尔公司的银行存款这一资产项目减少了 40 000 元,另一方面使斯利尔公司的短期借款这一负债项目减少了 40 000 元。因此,这项经济业务涉及到“银行存款”和“短期借款”两个账户。按照账户结构的规定,资产类账户的减少额记入贷方,负债类账户的减少额记入借方。这样,该项经济业务应同时记入“短期借款”账户的借方和“银行存款”账户的贷方。其登记结果如下:

借	银行存款	贷		借	短期借款	贷
		40 000	←→	40 000		

【例 2—4】 2016 年 9 月 20 日，斯利尔公司从银行提取现金 4 000 元。

这笔经济业务的发生，一方面使斯利尔公司的库存现金这一资产项目增加了 4 000 元，另一方面使斯利尔公司的银行存款这一资产项目减少了 4 000 元。因此，这项经济业务涉及到“库存现金”和“银行存款”两个账户。按照账户结构的规定，资产类账户增加额记入借方，资产类账户的减少额记入贷方。这样，该项经济业务应同时记入“库存现金”账户的借方和“银行存款”账户的贷方。其登记结果如下：

借	银行存款	贷		借	库存现金	贷
		4 000	←→	4 000		

【例 2—5】 2016 年 9 月 25 日，斯利尔公司向银行借入短期借款 60 000 元，直接用于偿还前欠外单位的货款。

这笔经济业务的发生，一方面使斯利尔公司的短期借款这一负债项目增加了 60 000 元，另一方面使斯利尔公司的应付账款这一负债项目减少了 60 000 元。因此，这项经济业务涉及到“短期借款”和“应付账款”两个账户。按照账户结构的规定，负债类账户的增加额记入贷方，负债类账户的减少额记入借方。这样，该经济业务应同时记入“应付账款”账户的借方和“短期借款”账户的贷方。其登记结果如下：

借	短期借款	贷		借	应付账款	贷
		60 000	←→	60 000		

【例 2—6】 2016 年 9 月 25 日，斯利尔公司接到银行通知，已用公司存款支付供水、供电公司的水电费 3 000 元。

这笔经济业务的发生，一方面使斯利尔公司的银行存款这一资产项目减少了 3 000 元，另一方面使斯利尔公司的管理费用这一费用项目增加了 3 000 元。因此，这项经济业务涉及到“银行存款”和“管理费用”两个账户。按照账户结构的规定，资产类账户的减少额记入贷方，费用类账户的增加额记入借方。这样，该项经济业务应同时记入“管理费用”账户的借方和“银行存款”账户的贷方。其登记结果如下：

借	银行存款	贷		借	管理费用	贷
		3 000	←→	3 000		

【例 2—7】 2016 年 9 月 26 日，斯利尔公司销售商品取得销售收入 150 000 元，款项全部存入银行(假定不考虑应缴纳的增值税)。

这笔经济业务的发生，一方面使斯利尔公司的银行存款这一资产项目增加了150 000元，另一方面使斯利尔公司的营业收入这一收入项目增加了150 000元。因此，这项经济业务涉及到“银行存款”和“主营业务收入”两个账户。按照账户结构的规定，资产类账户的增加额记入借方，收入类账户的增加额记入贷方。这样，该经济业务应同时记入“银行存款”账户的借方和“主营业务收入”账户的贷方。其登记结果如下：

借	主营业务收入 贷
	150 000

↔

借	银行存款 贷
150 000	

从上述举例中可以看出，在经济业务发生后，无论涉及什么样的会计要素，也不管经济业务的性质如何，总要引起会计要素之间或同一会计要素不同项目之间发生增减变化。但它在记入一个账户（或几个账户）借方的同时，必须要记入另一个账户（或几个账户）的贷方，记入借方的金额与记入贷方的金额都是相等的，这就形成了借贷记账法的“有借必有贷，借贷必相等”的记账规则。

运用借贷记账法记录经济业务，会计要素之间的借贷关系可用图示加以归纳，如图2—7所示。

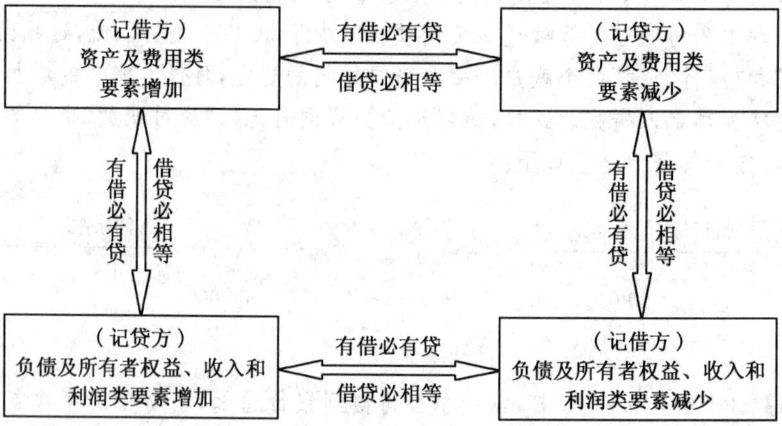

图2—7 会计要素之间的借贷关系

4.借贷记账法的试算平衡

试算平衡是指根据资产和权益之间的平衡关系以及记账规则来检查账户的记录是否正确的一种验算方法。在借贷记账法下，试算平衡有发生额试算平衡法和余额试算平衡法。

(1)发生额试算平衡法

发生额试算平衡法是根据本期所有账户的借方发生额合计与贷方发生额合计的平衡关系，来检验本期发生额记录是否正确的方法。

在借贷记账法下，由于对任何经济业务都是根据“有借必有贷，借贷必相等”的记账规则记账，这样，不仅每一笔经济业务记入相关账户的借贷发生额相等，而且当一定会计期间的全部经济业务都记入相关账户后，所有账户的借方发生额合计数与贷方发生额合计数也必然相等。因此，在借贷记账法下，这种数量相等的关系用公式表示如下：

全部账户本期借方发生额合计＝全部账户本期贷方发生额合计

现将以上所举斯利尔公司9月份发生的6笔经济业务，根据账户的记录编制发生额试算平衡表，如表2－7所示。

表2－7　　发生额试算平衡表

2016年9月　　单位：元

会计科目	借方发生额	贷方发生额
库存现金	4 000	
银行存款	650 000	47 000
短期借款	40 000	60 000
应付账款	60 000	
管理费用	3 000	
主营业务收入		150 000
实收资本		500 000
合　计	757 000	757 000

(2)余额试算平衡法

余额试算平衡法是根据本期所有账户借方余额合计与贷方余额合计的恒等关系，检验本期账户记录是否正确的方法。根据余额的时间不同，又分为期初余额平衡与期末余额平衡两种。

根据"资产＝负债＋所有者权益"的会计等式，运用借贷记账法在账户中记录经济业务的结果，各项资产余额的合计数与负债及所有者权益余额的合计数必须相等。在借贷记账法下，由于每一账户的余额都是根据一定会计期间该账户的累计发生额计算求得的，通过前面的账户结构，我们知道，凡是借方余额的账户都是资产类账户，凡是贷方余额的账户都是负债和所有者权益账户，所以，所有账户的借方余额合计数，即为资产总额；所有账户的贷方余额合计数，即为负债和所有者权益总额。由于"资产＝负债＋所有者权益"的恒等性，这样，账户借方余额的合计数必然同账户贷方余额的合计数相等。因此，在借贷记账法下，这种数量相等的关系用公式表示如下：

全部账户借方期初余额合计＝全部账户贷方期初余额合计

全部账户借方期末余额合计＝全部账户贷方期末余额合计

在实际工作中，余额试算平衡是通过编制试算平衡表方式进行的。通常编制试算平衡表的工作是在月末结出各账户的本期发生额和月末余额后，通过编制总分类账户发生额试算平衡表和总分类账户余额试算平衡表来进行的。现结合前述斯利尔公司2016年8月份资产与负债及所有者权益情况和以上所举斯利尔公司的6笔经济业务，编制试算平衡表，如表2－8所示。

表2－8　　试算平衡表

2016年9月　　单位：元

会计科目	期初余额		本期发生额		期末余额	
	借方	贷方	借方	贷方	借方	贷方
库存现金			4 000		4 000	
银行存款	130 000		650 000	47 000	733 000	
应收账款	200 000				200 000	
原材料	300 000				300 000	

续表

会计科目	期初余额		本期发生额		期末余额	
	借方	贷方	借方	贷方	借方	贷方
固定资产	420 000				420 000	
短期借款		200 000	40 000	60 000		220 000
应付账款		100 000	60 000			40 000
应交税费		50 000				50 000
应付股利		50 000				50 000
管理费用			3 000		3 000	
主营业务收入				150 000		150 000
实收资本		500 000		500 000		1 000 000
资本公积		100 000				100 000
本年利润		100 000				100 000
利润分配	50 000				50 000	
合　计	1 100 000	1 100 000	757 000	757 000	1 710 000	1 710 000

在编制试算平衡表时,应注意以下几点:

(1)必须保证所有账户的余额均已记入试算平衡表。因为会计等式是对六大会计要素整体而言的,缺少任何一个账户的余额,都会造成期初或期末借方余额合计数与贷方余额合计数不相等。

(2)试算平衡表中的本期发生额"合计"栏,是在不考虑账户性质的前提下,将本期经济业务所记录的所有账户"借方"或"贷方"发生额相加而求得的。

(3)如果试算平衡表中借贷金额不相等,肯定说明账户记录有错误,应认真查找错误的原因,直到实现了平衡为止。

(4)试算平衡表三栏中的借方与贷方金额即便相等,也不能说明账户记录绝对正确,因为有些账户记录错误并不会影响借贷双方的平衡关系。这种情况有:①漏记某项经济业务,将会使本期借贷双方的发生额等额减少,借贷仍保持平衡;②重记某项经济业务,将会使本期借贷双方的发生额等额虚增,借贷仍保持平衡;③某项经济业务记错了账户,借贷仍保持平衡;④某项经济业务在账户记录中颠倒了记账方向,借贷仍保持平衡;⑤在借方或贷方发生额中,偶尔发生多记、少记并相互抵销,借贷仍保持平衡。

(三)借贷记账法下的账户对应关系和会计分录

1.账户对应关系

采用借贷记账法,根据"有借必有贷,借贷必相等"的记账规则登记每项经济业务时,在有关账户之间就发生了应借、应贷的相互关系。这种在经济业务登记过程中所形成的有关账户之间的应借、应贷关系,称为账户的对应关系;发生对应关系的账户,称为对应账户。

需要指出的是,账户对应关系是相对于某项具体的经济业务而言的,并非指某个账户与某个账户是固定的对应账户。例如,从银行存款中提取现金 2 000 元备用。对这项经济业务,应记入"库存现金"账户借方 2 000 元和"银行存款"账户贷方 2 000 元。由于这项经济业务而使"库存现金"和"银行存款"这两个账户发生了应借、应贷的相互关系,这两个账户就叫做对应账户。又如,以银行存款10 000元偿还前欠外单位货款。对这项经济业务,应记入“应付账款”账户借方10 000元和“银行存款”账户贷方10 000元。在这项经济业务下,“应付账款”账户又与“银行存款”账户发生了应借、应贷的相互关系,“银行存款”账户与“应付账款”账户又成为对应账户。账户对应关系有以下两点作用:一是通过账户的对应关系,可以了解经济业务的内容;二是通过账户的对应关系,可以发现对经济业务的处理是否符合有关经济法规和财务会计制度。

2.会计分录

为了清晰地反映账户间的对应关系,每项经济业务登记入账的时候,都要编制会计分录。所谓会计分录,是指按照复式记账的原理,对发生的各项经济业务指明其应借、应贷账户名称及应记入账户金额的记录,简称分录。会计分录的书写格式通常是“借”在上、“贷”在下,每一会计科目占一行,“借”、“贷”前后错位表示。

在会计实际工作中,为了保证账户记录的正确性,在把经济业务记入账户之前,应先确定经济业务所涉及的账户及其应记的借贷方向和金额,然后根据经济业务发生时所取得的原始凭证,在记账凭证中编制会计分录。编制会计分录,就意味着对经济业务做会计确认,为经济业务数据记入账户提供依据。

会计分录应包括以下内容:

(1)一组对应的记账符号:借方和贷方;

(2)涉及两个或两个以上的账户名称;

(3)借贷双方的相等金额。

编制会计分录,通常应遵循以下步骤:

(1)分析发生的经济业务,确定业务所涉及到的对应账户名称,判定账户所属的类别及性质;

(2)根据经济业务引起的会计要素的增减变化和账户结构,确定对应账户的记账方向和金额;

(3)按照会计分录的书写格式,编制完整的会计分录;

(4)根据借贷记账法的记账规则,检查会计分录借贷双方的金额是否平衡、是否正确。

现仍以本章所举【例2—2】至【例2—7】的经济业务为例,编制会计分录如下:

【例2—2】	借:银行存款	500 000	
	贷:实收资本		500 000
【例2—3】	借:短期借款	40 000	
	贷:银行存款		40 000
【例2—4】	借:库存现金	4 000	
	贷:银行存款		4 000
【例2—5】	借:应付账款	60 000	
	贷:短期借款		60 000
【例2—6】	借:管理费用	3000	
	贷:银行存款		3 000
【例2—7】	借:银行存款	150 000	
	贷:主营业务收入		150 000

会计分录按其所涉及账户的多少,分为简单会计分录和复合会计分录。简单会计分录指

经济业务发生以后，只在两个账户中记录其相互对应金额变化情况的会计分录。以上所举会计分录都是一个账户的借方与另一个账户的贷方相对应组成的，故属于简单会计分录。这种分录，其账户对应关系一目了然。复合会计分录是指经济业务发生以后，需在三个或三个以上账户中记录其相互对应金额变化情况的会计分录。复合会计分录涉及两个以上的账户。

【例 2－8】 斯利尔公司购买一批材料，金额为 28 000 元，其中 10 000 元用银行存款支付，余下的 18 000 元货款尚未支付(假设不考虑增值税)。其会计分录为：

借：原材料	28 000	
贷：银行存款		10 000
应付账款		18 000

上例即是一个复合会计分录，它是由一个借方账户与两个以上贷方账户相对应组成的。复合会计分录实际上是由几个简单会计分录合并组成的，因而必要时可将其分解为若干个简单会计分录。如上例的复合会计分录可以分解为以下两个简单会计分录：

(1)借：原材料	10 000	
贷：银行存款		10 000
(2)借：原材料	18 000	
贷：应付账款		18 000

编制复合会计分录，既可以集中反映某项经济业务的全面情况，又可以简化记账工作，提高会计工作效率。在实际工作中，如果一项经济业务涉及多借多贷的科目，为了全面反映此项经济业务，可以编制多借多贷的复合会计分录；但不允许把反映不同类型的经济业务，合并编制多借多贷的复合会计分录。

四、总分类账户和明细分类账户的平行登记

(一)总分类账户和明细分类账户的设置

总分类账户是指根据总分类科目设置的，用于对会计要素具体内容进行总括分类核算的账户，简称总账。总分类账户是提供各种总括分类的核算资料的账户。总分类账户只用货币度量，它的特点就是总括。例如，根据“原材料”科目开设“原材料”总分类账户，用于提供原料及主要材料、燃料等所有材料的收、发、领、退和结存的总括分类核算指标。对各项经济业务，通过总分类账户进行核算，叫做总分类核算。

由于总分类账户没有实物指标，所以，不可能对各种实物的动态进行核算和监督。为了保证每一种物资(原材料、辅助材料、在产品、产成品等)不仅在价值表现上，而且在实物表现上都能通过账户得到反映，也为了保证每一种非实物的资产和权益也在账户中得到详细反映，在应用总分类账户的同时，还必须应用明细分类账户。

明细分类账户是指根据明细分类科目设置的，用于对会计要素具体内容进行明细分类核算的账户，简称明细账。明细分类账户是提供各种具体的、详细的分类核算资料的账户。明细分类账户除了用货币度量外，有些账户还要用实物度量(如件、台、千克等)。例如，根据原材料的品种、规格等明细科目开设各种材料明细分类账户，用于提供各种材料的收、发、领、退和结存的明细分类核算资料。对某项经济业务，通过有关明细分类账户进行核算，叫做明细分类核算。

在会计核算中，并非所有的总分类账户都需要开设明细分类账户，但大多数总分类账户都要设置明细分类账户。因此，需要明确设置明细分类账户的原则：既保证管理上的需要，又不

流于繁琐。一般来讲，对于比较重要的财产物资账户，如原材料、产成品等，对于比较主要的所有者权益和债权、债务账户，如实收资本、应收账款、应付账款等，对于收入、成本费用支出账户等，可以设置明细分类账户。为了满足经营管理的要求，明细分类账户要按一定的标志分户设置。例如，原材料、产成品等账户，按每一种实物品名设置；而应收账款、应付账款等账户，则按关系单位或关系人设置。

（二）总分类账户与明细分类账户的平行登记

总分类账户和明细分类账户所记录的经济业务内容是相同的，所不同的只是提供的核算资料有详细程度的差别。因此，总分类账户与其所属的明细分类账户的关系是：总分类账户提供的总括核算资料起着对明细分类账户统驭的作用，每一个总分类账户对其所属的明细分类账户进行综合和控制。设有明细分类账户的总分类账户，叫做统制账户。而明细分类账户提供的详细核算资料，对总分类账户则起着补充说明的作用，每一个明细分类账户就是对统制账户核算内容的必要补充。

根据总分类账户与其所属明细分类账户之间的上述关系，在会计核算中，为了便于进行账户记录的核对，保证核算资料的完整性和正确性，总分类账户与其所属的明细分类账户必须采用平行登记的方法。所谓平行登记，是指对发生的每项经济业务，都要以会计凭证为依据，一方面要登记有关总分类账户，另一方面还要登记该总分类账户所属有关明细分类账户的方法。

1.总分类账户与明细分类账户平行登记的要点

平行登记的要点主要包括以下四个方面：

(1)依据相同。对于需要提供详细指标的每一项经济业务，应根据会计凭证，既登记有关总分类账户，又登记其所属明细分类账户。

(2)期间相同。对每项经济业务，在记入总分类账户和明细分类账户过程中，可以有先有后，但必须在同一会计期间全部登记入账。

(3)方向相同。在某一总分类账户及其所属明细分类账户中登记经济业务时，方向必须相同。即总分类账户记入借方，明细分类账户也记入借方；总分类账户记入贷方，明细分类账户也记入贷方。

(4)金额相等。每一项经济业务记入总分类账户的金额必须与记入其所属明细分类账户的金额合计数相等。但是，这种金额相等只表明其数量关系，不一定都是借方发生额相等和贷方发生额相等的关系。

2.总分类账户与明细分类账户平行登记的方法

在平行登记时，首先设置并登记总分类账户及其所属明细分类账户的期初余额；其次，根据记账凭证上列明的会计分录，在有关的总分类账户中进行总括的登记，并根据记账凭证及其所附的原始凭证在总分类账户所属的明细分类账户中进行详细登记；最后，分别在总分类账户及其所属明细分类账户中结出本期发生额和期末余额，并检查它们是否相等。

平行登记的结果使总分类账户和其所属明细分类账户之间存在着特定的数量关系，这种关系用公式表示如下：

总分类账户本期发生额＝总分类账户所属明细分类账户本期发生额合计

总分类账户期末余额＝总分类账户所属明细分类账户期末余额合计

下面以“原材料”、“应付账款”两个总分类账户为例，说明总分类账户和明细分类账户平行登记的方法。

【例 2—9】 斯利尔公司 2016 年 9 月份“原材料”和“应付账款”两个总分类账户和所属各

明细分类账户的月初余额如下：

"原材料"总分类账户的借方余额为30 000元，其所属明细分类账户的月初余额如表2—9所示。

表2—9　　原材料明细账

名　称	数　量	单　价	金　额
甲材料	2 000千克	10元	20 000元
乙材料	2 000千克	5元	10 000元
合　计			30 000元

"应付账款"总分类账户的贷方余额为15 000元，其所属明细分类账户余额为：信达公司的贷方余额为10 000元，恒信公司的贷方余额为5 000元。

假设本月发生的材料收发业务及与供应单位的结算业务如下：

(1)9月5日，仓库发出甲材料1 500千克，单价10元，计15 000元；乙材料1 000千克，单价5元，计5 000元；共计20 000元。上述材料直接用于制造产品。

(2)9月8日，向信达公司购进甲材料1 000千克，单价10元，计10 000元，货款未付。

(3)9月14日，向恒信公司购进乙材料800千克，单价5元，计4 000元，货款未付。

(4)9月20日，通过银行结算偿还信达公司15 000元，恒信公司5 000元，共计20 000元。

根据上述资料，采用平行登记的方法登记"原材料"总分类账户和"应付账款"总分类账户及其所属明细分类账户。具体做法如下：

(1)将月初余额分别记入"原材料"和"应付账款"两个总分类账户及其所属各明细分类账户。

(2)根据上述有关经济业务，编制会计分录如下：

①借：生产成本	20 000	
贷：原材料——甲材料		15 000
——乙材料		5 000
②借：原材料——甲材料	10 000	
贷：应付账款——信达公司		10 000
③借：原材料——乙材料	4 000	
贷：应付账款——恒信公司		4 000
④借：应付账款——信达公司	15 000	
——恒信公司	5 000	
贷：银行存款		20 000

(3)依据上列会计分录，平行登记"原材料"和"应付账款"两个总分类账户及其所属各明细分类账户，并分别计算本期发生额和期末余额。登账结果分别如表2—10、表2—11、表2—12、表2—13、表2—14、表2—15所示。

表 2—10　　**总分类账户**

会计科目：原材料　　第　页

单位：元

2016年		凭证		摘要	借方	贷方	借或贷	余额
月	日	字	号					
9	1			月初余额			借	30 000
	5		(1)	生产领用材料		20 000	借	10 000
	8		(2)	购进材料	10 000		借	20 000
	14		(3)	购进材料	4 000		借	24 000
	30			本月发生额及余额	14 000	20 000	借	24 000

表 2—11　　**原材料明细分类账**

材料名称：甲材料　　计量单位：千克

2016年		凭证		摘要	单价	收入		发出		结存	
月	日	字	号			数量	金额	数量	金额	数量	金额
9	1			月初余额	10					2 000	20 000
	5		(1)	生产领用	10			1 500	15 000	500	5 000
	8		(2)	购进材料	10	1 000	10 000			1 500	15 000
	30			本月发生额及余额	10	1 000	10 000	1 500	15 000	1 500	15 000

表 2—12　　**原材料明细分类账**

材料名称：乙材料　　计量单位：千克

2016年		凭证		摘要	单价	收入		发出		结存	
月	日	字	号			数量	金额	数量	金额	数量	金额
9	1			月初余额	5					2 000	10 000
	5		(1)	生产领用	5			1 000	5 000	1 000	5 000
	14		(3)	购进材料	5	800	4 000			1 800	9 000
	30			本月发生额及余额	5	800	4 000	1 000	5 000	1 800	9 000

表 2—13　　**总分类账户**

会计科目：应付账款　　第　页

单位：元

2016年		凭证		摘要	借方	贷方	借或贷	余额
月	日	字	号					
9	1			月初余额			贷	15 000
	8		(2)	购进材料		10 000	贷	25 000
	14		(3)	购进材料		4 000	贷	29 000
	20		(4)	偿还货款	20 000		贷	9 000
	30			本月发生额及余额	20 000	14 000	贷	9 000

表 2—14　　应付账款明细分类账户

明细科目:信达公司　　单位:元

2016年		凭证		摘要	借方	贷方	借或贷	余额
月	日	字	号					
9	1			月初余额			贷	10 000
	8		(2)	购进材料		10 000	贷	20 000
	20		(4)	偿还货款	15 000		贷	5 000
	30			本月发生额及余额	15 000	10 000	贷	5 000

表 2—15　　应付账款明细分类账户

明细科目:恒信公司　　单位:元

2016年		凭证		摘要	借方	贷方	借或贷	余额
月	日	字	号					
9	1			月初余额			贷	5 000
	14		(3)	购进材料		4 000	贷	9 000
	20		(4)	偿还货款	5 000		贷	4 000
	30			本月发生额及余额	5 000	4 000	贷	4 000

(三)总分类账户与明细分类账户的核对

在根据平行登记的方法登记总分类账户及其所属各明细分类账户之后,为了检查账户记录是否正确,应当对总分类账户和明细分类账户登记的结果进行相互核对。主要是核对总分类账户与其所属明细分类账户的发生额和余额是否相等,以便及时地发现和更正错账,保证账簿记录的正确性,其方法为编制总分类账户和明细分类账户发生额及余额对照表。

下面根据前述"原材料"和"应付账款"总分类账户及其所属明细分类账户平行登记的结果,说明总分类账户与明细分类账户核对的方法,如表 2—16、表 2—17 所示。

表 2—16　　原材料总账及原材料明细账　　单位:元

"原材料"账户	月初余额		本期发生额		月末余额	
	借方	贷方	借方	贷方	借方	贷方
甲材料明细账	20 000		10 000	15 000	15 000	
乙材料明细账	10 000		4 000	5 000	9 000	
总分类账户	30 000		14 000	20 000	24 000	

表 2—17　　应付账款总账及应付账款明细账　　单位:元

"应付账款"账户	月初余额		本期发生额		月末余额	
	借方	贷方	借方	贷方	借方	贷方
信达公司		10 000	15 000	10 000		5 000
恒信公司		5 000	5 000	4 000		4 000
总分类账户		15 000	20 000	14 000		9 000

第五节　会计循环

一、会计循环概述

会计作为一个信息系统，是由会计人员通过运用复式账簿系统对经济业务进行处理，并在此基础上编制财务报告来完成的。在这个系统中，确认、计量、记录是会计人员“生产”会计信息的过程，财务报告是会计人员生产的产品。一般人们将这种依次发生、周而复始的以记录为主的会计处理过程，称为会计循环。具体可理解为，企业在一个会计期内，其会计工作必须经过编审凭证、编制分录、记账、试算、调整、结账和编表等一系列会计程序。它自会计期初开始，至会计期末终了，并循环往复、周而复始。

会计循环的基本步骤如下：

1. 填制、审核原始凭证。经济业务发生后，会计首先要取得或编制原始凭证，并审核其合法性、合规性等。

2. 编制记账凭证。对每笔经济业务列示其应借记和应贷记的账户及其金额，并编制相应的记账凭证。

3. 登记账簿。根据记账凭证确定的会计分录，在日记账和分类账中进行登记。

4. 试算平衡。将分类账中各账户的借方总额、贷方总额和期末余额汇总列表，以验证账簿记录是否有误。

5. 编制调整分录并过账。依据权责发生制原则，对未入账的经济业务编制调整分录并过账，以使各账户反映最新的情况；对分类账户的有关记录进行调整，以便正确计算当期损益。

6. 结账。会计期末，结清收入、费用账户，以确定当期损益，并结出资产、负债、所有者权益账户的余额，以结转至下期连续记录。

7. 编制财务会计报告。会计期末，将会计期内所有经济业务及其结果汇总编制会计报表及相关的注释和说明，以反映企业的财务状况、经营成果和现金流量等。

上述基本步骤可以通过图 2—8 表示。

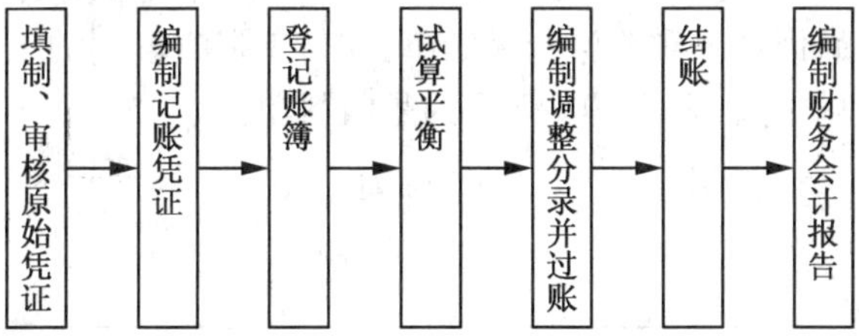

图 2—8　会计循环示意图

二、会计凭证

会计凭证简称凭证，是记录经济业务、明确经济责任、作为记账依据的证明。会计主体进行任何一项经济业务，都必须办理凭证手续。由执行或完成该项经济业务的有关人员填制或取得会计凭证，详细说明该项经济业务的内容，并在会计凭证上签名并盖章，以明确对该项经济业务的真实性、准确性所负的责任。只有经过有关人员审核无误的会计凭证，才可以作为记账的依据。

会计凭证是多种多样的，可以按照不同的标志进行分类，但主要是按其填制程序和用途进行分类。会计凭证按其填制程序和用途，可以分为原始凭证和记账凭证两大类。

（一）原始凭证

1. 原始凭证的基本内容

原始凭证又称原始单据，是在经济业务发生或完成时取得或编制的。它载明经济业务的具体内容，明确经济责任，是具有法律效力的书面证明。它是进行会计核算的原始资料和重要依据。原始凭证按其来源不同，可以分为外来原始凭证和自制原始凭证两种。外来原始凭证是在经济业务发生或完成时，从其他单位或个人直接取得的原始凭证，如购货时取得的发票、付款时所取得的收据等。表 2－18 列示的是增值税专用发票。

表 2－18 **××增值税专用发票**

发票联

开票日期 ____年__月__日 No.

购货单位	名称				税务登记		
	地址、电话				开户银行及账号		
货物或应税劳务名称		计量单位	数量	单价	金 额	税率（%）	税额
合 计							
价税合计（大写）		人民币（大写金额）					¥____
销货单位	名称				税务登记		
	地址、电话				开户银行及账号		
备注							

第二联：发票联购货方记账凭证

销货单位： 收款人： 复核人： 开票人：

注：这是增值税的专用发票，只限于增值税的一般纳税人领购使用，增值税的小规模纳税人和非增值税纳税人不得领购使用。专用发票规定为四联，分别为存根联、发票联、税款抵扣联和记账联。

自制原始凭证是指由本单位内部经办经济业务的部门或人员，在办理经济业务时所填制的凭证，如购入商品、材料在验收入库时填制的收货单和收料单，发出材料时填制的领料单和退料单，出差人员填制的借款单和差旅费报销单，支付工资时填制的工资单，收到订金、押金和保证金时填制的收款收据等。表 2－19 列示的是收料单。

表 2－19 **收 料 单**

供货单位 ____年__月__日 凭证编号

发票号码 收料仓库

材料编号	材料规格及名称	计量单位	数 量		价 格	
			应收	实收	单价	金额
备 注					合计	

第 联

仓库负责人： 记账： 仓库保管： 收料：

2. 原始凭证的填制和审核

原始凭证作为反映经济业务已经发生或已经完成的原始证据，必须反映经济业务发生或完成的情况，并明确有关经济人的责任。所以，各种原始凭证都必须具备一些基本内容，具有一些基本要素。这些基本要素主要包括以下六个方面：

(1)凭证的名称。标明原始凭证所记录业务内容的种类，反映原始凭证的用途，如"发货票"、"入库单"等。

(2)填制凭证的日期。填制原始凭证的日期一般是业务发生或完成的日期。如果在业务发生或完成时，因各种原因未能及时填制原始凭证的，应以实际填制日期为准。销售商品、产品时未能及时开出发票的，补开发票的日期应为实际填制时的日期。

(3)填制凭证单位或填制人姓名。

(4)经办人员的签名或盖章。经办人员签名或盖章是为了通过该项内容明确经济责任。

(5)接受凭证单位的名称。将接受凭证单位与填制凭证单位或填制人员相联系，标明经济业务的来龙去脉。

(6)经济业务内容。经济业务内容主要是表明经济业务的项目、名称、数量、单价和金额及有关的附注说明。数量、单价和金额主要表明经济业务的计量，这是原始凭证的核心。

原始凭证是经济业务的原始记录，是会计工作的基础。为了保证会计核算资料的真实、正确和及时，原始凭证的填制应遵循一定的要求，具体如下：

(1)真实可靠。凭证填制的内容、数字等，必须根据实际情况填列，确保原始凭证所反映的经济业务真实可靠，符合实际情况。

(2)内容完整。原始凭证的内容必须完整、齐全。原始凭证的填制日期、经济业务的内容、数量、金额都必须认真填写，不得遗漏。经办人员或责任人要签名或盖章，对外开具的原始凭证应加盖公章或财务专用章，不得遗漏。

(3)填制及时。原始凭证应在经济业务发生或完成时及时填制，并按照规定的程序和手续传递至有关业务部门和会计部门，以便及时办理后续业务。

(4)填写规范。原始凭证的填写应做到文字简明、字迹清晰、书写规范。必须使用蓝色或黑色墨水书写，不得使用铅笔和圆珠笔。填写支票必须使用碳素笔。属于需要套写的凭证，必须一次套写清楚，不得使用未经国务院公布的简化字。阿拉伯数字要逐个填写，不得连写。数字前应填写人民币符号"￥ "；若是用外币结算的凭证，数字前必须填写外币符号，如"HK＄"(港元)、"US＄"(美元)、"￡"(英镑)等，且数字与货币符号之间不得留有空位。凡是阿拉伯数字前写有人民币或其他货币符号的，数字后面不再写"元"。以"元"为单位的阿拉伯数字，除表示单价等情况外，一律填写到角、分；无角、分的，角位和分位可写上"00"或用符号"一"表示；分位应写上"0"，不得用符号"一"代替。汉字的大写金额，一律用正楷或行书书写，如壹、贰、叁、肆、伍、陆、柒、捌、玖、拾、佰、仟、万、亿、元、角、分、零、整等，以防涂改，不得用一、二、三、四、五、六、七、八、九、十、〇、毛等字样代替，不得任意自造简化字。大写金额最后如为"元"或"角"的，应加"整"字断尾；如为"分"的，分字后面不写"整"字。大写金额数字前印有人民币字样的，应加填"人民币"字样，且其与金额数字之间不得留有空位。金额中间如有一个"0"或连续几个"0"的，大写金额只用一个"零"字表示，如金额￥50040.60，汉字大写金额应写为：人民币伍万零肆拾元陆角整。

只有经过审核无误的凭证，才能作为记账的依据。为了正确反映并监督各项经济业务，会计部门的经办人员必须严格审核各项原始凭证，以确保会计审核资料的真实、合法、准确。原始凭证的审核，主要包括以下三个方面的内容：

(1)合规性审核。根据有关的法令、制度、政策等，审核原始凭证所记录的经济业务是否合规、合法，有无违反法令、制度的行为；审核经济业务是否按规定的程序予以办理，对于弄虚作假、涂改或经济业务不合法的凭证，应拒绝受理，并报请上级有关部门处理。

(2)完整性审核。根据原始凭证的要素，逐项审核原始凭证的内容是否完整，原始凭证的各项目是否按规定填写齐全，是否按规定手续办理。若原始凭证的内容填写不全，手续不完备，应退经办人员补办完整后，才予以办理。

(3)技术性审核。根据原始凭证的填写要求，审核原始凭证的摘要和数字及其他项目是否填写正确，数量、单价、金额、合计是否填写正确，大、小写金额是否相符。若有差错，应退经办人员予以更正。

(二)记账凭证

1. 记账凭证的基本内容及分类

记账凭证是会计人员根据审核无误的原始凭证或原始凭证汇总表填制的，反映经济业务内容、应借应贷方向及金额，并直接作为记账依据的会计凭证。记账凭证的基本内容是会计分录。在会计实务中，会计分录是通过填制记账凭证来完成的。记账凭证记载的是会计信息，从原始凭证到记账凭证是经济信息转换成会计信息的过程，是一种质的飞跃。

记账凭证按其使用范围，分为通用记账凭证和专用记账凭证。

通用记账凭证是不分收、付款业务和转账业务，统一使用同一种格式的记账凭证。在经济业务比较简单、经营规模较小的单位，为了简化会计凭证，一般使用通用记账凭证记录所发生的各种经济业务。

专用记账凭证是指专门记录某一类经济业务的记账凭证。专用记账凭证按其与货币资金的收、付有无直接关系，又可分为收款凭证、付款凭证、转账凭证。收款凭证是用来记录现金和银行存款收入业务的记账凭证，是根据有关现金和银行存款收入业务的原始凭证填制的记账凭证。付款凭证是用来记录现金和银行存款付出业务的记账凭证，是根据现金和银行存款付出业务的原始凭证填制的记账凭证。转账凭证是用来记录不涉及现金和银行存款收付业务的记账凭证，是根据现金和银行存款收付以外的其他原始凭证填制的记账凭证。收款凭证、付款凭证、转账凭证的格式如表 2－20、表 2－21、表 2－22 所示。

表 2－20　　收款凭证

应借科目：　　____年__月__日　　编号：

摘　要	应贷科目		记　账	金　额
	一级科目	二级或明细科目		

附件　张

会计主管：　记账：　出纳：　复核：　制单：

表 2—21　　付款凭证

应贷科目：　　____年__月__日　　编号：

摘　要	应借科目		记　账	金　额
	一级科目	二级或明细科目		

附件　张

会计主管：　　记账：　　出纳：　　复核：　　制单：

表 2—22　　转账凭证

____年__月__日　　编号：

摘　要	一级科目	二级或明细科目	记　账	借方金额	贷方金额
合　计					

附件　张

会计主管：　　记账：　　出纳：　　复核：　　制单：

2. 记账凭证的填制与审核

记账凭证主要是用来将经济信息转换成会计信息，对经济业务进行分类核算的凭证。它可以根据每项经济业务编制，即可以根据每项经济业务的原始凭证编制，也可以根据同类原始凭证汇总编制。由于记账凭证所反映的经济业务的内容不同，因而在具体格式上也有一些差异。但所有的记账凭证，都必须满足记账的要求，必须具备下列一些共同的基本要素：

(1)填制单位名称。

(2)记账凭证名称。

(3)填制凭证的日期和凭证的编号。

(4)应借、应贷的会计科目名称和记账金额。

(5)经济业务的内容摘要。

(6)所附原始凭证或原始凭证汇总表的张数。

(7)填制人员、复核人员、记账人员、会计主管、机构负责人的签名或盖章；此外，收、付款凭证还需有出纳人员的签章。

为了保证记账凭证能够真实、正确、完整地反映经济业务，记账凭证的填制必须符合以下要求：

(1)必须根据审核无误的原始凭证填制记账凭证。填制记账凭证时，必须以审核无误的原始凭证或原始凭证汇总表为依据。记账凭证可以根据每一张原始凭证填制，也可以根据若干张同类原始凭证汇总填制，还可以根据原始凭证汇总表填制，但不得将不同内容和类别的原始凭证汇总填制在一张记账凭证上。

(2)正确确定应使用的记账凭证。使用专用记账凭证的单位，应根据经济业务的性质，先确定是使用收款凭证、付款凭证还是转账凭证。涉及现金和银行存款之间的划转业务，只需填制付款凭证，以避免重复记账。在同一笔经济业务中，既涉及现金（或银行存款）的收付业务，又涉及转账业务时，应同时编制收款（或付款）凭证和转账凭证。

（3）正确、简明地填写摘要。摘要是对经济业务的简要说明。记账凭证的“摘要”栏要用简练、明确的语句概括经济业务的要点，这主要是为了便于查阅凭证和登记账簿。摘要的填写没有统一的规格，不强求一致，视需要而定，只要能确切说明问题即可。

（4）正确使用会计科目，编制会计分录。正确确定应借、应贷的会计科目，填写会计科目的全称，不得简写或只写科目编号而不写名称。要写明一级科目、二级科目，必要时也要写三级科目，以便登记总分类账和明细分类账。

（5）应注明记账凭证的附件。记账凭证所附的原始凭证必须完整无缺，并在记账凭证上注明原始凭证的张数，以便核对。一般的记账凭证都要附原始凭证，只有更正错账和期末结账的记账凭证可以不附原始凭证。如果一张原始凭证记录的经济业务涉及几张记账凭证时，应将该张原始凭证附在其中一张记账凭证上，未附原始凭证的记账凭证上应注明附有原始凭证的记账凭证编号，也可以附上该原始凭证的复印件，以便以后查阅。

（6）凭证按顺序编号。记账凭证应按业务发生顺序，按不同种类的记账凭证连续编号。如果采用通用记账凭证格式，一般按月编制顺序号；如果采用专用记账凭证格式，则采用字号编号，如收款凭证用“现（现金）收字第××号”、“银（银行）收字第××号”，付款凭证用“现（现金）付字第××号”、“银（银行）付字第××号”，转账凭证用“转字第××号”。对于一笔业务需要编制多张记账凭证的，应在原编号后面用分数的形式表示。例如，第4笔转账业务需要编制2张转账凭证，则其编号分别为“转字$4\frac{1}{2}$”、“转字$4\frac{2}{2}$”。

（7）填写内容齐全，责任明确。记账凭证中的各项内容必须填写齐全，并按规定程序办理签章手续，不得简化。各种记账凭证都必须由会计主管人员或其指定专人审核后签名盖章，才能作为记账的依据。收款凭证、付款凭证需经审核签章后，才能交出纳人员办理收、付款业务。对于已办妥收、付款业务的收、付款凭证及其所附的所有原始凭证，必须当即加盖“收讫”、“付讫”戳记，并由出纳员在收、付款的记账凭证上签字和盖章。

记账凭证是根据审核无误的原始凭证填制的，是登记账簿的依据。为了保证账簿记录的准确性，记账前必须对已编制的记账凭证由专人进行认真、严格的审核。

（1）合规性审核。根据现行的有关制度、政策、准则等的规定，按原始凭证的审核要求复审所附的原始凭证；审核记账凭证是否附有原始凭证，所附原始凭证的内容和张数与记账凭证所填列的内容是否相符，所附原始凭证的金额合计与记账凭证的金额是否一致；审核记账凭证所确定的会计分录是否合规、合法。

（2）完整性审核。根据记账凭证的要素，逐项审核记账凭证的内容是否按规定要求填制完整、齐全，如日期、凭证编号、附件张数、有关人员是否签名盖章等。

（3）技术性审核。根据记账凭证的填制要求，审核记账凭证的摘要填写是否简明扼要、清楚易懂，应借、应贷会计科目及金额是否准确，核算内容是否符合会计制度和会计政策的要求。

在记账凭证的审核中，如发现错误，应及时查明原因，分别不同的错误情况，按规定的方法进行更正或重新填制。其中，如果是因原始凭证错误引起的记账凭证错误，凡是尚未登记账簿的，应责成经办人员退回原填制单位或填制人更正或补填，记账凭证的制证人员根据更正或补填的原始凭证，一般应重新填制记账凭证，或采用划线更正法进行更正；凡是已经登记入账的，则不抽出原来的原始凭证，而是责成经办人员另外补填原始凭证，按补填正确的原始凭证，选用正确的错账更正方法进行更正。如果是记账凭证本身填制错误，凡是尚未登记入账的，应责成制证人员重新填制；对于已经登记入账的记账凭证，在当年内发现填写错误时，可以用红字填写一张与原内容相同的记账凭证，在“摘要”栏注明“注销某月某日某号填写凭证”字样，同时再用蓝字重新填制一张正确的记账凭证，注明“订正某月某日某号凭证”字样。如果会计科目没有错误，只是金额错误，也可以将正确数字与错误数字之间的差额，另编一张调整的记账凭证，调增金额用蓝字，调减金额用红字。发现以前年度记账凭证有错误的，应当用蓝字填制一张更正的记账凭证。

（三）会计凭证的传递与保管

1. 会计凭证的传递

会计凭证的传递是指会计凭证从填制或取得起，经过审核、记账、装订到归档为止，在有关部门和人员之间按规定的时间、路线办理业务手续和进行处理的过程。各种会计凭证所记载的经济业务事项不同，涉及的部门和人员不同，据以办理的业务手续也不同。因此，需为各种会计凭证规定一个合理的传递程序和在各个环节停留的时间。例如，一张会计凭证，填制后交到哪个部门、哪个岗位、由谁来接办业务手续，直至归档保管为止；又如，有的凭证一式几联，哪一联应传到哪个部门、有何用途等，都是会计凭证传递程序所要确定的。会计凭证传递时间则要规定办理各项业务手续所需要的时间，以使各个工作环节环环相扣，相互督促，提高工作效率。会计凭证的传递程序和传递时间，可分别若干主要业务，绘制成流程图或流程表，以便于有关人员遵守执行。会计凭证的传递是会计制度的一个重要组成部分，在会计制度中作出明确的规定并正确地组织会计凭证的传递，对于及时地处理经济业务和加强会计监督具有重要意义。因为正确地组织会计凭证的传递，便于及时、真实地反映和监督经济业务的发生和完成情况；便于有关部门和人员及时沟通情况，加速业务处理过程；便于分工协作，发挥会计的监督作用。

2. 会计凭证的保管

会计凭证是一个单位重要的经济档案和历史资料，必须建立严密的保管制度。本单位以及有关部门、单位可能因为各种需要需查阅会计凭证，特别是在发生贪污、盗窃、违法乱纪行为时，会计凭证是进行法律处理的有效证据。因此，任何单位必须对会计凭证妥善保管，不得丢失或任意销毁，做到既要保证会计凭证的安全和完整，又要便于凭证的事后调阅和查找。会计基础工作规范中明确规定了会计凭证归档保管的方法和要求，具体内容如下：

(1)单位应指定专人负责保管当年的会计凭证，在会计年度终了后，可暂由本单位会计部门保管 1 年，期满后，原则上应把会计部门编造的清册移交本单位的档案保管部门。已经存档的会计凭证，在需要查阅时，必须经过一定的审批手续。查阅时不得拆散原卷册。原始凭证不得外借。外单位因特殊需要使用原始凭证时，经本单位领导人批准，可以复制。向外单位提供的原始凭证复制件，应在专设的登记簿上登记，并由提供人员和收取人员共同签章。

(2)会计凭证的保管期限和销毁。会计凭证的保管期限和销毁必须严格按照 2016 年 1 月 1 日起施行的新《会计档案管理办法》的有关规定执行，任何人不得随意销毁会计凭证。对于保管期满需要销毁的会计凭证，必须开列清单，按照规定报经批准后，才能销毁。在销毁会计凭证时，应按照规定由有关部门派员监销。销毁前，监销人员应认真清点核对；销毁后，应在销毁清单上签章，并将监销情况向本单位负责人报告。对于应永久保存的会计凭证，必须永久保存，不得销毁。

三、会计账簿

会计账簿是以会计凭证为依据，由具有一定格式而又相互连接的账页所组成，用来序时、分类地记录和反映各项经济业务的簿籍。设置和登记账簿是会计核算的一种专门方法，也是会计核算的中心环节。每个企业、事业、行政单位应设置账簿，把分散在会计凭证中的核算资料加以归类整理，并登记账簿，为经济管理提供系统、完整的会计核算资料，并为编制会计报表提供依据。

（一）账簿的分类

1. 账簿按用途分类

账簿按用途不同，可以分为序时账簿、分类账簿和备查账簿。

(1)序时账簿

序时账簿又称日记账，是按照时间顺序逐日、逐笔登记经济业务发生情况的账簿。按其记录的内容不同，又分为普通日记账和特种日记账两种。为了加强对货币资金的监督和管理，特种日记账又分为现金日记账和银行存款日记账。

普通日记账是用来登记全部经济业务发生情况的日记账，通常把每天所发生的经济业务，按照业务发生的先后顺序，编成会计分录记入账簿中。

特种日记账是用来记录某一类经济业务发生情况的日记账，通常把某一类比较重要的经济业务，按照业务发生的先后顺序记入账簿中。

有关日记账的一般格式，如表 2—23、表 2—24、表 2—25 所示。

表 2—23 普通日记账 第 页

年		凭证号数	摘要	账户名称	借方金额	贷方金额	过账“√”
月	日						

表 2—24 现金日记账（三栏式） 第 页

年		凭证号数	摘要	对方科目	收 入	支 出	结 余
月	日						

表 2—25 银行存款日记账 第 页

年		凭证号数	结算方式		对方单位	摘 要	对应科目	收入	支出	结余
月	日		种类	支票号码						

(2)分类账簿

分类账簿是按照总分类账户和明细分类账户分类记录经济业务的账簿。分类账簿按照反映指标的详细程度划分，分为总分类账簿和明细分类账簿。

总分类账簿又称总分类账、总账，是根据总分类科目开设账户，用来分类记录全部经济业务，提供总括核算指标的分类账簿。通常，总分类账簿可以提供企业单位资产、负债、所有者权益、收入、费用和利润等方面总括的会计信息。任何企业单位都要设置总分类账。总分类账必须按总分类科目设置，一般采用订本式账簿，账页格式一般有“三栏式”、“多栏式”两种。“三栏式”总分类账的格式如表2—26所示。

表2—26 总分类账（三栏式）

会计科目： 第 页

年		凭证号数	摘要	对应科目	借方	贷方	借或贷	余额
月	日							

明细分类账簿又称明细分类账、明细账，是根据总分类科目所属二级或明细科目开设账户，用来分类记录某类经济业务，提供比较详细的核算指标的分类账簿。明细分类账对于加强财产物资管理、款项的结算、收入及费用开支的监督，具有重要的作用。明细分类账必须按照二级科目或明细科目设置，一般采用活页式账簿。明细分类账的格式应根据它所反映经济业务内容的特点和管理的需要来设计，一般有“三栏式”、“数量金额式”和“多栏式”三种，如表2—27、表2—28所示。

表2—27 应收账款明细分类账

明细分类账户名称： 第 页

年		凭证号数	摘要	借方	贷方	借或贷	余额
月	日						

表2—28 原材料明细分类账 第 页

材料编号： 存放地点：

材料类别： 最高存量：

材料名称： 规格： 计量单位： 最低存量：

年		凭证号数	摘要	收入			发出			结存		
月	日			数量	单价	金额	数量	单价	金额	数量	单价	金额

（3）备查账簿

备查账簿又称辅助账簿，是对某些在序时账簿和分类账簿中未能记载或记载不全的经济业务进行补充登记的账簿，如租入固定资产登记簿、合同登记簿、受托加工材料登记簿、应收票据备查簿、应付票据备查簿、代销商品备查簿等。备查账簿记录的内容不受总分类账的制约，是对日记账和明细分类账的补充，它可以为某些经济业务的内容提供必要的参考资料。各单位可根据实际需要设置备查账簿。

2. 账簿按外表形式分类

账簿按外表形式不同，可以分为订本式账簿、活页式账簿和卡片式账簿。

(1)订本式账簿

订本式账簿又称订本账，是在启用前就把编有顺序号的若干账页固定装订成册的账簿。这种账簿的优点是能够避免账页散失，防止账页被抽换；缺点是账页固定后不能根据需要增减账页，容易造成账页浪费，也不便于分工记账。订本账主要适用于现金日记账、银行存款日记账和总账。

(2)活页式账簿

活页式账簿又称活页账，是把若干张零散的账页放置在活动账夹之内的账簿。这种账簿的优点是可以任意增减空白账页，不会浪费账页，使用灵活，便于对账页重新排列，也便于分工记账，有利于提高工作效率；缺点是账页容易散失，容易被抽换。活页账主要适用于各种明细账。

(3)卡片式账簿

卡片式账簿又称卡片账，是由若干分散的具有专门格式的硬卡组成，存放在卡片箱内的账簿。这种账簿的优、缺点与活页账相同。卡片账主要适用于记载内容比较复杂的财产明细账，如固定资产、低值易耗品等。在实际使用时，卡片上应连续编号，并加盖有关人员的印章；卡片箱应由专人负责保管，以保证真实、安全。

3. 账簿按账页格式分类

账簿按账页格式不同，可以分为三栏式账簿、多栏式账簿和数量金额式账簿。

(1)三栏式账簿

三栏式账簿是指账簿的账页格式只开设“借”、“贷”、“余”(或“收”、“付”、“余”)三个栏目记录金额的账簿。

(2)多栏式账簿

多栏式账簿是指账簿的账页格式设若干专栏，集中反映某一总账账户或明细账户核算内容的账簿。

(3)数量金额式账簿

数量金额式账簿的账页格式是在“借”、“贷”、“余”(或“收”、“付”、“余”)三栏下再设“数量”、“单价”和“金额”栏，以便全面记录、反映经济业务的数量和金额。

(二)账簿的设置与登记

1. 账簿的设置

设置账簿可以全面、系统地记载和提供企业经济活动的各种数据，是会计核算工作的重要环节，对加强经济核算、改善和提高经济管理水平具有重要的作用。账簿的种类、形式和格式是多种多样的，但一般应具备下列基本内容：

(1)封面。每本账簿都应在它的封面上标明账簿名称，如总账、材料明细账、库存商品明细账、现金日记账等。

(2)扉页。为了保证账簿记录的合理性，明确经济责任，应在账簿的扉页(首页)设置“账簿启用表”，在表内载明单位名称、账簿启用日期、账簿册数、账簿页数(如为活页账，应在装订成册后记明页数)、会计主管和经管人员姓名和印鉴、账户目录等。如果经管账簿的会计人员离职或工作调动，需要调换记账人员时，应办理交接监交手续，在“经管账簿人员一览表”中注明交接日期和接办人员姓名，并由接办人员签章。

(3)账页。账页是构成账簿的主要组成部分,用来具体记录经济业务,其格式因记录的经济业务内容不同而有所不同,但一般都包括"账户名称"栏、"登账日期"栏、"凭证种类和号数"栏、"摘要"栏、"金额"栏(借方、贷方金额和余额)以及账页号数(总页次和分户页次)六个方面的内容。

2. 账簿的登记

会计账簿作为重要的会计档案资料和会计信息的主要储存工具,必须按照规定的方法,依据审核无误的记账凭证进行登记。进行账簿登记,一般应遵循下列原则:

(1)登记账簿时,应将会计凭证日期、编号、业务内容摘要、金额和其他有关资料逐项记入账簿内。要求做到数字准确、摘要清楚、登记及时。

(2)登记完毕后,要在会计凭证上签名或盖章,并注明已经登账的符号(如"√"),表示已经过账。

(3)登记账簿要用蓝黑或黑色墨水书写,不得使用圆珠笔(银行的复写账簿除外)或铅笔书写。

(4)账簿中书写的文字和数字上面要留适当空距,不要写满格,一般应占格长的$\frac{1}{2}$,以便留有改错的空间。

(5)各种账簿按页次顺序连续登记,不得跳行、隔页。如果发生跳行、隔页,应将空行、空页划线注销,或注明"此行空白"或"此页空白"字样,并由记账人员签名或盖章。

(6)凡需要结出余额的账户,应当定期结出余额。现金日记账和银行存款日记账必须每天结出余额。结出余额后,应在"借或贷"等栏内写明"借"或"贷"等字样。没有余额的账户,应在"借或贷"等栏内写"平"字,并在"余额"栏"元"位上用"0"表示。

(7)每一账页登记完毕结转下页时,应结出本页合计数及余额,写在本页最后一行和下页第一行有关栏内,并在本页的"摘要"栏内注明"转后页"字样,在次页的"摘要"栏内注明"承前页"字样。

(8)若会计账簿记录发生错误,应根据错误的性质和发现时间的不同,按规定的办法进行更正,不允许用涂改、挖补、刮擦、药水等手段更正错误。

(三)对账

对账是指对账簿、账户记录所进行的核对工作。为了保证各种账簿记录的完整和正确,为编制会计报表提供真实可靠的数据资料,必须做好对账工作。通过对账,达到账证相符、账账相符、账实相符。

1. 账证核对

账证核对是指各种账簿的记录与有关会计凭证进行核对。账证核对主要是在日常编制凭证和记账过程中逐笔进行的。将现金和银行存款日记账、总分类账、明细分类账的记录与原始凭证和记账凭证核对——账簿与原始凭证核对,主要是对账簿记录的经济业务的真实性、合法性进行检查;账簿与记账凭证核对,主要是检查过账工作是否正确,即账簿的记录是否按照记账凭证指明的账户、方向和金额进行登记。

2. 账账核对

账账核对是指各种账簿之间的有关数字进行核对。其主要内容有:

(1)总分类账中全部账户的借方余额合计数,应与贷方余额合计数核对相符。

(2)总分类账中各账户的期末余额,应与其所属各明细分类账的期末余额之和核对相符。

(3)总分类账中"库存现金"、"银行存款"账户的余额,应与日记账核对相符。

(4)会计部门有关财产物资明细账的期末余额,应与财产物资保管部门或使用部门的明细分类账的期末余额核对相符。

3. 账实核对

账实核对是指各种账簿的记录与有关财产物资的实有数额要核对相符。其主要内容有:

(1)银行存款日记账的余额,要定期与银行对账单核对相符。

(2)现金日记账的账面余额,应每日与库存现金实有数核对相符。

(3)各种财产物资明细分类账的账面数量,应与保管账的数量及实存数量核对相符。

(4)各种应收、应付、应交款明细分类账的账面余额,应与有关单位定期核对相符。

四、期末账项调整

按照权责发生制原则,必须合理地反映相互连接的各会计期应得的收入和应负担的费用,使各期的收入和费用在相互适应的基础上进行配比,从而比较正确地计算出各期的盈亏。因此,在期末结账以前,必须对账簿记录做必要的调整。

期末进行账项调整虽然主要是为了在利润表中正确反映本期的经营成果,但是,收入和费用的调整必然影响到有关资产、负债、所有者权益项目发生相应的增减变动。因此,期末账项调整也可以正确地反映企业期末的财务状况。

一般企业年末结账前应予调整的项目分为应计项目(应收收入、应付费用)、递延项目(预收收入、预付费用)和估计项目。

1. 应计项目

应收收入又称应计收入,是指本会计期内已实现而尚未收现的各项收入,如应收利息、应收租金等。应计收入的调整一方面增加收入,另一方面增加资产。收入账于结账时转入“本年利润”账户,以正确计算当期损益;资产账则结转至下期,待现金收取时再予以冲销。

应付费用又称应计费用,是指本会计期已发生而尚未支付现金的各项费用,如应付职工薪酬、应付利息等。应计费用的调整一方面应确认费用,另一方面增加负债。费用账于结账时转入“本年利润”账户,以正确计算当期损益;负债账则于下期支付时再予以冲销。

2. 递延项目

预收收入或预付费用一般会随着营业的继续逐渐转为已实现收入或已发生费用。这样,原记录的项目应在期末将已实现的收入从预收收入账(负债账)转入收入账,将已发生费用从预付费用账(资产账)转入费用账。

预收收入是指在提供产品或劳务之前先行收取的款项,因尚未向客户提供产品或劳务,故列为一项负债,但随着产品的交付或劳务的提供,此项收入便逐渐实现了。

预付费用是指预先支付,然后才享受权利的款项。此项交易一般在现金付出时记作资产,随劳务的享用而逐渐转化为一项费用。

3. 估计项目

除了应计项目和递延项目外,为了使收入与成本密切配合,以正确计算利润,还有一些账项需要调整。在计算此类金额时,常需考虑未来的事项作为计算依据,故此类账项称为估计项目,如坏账准备的计提、固定资产折旧的提取等。

五、结账

结账是指在本期内所发生的经济业务全部登记入账的基础上,于会计期末按照规定的方式结算账目，包括结计出本期发生额和期末余额。各个单位的经济活动是连续不断进行的，为了总结每一会计期间（月份、季度、年度）的经济活动情况，考核经营成果，编制会计报表，就必须在每一会计期末进行结账。

（一）结账的主要程序

1. 结账前，必须将本期内发生的各项经济业务全部登记入账。实行权责发生制的单位，按照权责发生制的要求，进行账项调整的账务处理，并在此基础上，进行其他有关转账业务的账务处理，以计算确定本期的成本、费用、收入和利润。

2. 结账时，应结出现金日记账、银行存款日记账以及总分类账和明细分类账各账户的本期发生额和期末余额，并将期末余额结转下期。

（二）结账的方法

结账是计算登记各种账簿本期发生额和期末余额的工作，一般按月进行，称为月结；有的账目还应按季结算，称为季结；年度终了，还应进行年终结账，称为年结。

1. 月结

每月结账时，应在各账户本月份最后一笔记录下面划一条通栏红线，表示本月结束；然后，在红线下面结出本月发生额和月末余额，如果没有余额，则在"余额"栏内写上"平"或"0"符号。同时，在"摘要"栏内注明"本月合计"或"×月份发生额及余额"字样，最后，再在下面划一条通栏红线，表示完成月结工作。

2. 季结

季结的结账方法与月结基本相同，但应在"摘要"栏内注明"本季合计"或"第×季度发生额及余额"字样。

3. 年结

办理年结时，应在12月份月结下面（需办理季结的，应在第四季度的季结下面）结算填列全年12个月的月结发生额和年末余额；如果没有余额，则在"余额"栏内写上"平"或"0"符号，并在"摘要"栏内注明"本年合计"或"年度发生额及余额"字样。然后，将年初借（贷）方余额抄列于下一行的"借（贷）方"栏内，并在"摘要"栏内注明"年初余额"字样；同时，将年末借（贷）方余额再列入下一行的"贷（借）方"栏内，在"摘要"栏内注明"结转下年"字样。最后，分别加计借贷方合计数，并在合计数下面划通栏双红线表示封账，完成年结工作。需要更换新账的，应在新账有关账户的第一行"摘要"栏内注明"上年结转"或"年初余额"字样，并将上年的年末余额以相同方向记入新账中的"余额"栏内。

第三章

资产的核算

资产是企业从事生产经营活动必需的各种资源，它们由企业拥有或者控制，通过合理配置和使用，使企业的生产经营活动维持正常。资产具体表现为货币资金、厂房、机器设备、原材料、包装物、在产品、产成品、债权、无形资产等。本章主要介绍有关资产的取得、使用或摊销、处置的核算等。

第一节　概　述

一、资产的概念

我国《企业会计准则——基本准则》将资产定义为：资产是指企业过去的交易或者事项形成的、由企业拥有或者控制的、预期会给企业带来经济利益的资源在《小企业会计准则》中，把“企业”二字改为“小企业”，其余完全一样。

1. 企业过去的交易或者事项包括购买、生产、建造行为或其他交易或者事项。预期在未来发生的交易或者事项不形成资产。

2. 由企业拥有或者控制，是指企业享有某项资源的所有权，或者虽然不享有某项资源的所有权，但该资源能被企业所控制。

3. 预期会给企业带来经济利益，是指直接或者间接导致现金和现金等价物流入企业的潜力。

二、资产的确认

符合上述资产定义的资源，在同时满足以下条件时，确认为资产：

1. 与该资源有关的经济利益很可能流入企业；

2. 该资源的成本或者价值能够可靠地计量。

三、资产在报表中的列示

符合资产定义和资产确认条件的项目，应当列入资产负债表；符合资产定义但不符合资产确认条件的项目，不应当列入资产负债表。

四、资产的分类

按照资产的变现、出售、耗用时间的长短来分，可以分成流动资产和非流动资产两大类。

(一)流动资产

流动资产是企业在生产经营过程中短期置存的资产,是指可在1年内或超过1年的一个营业周期内变现或者耗用的资产。

资产在一个生产经营周期内循环一次,表现为在一个营业周期内可以变现或者耗用,这是衡量资产流动性的主要标志。

流动资产的主要构成项目有货币资金、交易性金融资产、应收和预付款项、存货等。

(二)非流动资产

非流动资产是除了流动资产以外的资产,主要构成项目有可供出售的金融资产、持有至到期投资、长期股权投资、固定资产、在建工程、工程物资、无形资产、投资性房地产、长期待摊费用等。

第二节　货币资金

一、货币资金的性质和账户设置

货币资金是指企业生产经营过程中处于货币形态的资产。根据货币资金的存放地点不同及其用途不同,货币资金可分为库存现金、银行存款及其他货币资金。

从企业的整个生产经营来看,在企业从开业到清算的整个存续过程中,货币资金与各个业务循环存在着广泛而紧密的联系。货币资金与其他业务循环的关系主要有四个方面:销售与收款循环、筹资与投资循环、购货与付款循环和生产循环。一般而言,企业所涉及的货币资金业务主要是货币资金收入业务、货币资金支出业务、货币资金在其不同项目之间的流动以及零星备用金业务。

1. 货币资金增加业务

企业货币资金增加业务是指企业通过销售商品或提供劳务等方式取得货币资金的业务。该项业务主要有两种情形:一种是企业当期销售业务收回的货币资金和收回前期应收款项。此项业务是企业的主要货币资金收入业务。另外一种企业不经常发生的货币资金收入业务,主要包括通过发行、出售或转让有价证券、固定资产、原材料、无形资产等而收取的现金和银行存款,以及因持有各种有价证券或银行存款而定期取得的股息和利息收入。

2. 货币资金减少业务

企业货币资金减少业务涉及的范围很广,主要包括各项资产的购入、绝大多数费用的开支、向投资者支付的股息以及向国家缴纳各种税款。货币资金支出除金额较小或符合规定范围的开支可以采用现金进行结算外,企业绝大多数款项是通过银行结算进行的。

3.货币资金在其不同项目之间的流动及零星备用金业务

货币资金在其不同项目之间的流动是指从银行提取现金,现金交存银行,其他货币资金账户的开立、取消等业务,导致货币资金在其不同项目之间的流动。例如,设立采购专户等零星采购或差旅费等项用途的一定金额的现金款项。企业的货币资金收付业务除少数采用现金结算外,绝大多数业务是通过银行结算的。

在账户设置上,需要设置"库存现金"、"银行存款"、"其他货币资金"账户,分别用来核算企业的库存现金、银行存款和其他货币资金。对于企业为日常零星支出而使用的备用金,一般通过"备用金"或"其他应收款——备用金"账户单独核算。

二、库存现金

(一)库存现金的含义

库存现金是指通常存放于企业财会部门、由出纳人员经管的货币,包括人民币现金和外币现金。库存现金是企业流动性最强的资产,企业应当遵守国家有关现金管理制度,正确进行现金收支的核算,监督现金使用的合法性与合理性。

(二)国家现金管理制度的有关规定

一个单位可以在若干家银行开户,但只能在一家银行开设现金结算户,支取现金,并由该家银行负责核实现金库存限额,进行现金管理检查。

1. 开支使用现金的范围

企业只能在下列范围内开支使用现金:

(1)职工工资、各种工资性津贴。这里所说的职工工资,是指企业、事业单位和机关、团体、部队支付给职工的工资和工资性津贴。

(2)个人劳务报酬。指由于个人向企业、事业单位和机关、团体、部队等提供劳务而由企业、事业单位和机关、团体、部队等向个人支付的劳务报酬,包括新闻出版单位支付给作者的稿费,各种学校、培训机构等支付给外聘教师的讲课费,以及设计费、装潢费、安装费、制图费、化验费、测试费、医疗费、法律服务费、咨询费、各种演出与表演费、技术服务费、介绍服务费、经纪服务费、代办服务费及其他劳务费用等。

(3)支付给个人的各种奖金,包括根据国家规定颁发给个人的各种科学技术、文化艺术、体育等各种奖金。

(4)各种劳保、福利费用以及国家规定的对个人的其他现金支出,如退休金、抚恤金、学生助学金、职工困难生活补助费等。

(5)收购单位向个人收购农副产品和其他物资,如金银、工艺品、废旧物资等的价款。

(6)单位预借出差人员必须随身携带的差旅费。

(7)结算起点以下的零星支出。按照规定,结算起点为1 000元;超过结算起点的,应实行银行转账结算。在结算起点以下的零星支出可以使用现金进行结算,结算起点的调整由中国人民银行确定,报国务院备案。

(8)中国人民银行确定需要现金支付的其他支出,如因采购地点不确定、交通不便、抢险救灾以及其他特殊情况,办理转账结算不够方便,必须使用现金的支出。

2. 库存现金限额的规定

各开户单位的库存现金都要核定限额。库存现金限额由开户单位提出计划,报开户银行审批。库存现金限额每年核定一次。经核定的库存现金限额,开户单位必须严格遵守。

3. 现金坐支

坐支是指企业、事业单位和机关、团体、部队从本单位的现金收入中直接用于现金支出。按照《现金管理暂行条例》及其实施细则的规定:“开户单位支付现金,可以从本单位现金库存中支付或者从开户银行提取,不得从本单位的现金收入中直接支付(即坐支)。”“需要坐支现金的单位,要事先报经开户银行审查批准,由开户银行核定坐支范围和限额。坐支单位必须在现金账上如实反映坐支现金,并按月向开户银行报送坐支金额和使用情况。”一般情况下,企业可以在申请库存现金限额申请批准书内同时申请坐支,说明坐支的理由、用途和金额,报开户银行审查批准,也可以专门申请批准。

4. 现金管理“八不准”

(1)不准用不符合财务制度的凭证顶替库存现金;

(2)不准单位之间相互借用现金;

(3)不准谎报用途套取现金;

(4)不准利用银行账户代其他单位和个人存入或支取现金;

(5)不准将单位收入的现金以个人名义存入储蓄;

(6)不准保留账外公款(即小金库);

(7)不准发生变相货币;

(8)不准以任何票券代替人民币在市场上流通。

开户单位如违反上述有关规定,开户银行有权责令其停止违法活动,并根据其情节轻重给予警告或罚款。

(三)库存现金的核算

1. 库存现金增加的核算

库存现金收入的内容主要有:从银行提取的现金,职工出差报销时交回的剩余借款,收取结算起点以下的零星收入款,收取对个人的罚款,无法查明原因的现金溢余等。收取现金时,借记“库存现金”科目,贷记有关科目。

【例 3—1】 从开户银行提取现金 6 000 元备用。

借:库存现金　　6 000

　　贷:银行存款　　6 000

【例 3—2】 企业收取出租机器的押金 1 500 元。

借:库存现金　　1 500

　　贷:其他应付款　　1 500

【例 3—3】 采购员王民原出差借 2 000 元,报销 1 750 元,剩余现金 250 元交回。

借:库存现金　　250

　　管理费用　　1 750

　　贷:其他应收款——王民　　2 000

2. 库存现金减少的核算

企业应当严格按照国家有关现金管理制度的规定,在允许的范围内,办理现金支出业务。企业按照现金开支范围的规定支付现金时,借记有关科目,贷记“库存现金”科目。

【例 3—4】 采购员王民出差预借差旅费 2 000 元,以现金付讫。

借:其他应收款——王民　　2 000

　　贷:库存现金　　2 000

【例 3—5】 以现金支付职工工资 65 000 元。

借:应付职工薪酬——工资　　65 000

　　贷:库存现金　　65 000

【例 3—6】 以现金支付职工困难补助 300 元。

借:应付职工薪酬——福利费　　300

　　贷:库存现金　　300

【例 3—7】 以现金支付企业购买邮票款 60 元。

借：管理费用　　60

　　贷：库存现金　　60

3. 库存现金日记账

为了全面、系统、连续、详细地反映有关现金的收支情况，企业应设置“库存现金日记账”，所发生的现金收支业务必须通过出纳人员，由出纳人员根据审核无误的收、付款凭证，按照业务发生的先后顺序逐日、逐笔登记，每日终了时应计算现金收入合计、现金支出合计及现金结余数，并将结余数与实际库存现金数进行核对，保证账款相符。如果发生账款不符的情况，应及时查明原因，并进行处理。月份终了，库存现金日记账的余额应与库存现金总账的余额核对，做到账账相符。

4. 库存现金清查的核算

库存现金清查是指对库存现金的盘点与核对，包括出纳人员每日终了前进行的库存现金账款核对和清查小组进行的定期或不定期的库存现金盘点、核对。对于库存现金清查的结果，应编制库存现金盘点报告单，注明库存现金溢缺的金额。若发现库存现金短缺或溢余且原因有待查明的，应通过“待处理财产损溢——待处理流动资产损溢”账户核算。

在库存现金清查中发现溢余的库存现金，应按溢余的金额，借记“库存现金”账户，贷记“待处理财产损溢——待处理流动资产损溢”账户，如发现短缺，应按短缺的金额，借记“待处理财产损溢——待处理流动资产损溢”账户，贷记“库存现金”账户。待查明原因后，按以下要求进行处理：

一是如为库存现金短缺，属于应由责任人赔偿的部分，借记“其他应收款——应收库存现金短缺款”或“库存现金”等账户，贷记“待处理财产损溢——待处理流动资产损溢”账户；属于应由保险公司赔偿的部分，借记“其他应收款——应收保险赔款”账户，贷记“待处理财产损溢——待处理流动资产损溢”账户；属于无法查明的其他原因，根据管理权限，经批准后处理，借记“管理费用——库存现金短缺”账户，贷记“待处理财产损溢——待处理流动资产损溢”账户。

二是如为库存现金溢余，属于应支付给有关人员或单位的，应借记“待处理财产损溢——待处理流动资产损溢”账户，贷记“其他应付款——应付库存现金溢余”账户；属于无法查明原因的库存现金溢余，经批准后，借记“待处理财产损溢——待处理流动资产损溢”账户，贷记“营业外收入——库存现金溢余”账户。

【例3-8】 在库存现金清查中，发现库存现金较账面余额多出50元。

借：库存现金　　50

　　贷：待处理财产损溢——待处理流动资产损溢　　50

后经反复核查，上述库存现金长款原因不明，经批准转作营业外收入处理。

借：待处理财产损溢——待处理流动资产损溢　　50

　　贷：营业外收入　　50

如果经查明应退回给有关单位或人员的，应贷记“其他应付款”账户。

【例3-9】 在库存现金清查中，发现库存现金较账面余额短缺160元。

借：待处理财产损溢——待处理流动资产损溢　　160

　　贷：库存现金　　160

后经调查，上述库存现金短缺属于出纳员张扬的责任，应由该出纳员赔偿。

借：其他应收款——张扬　　160

　　贷：待处理财产损溢——待处理流动资产损溢　　160

收到上述出纳员张扬的赔款 160 元时：

借：库存现金　　160

　　贷：其他应收款——张扬　　160

（四）备用金的核算

企业各职能科室、车间如有经常性的零星支出，为了方便支付，减少报销手续，可以实行定额备用金制度。设立备用金的部门，对于领用的备用金应当定期或在快用完时向财务部门报销。

财务部门拨出备用金时：

借：备用金（或“其他应收款——备用金”）

　　贷：库存现金

各职能科室、车间平时的零星支出可以用备用金支付，不必进行会计处理，但应保管好相应的发票凭证。当向财务部门报销并补足备用金数额时，财务部门根据报销数直接确认相关费用的发生和库存现金的减少，报销数和拨补数都不再通过“备用金”或“其他应收款——备用金”账户核算：

借：管理费用

　　贷：库存现金

如果企业调整备用金数额，或者取消备用金制度，则要通过“备用金”账户核算。企业调整备用金数额，借记或贷记“备用金”、“库存现金”账户；如果取消备用金制度，则借记“库存现金”账户，贷记“备用金”账户。

三、银行存款

银行存款是指企业存放在银行或其他金融机构的货币资金。

（一）银行存款的管理规定

企业应当根据业务需要，按规定在其所在地银行开设账户，运用所开设的账户进行存款、取款以及各种收支转账业务的结算。银行结算账户的开立和使用应当遵守法律、法规，不得利用银行结算账户进行偷逃税款、逃废债务、套取库存现金及其他违法犯罪活动；不得出租、出借银行结算账户；不得利用银行结算账户套取银行信用；不得将单位款项转入个人银行结算账户。

（二）银行存款的核算

1. 银行存款收支的核算

为了总括反映银行存款的收付及其结存情况，企业应设置“银行存款”账户。该科目的借方反映企业银行存款的增加；贷方反映企业银行存款的减少；期末余额在借方，反映企业期末银行存款的余额。

【例 3－10】 2016 年 8 月 5 日，某企业开出现金支票一张，从开户行提取现金 3 000 元作为零星支付备用。

借：库存现金　　3 000

　　贷：银行存款　　3 000

【例 3－11】 企业销售商品一批，货款收入 50 000 元，增值税 8 500 元，价税合计58 500元已通过托收承付结算方式收妥，存入存款账户。

借：银行存款　　58 500

　　贷：主营业务收入　　50 000

　　　　应交税费——应交增值税（销项税额）　　8 500

2. 银行日记账和银行存款余额调节表

为了全面、系统、连续、详细地反映有关银行存款收支的情况，企业应当按照开户银行和其他金融机构、存款种类等，分别设置银行存款日记账，由出纳人员根据审核无误的银行存款收、付款凭证，按照业务发生的先后顺序逐日、逐笔登记。每日终了时，应计算银行存款收入合计、银行存款支出合计及结余数，银行存款日记账应定期与银行转来的银行对账单进行核对。如果发现企业银行存款日记账余额与银行对账单余额不符，首先应检查记账有否差错；如果有差错，先更正差错，然后在记账正确的前提下再对未达账项进行调节。

所谓未达账项，是指由于企业与银行取得有关凭证的时间不同，发生的一方已经取得凭证登记入账而另一方由于未取得凭证尚未入账的款项。具体有以下四种情况：

(1)企业已收款入账，银行尚未收款入账。如企业已将销售产品收到的支票送存银行，对账前银行尚未入账的款项。

(2)企业已付款入账，银行尚未付款入账。如企业开出支票购货，根据支票存根已登记银行存款的减少，而银行尚未接到支票，未登记银行存款减少。

(3)银行已收款入账，企业尚未收款入账。如银行收到外单位采用托收承付结算方式购货所付的款项，已登记入账，而企业未收到银行通知未入账的款项。

(4)银行已付款入账，企业尚未付款入账。如银行根据有关规定代企业支付了款项，已登记企业银行存款的减少，而企业因未收到付款凭证尚未记账的款项。

对未达账项应通过编制银行存款余额调节表进行检查核对，如没有记账错误，调节后的双方余额应相等。

【例 3—12】 某企业 2016 年 8 月 31 日银行存款日记账的余额为 86 850 元，银行转来对账单的余额为 124 500 元。经逐笔核对，发现以下未达账项：

(1)送存银行转账支票 90 000 元，企业已登记银行存款增加，银行未记账；

(2)开出转账支票 67 500 元，持票单位未到银行办理转账，银行未记账；

(3)委托银行代收某公司购货款 72 000 元，银行登记入账，企业未记账；

(4)银行代付电话费 6 000 元，银行登记入账，企业未记账；

(5)另外，8 月 15 日开出转账支票一张，系付应付账款 6 500 元，当时编制的银行付款凭证为：

借：应付账款　　650

　　贷：银行存款　　650

该错误凭证已登记入账。

根据上述既存在会计差错、又存在未达账项的情况，应先更正会计差错，再编制银行存款余额调节表。

(1)采用补充登记法更正差错。

借：应付账款　　5 850

　　贷：银行存款　　5 850

更正差错后，某企业 2016 年 8 月 31 日基本存款账户银行存款日记账的余额为81 000元。

(2)编制银行存款余额调节表，如表 3—1 所示。

表 3—1　　银行存款余额调节表

2016 年 8 月 31 日　　单位:元

项　目	金　额	项　目	金　额
企业银行存款日记账余额	81 000	银行对账单余额	124 500
加:银行已收、企业未收	72 000	加:企业已收、银行未收	90 000
减:银行已付、企业未付	6 000	减:企业已付、银行未付	67 500
调节后的存款余额	147 000	调节后的存款余额	147 000

需要指出的是,银行存款余额调节表只是为了核对账目,并不能作为调整银行存款账面余额的原始凭证。

四、其他货币资金的核算

(一)其他货币资金的内容

其他货币资金是指企业除库存现金、银行存款以外的各种货币资金,主要包括外埠存款、银行本票存款、银行汇票存款、信用证保证金存款、信用卡存款和存出投资款等。

(二)其他货币资金的核算

为了反映和监督其他货币资金的收支和结存情况,企业应设置"其他货币资金"账户。该科目的借方登记其他货币资金的增加数;贷方登记其他货币资金的减少数;期末余额在借方,反映企业实际持有的其他货币资金。该账户应按其他货币资金的种类设置明细账户,进行明细分类核算。

1. 外埠存款、银行本票存款、银行汇票存款、信用证保证金存款的核算

外埠存款是指企业到外地进行临时或零星采购时,汇往采购地银行开立采购专户的款项。银行本票存款是指企业为取得银行本票按照规定存入银行的款项。银行汇票存款是指企业为取得银行汇票按照规定存入银行的款项。信用证保证金存款是指企业为取得信用证按规定存入银行的保证金。这几类其他货币资金主要用于与销货单位的货款结算,一旦购货结束,如果有余款,会很快转回其开户银行。

【例 3—13】 某企业于 2016 年 6 月 5 日从基本存款户汇往外地某银行临时账户 40 000 元,用于临时经营采购。

借:其他货币资金——外埠存款　　40 000
　　贷:银行存款　　40 000

6 月 9 日,用上述外埠存款共支付采购原材料款项 39 780 元,其中价款 34 000 元,增值税 5 780 元。

借:在途物资　　34 000
　　应交税费——应交增值税(进项税额)　　5 780
　　贷:其他货币资金——外埠存款　　39 780

6 月 15 日,根据银行的收账通知,上述外埠存款的余款已汇入基本存款账户。

借:银行存款　　220
　　贷:其他货币资金——外埠存款　　220

银行本票存款、银行汇票存款、信用证保证金存款的使用及核算方法基本同外埠存款。

2. 信用卡存款的核算

当单位进行集团消费时,可以用信用卡的方式进行结算。当存入信用卡存款时,借记"其他

货币资金——信用卡存款”账户，贷记“银行存款”账户；当单位进行消费用信用卡结算时，借记“管理费用”(或“营业费用”等)账户，贷记“其他货币资金——信用卡存款” 账户。

3. 存出投资款的核算

存出投资款是指企业进行证券投资时预先存放在金融机构的资金，当企业存出投资款时，借记“其他货币资金——存出投资款”账户，贷记“银行存款”账户；当购入证券投资时，借记“交易性金融资产”、“投资收益”等账户，贷记“其他货币资金——证券投资”账户。

第三节 应收和预付款项

应收和预付款项是企业资产的一个重要组成部分，它是指企业在日常生产经营过程中发生的各项债权，包括应收款项(包括应收账款、应收票据、其他应收款、长期应收款)、预付账款、应收股利和应收利息等。

一、应收账款

应收账款是企业在正常经营活动中，由于销售商品、产品或提供劳务，而应向购货单位或接受劳务单位收取的款项，包括代垫的运杂费。应收账款的会计处理主要涉及两个问题：一是如何确定应收账款的入账时间，二是应收账款的入账价值。

当企业由于赊销商品而产生应收取客户的款项时，应设置“应收账款”账户来核算，可按债务人名称进行明细核算。

(一)应收账款的入账时间

由于应收账款是因为赊销业务而产生的，因此，其入账时间与确认销售收入的时间是一致的，它们的入账时间可以根据确认收入实现的时间来定，具体确定方法将在第六章“收入、费用与利润核算”中论述。

(二)应收账款的入账价值

通常情况下，按照历史成本计价原则，应收账款应根据交易实际发生的金额记账，包括发票金额和代购货单位垫付的运杂费两个部分。但是，如果发生商业折扣、现金折扣等因素时，应收账款价值的确定就变得比较复杂。

1. 商业折扣

商业折扣是指企业为了适应市场供需的情况，或针对不同的顾客，在商品(产品)交易时，从价目单所列售价中扣减的一定数额。由于商业折扣是在交易成立及实际付款之前给予的价格扣除，因此，企业应收账款的入账金额应按扣除商业折扣以后的实际售价加上相关税金、代垫运费予以确认。

【例3—14】 某企业赊销商品一批，按价目表的价格计算，货款金额总计100 000元，给买方的商业折扣为10%，适用的增值税税率为17%，代垫运杂费5 000元(假设不作为计税基数)。应编制会计分录如下：

借：应收账款	110 300	
贷：主营业务收入		90 000
应交税费——应交增值税(销项税额)		15 300
银行存款		5 000

收到货款时，应编制会计分录如下：

借:银行存款　　110 300
　　贷:应收账款　　110 300

2. 现金折扣

现金折扣通常发生在以赊销方式销售商品及提供劳务的交易中,目的是为了鼓励客户提前付款,折扣的多少由客户付款的早晚决定。它通常表示为 2/10、1/20、$n/30$,意思是说客户如果在 10 天内付款,可享受 2%的折扣;在 20 天内付款,可享受 1%的折扣;超过 20 天付款,则无折扣;信用期为 30 天。

对于现金折扣,应收账款的入账金额存在两种计量方法:总价法和净价法,目前我国采用的是总价法。

(1)总价法

总价法是将未减去现金折扣前的金额作为实际售价,记作应收账款的入账价值。销售方在折扣期内给予客户的现金折扣,作为财务费用处理。

【例 3-15】 某公司赊销产品给客户,价款共计 10 000 元,规定的现金折扣条件为 2/10、$n/30$,适用的增值税税率为 17%。产品已经交付,并办妥托收手续。

借:应收账款　　11 700
　　贷:主营业务收入　　10 000
　　　　应交税费——应交增值税(销项税额)　　1 700

如果客户在 10 天内付款,则应编制会计分录如下:

借:银行存款　　11 500
　　财务费用(10 000×2%)　　200
　　贷:应收账款　　11 700

如果客户付款超过了现金折扣的最后期限,则应编制会计分录如下:

借:银行存款　　11 700
　　贷:应收账款　　11 700

(2)净价法

净价法是将扣减现金后的金额作为实际售价,据以确认应收账款的入账价值。销售方由于客户超过折扣期限而多收入的金额,作为冲减财务费用处理。

(三)坏账损失的处理

企业的各项应收款项,可能会因购货人拒付、破产、死亡等原因而无法收回。这类无法收回的应收款项就是坏账。一般来说,企业的应收款项符合下列条件之一的,应确认为坏账:

(1)债务人死亡,以其遗产清偿后仍然无法收回。

(2)债务人破产,以其破产财产清偿后仍然无法收回。

(3)债务人较长时期内未履行其偿债义务,并有足够的证据表明无法收回或收回的可能性极小。

应当指出,对已确认为坏账的应收款项,并不意味着企业放弃其追索权,一旦重新收回,应及时入账。

因坏账而遭受的损失称为坏账损失。坏账损失的处理有两种方法:直接转销法和备抵法。

1. 直接转销法

采用直接转销法时,日常核算中应收款项可能发生的坏账损失不予考虑,只有在实际发生坏账时,才作为损失计入当期损益,同时冲销应收款项。这种方法的优点是账务处理简单、实用，缺点是不符合权责发生制和收入与费用相互配比的会计原则。在这种方法下，只有坏账已经发生时，才能将其确认为当期费用，导致各期收益不实；另外，在资产负债表中，应收账款按其财务余额而不按净额反映，这在一定程度上歪曲了期末的财务状况。所以，有关会计法规规定，企业采用备抵法对坏账进行核算。

2.备抵法

备抵法是采用一定的方法按期估计坏账损失，计入当期费用，同时建立坏账准备，待坏账实际发生时，冲销已提的坏账准备和相应的应收款项。采用这种方法，坏账损失计入同一期间的损益，体现了配比原则的要求，避免了企业明盈实亏的情况；在报表上列示应收款项净额，使报表使用者能了解企业应收款项的可变现金额。

采用备抵法，需要设置"坏账准备"账户，进行有关坏账准备的提取和冲销的核算。

在会计核算上，应注意以下两个问题：

第一，已确认并已转销的坏账损失，如果以后又收回，应及时借记和贷记该项应收款项账户，而不应直接从"银行存款"账户转入"坏账准备"账户。

第二，收回的已作为坏账核销的应收款项，应贷记"坏账准备"账户，而不直接冲减"资产减值损失"账户。

备抵法首先要按期估计坏账损失，在实务中，按期估计坏账损失的方法主要有以下几种：余额百分比法、销货百分比法、账龄分析法等。

(1)余额百分比法

余额百分比法是按应收款项余额的一定比例计算提取坏账准备。从理论上讲，这一比例应按坏账占应收款项的概率计算，发生坏账多的企业，比例相应高一些；反之则低一些。

(2)销货百分比法

销货百分比法是以赊销金额的一定百分比作为估计的坏账损失。采用这一方法的理由，是因为坏账仅与当期因赊销而发生的应收款项有关，与当期的现款销售无关，当期赊销业务越多，产生坏账的损失就越大。因此，可以根据过去的经验和有关资料，估计坏账损失与赊销金额之间的比率，也可用其他更合理的方法进行估计。

(3)账龄分析法

账龄分析法是根据应收款项账龄的长短来估计坏账的方法。账龄指的是顾客所欠账款的时间。理由是账款被拖欠的期限越长，发生坏账的可能性就越大。采用这种方法，企业利用账龄分析表所提供的信息，确定坏账备抵金额。确定的方法是按各类账龄分别估计其可能成为坏账的部分。

3. 以应收账款余额百分比法为例的坏账损失的核算方法

【例 3－16】 某公司按照应收账款年末余额的 5‰计提坏账准备。公司第一年年末的应收账款余额为 3 600 000 元；第二年发生坏账损失 30 000 元，年末应收账款余额为4 800 000元；第三年，收回了已于上一年做坏账处理的应收账款 24 000 元，年末应收账款余额为8 400 000元。

(1)第一年年末：

应提取的坏账准备＝3 600 000×5‰＝18 000(元)

借：资产减值损失——计提的坏账准备　　18 000

　　贷：坏账准备　　18 000

(2)第二年的有关处理：

①冲销坏账：

借：坏账准备　30 000

　　贷：应收账款　30 000

②年末提取坏账准备：

坏账准备金额＝4 800 000×5‰＝24 000（元）

“坏账准备”账户年末提取前的余额＝30 000（借方）－18 000（贷方）

＝12 000（元）（借方）

因此：

本期应提取的坏账准备＝24 000＋12 000＝36 000（元）

借：资产减值损失——计提的坏账准备　36 000

　　贷：坏账准备　36 000

（3）第三年的有关处理：

①收回已转销的坏账：

借：应收账款　24 000

　　贷：坏账准备　24 000

同时：

借：银行存款　24 000

　　贷：应收账款　24 000

②年末提取坏账准备：

坏账准备金额＝8 400 000×5‰＝42 000（元）

“坏账准备”账户年末提取前的余额＝24 000（贷方）＋24 000（贷方）

＝48 000（元）（贷方）

因此：

本期应提取的坏账准备＝42 000－48 000＝－6 000（元）

借：坏账准备　6 000

　　贷：资产减值损失——计提的坏账准备　6 000

二、应收票据

在我国，应收票据即指商业汇票。商业汇票按承兑人不同，分为商业承兑汇票和银行承兑汇票；商业汇票按是否计息，分为不带息商业汇票和带息商业汇票。

企业作为债权人收到商业汇票时，应设置“应收票据”账户核算，可按债务人名称进行明细核算。

（一）不带息应收票据的会计处理

1. 收到应收票据时：

借：应收票据

　　贷：应收账款

　　　　主营业务收入等

2. 票据到期收回时：

借：银行存款

　　贷：应收票据

3. 商业承兑汇票到期，承兑人违约拒付或无力偿还票款时：

借：应收账款

　　贷：应收票据

【例 3－17】 某企业 2 月 1 日销售产品一批，售价 40 000 元，应收取的增值税额为6 800 元，增值税税率为 17%，产品已经发出，货款尚未收到。2 月 5 日，企业收到买方承兑的商业承兑汇票一张，付款期为 3 个月，面值为 46 800 元。5 月 5 日，接到开户行通知，已经收到款项。

(1)2 月 1 日，确认收入时：

借：应收账款	46 800	
贷：主营业务收入		40 000
应交税费——应交增值税(销项税额)		6 800

(2)2 月 5 日，收到汇票时：

借：应收票据	46 800	
贷：应收账款		46 800

(3)5 月 5 日，收到货款时：

借：银行存款	46 800	
贷：应收票据		46 800

(4)如果 5 月 5 日，接到开户行通知，该客户无力偿付货款时：

借：应收账款	46 800	
贷：应收票据		46 800

(二)带息应收票据的会计处理

1. 带息应收票据应定期计算利息，增加应收票据的账面价值，并冲减财务费用；或者在票据兑现时，直接冲减财务费用。

2. 带息应收票据的会计处理。

(1)收到票据时：

借：应收票据

　　贷：应收账款

(2)票据兑现时：

借：银行存款

　　贷：财务费用

　　　　应收票据

三、预付账款

(一)预付账款的性质

预付账款与应收账款不同，预付账款是企业预付给供货方购货款项而产生的债权。

(二)设置账户

可以单独设置“预付账款”账户核算。预付账款业务不多的企业，也可以通过“应付账款”账户核算。“预付账款”账户可按债务人名称进行明细核算。

(三)主要账务处理

预付账款的账务处理主要包括预付货款、收到货物以及补付货款等业务事项。采用预付货款的方式购买原材料，应在预付材料货款时，按照实际预付的金额，借记“预付账款”账户，贷记“银行存款”账户；交易完成后，冲回“预付账款”账户，预付账款不足的，补足款项，会计处理为借记“预付账款”账户，贷记“银行存款”账户。

【例 3－18】 某企业为增值税一般纳税人，2 月 10 日，向 B 企业预付材料款8 000 000元；2 月 20 日，收到 B 企业的材料，并验收入库。B 企业开具的增值税专用发票注明材料款10 000 000元，增值税款为 1 700 000 元，故补足 B 企业款项 3 700 000 元。会计处理为：

(1)2 月 10 日，预付材料款 8 000 000 元时：

借：预付账款——B 企业	8 000 000	
贷：银行存款		8 000 000

(2)2 月 20 日，材料入库，并补足货款时：

借：原材料	10 000 000	
应交税费——应交增值税(进项税额)	1 700 000	
贷：预付账款——B 企业		11 700 000
借：预付账款——B 企业	3 700 000	
贷：银行存款		3 700 000

四、其他应收款

(一)其他应收款的核算范围

其他应收款是指企业除了买入返售金融资产、应收票据、应收账款、预付账款、应收股利、应收利息、应收代位追偿款、应收分保账款、应收分保合同准备金、长期应收款等以外的其他各种应收及暂付款项。

其主要内容包括：

1. 应收的各种赔款、罚款。例如，因职工失职给企业造成一定损失而应向该职工收取的赔款，或因企业财产等遭受意外损失而应向有关保险公司收取的赔款等。

2. 应收的出租包装物租金。

3. 存出保证金，如租入包装物支付的押金。

4. 备用金(向企业各职能科室、车间等拨付的备用金)。

5. 应向职工收取的各种垫付的款项，如为职工垫付的水电费及应由职工负担的医药费、房租费等。

6. 其他各种应收、暂付款项。

为了反映其他应收款的增减变动及其结存情况，应设置“其他应收款”账户，可按对方单位(或个人)名称进行明细核算。

(二)其他应收款的会计处理

企业发生其他应收款时，借记“其他应收款”账户，贷记“库存现金”、“银行存款”、“营业外收入”等账户；收回备用金以外的其他应收款时，借记“库存现金”、“银行存款”、“应付职工薪酬”等账户，贷记“其他应收款”账户。

【例 3－19】 某公司以银行存款代职工李刚垫付应由其个人负担的住院医药费 800 元，拟从其工资中扣回。有关账务处理如下：

(1) 垫支时：

借：其他应收款——李刚	800	
贷：银行存款		800

（2）扣款时：

借：应付职工薪酬——工资 800

贷：其他应收款——李刚 800

【例 3－20】 某公司租入包装物一批，以银行存款向出租方支付押金 4 000 元。有关账务处理如下：

借：其他应收款——存出保证金 4 000

贷：银行存款 4 000

租入包装物按期如数退回，收到出租方退还的押金 4 000 元并存入银行时，有关账务处理如下：

借：银行存款 4 000

贷：其他应收款——存出保证金 4 000

第四节 存 货

一、存货的概念和基本构成

存货是指企业在正常生产经营过程中持有以备出售的产成品或商品、仍然处在生产过程中的在产品，以及在生产过程或提供劳务过程中耗用的材料、物料等。

具体来讲，存货包括各类原材料、在产品、半成品、产成品、商品以及包装物、低值易耗品、委托代销商品等。

1. 原材料，指企业在生产过程中经加工改变其形态或性质并构成产品主要实体的各种原料及主要材料、辅助材料、外购半成品（外购件）、修理用备件（备品备件）、包装材料、燃料等。

2. 在产品，指企业正在制造尚未完工的生产物，包括正在各个生产工序加工的产品，以及已加工完毕但尚未检验或已检验但尚未办理入库手续的产品。

3. 半成品，指经过一定生产过程并已检验合格交付半成品仓库保管，但尚未制造完工成为产成品，仍需进一步加工的中间产品。但不包括从一个生产车间转给另一个生产车间继续加工的自制半成品以及不能单独计算成本的自制半成品，这类自制半成品属于在产品。

4. 产成品，指工业企业已经完成全部生产过程并验收入库，可以按照合同规定的条件送交订货单位，或者可以作为商品对外销售的产品。

5. 商品，指商品流通企业外购或委托加工完成验收入库用于销售的各种商品。

6. 包装物，指为了包装本企业商品而储备的各种包装容器，如桶、箱、瓶、坛、袋等。其主要作用是盛装、装潢产品或商品。

7. 低值易耗品，指不能作为固定资产的各种用具物品，如工具、管理用具、玻璃器皿、劳动保护用品，以及在经营过程中周转使用的容器等。其特点是单位价值较低，或使用期限相对于固定资产较短，在使用过程中保持其原有实物形态基本不变。

8. 委托代销商品，指企业委托其他单位代销的商品。

二、存货的确认条件

存货同时满足下列条件的，才能予以确认：

1. 该存货包含的经济利益很可能流入企业

资产最重要的特征是预期会给企业带来经济利益。如果某一项目预期不能给企业带来经济利益，就不能确认为企业的资产。

存货是企业的一项重要的流动资产，因此，对存货的确认，关键是判断是否很可能给企业带来经济利益或所包含的经济利益是否很可能流入企业。通常，存货的所有权是存货包含的经济利益很可能流入企业的一个重要标志。一般情况下，根据销售合同已经售出(取得现金或收取现金的权利)、所有权已经转移的存货，因其所含经济利益已不能流入本企业，因而不能再作为企业的存货进行核算，即使该存货尚未运离企业。再比如委托代销商品，由于其所有权并未转移至受托方，因而委托代销的商品是委托企业存货的一部分。总之，企业在判断存货所含经济利益能否流入企业时，通常应结合考虑该项存货所有权的归属。

2. 该存货的成本能够可靠地计量

成本能够可靠地计量是资产确认的一项基本条件。存货作为企业资产的组成部分，要予以确认，也必须能够对其成本进行可靠计量。存货的成本能够可靠地计量必须以取得确凿、可靠的证据为依据，并且具有可验证性。如果存货的成本不能可靠地计量，则不能确认为一项存货。如企业承诺的订货合同，由于并未实际发生，不能可靠确定其成本，因此，就不能确认为购买企业的存货。又如，企业预计发生的制造费用，由于并未实际发生，不能可靠地确定其成本，因此，不能计入产品成本。

三、存货的账户设置

为了记录和反映各项存货的收入、发出和结存情况，通常设置"在途物资"、"原材料"、"库存商品"、"发出商品"、"委托加工物资"、"存货跌价准备"、"周转材料"、"生产成本"、"制造费用"等账户。采用计划成本法核算存货的企业，还应增设"材料采购"、"材料成本差异"账户。

四、存货的初始计量

存货的初始计量是指存货收入的计价，又称存货入账价值的确定，是确定企业取得各项存货的实际成本。《企业会计准则第 1 号——存货》规定："存货应当按照成本进行初始计量。存货的成本包括采购成本、加工成本和其他成本。"

企业存货的取得主要有外购和自制两种。

(一)外购存货的计价

原材料、商品、低值易耗品等通过购买而取得的存货的初始成本由采购成本构成。存货的采购成本，包括购买价款、相关税费、运输费、装卸费、保险费以及其他可归属于存货采购成本的费用。

1. 购买价款

购买价款是指企业购入材料等的发票账单上列明的价款，但不包括按规定可以抵扣的增值税税额。

2. 相关税费

相关税费是指企业购买、自制或委托加工存货所发生的消费税、资源税和不能从增值税销项税额中抵扣的进项税额等。

3. 其他可归属于存货采购成本的费用

其他可归属于存货采购成本的费用是指除了购买价款、相关税费以外的可归属于存货采购成本的费用，如存货采购过程中发生的仓储费、包装费、运输途中的合理损耗、入库前的挑选整理费用等。

本书中的有关例题如无特别说明，均假定企业采用实际成本法对存货进行日常核算。

【例 3—21】 某企业经有关部门核定为一般纳税人，某日该企业购入原材料一批，取得的增值税专用发票上注明的原材料价款为 200 000 元，增值税税额为 34 000 元，发票账单等结算凭证已经收到，货款已通过银行转账支付，原材料已验收入库。根据上述资料，应做如下账务处理：

借：原材料　　200 000
　应交税费——应交增值税（进项税额）　　34 000
　　贷：银行存款　　234 000

【例 3—22】 沿用【例 3—21】的资料，并假设购入材料业务中的发票账单等结算凭证已到，货款已经支付，但材料尚未运到。企业应于收到发票等结算凭证时，做如下账务处理：

借：在途物资　　200 000
　应交税费——应交增值税（进项税额）　　34 000
　　贷：银行存款　　234 000

上述材料到达入库时，再做如下账务处理：

借：原材料　　200 000
　　贷：在途物资　　200 000

【例 3—23】 假设【例 3—22】中购入材料业务的材料已经运到，并验收入库，但发票等结算凭证尚未收到，货款尚未支付。月末按照暂估价入账，假设其暂估价为 180 000 元。有关账务处理如下：

借：原材料　　180 000
　　贷：应付账款——暂估应付账款　　180 000

下月初，用红字将上述分录原账冲回时：

借：原材料　　[180 000]
　　贷：应付账款——暂估应付账款　　[180 000]

收到有关结算凭证，并支付货款时：

借：原材料　　200 000
　应交税费——应交增值税（进项税额）　　34 000
　　贷：银行存款　　234 000

（二）自制存货的计价

企业自行生产的存货，其成本由投入的原材料或半成品、直接人工和按照一定方法分配的制造费用构成。

企业自制存货时，主要设置“生产成本”、“制造费用”账户进行核算。发生的直接材料、直接人工成本，直接记入“生产成本”账户；其他一些间接性的生产费用，发生时先在“制造费用”账户归集，会计期末按照一定的方法分配记入有关产品的“生产成本”明细账。

1. 直接材料成本的核算

企业自制存货过程中领用原材料时，其中用于产品生产的各种材料，可按实际耗用的材料成本做如下处理：

借：生产成本——A、B、C 产品等

贷：原材料

【例 3－24】 某企业月末汇总领料单，生产车间为生产 A 产品领用原材料甲共30 000元，为生产 B 产品领用原材料乙共 2 000 元。应编制会计分录如下：

借：生产成本——A 产品	30 000	
——B 产品	2 000	
贷：原材料——甲材料		30 000
——乙材料		2 000

2. 直接人工成本的核算

对于自制存货过程中发生的直接从事产品生产的人工成本，可做如下处理：

借：生产成本——A、B、C 产品等

贷：应付职工薪酬

【例 3－25】 上述企业月末计算应付生产工人薪酬分别为：应付生产 A 产品的生产工人的薪酬为 50 000 元，应付生产 B 产品的生产工人的薪酬为 10 000 元。应编制会计分录如下：

借：生产成本——A 产品	50 000	
——B 产品	10 000	
贷：应付职工薪酬		60 000

3. 制造费用的核算

制造费用是企业生产车间（部门）为生产产品和提供劳务而发生的各项间接费用，包括生产车间发生的机物料消耗，生产车间管理人员的工资等职工薪酬，生产车间计提的固定资产折旧，生产车间支付的办公费、水电费等，季节性和修理期间的停工损失等。这些费用在发生时，在“制造费用”账户的借方进行归集。

借：制造费用

贷：原材料、应付职工薪酬等

【例 3－26】 上述企业本月发生如下费用：生产车间发生的机物料消耗为耗用原材料丙 10 000 元，生产车间管理人员的工资等职工薪酬为 20 000 元，生产车间的固定资产折旧为 2 500元，生产车间支付的办公费、水电费等为 2 000 元。

借：制造费用	10 000	
贷：原材料——丙材料		10 000
借：制造费用	20 000	
贷：应付职工薪酬		20 000
借：制造费用	2 500	
贷：累计折旧		2 500
借：制造费用	2 000	
贷：银行存款		2 000

期末，将本期发生的制造费用总额采用适当的分配方法计入各有关产品的成本，即从“制造费用”账户的贷方转入各有关产品的“生产成本”账户的借方。通常采用的分配方法有生产工人工时比例法、生产工人工资比例法等。分配后，“制造费用”账户应无余额。

借：生产成本——A、B、C 产品等

贷：制造费用

【例 3－27】 月末，企业将上述制造费用按照生产工人薪酬在 A、B 产品中分配。

$$制造费用分配率=\frac{34\ 500}{60\ 000}=0.575$$

A 产品应分配制造费用＝0.575×50 000＝28 750(元)

B 产品应分配制造费用＝0.575×10 000＝5 750(元)

借：生产成本——A 产品	28 750	
——B 产品	5 750	
贷：制造费用		34 500

4. 完工产品成本的结转

当生产的产品完工时，可将归集在该产品“生产成本”账户借方的各项金额(直接材料成本、直接人工成本以及分配的制造费用)汇总计算，结转至“库存商品”账户，反映企业库存商品的增加。

借：库存商品——A、B、C 产品

贷：生产成本——A、B、C 产品

【例 3－28】 月末，企业 A 产品全部完工，B 产品全部未完工。假设 A、B 产品的生产成本明细账没有期初余额。

借：库存商品——A 产品(30 000＋50 000＋28 750)	108 750	
贷：生产成本——A 产品		108 750

五、存货发出的计价

存货是在不断流动的，比如购入原材料入库后又从仓库提出被领用，产成品入库后又从仓库提出进行销售等。从理论上讲，存货的实物流转和成本流转应保持一致。但在实务中，这种理想的状态并不容易达到，主要是因为企业存货的进出量很大，存货的品种繁多，存货的单位成本多变，难以保证各种存货的成本流转与实物流转相一致。同一种存货尽管单价不同，但均能满足销售或生产需要，在存货被销售或耗用后，不需要一一辨别哪一批实物被发出，哪一批实物被用作库存，成本的流转顺序和实物的流转顺序可以分离，只要按照不同的成本流转顺序确定已发出存货的成本和库存存货的成本即可。

根据存货成本流转的假设，在期末存货与发出存货之间分配成本，就产生了不同的存货成本分配方法，即存货发出的计价方法。常用的存货计价方法主要包括以下几种：

(一)先进先出法

先进先出法是以先购入的存货先发出这样一种存货实物流转假设为前提，对发出存货进行计价的一种方法。采用这种方法，先购入的存货成本在后购入的存货成本之前转出，据此确定发出存货和期末存货的成本。

采用先进先出法，存货的成本是按最近购货价格确定的，期末存货成本比较接近现行的市价。其优点是使企业不能随意挑选存货的价格以调整当期利润；缺点是工作量比较繁重，特别是对于存货进出量频繁的企业更是如此。而且，在物价上涨时，会过高估计企业存货价值和当期利润；反之，则会低估企业存货价值和当期利润。

【例 3－29】 假定某公司甲材料的有关资料如表 3－2 所示。

表 3—2　　某公司甲材料的有关资料

摘　要	收　入		发　出		结　存	
	数量(千克)	单位成本(元)	数量(千克)	单位成本(元)	数量(千克)	单位成本(元)
12 月 1 日结存					300	2
12 月 3 日购入	200	2.2			500	
12 月 14 日发出			400		100	
12 月 20 日购入	300	2.3			400	
12 月 24 日发出			200		200	
12 月 31 日购入	200	2.5			400	

如果采用先进先出法计算发料成本和结存的材料成本，则：

12 月 14 日发出材料成本＝300×2＋100×2.2＝820(元)

12 月 24 日发出材料成本＝100×2.2＋100×2.3＝450(元)

本月合计发出材料成本＝820＋450＝1 270(元)

本月结存材料成本＝200×2.3＋200×2.5＝960(元)

(二)加权平均法

加权平均法包括月末一次加权平均法和移动加权平均法。

1. 月末一次加权平均法

月末一次加权平均法是以本月全部收货数量加月初存货数量作为权数，去除本月全部收货成本加上月初存货成本，计算出存货的加权平均单位成本，从而确定存货的发出和库存成本。这种方法只在月末一次计算加权平均单价，比较简单，而且在市场价格上涨或下跌时所计算出来的单位成本平均化，对存货成本的分摊较为均衡。但这种方法平时无法从账上提供发出和结存存货的单价及金额，因而不利于加强对存货的管理。

【例 3—30】 以表 3—2 为例，采用月末一次加权平均法计算发料成本和结存的材料成本，则：

$$本月甲材料单位成本=\frac{300\times2+200\times2.2+300\times2.3+200\times2.5}{300+200+300+200}$$

$$=2.23(元)$$

本月结存材料成本＝400×2.23＝892(元)

本月发出材料成本＝(300×2＋200×2.2＋300×2.3＋200×2.5)－892＝1 338(元)

2. 移动加权平均法

采用移动加权平均法，每次收入存货时，都需要重新计算一次加权平均价，并据此计算存货的结存成本和发出成本。由于每一次收入存货，就可以计算得到存货的单位成本，因此，可以随时从账上了解发出和结存存货的单价及金额，有利于存货管理。

【例 3—31】 以表 3—2 为例，采用移动加权平均法计算发料成本和结存成本。

(1)12 月 3 日，收入甲材料后：

$$甲材料的单位成本=\frac{300\times2+200\times2.2}{300+200}=2.08(元)$$

(2)12 月 14 日：

发出材料成本＝400×2.08＝832(元)

结存材料成本＝(300×2＋200×2.2)－832＝208(元)

(3)12 月 20 日，收入甲材料后：

甲材料的单位成本＝(208＋300×2.3)/(300＋200＋300－400)＝2.25(元)

(4)12 月 24 日：

发出材料成本＝200×2.25＝450(元)

结存材料成本＝208＋300×2.3－450＝448(元)

(5)12 月 31 日，收入甲材料后：

$$甲材料的单位成本=\frac{448+200\times2.5}{200+200}=2.37(元)$$

月末结存材料成本＝448＋200×2.5＝948(元)

(三)个别计价法

个别计价法又称分批实际法、个别认定法、具体辨认法。这种方法是假设存货的成本流转与实物流转相一致，按照各种存货，逐一辨认分批发出存货和期末存货所属的购进批别或生产批别，分别按其购入或生产时所确定的单位成本作为计算各批发出存货成本和期末存货成本的方法。

采用这种方法计算发出存货成本和期末存货成本比较合理、准确，但这种方法的前提是需要对发出存货和结存存货的批次进行具体认定，以辨别其所属的收入批次，实务操作的工作量繁重，困难较大。并且，采用这种方法极易被用作调节利润的手段。因为如果营业不佳，估计利润不高，管理人员就可以高价售出低成本的商品，以提高利润，或以相反的方法调低利润。

企业中一般不能互换使用的存货，或为特定的项目专门购入，或制造并单独存放的存货，以及购入批次少、容易识别、单位价值较高的贵重物资，一般采用个别计价法。并且，个别计价法在实地盘存制和永续盘存制下均可使用。

六、存货的期末计量及会计处理

(一)存货的盘存方法

存货的盘存方法主要有定期盘存制和永续盘存制两种。

1. 定期盘存制

定期盘存制又称实地盘存制，是指平时根据会计凭证在有关账簿中只登记存货的增加数，不登记减少数，月末通过实地盘点，将盘点的实存数作为账面结存数，然后倒挤推算出本期发出数的一种存货核算方法。

本期发出的存货成本＝期初存货成本＋本期收入存货成本－期末存货成本

本期发出的存货数量＝期初存货数量＋本期收入存货数量－期末存货数量

在实地盘存制下，平时工作手续简便，省去了物资减少数及每日结存数的详细记录，但是核算不够严密，账簿中无法随时反映实物财产的减少数和结存数，并有可能将损耗、浪费、被盗等的实物财产全部算入本期的支出(减少)额，不利于对实物财产的控制。而且，采用该方法对实物财产进行实地盘点的结果，只能作为计算其本期减少数的依据，而不能用来核算账实是否相符。

2. 永续盘存制

永续盘存制又称账面盘存制，是指平时对各项实物财产的增减变动都必须根据会计凭证逐日、逐笔地在有关账簿中登记，并随时结算出其账面结存数量的一种盘存方法。采用这种盘存方法，需按实物财产的项目设置数量金额式明细账并详细记录，以便及时地反映各项实物财产的收入、发出和结存的情况。

永续盘存制的优点是有利于加强对实物财产的管理，不足之处是日常的工作量较大。

在永续盘存制下，存货的盘存数量可以与账面记录相核对，若盘存数量高于账面记录，则为存货的盘盈；反之，则为存货的盘亏。对于盘盈或盘亏的存货，应及时调整其账面数量金额，并通过“待处理财产损溢——待处理流动资产损溢”账户进行核算和处理。

存货盘盈时，首先应当借记有关存货账户，贷记“待处理财产损溢——待处理流动资产损溢”账户。待查明原因，按规定手续批准后，再借记“待处理财产损溢——待处理流动资产损溢”账户，贷记“管理费用”账户。

存货盘亏时，首先也应计入待处理财产损溢，借记“待处理财产损溢——待处理流动资产损溢”账户，贷记有关存货账户。待查明原因，按规定手续报批后，属于定额内耗损或日常收发计量上的错误，经批准后，应当记入“管理费用”账户；应由过失人赔偿或保险公司赔偿的部分，应当借记“其他应收款”账户；对于自然灾害等不可抗力原因造成的损失，没有保险赔偿的部分应当记入“营业外支出——非常损失”账户；对于无法收回的其他损失，经批准后，记入“管理费用”。

【例 3—32】 甲公司年末对存货进行盘点，发现盘盈 A 材料 200 件，单位成本为 15 元。

会计分录如下：

借：原材料——A 材料	3 000	
贷：待处理财产损溢——待处理流动资产损溢		3 000

待甲公司有关负责人批准这一事项时，应编制会计分录如下：

借：待处理财产损溢——待处理流动资产损溢	3 000	
贷：管理费用		3 000

假如甲公司年末对存货进行盘点，发现库存 B 材料短缺 2 300 千克，增值税税率为 17%，单位成本为 4 元。分析其原因，一是由于计量器具不准造成材料领用时多发 700 千克；二是定额内自然损耗 200 千克；三是保管员失职造成 100 千克丢失；四是火灾造成毁损 1 300 千克，没有保险赔偿。

首先，对盘亏的材料进行账簿调整，应编制会计分录如下：

借：待处理财产损溢——待处理流动资产损溢	10 764	
贷：原材料——B 材料		9 200
应交税费——应交增值税(进项税额转出)		1 564

上述盘亏的材料，经上报批准后，应编制会计分录如下：

借：其他应收款——保管员	468	
管理费用	4 212	
营业外支出	6 084	
贷：待处理财产损溢——待处理流动资产损溢		10 764

(二)存货的期末计价

资产负债表日，存货应当按照成本与可变现净值孰低计量。其中，成本是指存货取得时的实际成本；可变现净值是指在正常生产经营过程中，以存货的估计售价减去至完工估计将要发生的成本、估计的销售费用以及相关税金后的金额。

资产负债表日，企业应当确定存货的可变现净值判断存货是否跌价。企业在定期检查时如发现以下情形之一，应当考虑计提存货跌价准备：市价持续下跌，并且在可预见的未来无回升的希望；企业使用该项原材料生产的产品的成本大于产品的销售价格；企业因产品更新换代，原有库存原材料已不适应新产品的需要，而该原材料的市场价格又低于其账面成本；因企业所提供的商品或劳务过时或消费者偏好改变而使市场的需求发生变化，导致市场价格逐渐下跌；其他足以证明该项存货实质上已经发生减值的情形。

存货跌价应通过“存货跌价准备”账户核算，一般按照单个存货项目计提。在某些情况下，可以合并计提存货跌价准备。

资产负债表日，存货发生减值的，按存货可变现净值低于成本的差额，借记“资产减值损失”账户，贷记“存货跌价准备”账户。已计提跌价准备的存货价值以后又得以恢复的，应在原已计提的存货跌价准备金额内，按恢复增加的金额，借记“存货跌价准备”账户，贷记“资产减值损失”账户。

【例3－33】 12月31日，A库存商品的账面成本为1 200 000元，估计售价为800 000元，估计的销售费用及相关税金为20 000元。假设“存货跌价准备”账户调整前没有余额，则年末计提存货跌价准备如下：

A商品可变现净值＝A商品的估计售价－估计的销售费用及相关税金

＝800 000－20 000＝780 000(元)

应计提跌价准备＝1 200 000－780 000＝420 000(元)

借：资产减值损失　　420 000

　　贷：存货跌价准备　　420 000

第五节　投　资

投资是企业为了获得收益或实现资本增值向被投资单位投放资金的经济行为。企业对外进行的投资可以有不同的分类。从性质上划分，可以分为债权性投资和权益性投资等；从持有期间划分，可以分为短期投资与长期投资等；从管理层持有意图划分，可以分为交易性金融资产、持有至到期投资、可供出售金融资产、长期股权投资等。

一、交易性金融资产

(一)概述

交易性金融资产主要是指为了近期内出售而持有的金融资产。通常情况下，以赚取差价为目的从二级市场购入的股票、债券和基金等，应归类为交易性金融资产。交易性金融资产必须在活跃的市场上有报价且持有期限较短，应当按照公允价值计量，公允价值变动计入当期损益。

(二)账务处理

企业应设置“交易性金融资产”账户，并按交易性金融资产的类别和品种，分别设置“成本”、“公允价值变动”等明细账户进行核算。“交易性金融资产”账户的期末借方余额，反映企业持有的交易性金融资产的公允价值。

交易性金融资产的主要账务处理如下：

1. 企业取得交易性金融资产，按其公允价值，借记“交易性金融资产——成本”；按发生的交易费用，借记“投资收益”账户；按已到付息期但尚未领取的利息或已宣告但尚未发放的现金股利，借记“应收利息”或“应收股利”账户；按实际支付的金额，贷记“银行存款”等账户。

2. 交易性金融资产持有期间被投资单位宣告发放的现金股利或在资产负债表日按分期付息、一次还本债券投资的票面利率计算的利息，借记“应收股利”或“应收利息”账户，贷记“投资收益”账户。

3. 资产负债表日，交易性金融资产的公允价值高于其账面余额的差额，借记“交易性金融资产——公允价值变动”账户，贷记“公允价值变动损益”账户；公允价值低于其账面余额的差额，做相反的会计分录。

4. 出售交易性金融资产时，应按实际收到的金额，借记“银行存款”等账户；按该金融资产的账面余额，借记或贷记“交易性金融资产”有关明细账户；按其差额，贷记或借记“投资收益”账户；同时，将原计入该金融资产的公允价值变动转出，借记或贷记“公允价值变动损益”账户，贷记或借记“投资收益”账户。

【例 3－34】 2016 年 7 月 20 日，甲企业从二级市场上购入 A 上市公司发行的股票，甲企业将其划分为交易性金融资产。购买股票时，实际支付的价款为 6 040 000 元，其中，40 000 元为已宣告未支付的现金股利，另外支付相关交易费用 100 000 元。会计处理如下：

借：交易性金融资产——成本　　6 000 000
　　应收股利　　40 000
　　投资收益　　100 000
　贷：银行存款　　6 140 000

8 月 10 日，收到购买价款中包含的已宣告股利 40 000 元。会计处理如下：

借：银行存款　　40 000
　贷：应收股利　　40 000

12 月 31 日，该股票的公允价值为 6 280 000 元。会计处理如下：

借：交易性金融资产——公允价值变动　　280 000
　贷：公允价值变动损益　　280 000

2017 年 2 月 10 日，甲企业将该股票全部出售，所得价款为 7 700 000 元。会计处理如下：

借：银行存款　　7 700 000
　贷：交易性金融资产——成本　　6 000 000
　　　　　　　　　　——公允价值变动　　280 000
　　投资收益　　1 420 000

同时：

借：公允价值变动损益　　280 000
　贷：投资收益　　280 000

二、持有至到期投资

(一)概述

持有至到期投资是指到期日固定、回收金额固定或可确定，且企业有明确意图和能力持有至到期的非衍生金融资产。通常情况下，企业持有的在活跃市场上有公开报价的国债、企业债券、金融债券等，可以归类为持有至到期投资。

1. 到期日固定、回收金额固定或可确定

到期日固定、回收金额固定或可确定，是指相关合同明确了投资者在确定的期间内获得或应收取现金流量(如投资利息和本金等)的金额和时间。因此，从投资者角度看，如果不考虑其他条件，在将某项投资划分为持有至到期投资时，可以不考虑可能存在的发行方重大支付风险。其次，由于要求到期日固定，从而权益工具投资不能划分为持有至到期投资。再者，如果符合其他条件，不能由于某债务工具投资是浮动利率投资而不将其划分为持有至到期投资。

2. 有明确意图持有至到期

有明确意图持有至到期，是指投资者在取得投资时意图就是明确的，除非遇到一些企业所不能控制、预期不会重复发生且难以合理预计的独立事件，否则将持有至到期。

3. 有能力持有至到期

有能力持有至到期，是指企业有足够的财务资源，并不受外部因素影响将投资持有至到期。

（二）账务处理

企业应设置“持有至到期投资”总账，并设置“成本”、“利息调整”、“应计利息”等进行明细核算；期末借方余额，反映企业持有至到期投资的摊余成本。

1. 企业取得的持有至到期投资，应按该投资的面值，借记“持有至到期投资——成本”账户；按支付的价款中包含的已到付息期但尚未领取的利息，借记“应收利息”账户；按实际支付的金额，贷记“银行存款”等账户；按其差额，借记或贷记“持有至到期投资——利息调整”账户。

2. 资产负债表日，持有至到期投资为分期付息、一次还本债券投资的，应按票面利率计算确定的应收未收利息，借记“应收利息”账户；按持有至到期投资的摊余成本和实际利率计算确定的利息收入，贷记“投资收益”账户；按其差额，借记或贷记“持有至到期投资——利息调整”账户。

持有至到期投资为一次还本付息债券投资的，应于资产负债表日按票面利率计算确定的应收未收利息，借记“持有至到期投资——应计利息”账户；按持有至到期投资摊余成本和实际利率计算确定的利息收入，贷记“投资收益”账户；按其差额，借记或贷记“持有至到期投资——利息调整”账户。

3. 出售持有至到期投资，应按实际收到的金额，借记“银行存款”、“存放中央银行款项”、“结算备付金”等账户；按其账面余额，贷记“持有至到期投资——成本”、“持有至到期投资——应计利息”账户，借记或贷记“持有至到期投资——利息调整”账户；按其差额，贷记或借记“投资收益”账户。已计提减值准备的，还应同时结转减值准备。

【例 3－35】 甲公司于 2013 年 1 月 1 日从证券市场上购入 B 公司于 2012 年 1 月 1 日发行的债券，票面年利率为 4%，每年 1 月 5 日支付上年度的利息。到期日为 2016 年 1 月 1 日，到期日一次归还本金和最后一次利息。甲公司购入债券的面值为 10 000 000 元，实际支付价款为 9 927 700 元，另支付相关费用 200 000 元。甲公司购入债券后，将其划分为持有至到期投资。购入债券的实际利率为 5%，假定按年计提利息。

要求：编制甲公司从 2013 年 1 月 1 日至 2016 年 1 月 1 日上述有关业务的会计分录。

应收利息＝面值×票面利率

投资收益＝债券期初摊余成本×实际利率债券期初摊余成本

＝上期期初摊余成本＋上期按实际利率计算的利息－分期付息债券上期末按票面利率计算的应收利息

（1）2013 年 1 月 1 日：

借：持有至到期投资——成本	10 000 000
应收利息（10 000 000×4%）	400 000

贷:银行存款 10 127 700

持有至到期投资——利息调整 272 300

(2)2013 年 1 月 5 日:

借:银行存款 400 000

贷:应收利息 400 000

(3)2013 年 12 月 31 日:

投资收益=(10 127 700−400 000)×5%=486 400(元)

持有至到期投资——利息调整=486 400−10 000 000×4%=86 400(元)

借:应收利息 400 000

持有至到期投资——利息调整 86 400

贷:投资收益 486 400

(4)2014 年 1 月 5 日:

借:银行存款 400 000

贷:应收利息 400 000

(5)2014 年 12 月 31 日:

期初摊余成本=(10 127 700−400 000)+486 400−400 000

=9 814 100(元)

投资收益=9 814 100×5%=490 700(元)

持有至到期投资——利息调整=490 700−10 000 000×4%

=90 700(元)

借:应收利息 400 000

持有至到期投资——利息调整 90 700

贷:投资收益 490 700

(6)2015 年 1 月 5 日:

借:银行存款 400 000

贷:应收利息 400 000

(7)2015 年 12 月 31 日:

持有至到期投资——利息调整=272 300−86 400−90 700=95 200(元)

投资收益=400 000+95 200=495 200(元)

借:应收利息 400 000

持有至到期投资——利息调整 95 200

贷:投资收益 495 200

(8)2016 年 1 月 1 日:

借:银行存款 10 400 000

贷:持有至到期投资——成本 10 000 000

应收利息 400 000

三、可供出售金融资产

(一)概述

可供出售金融资产是指初始确认时即被指定为可供出售的非衍生金融资产,以及没有划分为持有至到期投资、贷款和应收款项,以公允价值计量且其变动计入当期损益的金融资产。通常情况下,划分为此类的金融资产应当在活跃的市场上有报价,因此,企业从二级市场上购入的有报价的债券投资、股票投资、基金投资等,可以归类为可供出售金融资产。

可供出售金融资产和交易性金融资产一样,都是以公允价值进行后续计量。但是,可供出售金融资产的公允价值变动形成的利得或损失,除减值损失和外币货币性金融资产形成的汇兑差额外,应当直接计入所有者权益(资本公积——其他资本公积)。在该金融资产终止确认时转出,计入当期损益(投资收益)。

(二)会计处理

企业应设置"可供出售金融资产"账户,核算企业持有的可供出售金融资产的价值,包括划分为可供出售的股票投资、债券投资等金融资产。按可供出售金融资产的类别和品种,分别设置"成本"、"利息调整"、"应计利息"、"公允价值变动"等明细账户,进行明细分类核算。可供出售金融资产发生减值的,可以单独设置"可供出售金融资产减值准备"账户。"可供出售金融资产"账户的期末借方余额,反映企业可供出售金融资产的公允价值。

1. 企业取得可供出售金融资产时,应按可供出售金融资产的公允价值与交易费用之和,借记"可供出售金融资产——成本"账户,贷记"银行存款"等账户。价款中包含的已宣告未发放的现金股利,应借记"应收股利"账户。

如果是债券投资,应按债券的面值借记"可供出售金融资产——成本"账户;价款中包含的已到付息期但尚未领取的利息,应借记"应收利息"账户;按实际支付的金额,贷记"银行存款"账户;按照差额,借记或贷记"可供出售金融资产——利息调整"账户。

2. 资产负债表日,可供出售债券为分期付息、一次还本债券投资的,应按票面利率计算确定的应收未收利息,借记"应收利息"账户;按可供出售债券的摊余成本和实际利率计算确定的利息收入,贷记"投资收益"账户;按其差额,借记或贷记"可供出售金融资产——利息调整"账户。

可供出售债券为一次还本付息债券投资的,应于资产负债表日按票面利率计算确定的应收未收利息,借记"可供出售金融资产——应计利息"账户;按可供出售债券的摊余成本和实际利率计算确定的利息收入,贷记"投资收益"账户;按其差额,借记或贷记"可供出售金融资产——利息调整"账户。

3. 资产负债表日,可供出售金融资产的公允价值高于其账面余额的差额,借记"可供出售金融资产——公允价值变动"账户,贷记"资本公积——其他资本公积"账户;公允价值低于其账面余额的差额,做相反的会计分录。

4. 出售可供出售的金融资产,应按实际收到的金额,借记"银行存款"等账户;按其账面余额,贷记"可供出售金融资产"账户(成本、公允价值变动、利息调整、应计利息);按应从所有者权益中转出的公允价值累计变动额,借记或贷记"资本公积——其他资本公积"账户;按其差额,贷记或借记"投资收益"账户。

【例3—36】 2015年5月6日,甲公司支付价款10 160 000元(含交易费用10 000元和已宣告发放现金股利150 000元),购入A公司发行的股票2 000 000股,占其有表决权股份的0.5%。甲公司将其划分为可供出售金融资产。2015年5月10日,甲公司收到A公司发放的现金股利150 000元。2015年6月30日,该股票市价为每股5.2元。2015年12月31日,甲公司仍持有该股票;当日,该股票市价为每股5元。2016年5月9日,A公司宣告发放股利40 000 000元。2016年5月13日,甲公司收到A公司发放的现金股利。2016年5月20日,甲公司以每股4.9元的价格将股票全部转让。假定不考虑其他因素，甲公司的账务处理如下：

(1)2015年5月6日，购入股票时：

借：可供出售金融资产——成本　10 010 000

应收股利　150 000

贷：银行存款　10 160 000

(2)2015年5月10日，收到现金股利时：

借：银行存款　150 000

贷：应收股利　150 000

(3)2015年6月30日，确认股票的价格变动时：

借：可供出售金融资产——公允价值变动[(5.20－5.005)×2 000 000]

390 000

贷：资本公积——其他资本公积　390 000

(4)2015年12月31日，确认股票价格变动时：

借：资本公积——其他资本公积[(5.20－5)×2 000 000]　400 000

贷：可供出售金融资产——公允价值变动　400 000

(5)2016年5月9日，确认应收现金股利时：

借：应收股利(40 000 000×0.5%)　200 000

贷：投资收益　200 000

(6)2016年5月13日，收到现金股利时：

借：银行存款　200 000

贷：应收股利　200 000

(7)2016年5月20日，出售股票时：

借：银行存款　9 800 000

投资收益　210 000

可供出售金融资产——公允价值变动　10 000

贷：可供出售金融资产——成本　10 010 000

资本公积——其他资本公积　10 000

【例3－37】 2016年1月1日，甲公司支付价款1 028.24元购入A公司发行的3年期公司债券，该公司债券的票面总金额为1 000元，票面年利率为4%，实际利率为3%。利息每年末支付，本金到期支付。甲公司将该公司债券划分为可供出售金融资产。2016年12月31日，该债券的市场价格为1 000.09元。假定不考虑交易费用和其他因素的影响，甲公司的账务处理如下：

(1)2016年1月1日，购入债券时：

借：可供出售金融资产——成本　1 000

——利息调整　28.24

贷：银行存款　1 028.24

(2)2016年12月31日，收到债券利息，确认公允价值变动：

实际利息＝1 028.24×3%＝30.8472≈30.85(元)

应收利息＝1 000×4%＝40(元)

年末摊余成本＝1 028.24＋30.85－40＝1 019.09(元)

借:应收利息　　40

　　贷:投资收益　　30.85

　　　　可供出售金融资产——利息调整　　9.15

借:银行存款　　40

　　贷:应收利息　　40

借:资本公积——其他资本公积　　19

　　贷:可供出售金融资产——公允价值变动　　19

四、长期股权投资

(一)概述

长期股权投资是指企业持有时间超过1年的对其他企业的股权投资。包括同一控制下企业合并形成的,非同一控制下企业合并形成的,以支付现金、非现金资产等方式形成的,投资者投入的长期股权投资等。

企业应当设置"长期股权投资"账户,并可按被投资单位名称进行明细核算。由于长期股权投资的核算方法有两种,即成本法和权益法,因此,在科目设置上略有不同,即采用权益法核算的长期股权投资还应当分别"成本"、"损益调整"、"其他权益变动"等明细账户,进行明细分类核算。

成本法是指企业投资后按实际成本确认账面价值,除追加投资或收回投资、分得被投资企业在取得本企业投资前实现的净利润分配的现金股利或利润外,长期股权投资的账面价值一般保持不变的方法。权益法是指投资最初以投资成本计价,投资以后随被投资单位所有者权益份额变动,企业根据享有的股权比例对投资的账面价值进行调整的方法。

(二)长期股权投资的会计处理

1. 初始取得长期股权投资

同一控制下企业合并形成的长期股权投资,应在合并日按取得被合并方所有者权益账面价值的份额,借记"长期股权投资——成本"账户;按应自被投资单位收取的已宣告但尚未发放的现金股利或利润,借记"应收股利"账户;按支付的合并对价的账面价值,贷记有关资产账户或借记有关负债账户;按其差额,贷记"资本公积——资本溢价(股本溢价)"账户;如为借方差额,借记"资本公积——资本溢价(股本溢价)"账户,资本公积(资本溢价或股本溢价)不足冲减的,应依次借记"盈余公积"、"利润分配——未分配利润"账户。

非同一控制下企业合并形成的长期股权投资,应在购买日按付出资产的公允价值,借记"长期股权投资"账户;对合并成本大于合并中取得的被购买方可辨认净资产公允价值份额的差额,借记"商誉"账户;按支付合并对价的账面价值,贷记有关资产账户或借记有关负债账户;按发生的直接相关费用,贷记"银行存款"等账户;按其差额,贷记"营业外收入"账户或借记"营业外支出"等账户。企业合并成本中包含的应自被投资单位收取的已宣告但尚未发放的现金股利或利润,应作为应收股利进行核算。非同一控制下企业合并涉及以库存商品等作为合并对价的,应按库存商品的公允价值,贷记"主营业务收入"账户,并同时结转相关的成本。

以支付现金取得的长期股权投资,应当按照实际支付的购买价款作为初始投资成本。初始投资成本包括与取得长期股权投资直接相关的费用、税金及其他必要支出。企业应按初始投资成本减去被投资单位收取的已宣告但尚未发放的现金股利或利润的余额,借记"长期股权投资"账户;按应自被投资单位收取的已宣告但尚未发放的现金股利或利润,借记"应收股利"

账户；按实际支付的初始成本，贷记"银行存款"等账户。

投资者投入的长期股权投资，应当按照投资合同或协议约定的价值作为初始投资成本(但合同或协议约定价值不公允的除外)，借记"长期股权投资"账户，贷记"实收资本"或"股本"账户。

2. 采用成本法核算的长期股权投资

下列长期股权投资应当采用成本法核算：

(1)投资企业能够对被投资单位实施控制的长期股权投资。

控制是指有权决定一个企业的财务和经营政策，并能据以从该企业的经营活动中获取利益。投资企业能够对被投资单位实施控制的，被投资单位为其子公司，投资企业应当将子公司纳入合并财务报表的合并范围。

投资企业对子公司的长期股权投资，应当采用成本法核算，编制合并财务报表时按照权益法进行调整。

(2)投资企业对被投资单位不具有共同控制或重大影响，并且在活跃市场中没有报价、公允价值不能可靠计量的长期股权投资。

共同控制是指按照合同约定对某项经济活动所共有的控制，仅在与该项经济活动相关的重要财务和经营决策需要分享控制权的投资方一致同意时存在。投资企业与其他方对被投资单位实施共同控制的，被投资单位为其合营企业。

重大影响是指对一个企业的财务和经营政策有参与决策的权力，但并不能够控制或者与其他方一起共同控制这些政策的制定。投资企业能够对被投资单位施加重大影响的，被投资单位为其联营企业。

在确定能否对被投资单位实施控制或施加重大影响时，应当考虑投资企业和其他方持有的被投资单位当期可转换公司债券、当期可执行认股权证等潜在表决权因素。

采用成本法核算的长期股权投资应当按照初始投资成本计价，追加或收回投资应当调整长期股权投资的成本。被投资单位宣告分派的现金股利或利润，属于投资后被投资企业实现净利润中分配的，确认为当期投资收益，借记"应收股利"账户，贷记"投资收益"账户；但是，投资企业确认投资收益，仅限于被投资单位接受投资后产生的累积净利润的分配额，所获得的利润或现金股利超过上述数额的部分作为初始投资成本的收回，借记"应收股利"账户，贷记"长期股权投资"账户。

3. 采用权益法核算的长期股权投资

投资企业对被投资单位具有共同控制或重大影响的长期股权投资，应当采用权益法核算，分别下列情况进行处理：

(1)长期股权投资的初始投资成本大于投资时应享有被投资单位可辨认净资产公允价值份额的，不调整已确认的初始投资成本；长期股权投资的初始投资成本小于投资时应享有被投资单位可辨认净资产公允价值份额的，应按其差额，借记"长期股权投资——成本"账户，贷记"营业外收入"账户。

(2)根据被投资单位实现的净利润或经调整的净利润计算应享有的份额，借记"长期股权投资——损益调整"账户，贷记"投资收益"账户。被投资单位发生净亏损时，编制相反的会计分录，但以长期股权投资的账面价值减记至零为限；还需承担的投资损失，应将其他实质上构成对被投资单位净投资的"长期应收款"等账户的账面价值减记至零为限；除按照以上步骤已确认的损失外，按照投资合同或协议约定将承担的损失，确认为预计负债。发生亏损的被投资单位以后实现净利润的，应按与上述相反的顺序进行处理。

被投资单位以后宣告发放现金股利或利润时，企业计算应分得的部分，借记“应收股利”账户，贷记“长期股权投资——损益调整”账户。收到被投资单位发放的股票股利，不进行账务处理，但应在备查簿中登记。

(3)在持股比例不变的情况下，被投资单位除净损益以外所有者权益的其他变动，企业按持股比例计算应享有的份额，借记或贷记“长期股权投资——其他变动”账户，贷记或借记“资本公积——其他资本公积”账户。

4. 长期股权投资核算方法转换的处理

投资企业因减少投资等原因对被投资单位不再具有共同控制或重大影响的，并且在活跃市场中没有报价、公允价值不能可靠计量的长期股权投资，应当改按成本法核算的，应按转换时该项长期股权投资的账面价值作为权益法核算的初始投资成本，初始投资成本小于转换时占被投资单位可辨认净资产公允价值份额的差额，借记“长期股权投资——成本”账户，贷记“营业外收入”账户。

因追加投资等原因能够对被投资单位实施共同控制或重大影响但不构成控制，应当改按权益法核算的，除构成企业合并的以外，应按中止采用权益法时长期股权投资的账面价值作为成本法核算的初始投资成本。

5. 长期股权投资计提减值准备

企业应当在资产负债表日判断长期股权投资是否存在可能发生减值的迹象。如果存在减值迹象，应当估计其可收回金额。如果可收回金额的计量结果表明长期股权投资的可收回金额低于其账面价值的，应当将长期股权投资的账面价值减记至可收回金额。按应减记的金额，借记“资产减值损失”账户，贷记“长期股权投资减值准备”账户。

6. 处置长期股权投资的处理

处置长期股权投资时，应按实际收到的金额，借记“银行存款”等账户；已计提减值准备的，借记“长期股权投资减值准备”账户；按其账面余额，贷记“长期股权投资”账户；按尚未领取的现金股利或利润，贷记“应收股利”账户；按其差额，贷记或借记“投资收益”账户。

处置采用权益法核算的长期股权投资时，还应按处置长期股权投资的比例结转原记入“资本公积——其他资本公积”账户的金额，借记或贷记“资本公积——其他资本公积”账户，贷记或借记“投资收益”账户。

第六节　固定资产与无形资产

一、固定资产概述

(一)概念

固定资产是指同时具有下列两个特征的有形资产：为生产商品、提供劳务、出租或经营管理而持有的，使用寿命超过一个会计期间。

使用寿命是指企业使用固定资产的预计期间，或者该固定资产所能生产产品或提供劳务的数量。

(二)固定资产的确认条件

固定资产同时满足下列两个条件的，才能予以确认：该固定资产包含的经济利益很可能流入企业，该固定资产的成本能够可靠地计量。

（三）固定资产的分类

1. 固定资产按经济用途进行分类

固定资产按经济用途进行分类，可以分为生产用固定资产和非生产用固定资产。生产用固定资产是指直接服务于企业生产经营过程的固定资产。非生产用固定资产是指不直接服务于生产经营过程的固定资产。

固定资产按经济用途进行分类，可以归类反映企业生产经营用固定资产和非生产经营用固定资产之间的组成变化情况，借以考核和分析企业固定资产管理和利用情况，从而促进固定资产的合理配置，充分发挥其效用。

2. 固定资产按使用情况进行分类

固定资产按使用情况进行分类，可以分为使用中的固定资产、未使用的固定资产和不需用的固定资产。使用中的固定资产，是指正在使用的经营性和非经营性固定资产。由于季节性经营或修理等原因暂时停止使用的固定资产，仍属于企业使用中的固定资产；企业出租给其他单位使用的固定资产以及内部替换使用的固定资产，也属于使用中的固定资产。未使用的固定资产，是指已完工或已购建的尚未交付使用的固定资产以及因进行改建、扩建等原因停止使用的固定资产。如企业购建的尚待安装的固定资产、经营任务变更停止使用的固定资产等。不需用的固定资产，是指本企业多余或不适用，需要调配处理的固定资产。

固定资产按使用情况进行分类，有利于企业掌握固定资产的使用情况，便于比较分析固定资产的利用效率，挖掘固定资产的使用潜力，促进固定资产的合理使用，同时也便于企业准确合理地计提固定资产折旧。

3. 固定资产按所有权进行分类

固定资产按所有权进行分类，可以分为自有固定资产和租入固定资产。自有固定资产是指企业拥有的可供企业自由支配使用的固定资产。租入固定资产是指企业采用租赁方式从其他单位租入的固定资产。

4. 固定资产按经济用途和使用情况进行综合分类

固定资产按经济用途和使用情况进行综合分类，可以分为生产经营用固定资产、非生产经营用固定资产、租出固定资产、不需用固定资产、未使用固定资产、土地、融资租入固定资产。

土地，主要是指已经估价单独入账的土地。因征地而支付的补偿费，应计入与土地有关的房屋、建筑物的价值内，不单独作为土地价值入账。企业取得的土地使用权，不能作为固定资产管理。

融资租入固定资产，是指企业采取融资租赁方式租入的固定资产，在租赁期内，应视同自有固定资产进行管理。

由于企业的经营性质不同，经营规模有大有小，对于固定资产的分类可以有不同的方法，企业可以根据自己的实际情况和经营管理、会计核算的需要进行必要的分类。

二、固定资产的初始入账价值

固定资产应当按照成本进行初始计量。

（一）取得固定资产的方式不同，成本内容不同

企业取得固定资产有多种方式，如以货币资金购入固定资产、自行建造固定资产、接受投资者投入固定资产、接受捐赠固定资产、融资租入固定资产、无偿调入固定资产、非货币性交易中取得固定资产、债务重组中取得固定资产等。

1. 外购固定资产的成本，包括购买价款、进口关税和其他税费，以及使固定资产达到预定可使用状态前所发生的可归属于该项资产的场地整理费、运输费、装卸费、安装费和专业人员服务费等。

2. 自行建造固定资产的成本，由建造该项资产达到预定可使用状态前所发生的必要支出构成。

3. 投资者投入固定资产的成本，应当按照投资合同或协议约定的价值确定，但合同或协议约定价值不公允的除外。

4. 其他取得方式，按照相关的规定来处理。如《企业会计准则第 20 号——企业合并》、《企业会计准则第 7 号——非货币性资产交换》、《企业会计准则第 12 号——债务重组》和《企业会计准则第 21 号——租赁》都有相关的规定。

（二）取得固定资产时的账务处理

企业应设置"固定资产"、"在建工程"、"工程物资"等账户，对取得固定资产的有关业务进行核算；设置"累计折旧"账户，对固定资产的折旧进行核算。

1. 外购固定资产

（1）购入不需要安装的固定资产

【例 3—38】 2016 年 6 月 8 日，甲公司购入一台不需要安装的生产用设备，取得的增值税专用发票上注明，该设备的价款为 450 000 元，增值税进项税额为76 500元；发生的运杂费为 3 000 元；款项已通过银行转账支付，设备已交付生产使用。甲公司的账务处理如下：

借：固定资产	453 000	
应交税费——应交增值税（进项税额）	76 500	
贷：银行存款		529 500

（2）购入需要安装的固定资产

【例 3—39】 2016 年 6 月 8 日，甲公司购入一台需要安装的生产用设备，取得的增值税专用发票上注明，该设备的价款为 450 000 元，增值税进项税额为 76 500 元；发生的运杂费为 3 000元；款项已通过银行转账支付；安装设备时，领用原材料 A 一批，账面成本为 24 200 元，购进该批原材料支付的增值税进项税额为 4 114 元；应支付本公司安装工人薪酬 4 800 元。假定不考虑其他相关税费。甲公司的账务处理如下：

①购买时：

借：在建工程	453 000	
应交税费——应交增值税（进项税额）	76 500	
贷：银行存款		529 500

②领用材料、计算应支付薪酬等费用时：

借：在建工程	29 000	
贷：原材料——A 材料		24 200
应付职工薪酬		4 800

③设备安装完毕，达到预定可使用状态时：

借：固定资产	482 000	
贷：在建工程		482 000

2. 自行建造的固定资产

自行建造的固定资产，按建造该项资产达到预定可使用状态前所发生的必要支出，作为入账价值。其中，“建造该项资产达到预定可使用状态前所发生的必要支出”，包括工程用物资成本、人工成本、缴纳的相关税费、应予资本化的借款费用以及应分摊的间接费用等。企业为在建工程准备的各种物资，应按实际支付的购买价款、增值税税额、运输费、保险费等相关税费，作为实际成本，并按各种专项物资的种类进行明细核算。应计入固定资产成本的借款费用，应当按照借款费用的有关规定处理。

企业自行建造固定资产包括自营建造固定资产和出包建造固定资产两种方式。

(1)自营建造固定资产

企业通过自营方式建造的固定资产，其入账价值应当按照建造该项固定资产达到预定可使用状态前所发生的必要支出确定，包括直接材料、直接工资、直接机械施工费等支出。

【例3－40】 2016年8月1日，甲公司采用自营工程方式建造一生产线。为此，2015年8月2日，甲公司购入为工程准备的各种物资，取得的增值税专用发票注明，该物资的价款为1 000 000元，增值税进项税额为170 000元；在整个施工过程中，实际领用工程物资1 170 000元(含增值税)；领用生产用乙材料一批，实际成本为90 000元，应转出的增值税进项税额为15 300元；工程负担工程人员工资300 000元；企业辅助生产车间为工程提供有关劳务支出158 000元；用银行存款支付工程其他费用50 000元。工程没有发生非正常中断，2016年8月1日，工程竣工交付使用。甲公司的账务处理如下：

①购入为工程准备的各种物资时：

借：工程物资	1 000 000	
应交税费——应交增值税(进项税额)	170 000	
贷：银行存款		1 170 000

②工程领用物资时：

借：在建工程	1 000 000	
贷：工程物资		1 000 000

③领用乙材料时：

借：在建工程	90 000	
贷：原材料——乙材料		90 000

④支付工程人员薪酬，辅助生产车间提供劳务支出，用银行存款支付其他费用时：

借：在建工程	508 000	
贷：应付职工薪酬		300 000
生产成本——辅助生产成本		158 000
银行存款		50 000

⑤工程竣工交付使用时：

借：固定资产	1 598 000	
贷：在建工程		1 598 000

(2)出包建造固定资产

企业采用出包工程方式建造的固定资产工程，其工程的具体支出主要由建造承包商核算。相对于自营建造固定资产，出包建造固定资产的会计核算比较简单。“在建工程”账户实际成为企业与建造承包商的结算账户，企业给予建造承包商的工程价款作为工程成本，通过“在建工程”账户进行核算。

【例3—41】 2015年8月1日，甲公司用出包工程方式出包给华洪建筑工程公司建造一生产车间。2015年8月2日，按照合同规定，向该建筑公司预付工程款1 000 000元。工程完工后，按照合同规定向该建筑公司补付工程款780 000元。2016年8月1日，工程竣工交付使用。甲公司的账务处理如下：

①预付工程款时：

借：在建工程	1 000 000	
贷：银行存款		1 000 000

②补付工程款时：

借：在建工程	780 000	
贷：银行存款		780 000

③工程竣工交付使用时：

借：固定资产	1 780 000	
贷：在建工程		1 780 000

三、固定资产的折旧

（一）折旧的概念

企业固定资产在使用过程中，由于各种有形或无形的损耗，会使其服务潜能不断降低。有形损耗是指固定资产由于使用和自然力的影响等物质因素而引起的服务潜能的降低。无形损耗是指固定资产在物质形态上可能还具有一定的服务潜能，但由于技术或经济上的原因而使其丧失了使用价值。因此，应该在固定资产的使用期限内，按照一定的方法合理地分摊这些成本，以使收入和费用保持恰当的配比。为此，我们提出了折旧的概念。折旧是指在固定资产使用寿命内，按照确定的方法对应计折旧额进行系统分摊。

使用寿命是指企业使用固定资产的预计期间，或者该固定资产所能生产产品或提供劳务的数量。应计折旧额是指应当计提折旧的固定资产的原价扣除其预计净残值后的余额，如果已对固定资产计提减值准备，还应当扣除已计提的固定资产减值准备累计金额。预计净残值是指假定固定资产预计使用寿命已满并处于使用寿命终了时的预期状态，目前从该项资产处置中获得的扣除预计处置费用后的金额。

企业应当根据固定资产的性质和使用情况，合理确定固定资产的使用寿命和预计净残值。固定资产的使用寿命、预计净残值一经确定，不得随意变更。

（二）折旧的范围

除以下情况外，企业应对所有固定资产计提折旧：已提足折旧的继续使用的固定资产；按规定单独估价，作为固定资产入账的土地。

（三）折旧方法

企业应当根据固定资产所包含的经济利益预期实现方式，合理选择固定资产折旧方法。可选用的折旧方法包括年限平均法、工作量法、双倍余额递减法和年数总和法等。固定资产的折旧方法一经确定，不得随意变更。

固定资产应当按月计提折旧，并根据用途计入相关资产的成本或者当期损益。当月增加的固定资产当月不计提折旧，从下月起计提折旧；当月减少的固定资产，当月仍计提折旧，从下月起停止计提折旧。固定资产提足折旧后，不管能否继续使用，均不再计提折旧；提前报废的固定资产，也不再计提折旧。

企业计提固定资产折旧时，借记“制造费用”、“销售费用”、“管理费用”、“其他业务成本”等账户，贷记“累计折旧”账户。

（四）年限平均法的应用

年限平均法又称直线法，是指按固定资产使用年限平均计算折旧的方法。采用这种方法，固定资产的应计提折旧总额是均匀地分摊到预计使用年限的各个会计期间。计算公式如下：

$$年折旧额=\frac{固定资产原值-(预计残值收入-预计清理费用)}{预计使用年限}$$

$$=\frac{固定资产应计提折旧额}{预计使用年限}$$

$$年折旧率=\frac{年折旧额}{固定资产原值}$$

$$年折旧率=\frac{1-预计净残值率}{预计使用年限}\times 100\%$$

$$月折旧率=\frac{年折旧率}{12}$$

$$月折旧额=固定资产原值\times 月折旧率$$

【例 3－42】 某企业 2016 年 6 月购入一台车间用机器设备，原值为 43 000 元，预计净残值为 1 000 元，预计使用年限为 5 年。同月购入的一台行政管理部门用设备，原值为101 000元，预计净残值为 2 000 元，预计使用年限为 10 年。2016 年 7 月开始对它们采用年限平均法计提折旧，则 2016 年 7 月应编制会计分录如下：

借：制造费用	700	
管理费用	825	
贷：累计折旧		1 525

其中：

车间用机器设备的月折旧额＝(43 000－1 000)/5/12＝700(元)

行政管理部门用设备的月折旧额＝(101 000－2 000)/10/12＝825(元)

四、固定资产的期末计价和固定资产的处置

（一）固定资产的期末计价

中期期末或年度终了，企业应当对固定资产进行逐项检查，如果由于市价持续下跌，或技术陈旧、损坏、长期闲置等原因导致其可收回金额低于账面价值的，按其可收回金额低于其账面价值的差额计提固定资产减值准备。可收回金额应当根据资产的公允价值减去处置费用后的净额与资产预计未来现金流量的现值之间较高者确定。

当存在下列情况之一时，全额计提固定资产减值准备：长期闲置不用的、在可预见的未来也不会再使用的，且已无转让价值的固定资产；由于技术进步等原因已不可使用的固定资产；虽然尚可使用但使用后产生大量不合格产品的固定资产；已遭毁损，不再具有使用价值和转让价值的固定资产；其他实质上已经不能再给公司带来经济利益的固定资产。已全额计提减值准备的固定资产，不再计提折旧。

可收回金额的计量结果如果表明固定资产的可收回金额低于其账面价值，应当将固定资产的账面价值减记至可收回金额，减记的金额确认为资产减值损失，计入当期损益，同时计提相应的资产减值准备。资产减值损失一经确认，在以后会计期间不得转回。

涉及的账户主要是“资产减值损失”、“固定资产减值准备”账户，前者是损益类账户，后者

是资产类账户。“固定资产”账户的期末余额与“累计折旧”、“固定资产减值准备”账户的余额相抵减后，形成固定资产的账面价值。

资产负债表日，固定资产发生减值的，按应减记的金额，借记“资产减值损失”账户，贷记“固定资产减值准备”账户。

（二）固定资产的处置

固定资产的处置有许多方式，如出售、报废、毁损、盘亏、投资转出、捐赠转出等，除了盘亏通过“待处理财产损溢——待处理固定资产损溢”账户进行核算外，其他的处置都通过“固定资产清理”账户来核算。

下面以固定资产盘亏为例，说明固定资产的处置。

【例 3－43】 甲公司于年末进行固定资产盘点，发现账面上一台机器设备的原值为100 000元，已计提折旧 50 000 元，“固定资产减值准备”相关明细账的余额为 20 000 元，盘点时并未发现该设备。后来查明原因，该设备被偷窃，并已经通过相关部门批准处理。甲公司应做会计处理如下：

(1)发现盘亏该设备时：

借：待处理财产损溢——待处理固定资产损溢	30 000	
累计折旧	50 000	
固定资产减值准备	20 000	
贷：固定资产		100 000

(2)查明原因，获准处理时：

借：营业外支出	30 000	
贷：待处理财产损溢——待处理固定资产损溢		30 000

五、无形资产的会计核算

（一）概述

1. 概念

无形资产是指企业拥有或者控制的没有实物形态的可辨认非货币性资产。如专利权、商标权、非专利技术、著作权、土地使用权、特许权等。

资产满足下列条件之一的，符合无形资产定义中的可辨认性标准：

(1)能够从企业中分离或者划分出来，并能单独或者与相关合同、资产或负债一起，用于出售、转移、授予许可、租赁或者交换。

(2)源自合同性权利或其他法定权利，无论这些权利是否可以从企业或其他权利和义务中转移或者分离。

2. 无形资产的确认条件

无形资产同时满足下列条件的，才能予以确认：

(1)与该无形资产有关的经济利益很可能流入企业；

(2)该无形资产的成本能够可靠地计量。

（二）无形资产初始入账的会计核算

无形资产应当按照成本进行初始计量。

外购无形资产的成本，包括购买价款、相关税费以及直接归属于使该项资产达到预定用途所发生的其他支出。

购买无形资产的价款超过正常信用条件延期支付，实质上具有融资性质的，无形资产的成本以购买价款的现值为基础确定。实际支付的价款与购买价款的现值之间的差额，除按照《企业会计准则第 17 号——借款费用》应予资本化的以外，应当在信用期间内计入当期损益。

自行开发的无形资产，其成本包括自满足无形资产确认条件后至达到预定用途前所发生的支出总额，但是对于以前期间已经费用化的支出不再调整。

投资者投入无形资产的成本，应当按照投资合同或协议约定的价值确定，但合同或协议约定价值不公允的除外。

非货币性资产交换、债务重组、政府补助和企业合并取得的无形资产的成本，应当分别按照《企业会计准则第 7 号——非货币性资产交换》、《企业会计准则第 12 号——债务重组》、《企业会计准则第 16 号——政府补助》和《企业会计准则第 20 号——企业合并》确定。

以下主要对外购方式取得的无形资产的成本确定予以说明。

【例 3－44】 2016 年 1 月 1 日，甲公司支付价款 3 000 000 元从乙公司购入一项专利权；此外，另支付相关税费 10 000 元，款项已通过银行转账支付。如果使用了该项专利权，甲公司预计其生产能力将比原先提高 20%，销售利润率将增长 15%。假设不涉及其他相关税费。

甲公司的账务处理如下：

借：无形资产——专利权　　3 010 000

　贷：银行存款　　3 010 000

（三）无形资产的摊销

1. 估计无形资产的使用寿命

企业应当于取得无形资产时分析判断其使用寿命。

（1）无形资产的使用寿命是有限的

无形资产的使用寿命是有限的，应当估计该使用寿命的年限或者构成使用寿命的产量等类似计量单位的数量；其应摊销金额应当在使用寿命内系统合理摊销，摊销自无形资产可供使用时起，至不再作为无形资产确认时止；无形资产摊销方法，应当反映与该项无形资产有关的经济利益的预期实现方式。无法可靠确定预期实现方式的，应当采用直线法摊销；摊销金额一般应当计入当期损益，其他会计准则另有规定的除外。

无形资产的应摊销金额为其成本扣除预计残值后的金额。已计提减值准备的无形资产，还应扣除已计提的无形资产减值准备累计金额。使用寿命有限的无形资产，其残值应当视为零，但下列情况除外：有第三方承诺在无形资产使用寿命结束时购买该无形资产；可以根据活跃市场得到预计残值信息，并且该市场在无形资产使用寿命结束时很可能存在。

（2）使用寿命不确定的无形资产

无法预见无形资产为企业带来经济利益期限的，应当视为使用寿命不确定的无形资产，不应摊销。

2. 使用寿命有限的无形资产的摊销

使用寿命有限的无形资产应当在使用寿命内，采用合理的摊销方法进行摊销。摊销时，应当考虑该项无形资产所服务的对象，并以此为基础将其摊销价值计入相关资产的成本或当期损益。例如，某项专门用于生产过程中的无形资产，其摊销金额应构成所生产产品成本的一部分，计入该产品的制造费用。

企业应当设置“累计摊销”账户，核算对使用寿命有限的无形资产计提的累计摊销，以及无形资产处置时的结转。

【例3—45】 甲公司从外单位购入某项专利权的成本为6 000 000元，估计使用寿命为8年，该项专利用于产品的生产；同时购入一项商标权，实际成本为9 000 000元，估计使用寿命为10年。假定这两项无形资产的净残值均为零，购买价款均已以银行存款支付。

甲公司的账务处理如下：

(1)取得无形资产时：

借：无形资产——专利权	6 000 000	
——商标权	9 000 000	
贷：银行存款		15 000 000

(2)每月摊销时：

借：制造费用	62 500	
管理费用	75 000	
贷：累计摊销		137 500

(四)无形资产的期末计价

企业应当在资产负债表日判断无形资产是否存在可能发生减值的迹象；而使用寿命不确定的无形资产，无论是否存在减值迹象，每年都应当进行减值测试。

可收回金额的计量结果如果表明无形资产的可收回金额低于其账面价值，应当将无形资产的账面价值减记至可收回金额，减记的金额确认为资产减值损失，计入当期损益，同时计提相应的资产减值准备。资产减值损失一经确认，在以后会计期间不得转回。

无形资产期末计价涉及的账户主要是"资产减值损失"、"无形资产减值准备"账户，前者是损益类账户，后者是资产类账户。"无形资产"账户的期末余额与"累计摊销"、"无形资产减值准备"账户的余额相抵减后，形成无形资产的账面价值。

资产负债表日，无形资产发生减值的，按应减记的金额，借记"资产减值损失"账户，贷记"无形资产减值准备"账户。

(五)无形资产的处置

无形资产的处置包括投资转出、出售、捐赠转出和报废。无形资产处置应当将处置收入与无形资产账面价值的差额转入当期损益或进行报废时转销其账面价值。

【例3—46】 甲公司原有的一项专利使用权，预计将来不能为公司带来经济利益，经批准后将之转销。该无形资产的原值为500 000元，已累计摊销400 000元，已计提减值准备50 000元。会计处理如下：

借：营业外支出	50 000	
累计摊销	400 000	
无形资产减值准备	50 000	
贷：无形资产		500 000

第四章

负债的核算

负债按流动性，可分为流动负债和非流动负债两大类。流动负债主要包括短期借款、应付票据、应付账款、预收账款、应付职工薪酬、应交税费、应付利息、应付股利、其他应付款等内容。非流动负债主要包括长期借款、应付债券、长期应付款等内容。

本章主要介绍流动负债和非流动负债各项内容的会计处理。

第一节　概　述

一、负债的概念及特征

我国《企业会计准则——基本准则》将负债定义为：负债是指企业过去的交易或者事项形成的、预期会导致经济利益流出企业的现时义务（在《小企业会计准则》中，把“企业”二字改为“小企业”，其余完全一样。）

负债通常具有以下几个基本特征：

1. 负债是由已经发生的经济业务所引起的现时经济义务

负债是由过去发生的经济业务所产生的。例如，企业向其他企业赊购材料，向银行取得借款，这些经济业务的发生都会导致企业负债的增加。凡是未来发生的交易或者事项可能引起的债务，由于不属于现时的义务，会计上都不确认为负债。例如，企业与其他企业签署赊购货物的意向书，由于购货业务并没有发生，因此不构成企业目前的债务；又如，企业的借款计划也不会产生负债。

2. 负债是能用货币确切计量或合理估计的

负债有确切的或合理预计的偿付金额。如向银行借款，有确切的借款金额和借款利率，企业对银行承担的未来的经济义务是偿还借款的本金和利息，届时可以根据本金和借款利率计算出确切的利息。有些负债可能一时没有确切的金额，但通过合理估计后，就可以确定一个比较正确和客观的金额。

3. 负债都有确切或不太确切的债权人和到期日

企业发生的负债，通常有明确的债权人和偿付债务的日期，有时即使没有确切的债权人和偿付债务的日期，但能作出合理的估计。例如，企业赊购付款期为 1 个月的材料，在确立这笔负债时，债权人为供货单位，偿付债务的日期为 1 个月，非常明确。而对于售出保修的商品，虽然债权人和偿付债务的日期没有确定，但可以根据保修商品的历史资料，确定保修商品的返修率，再根据保修商品的销售量以及保修期限，可以对保修商品的债权人和偿付债务的日期作出合理的估计。

4. 负债需要企业在未来某一特定时日用债权人所能接受的资产或劳务来偿付

负债必须在将来的某个时候，企业通过转让其所拥有的货币资产、产成品或提供劳务等形式偿还，即负债的实质是将来企业的经济利益要流出企业。有时，现有负债还可以通过举借新债或转化为所有者权益的方式来了结，但最终仍将导致企业放弃经济利益。

二、负债的分类

企业的负债多种多样，其形成的原因、偿还的方式和偿还期限各不相同，都有自身的特点。根据管理和核算的需要，负债可以按不同的标准进行分类。

1. 按偿还期限分类

负债可以按流动性，也就是偿还期的长短，分为流动负债和非流动负债两大类。流动负债是指将在1年(含1年)或者超过1年的一个营业周期内偿还的债务，包括短期借款、应付账款、预收账款、应付职工薪酬、应付票据、应交税费等。非流动负债是指偿还期在1年或者超过1年的一个营业周期以上的债务，包括长期借款、应付债券、长期应付款等。将负债区分为流动负债和非流动负债，可以揭示企业负债的偿还期限，有助于评价企业的财务状况和偿债能力。此外，还可以通过比较流动资产和流动负债的相互关系来分析企业的短期偿债能力。但是，流动负债和非流动负债的分类并非固定不变的，将于1年内到期偿还的非流动负债，在资产负债表中应当作为一项流动负债，单独反映。例如，应付债券属于企业的非流动负债，但将在下一年或下一个营业周期到期的应付债券，则应该在资产负债表的流动负债项目下列示。

2. 按偿还方式分类

按偿还方式的不同，负债可分为货币性负债和非货币性负债。货币性负债是指企业拥有的应以固定金额的货币性资产偿还的债务，如短期借款、长期借款、应付票据、应付账款、应付债券等。非货币性负债是指需要企业将来以实物、劳务以及其他非货币性资产偿还的债务，如预收账款、产品质量保证负债等。将负债分为货币性负债和非货币性负债，有助于实施物价变动会计，并通过比较货币性资产和货币性负债的相互关系来评价和预测企业的偿债能力。

第二节　流动负债

流动负债是指将在1年(含1年)或者超过1年的一个营业周期内偿还的债务。流动负债主要包括短期借款、应付票据、应付账款、预收账款、应付职工薪酬、应交税费、应付利息、应付股利、其他应付款等。

一、短期借款

短期借款是指企业向银行或其他金融机构等借入的期限在1年以下(含1年)的各种借款，通常是为了满足正常生产经营的需要。在会计核算上，企业要及时、如实地反映短期借款的借入、利息的发生和本金及利息的偿还情况。

企业应设置“短期借款”账户，核算短期借款的取得及偿还情况。该账户的贷方登记取得借款的本金数额；借方登记偿还借款的本金数额；余额在贷方，表示尚未偿还的短期借款。本账户可按借款种类、贷款人和币种进行明细核算。

当企业从银行或其他金融机构取得短期借款时，借记“银行存款”账户，贷记“短期借款”

账户。

在实际工作中，银行一般于每季度末收取短期借款利息，因此，企业的短期借款利息一般采用月末预提的方式进行核算。短期借款利息属于筹资费用，应记入“财务费用”账户。企业应当在资产负债表日按照计算确定的短期借款利息费用，借记“财务费用”账户，贷记“应付利息”账户。实际支付利息时，根据已经预提的利息，借记“应付利息”账户；根据应计利息，借记“财务费用”账户；根据应付利息总额，贷记“银行存款”账户。

当企业的短期借款到期偿还本金时，借记“短期借款”账户，贷记“银行存款”账户。

【例 4－1】 A 股份有限公司于 2016 年 4 月 1 日向银行借入一笔短期借款，金额共计 360 000元，期限为 3 个月，年利率为 6%。利息分月预提，按季支付，本金到期一次归还。A 股份有限公司的有关会计处理如下：

(1)4 月 1 日，获得短期借款时：

借：银行存款	360 000	
贷：短期借款		360 000

(2)4 月末，计提 4 月份应计利息时：

借：财务费用	1 800	
贷：应付利息		1 800

(3)5 月末，计提 5 月份应计利息时：

借：财务费用	1 800	
贷：应付利息		1 800

(4)6 月末，支付该季度银行短期借款利息时：

借：财务费用(6 月份的利息)	1 800	
应付利息(已预提 4、5 月份的利息)	3 600	
贷：银行存款		5 400

(5)7 月 1 日，到期偿还银行短期借款本金时：

借：短期借款	360 000	
贷：银行存款		360 000

二、应付票据

应付票据是指企业购买材料、商品和接受劳务供应等而开出、承兑的商业汇票，包括银行承兑汇票和商业承兑汇票。企业应当设置“应付票据备查簿”，详细登记每一商业汇票的种类、号数和出票日期、到期日、票面金额、交易合同号、收款人姓名或单位名称以及付款日期和金额等资料。应付票据到期结清时，应当在备查簿内逐笔注销。

企业还应专设“应付票据”账户，核算应付票据的发生及偿还情况。该账户的贷方登记开出、承兑商业汇票的面值及带息票据的预提利息；借方登记支付商业汇票的金额；余额在贷方，表示企业尚未到期的商业汇票的票面金额。

当企业因购买材料、商品和接受劳务供应等而开出、承兑的商业汇票抵付货款或应付账款时，应借记“在途物资”、“原材料”、“库存商品”、“应付账款”、“应交税费——应交增值税(进项税额)”等账户，贷记“应付票据”账户。

当企业支付银行承兑汇票的手续费时，应借记“财务费用”账户，贷记“银行存款”账户。

当商业汇票到期、企业支付票款时，应借记“应付票据”账户，贷记“银行存款”账户。

有时，企业一时资金周转不灵，无法如期偿还商业汇票款。如果是商业承兑汇票，无法偿还的部分由“应付票据”账户结转至“应付账款”账户，即借记“应付票据”账户，贷记“应付账款”账户；如果是银行承兑汇票，银行会先替企业偿还，待企业账户资金充裕后再划转，因此，企业在票据到期时应把无法偿还的部分由“应付票据”账户结转至“短期借款”账户，即借记“应付票据”账户，贷记“短期借款”账户。

【例4－2】 甲企业为增值税一般纳税人，该企业于2016年4月4日开出一张面值为234 000元、期限为2个月的不带息银行承兑汇票，用于采购一批材料。增值税专用发票上注明材料的价款为200 000元，增值税额为34 000元。材料尚未入库。该票据向银行申请承兑时，向银行缴纳承兑手续费117元。

(1)2016年4月4日，向银行缴纳承兑手续费时，会计分录为：

借：财务费用	117	
贷：银行存款		117

(2)2016年4月4日，开出票据采购材料时，会计分录为：

借：在途物资	200 000	
应交税费——应交增值税(进项税额)	34 000	
贷：应付票据		234 000

(3)2016年6月4日，票据到期，支付票款时，会计分录为：

借：应付票据	234 000	
贷：银行存款		234 000

(4)如果票据到期，企业无力支付票款，则会计分录为：

借：应付票据	234 000	
贷：短期借款		234 000

三、应付账款

应付账款是指企业因购买材料、商品和接受劳务供应等而应付给供应单位的款项。应付账款与应付票据虽然都是流动负债，但两者的性质不同。应付票据是一种承诺付款的期票，是延期付款的证明；应付账款是尚未结清的债务。

企业为了总括地核算应付账款的发生和归还情况，应设置“应付账款”账户。该账户的贷方登记应付账款发生数，借方登记归还数，贷方余额表示尚未归还欠款数。企业购入材料、物资等发生应付账款时，应按实际价或暂估价借记有关存货账户，贷记本账户；企业接受供应单位提供劳务而发生的应付未付款项，应根据供应单位的发票账单，借记有关成本、费用账户，贷记本账户；偿还款项时，借记本账户，贷记“银行存款”账户；若企业转销确实无法支付的应付账款(如债权人撤销应付账款)，应借记本账户，贷记“营业外收入”账户。本账户应按照供应单位的户名设置明细账，进行明细分类核算。

应付账款的主要问题是确定应付账款的入账时间和入账金额。

应付账款的入账时间原则上应是所购货物的所有权转移时或接受的劳务已发生时。在实务中，应视具体情况而定：当所购货物与发票账单同时到达时，一般在货物验收入库时，才按发票账单确认应付账款；当所购货物与发票不是同时到达，如货物已到而发票未到时，为了客观地反映企业所拥有的资产和应承担的债务，企业一般在月份终了时，将所购货物和应付账款暂估入账，在下月初再用红字予以冲回，待实际收到发票账单时，再按正常程序处理；如果期末发票账单已到而货物未到，则应根据发票账单登记应付账款，同时确认一项在途物资。

应付账款的入账金额主要涉及两个问题：一是是否考虑货币的时间价值，二是如何处理现金折扣问题。由于期限较短，应付账款一般按将来应付的金额入账，而不考虑货币的时间价值。对于产生的现金折扣，有两种处理方法——总价法和净价法。总价法假设企业不会享受现金折扣，按照应付账款扣除现金折扣之前的发票价格入账，如果折扣期内企业付款享受了现金折扣，则视为理财收益，冲减财务费用。净价法假设企业一定会享受现金折扣(且一般为最大比例的折扣)，如果超过折扣期付款而丧失现金折扣，则视为理财损失，增加财务费用。我国会计实务中一般采用总价法。

【例 4－3】 某公司赊购一批材料，材料价格为 30 000 元，增值税额为 5 100 元，付款条件为 2/10、n/30，假设增值税不考虑折扣。

(1)按总价法记账。

①购料时，按发票价格入账：

借：原材料	30 000	
应交税费——应交增值税(进项税额)	5 100	
贷：应付账款		35 100

②若企业在 10 天内付款，则需支付 34 500 元(30 000－30 000×2%＋5 100)：

借：应付账款	35 100	
贷：银行存款		34 500
财务费用		600

③企业超过 10 天才付款，则要全额支付：

借：应付账款	35 100	
贷：银行存款		35 100

(2)按净价法记账。

①购料时，按扣除折扣后的净值入账：

借：原材料	29 400	
应交税费——应交增值税(进项税额)	5 100	
贷：应付账款		34 500

②若企业在 10 天内付款：

借：应付账款	34 500	
贷：银行存款		34 500

③若企业超过 10 天才付款：

借：应付账款	34 500	
财务费用	600	
贷：银行存款		35 100

四、预收账款

预收账款是指企业按照合同规定向购货单位预收的购货定金或部分货款。预收账款的产品尚未实现销售以前，视同企业的一项负债，反映在资产负债表的流动负债中。

为了总括地核算预收账款的收入和结转情况，企业应设置“预收账款”账户。该账户的贷方登记发生的预收账款的数额和购货单位补付账款的数额；借方登记企业向购货方发货后冲销的预收账款数额和退回购货方多付账款的数额；余额一般在贷方，反映企业向购货单位预收款项但尚未向购货方发货的数额，如为借方余额，则反映企业尚未转销的款项。企业应当按照购货单位设置明细账户，进行明细分类核算。

企业向购货单位预收款项时，借记“银行存款”账户，贷记“预收账款”账户。销售实现时，按实现的收入和应交的增值税销项税额，借记“预收账款”账户；按实现的营业收入，贷记“主营业务收入”账户；按照增值税专用发票上注明的增值税额，贷记“应交税费——应交增值税（销项税额）”等账户。企业收到购货单位补付的款项时，借记“银行存款”账户，贷记“预收账款”账户。向购货单位退回其多付的款项时，借记“预收账款”账户，贷记“银行存款”账户。

设置“预收账款”账户能完整地反映这项负债的发生及偿付情况，并且便于填列会计报表。如果企业预收货款的情况不多，也可以将预收的购货定金或货款直接记入“应收账款”账户的贷方，而不设置“预收账款”账户。待实际售出商品或提供劳务时，再冲减“应收账款”账户的贷方。这种方法能够完整反映企业与购货方结算的情况，但在填列会计报表时，应根据“应收账款”账户的明细账户进行分析填列。

【例 4-4】 某企业接受一批订货，价款共计 200 000 元，增值税额为 34 000 元。按合同规定，订货方预付货款 100 000 元，其余款项待产品完工发出后再支付。

(1)收到预付的货款时，会计分录为：

借：银行存款	100 000	
贷：预收账款		100 000

(2)产品发出，销售实现时，会计分录为：

借：预收账款	234 000	
贷：主营业务收入		200 000
应交税费——应交增值税（销项税额）		34 000

(3)订货单位补付货款时，会计分录为：

借：银行存款	134 000	
贷：预收账款		134 000

五、应付职工薪酬

(一) 应付职工薪酬核算的内容

应付职工薪酬是指企业为获得职工提供的服务或解除劳动关系而应给予的各种形式的报酬或补偿。职工薪酬既是职工对企业投入劳动获得的报酬，也是企业的成本费用。具体而言，职工薪酬主要包括短期薪酬、离职后福利、辞退福利和其他长期职工福利。

1. 短期薪酬

短期薪酬是指企业在职工提供相关服务的年度报告期间结束后 12 个月内需要全部予以支付的职工薪酬，因解除与职工的劳动关系给予的补偿除外。具体包括：

(1)职工工资、奖金、津贴和补贴。包括企业按计时工资标准和工作时间支付给职工的计时工资，或者根据完成符合质量的产品数量和计件单价计算的计件工资；包括支付给职工的超额劳动报酬和增收节支的劳动报酬；包括为了补偿职工额外或特殊劳动消耗和其他特殊原因支付给职工的津贴，以及为了保证职工工资水平不受物价影响而支付给职工的各种物价补贴。

(2)职工福利费，是指企业在工资、社会保险之外，根据国家有关规定，所采取的补贴措施和建立的各种服务设施，对职工提供直接和间接的物质帮助，以补充、满足其基本的、经常的或特殊的生活需要。

企业应当在职工为其提供服务的会计期间，将实际发生的短期薪酬确认为负债，并计入当期损益，其他会计准则要求或允许计入资产成本的除外。

(3)医疗保险费、工伤保险费和生育保险费等社会保险费。个人应当缴纳的社会保险费，由所在单位按规定的缴费工资和比例从其工资中代扣代缴。具体的缴费比例为：医疗保险2%，工伤保险、生育保险由单位缴费，个人不缴费。单位应当缴纳的社会保险费，由所在单位按规定的缴费工资和比例缴纳。具体的缴费比例为：医疗保险8%；工伤保险的全国费率幅度约为0.2%～2%，平均为1%；生育保险最高为1%。企业应当在职工为其提供服务的会计期间，根据规定的计提基础和计提比例计算确定相应的职工薪酬金额，并确认相应负债，计入当期损益或相关资产成本。

(4)住房公积金，是指国家机关、国有企业、城镇集体企业、外商投资企业、城镇私营企业及其他城镇企业、事业单位、民办非企业单位、社会团体(以下统称单位)及其在职职工缴存的长期住房储金。职工住房公积金包括职工个人缴存和职工所在单位为职工缴存两个部分，全部属职工个人所有。职工住房公积金的月缴存额为职工本人上一年度月平均工资乘以职工住房公积金缴存比例。单位为职工缴存的住房公积金的月缴存额为职工本人上一年度月平均工资乘以单位住房公积金缴存比例。职工和单位住房公积金的缴存比例均不得低于职工上一年度月平均工资的5%，最高目前不超过12%。职工个人缴存的住房公积金，由所在单位每月从其工资中代扣代缴。

(5)工会经费和职工教育经费，是指企业为了改善职工文化生活、提高职工业务素质，用于开展工会活动和职工教育及职业技能培训，根据国家规定的基准和比例，从成本费用中提取的金额。目前，工会经费一般按工资总额的2%提取，职工教育经费一般按工资总额的1.5%提取。

(6)短期带薪缺勤，是指企业支付工资或提供补偿的职工缺勤，包括年休假、病假、短期伤残、婚假、产假、丧假、探亲假等。企业应当在职工提供服务从而增加了其未来享有的带薪缺勤权利时，确认与累积带薪缺勤相关的职工薪酬，并以累积未行使权利而增加的预期支付金额计量。企业应当在职工实际发生缺勤的会计期间确认与非累积带薪缺勤相关的职工薪酬。

(7)短期利润分享计划，是指因职工提供服务而与职工达成的基于利润或其他经营成果提供薪酬的协议。利润分享计划按照时间长短将小于12个月的划分为短期薪酬，超过12个月的划分为长期职工福利。

(8)非货币性福利，包括企业以自己的产品或其他有形资产发放给职工作为福利、企业向职工提供无偿使用自己拥有的资产(如提供给企业高级管理人员的汽车、住房等)、企业为职工无偿提供商品或类似医疗保健的服务等。非货币性福利应当按照公允价值计量，但当公允价值无法可靠获得时，可以采用成本计量。

(9)其他短期薪酬。

2. 离职后福利

离职后福利是指企业与职工就离职后福利达成的协议，或者企业为向职工提供离职后福利制定的规章或办法等。离职后福利计划分为设定提存计划和设定受益计划。

设定提存计划，是指向独立的基金缴存固定费用后，企业不再承担进一步支付义务的离职后福利计划。企业缴纳的养老保险、失业保险等社会保险费，实质上向职工提供了离职后福利，属于设定提存计划。企业应在职工为其提供服务的会计期间，将根据设定提存计划计算的应缴存金额确认为负债，并计入当期损益或相关资产成本。

设定受益计划，是指除设定提存计划以外的离职后福利计划，指企业为现有的及以前的职工提供已同意的离职后福利，即企业承诺确定数额的养老金给付额。按照计算公式企业支付职工未来的养老金收益，会考虑员工服务年限、年龄和过去的工资。

3. 辞退福利

辞退福利是指企业在职工劳动合同到期之前解除与职工的劳动关系，或者为鼓励职工自愿接受裁减而给予职工的补偿。

辞退福利预期在其确认的年度报告期结束后12个月内完全支付的，应当适用短期薪酬的相关规定；辞退福利预期在年度报告期结束后12个月内不能完全支付的，应当适用准则关于其他长期职工福利的有关规定。

辞退福利产生的职工薪酬确认为负债，并计入当期损益。

4. 其他长期职工福利

其他长期职工福利是指除短期薪酬、离职后福利、辞退福利之外所有的职工薪酬，包括长期带薪缺勤、长期残疾福利、长期利润分享计划等。其他长期职工福利是对员工长期福利的一个补充，囊括实务中可能存在的其他职工薪酬，使职工薪酬的结构更加完整、合理。

（二）应付职工薪酬的核算

为了核算职工薪酬的支付、计提、分配情况，企业应专设"应付职工薪酬"账户。该账户的贷方登记已分配计入有关成本费用项目的职工薪酬数额，借方登记实际发放职工薪酬的数额；该账户的期末贷方余额，反映企业应付未付的职工薪酬。"应付职工薪酬"账户应当按照"工资"、"职工福利"、"社会保险费"、"住房公积金"、"工会经费"、"职工教育经费"、"非货币性福利"、"辞退福利"等应付职工薪酬项目设置明细账户，进行明细分类核算。外商投资企业按规定从净利润中提取的职工奖励及福利基金，也在本账户核算。

1. 确认应付职工薪酬

企业应当根据职工提供服务的受益对象，对发生的职工薪酬分别以下情况进行处理：

(1)生产部门人员的职工薪酬，借记"生产成本"、"制造费用"、"劳务成本"账户，贷记"应付职工薪酬"账户。

(2)管理部门人员的职工薪酬，借记"管理费用"账户，贷记"应付职工薪酬"账户。

(3)销售人员的职工薪酬，借记"销售费用"账户，贷记"应付职工薪酬"账户。

(4)应由在建工程负担的职工薪酬，借记"在建工程"账户，贷记"应付职工薪酬"账户。

(5)因解除与职工的劳动关系给予的补偿，借记 "管理费用"账户，贷记"应付职工薪酬"账户。

(6)外商投资企业按规定从净利润中提取的职工奖励及福利基金，借记 "利润分配——提取的职工奖励及福利基金"账户，贷记"应付职工薪酬"账户。

(7)企业以其自产产品作为非货币性福利发放给职工的，应当根据受益对象，按照该产品的公允价值，计入相关资产成本或当期损益，同时确认应付职工薪酬，借记"管理费用"、"生产成本"、"制造费用"等账户，贷记"应付职工薪酬——非货币性福利"账户。

2. 发放职工薪酬

企业按照有关规定向职工支付工资、奖金、津贴等，借记"应付职工薪酬——工资"账户，贷记"银行存款"、"库存现金"等账户；企业从应付职工薪酬中扣还的各种款项(代垫的家属药费、个人所得税等)，借记"应付职工薪酬——工资"账户，贷记"其他应收款"、"应交税费——应交个人所得税"等账户；企业向职工支付职工福利费，借记"应付职工薪酬——职工福利"账户，贷记"银行存款"、"库存现金"账户；企业支付工会经费和职工教育经费用于工会运作和职工培训，借记“应付职工薪酬——工会经费、职工教育经费”账户，贷记“银行存款”等账户；企业按照国家有关规定缴纳社会保险费和住房公积金，借记“应付职工薪酬——社会保险费、住房公积金”账户，贷记“银行存款”账户；企业因解除与职工的劳动关系给予职工的补偿，借记“应付职工薪酬——辞退福利”账户，贷记“银行存款”、“库存现金”等账户；企业以自产产品作为职工薪酬发放给职工时，应确认为主营业务收入，借记“应付职工薪酬——非货币性福利”账户，贷记“主营业务收入”账户，同时结转相关成本，涉及增值税销项税额的，还应进行相应的会计处理。

（三）应付职工薪酬核算举例

【例4—5】 某工业企业每月工资总额为100 000元，其中：生产工人工资60 000元，车间管理人员工资10 000元，厂部管理人员工资20 000元，销售人员工资10 000元。代扣代缴个人所得税5 000元，社会保险费11 000元，住房公积金8 000元，实际发放工资76 000元。职工福利费、职工工会经费、职工教育经费分别按照工资总额的6%、2%、1.5%提取，单位应当缴纳的社会保险费按工资总额的32%提取，单位住房公积金的缴存比例为8%。支付职工生活困难补助2 000元。

1. 从银行提取现金时，会计分录为：

借：库存现金	76 000	
贷：银行存款		76 000

2. 发放在职职工工资时，会计分录为：

借：应付职工薪酬——工资	76 000	
贷：库存现金		76 000

3. 月份终了，分配工资时，会计分录为：

借：生产成本	60 000	
制造费用	10 000	
管理费用	20 000	
销售费用	10 000	
贷：应付职工薪酬——工资		100 000

4. 代扣代缴个人所得税时，会计分录为：

借：应付职工薪酬——工资	5 000	
贷：应交税费——应交个人所得税		5 000

5. 代扣代缴个人应当缴纳的社会保险费时，会计分录为：

借：应付职工薪酬——工资	11 000	
贷：应付职工薪酬——社会保险费		11 000

6. 代扣代缴个人应当缴纳的住房公积金时，会计分录为：

借：应付职工薪酬——工资	8 000	
贷：应付职工薪酬——住房公积金		8 000

7. 提取职工福利时，会计分录为：

借：生产成本	3 600	
制造费用	600	
管理费用	1 200	
销售费用	600	
贷：应付职工薪酬——职工福利		6 000

8. 提取工会经费时,会计分录为:

借:生产成本　1 200

　制造费用　200

　管理费用　400

　销售费用　200

　　贷:应付职工薪酬——工会经费　2 000

9. 提取职工教育经费时,会计分录为:

借:生产成本　900

　制造费用　150

　管理费用　300

　销售费用　150

　　贷:应付职工薪酬——职工教育经费　1 500

10. 提取社会保险费时,会计分录为:

借:生产成本　19 200

　制造费用　3 200

　管理费用　6 400

　销售费用　3 200

　　贷:应付职工薪酬——社会保险费　32 000

11. 提取住房公积金时,会计分录为:

借:生产成本　4 800

　制造费用　800

　管理费用　1 600

　销售费用　800

　　贷:应付职工薪酬——住房公积金　8 000

12. 缴纳社会保险费时,会计分录为:

借:应付职工薪酬——社会保险费　43 000

　　贷:银行存款　43 000

13. 缴纳住房公积金时,会计分录为:

借:应付职工薪酬——住房公积金　16 000

　　贷:银行存款　16 000

14. 缴纳个人所得税时,会计分录为:

借:应交税费——应交个人所得税　5 000

　　贷:银行存款　5 000

15. 支付职工困难补助时,会计分录为:

借:应付职工薪酬——职工福利　2 000

　　贷:库存现金　2 000

【例 4—6】 甲公司为小家电生产企业,共有职工 200 名,其中 170 名为直接参加生产的职工,30 名为总部管理人员。2016 年 2 月,甲公司以其生产的每台成本为 900 元的电暖器作为春节福利发放给公司每名职工。该型号的电暖器市场售价为每台 1 000 元,甲公司适用的增值税税率为 17%。甲公司的有关会计处理如下:

借:生产成本 198 900

管理费用 35 100

贷:应付职工薪酬——非货币性福利 234 000

甲公司向职工发放电暖器作为福利,同时要根据相关税收规定,视同销售计算增值税销项税额。甲公司的有关会计处理如下:

借:应付职工薪酬——非货币性福利 234 000

贷:主营业务收入 200 000

应交税费——应交增值税(销项税额) 34 000

借:主营业务成本 180 000

贷:库存商品——电暖器 180 000

六、应交税费

应交税费是指企业按照税法规定计算的应缴纳的各种税费,包括增值税、消费税、营业税、所得税、资源税、土地增值税、城市维护建设税、房产税、土地使用税、车船税、教育费附加、矿产资源补偿费、企业代扣代缴的个人所得税等。

企业应设置"应交税费"账户,总括反映各种税费的缴纳情况,并按照应交税费项目进行明细核算。该账户的贷方登记应缴纳的各种税费等,借方登记实际缴纳的税费;期末余额一般在贷方,反映企业尚未缴纳的税费,期末余额如在借方,反映企业多交或尚未抵扣的税费。企业缴纳的印花税、耕地占有税等不需要预计应缴数的税金,不通过"应交税费"账户核算。

(一)应交增值税

增值税是指对我国境内销售货物、进口货物或提供加工、修理修配劳务的单位和个人,就其取得的货物或应税劳务销售额,以及进口货物金额计算税款,并实行税款抵扣制度的一种流转税。按照《中华人民共和国增值税暂行条例》的规定,企业购入货物或接受应税劳务支付的增值税(即进项税额),可从销售货物或提供劳务按规定收取的增值税(即销项税额)中抵扣。准予从销项税额中抵扣的进项税额,通常是指从销售方取得的增值税专用发票上注明的增值税额或从海关取得的完税凭证上注明的增值税额。

为了严格增值税的征收管理和对某些经营规模小的纳税人简化计税办法,税法上将纳税人按其经营规模及会计核算健全与否,划分为一般纳税人和小规模纳税人。一般纳税人企业为了核算有关增值税的业务,应在"应交税费"账户下设置"应交增值税"明细账户,在"应交增值税"明细账内,设置"进项税额"、"销项税额"、"出口退税"、"进项税额转出"、"已交税金"等专栏,并按规定进行核算。小规模纳税企业只需设置"应交增值税"明细账户,不需要在"应交增值税"明细账户中设置上述专栏。

1. 一般纳税企业一般购销业务的核算

企业采购货物,接受加工、修理、修配劳务时,应根据增值税专用发票或海关开具的进口货物完税凭证上注明的增值税税额,借记"应交税费——应交增值税(进项税额)"账户;按发票上记载的货物成本等,借记"材料采购"、"在途物资"、"原材料"、"库存商品"、"制造费用"、"委托加工物资"等账户;按照应付或实际支付的金额,贷记"应付账款"、"应付票据"、"银行存款"等账户。

企业销售货物或提供应税劳务时,按照应收或实际收到的款项,借记"应收账款"、"应收票据"、"银行存款"等账户;按照已实现的不含税销售额,贷记"主营业务收入"、"其他业务收入"

账户；根据不含税销售额和规定税率计算出的增值税，贷记"应交税费——应交增值税（销项税额）"账户。如果发生销售退回，则做相反的会计分录。

【例4-7】 某企业购进材料一批，已验收入库，按实际成本核算，取得增值税专用发票，注明价款为100 000元，增值税款为17 000元，货款已付。当月销售产品一批，不含税收入为200 000元，增值税税率为17%，货款已收到。不考虑消费税等其他相关税等。

(1)购进材料时，会计分录为：

借：原材料	100 000	
应交税费——应交增值税（进项税额）	17 000	
贷：银行存款		117 000

(2)销售产品时，会计分录为：

借：银行存款	234 000	
贷：主营业务收入		200 000
应交税费——应交增值税（销项税额）		34 000

(3)实际缴纳增值税时，会计分录为：

借：应交税费——应交增值税（已交税金）	17 000	
贷：银行存款		17 000

2. 税法上视同销售的会计核算

企业有些交易和事项从会计角度看不属于销售行为，不能确认销售收入，但是，按照税法的规定，应视同对外销售处理，计算应交增值税。视同销售需要缴纳增值税的事项如：企业将自产或委托加工的货物用于非应税项目、集体福利或个人消费；将自产、委托加工或购买的货物作为投资，分配给股东或投资者，无偿赠送给他人等。在这些情况下，企业应当借记"在建工程"、"长期股权投资"、"营业外支出"等科目，贷记"应交税费——应交增值税（销项税额）"账户等。

【例4-8】 某企业为增值税一般纳税企业，某日对外捐赠企业生产的产品一批，成本为40 000元，不含增值税的市场价格为60 000元，增值税税率为17%。则该企业有关的会计分录为：

借：营业外支出	50 200	
贷：库存商品		40 000
应交税费——应交增值税（销项税额）		10 200

3. 不予抵扣项目的会计核算

我国税法规定，下列项目的进项税额不得从销项税额中抵扣：购进固定资产，用于非应税项目的购进货物或者应税劳务，用于免税项目的购进货物或者应税劳务，用于集体福利或者个人消费的购进货物或应税劳务，非正常损失的购进货物，非正常损失的在产品和产成品所耗用的购进货物或应税劳务，纳税人未按规定取得扣税凭证或扣税凭证不符合规定等情形。

不予抵扣的进项税额，一般直接计入所购货物及劳务的成本当中。若在购买时不能认定税款能否抵扣而将其直接记入"应交税费——应交增值税（进项税额）"账户的，应在确定无法抵扣时将其转出，借记"在建工程"、"应付职工薪酬"、"待处理财产损溢"等账户，贷记"原材料"、"库存商品"、"应交税费——应交增值税（进项税额转出）"等账户。

【例4-9】 甲公司购入一批材料，增值税专用发票上注明的材料价款为2 400 000元，增值税款为408 000元，款项已经支付。材料入库后，企业改变用途，将其全部用于工程项目。

(1)购入材料时：

借:原材料　2 400 000

应交税费——应交增值税(进项税额)　408 000

贷:银行存款　2 808 000

(2)工程领用材料时：

借:在建工程　2 808 000

贷:原材料　2 400 000

应交税费——应交增值税(进项税额转出)　408 000

若购买材料时就确定该批材料用于工程项目,则账务处理有所改变,具体如下：

(1)购入材料时：

借:工程物资　2 808 000

贷:银行存款　2 808 000

(2)工程领用材料时：

借:在建工程　2 808 000

贷:工程物资　2 808 000

4.小规模纳税企业增值税的会计处理

小规模纳税企业由于生产经营规模小,会计核算不健全,一般不能使用增值税专用发票,对其增值税采取简易征税办法,其中工业企业的征收率为6%,商品流通企业的征收率为4%。小规模纳税人购入货物或接受应税劳务,无论是否取得增值税专用发票,进项税均不能抵扣而应计入购进货物的成本或接受的应税劳务中。小规模纳税企业的收入一般为含税收入,应将其换算为不含税收入确认销售收入。

【例4—10】 某小规模纳税企业购入材料一批,取得的专用发票中注明货款为40 000元,增值税款为6 800元,款项以银行存款支付,材料已验收入库(该企业按实际成本计价核算)。该企业的有关会计分录如下：

借:原材料　46 800

贷:银行存款　46 800

【例4—11】 某小规模纳税企业销售产品一批,所开出的普通发票中注明的货款(含税)为42 400元,增值税征收率为6%,款项已存入银行。该企业的有关会计分录如下：

借:银行存款　42 400

贷:主营业务收入　40 000

应交税费——应交增值税　2 400

不含税销售额=含税销售额÷(1+征收率)=42 400÷(1+6%)=40 000(元)

应纳增值税=不含税销售额×征收率=40 000×6%=2 400(元)

【例4—12】 承【例4—11】,该小规模纳税企业月末以银行存款上缴增值税2 400元。有关会计处理如下：

借:应交税费——应交增值税　2 400

贷:银行存款　2 400

(二)应交消费税

消费税是指在我国境内生产、委托加工和进口应税消费品的单位和个人,按其流转额缴纳的一种税。消费税有从价定率和从量定额两种征收方法。采取从价定率方法征收的消费税,以不含增值税的销售额为税基，按照税法规定的税率计算。企业的销售收入包含增值税的，应将其换算为不含增值税的销售额。采取从量定额方法征收的消费税，根据按税法确定的企业应税消费品的数量和单位应税消费品应缴纳的消费税计算确定。企业应在"应交税费"账户下设置"应交消费税"明细账户，核算应交消费税的发生、缴纳情况。该账户的贷方登记应缴纳的消费税，借方登记已缴纳的消费税；期末贷方余额为尚未缴纳的消费税，借方余额为多缴纳的消费税。当企业按规定计算出应缴纳的消费税时，借记"营业税金及附加"等账户，贷记"应交税费——应交消费税"账户。缴纳消费税时，借记"应交税费——应交消费税"账户，贷记"银行存款"等账户。

（三）应交所得税

企业所得税是指对企业的生产、经营所得和其他所得所征收的一种税。为了核算有关所得税的业务，企业应在"应交税费"账户下设置"应交所得税"明细账户。该账户的贷方登记应缴纳的所得税，借方登记已缴纳的所得税，期末贷方余额为尚未缴纳的所得税。

当企业按照税法规定计算出应缴纳的所得税时，借记"所得税费用"等账户，贷记"应交税费——应交所得税"账户。当企业缴纳所得税时，借记"应交税费——应交所得税"账户，贷记"银行存款"等账户。

（四）应交资源税

资源税是对在我国境内开采矿产品或者生产盐的单位和个人征收的税。资源税按照应税产品的课税数量和规定的单位税额计算。开采或生产应税产品对外销售的，以销售数量为课税数量；开采或生产应税产品自用的，以自用数量为课税数量。

企业应在"应交税费"账户下设置"应交资源税"明细账户，核算有关资源税业务。当企业对外销售应税产品计算出应缴纳的资源税时，借记"营业税金及附加"账户，贷记"应交税费——应交资源税"账户；企业自产自用应税产品计算出应交纳的资源税，应借记"生产成本"、"制造费用"等账户，贷记"应交税费——应交资源税"账户；缴纳资源税时，借记"应交税费——应交资源税"账户，贷记"银行存款"等账户。

（五）应交土地增值税

土地增值税是指在我国境内有偿转让土地使用权及地上建筑物和其他附着物产权的单位和个人，就其土地增值额征收的一种税。土地增值额是指转让收入减去规定扣除项目金额后的余额。转让收入包括货币收入、实物收入和其他收入。扣除项目主要包括取得土地使用权所支付的金额、开发土地的费用、新建及配套设施的成本、旧房及建筑物的评估价格等。

为了核算有关土地增值税的业务，企业应在"应交税费"账户下设置"应交土地增值税"明细账户。企业转让的土地使用权连同地上建筑物及其附着物一并在"固定资产"等账户核算的，转让时应交的土地增值税，借记"固定资产清理"账户，贷记"应交税费——应交土地增值税"账户。土地使用权在"无形资产"账户核算的，按实际收到的金额，借记"银行存款"账户；按应交的土地增值税，贷记"应交税费——应交土地增值税"账户。同时，冲销土地使用权的账面价值，贷记"无形资产"账户，按其差额，借记"营业外支出"账户或贷记"营业外收入"账户。

（六）应交城市维护建设税

城市维护建设税是指为了加强城市的维护建设，扩大和稳定城市维护建设的资金来源，向有经营收入的单位和个人征收的一种税。城市维护建设税以增值税、消费税、营业税为计税依据，其纳税人为缴纳增值税、消费税、营业税的单位和个人，税率因纳税人所在地不同从1%～7%不等。应纳城市维护建设税额的计算公式为：

应纳城市维护建设税额=(应交增值税+应交消费税+应交营业税)×适用税率

企业应当在“应交税费”账户下设置“应交城市维护建设税”明细账户对城市维护建设税进行核算。当企业计算出应交的城市维护建设税额时,借记“营业税金及附加”等账户,贷记“应交税费——应交城市维护建设税”账户;缴纳城市维护建设税时,借记“应交税费——应交城市维护建设税”账户,贷记“银行存款”等账户。

【例4-13】 某企业本期实际应上缴增值税400 000元,消费税500 000元,营业税100 000元。该企业适用的城市维护建设税税率为7%。该企业的有关会计处理如下:

(1)计算出应交的城市维护建设税时:

借:营业税金及附加　　70 000

　　贷:应交税费——应交城市维护建设税　　70 000

(2)用银行存款上缴城市维护建设税时:

借:应交税费——应交城市维护建设税　　70 000

　　贷:银行存款　　70 000

(七)应交教育费附加

教育费附加是为了发展教育事业而向企业征收的附加费用,企业按应交流转税的一定比例计算缴纳。当企业计算出应交的教育费附加时,借记“营业税金及附加”等账户,贷记“应交税费——应交教育费附加”账户;缴纳时,借记“应交税费——应交教育费附加”账户,贷记“银行存款”等账户。

【例4-14】 某企业按税法规定计算,20××年第4季度应缴纳教育费附加100 000元,款项已经用银行存款支付。该企业的有关会计处理如下:

借:营业税金及附加　　100 000

　　贷:应交税费——应交教育费附加　　100 000

借:应交税费——应交教育费附加　　100 000

　　贷:银行存款　　100 000

(八)应交房产税、土地使用税和车船税

房产税是指对在我国境内拥有房屋产权的单位和个人征收的一种税。土地使用税是指对城市、县城、建制镇和工矿区范围内使用土地的单位和个人征收的一种税。车船税是指对在我国境内拥有并且使用车船的单位和个人征收的一种税。为了核算有关房产税、土地使用税、车船税的业务,企业应该在“应交税费”账户下设置“应交房产税”、“应交土地使用税”、“应交车船税”明细账户,进行明细分类核算。

企业按规定计算应交的房产税、土地使用税、车船税,借记“管理费用”账户,贷记“应交税费——应交房产税、应交土地使用税、应交车船税”账户。缴纳房产税、土地使用税、车船税时,借记“应交税费——应交房产税、应交土地使用税、应交车船税”账户,贷记“银行存款”等账户。

(九)应交矿产资源补偿费

矿产资源补偿费是对在我国领域和管辖海域开采矿产资源而征收的费用。矿产资源补偿费按照矿产品销售收入的一定比例计征,由采矿人缴纳。

企业应在“应交税费”账户下设置“应交税费——应交矿产资源补偿费”明细账户,核算矿产资源补偿费的业务。当企业按规定计算出应交的矿产资源补偿费时,借记“管理费用”账户,贷记“应交税费——应交矿产资源补偿费”账户。缴纳矿产资源补偿费时,借记“应交税费——应交矿产资源补偿费”账户,贷记“银行存款”等账户。

(十)应交个人所得税

个人所得税是指国家对个人所得所征收的一种税。为了核算个人所得税的代扣代交情况，企业应在“应交税费”账户下设置“应交个人所得税”明细账户，进行明细分类核算。

企业按规定计算出应代扣代缴的职工个人所得税时，借记“应付职工薪酬”账户，贷记“应交税费——应交个人所得税”账户。缴纳个人所得税时，借记“应交税费——应交个人所得税”账户，贷记“银行存款”等账户。

七、应付利息

应付利息核算企业按照合同约定应支付的利息，包括按期预提的短期借款利息、分期付息到期还本的长期借款、企业债券等应支付的利息。

企业应当设置“应付利息”账户进行核算。当企业采用合同约定的名义利率计算确定利息费用时，应按合同约定的名义利率计算确定的应付利息的金额，借记“在建工程”、“财务费用”、“研发支出”等账户，贷记“应付利息”账户；实际支付利息时，借记“应付利息”账户，贷记“银行存款”等账户。“应付利息”账户按照债权人设置明细账户进行明细核算，其期末贷方余额反映企业按照合同约定应支付但尚未支付的利息。

【例 4－15】 甲企业借入 5 年期到期还本每年付息的长期借款 2 000 000 元。合同约定年利率为 4%，假定不符合资本化条件。该企业的有关会计处理如下：

(1)每年计算确定利息费用时：

借：财务费用	80 000	
贷：应付利息		80 000

(2)每年实际支付利息时：

借：应付利息	80 000	
贷：银行存款		80 000

八、应付股利

应付股利是指企业根据股东大会或类似机构审议批准的利润分配方案确定分配给投资者的现金股利或利润。企业通过“应付股利”账户，核算企业确定或宣告支付但尚未实际支付的现金股利或利润。该账户的贷方登记应支付的现金股利或利润，借方登记实际支付的现金股利或利润，期末贷方余额反映企业应付未付的现金股利或利润。该账户应按照投资者设置明细账户，进行明细分类核算。

企业根据股东大会或类似机构审议批准的利润分配方案，确认应付给投资者的现金股利或利润时，借记“利润分配——应付现金股利或利润”账户，贷记“应付股利”账户；向投资者实际支付现金股利或利润时，借记“应付股利”账户，贷记“银行存款”等账户。

【例 4－16】 某有限责任公司 2016 年度实现净利润 7 000 000 元，经过董事会批准，决定 2016 年度分配股利 4 000 000 元。股利已经用银行存款支付。该有限责任公司的有关会计处理如下：

借：利润分配——应付现金股利或利润	4 000 000	
贷：应付股利		4 000 000
借：应付股利	4 000 000	
贷：银行存款		4 000 000

此外，值得注意的是，企业分配的股票股利不通过“应付股利”账户核算。

九、其他应付款

其他应付款是指企业除应付票据、应付账款、预收账款、应付职工薪酬、应交税费、应付股利等经营活动以外的其他各项应付、暂收的款项，如应付租入包装物租金、存入保证金等。企业应通过“其他应付款”账户，核算其他应付款的增减变动及其结存情况，并按照其他应付款的项目和对方单位（或个人）设置明细账户，进行明细分类核算。该账户贷方登记发生的各种应付、暂收款项，借方登记偿还或转销的各种应付、暂收款项；该账户的期末贷方余额，反映企业应付未付的其他应付款项。

企业发生其他各种应付、暂收款项时，借记“管理费用”等账户，贷记“其他应付款”账户；支付或退回其他各种应付、暂收款项时，借记“其他应付款”账户，贷记“银行存款”等账户。

【例 4－17】 甲公司从 2016 年 4 月 1 日起，以经营租赁方式租入管理用办公设备一批，每月租金为 6 000 元，按季支付。6 月 30 日，甲公司以银行存款支付应付租金。甲公司的有关会计处理如下：

(1)4 月 30 日，计提应付经营租入固定资产租金时：

借：管理费用	6 000	
贷：其他应付款		6 000

(2)5 月底计提应付经营租入固定资产租金的会计处理同上。

(3)6 月 30 日，支付租金时：

借：其他应付款	12 000	
管理费用	6 000	
贷：银行存款		18 000

第三节　非流动负债

非流动负债是指流动负债以外的负债，主要包括长期借款、应付债券、长期应付款等。

一、长期借款

长期借款是指企业向银行或其他金融机构借入的期限在 1 年以上（不含 1 年）的各种借款。一般用于固定资产的购建、改扩建工程、大修理工程等。它是企业长期负债的重要组成部分，必须加强管理与核算。

为了总括地核算和反映企业长期借款的借入、借款利息的结算和借款本息的归还等情况，企业应设置“长期借款”账户。该账户可按照贷款单位和贷款种类设置明细账，分别“本金”、“利息调整”等进行明细核算。该账户的贷方登记长期借款本息的增加额，借方登记本息的减少额，贷方余额表示企业尚未偿还的长期借款。

当企业借入长期借款时，应按实际收到的金额，借记“银行存款”账户，贷记“长期借款——本金”账户；如存在差额，还应借记“长期借款——利息调整”账户。

长期借款的利息费用应当在资产负债表日按照摊余成本和实际利率法计算确定，并按照借款费用的原则进行处理，分别借记“在建工程”、“制造费用”、“财务费用”、“研发支出”等账户；按合同约定的名义利率计算确定的应付利息金额，贷记“应付利息”账户；按其差额，贷记

“长期借款——利息调整”账户。实际利率与合同约定的名义利率差异很小的，也可以采用合同约定的名义利率计算确定利息费用。

当企业支付长期借款利息时，借记“应付利息”账户，贷记“银行存款”账户。

当企业归还长期借款本金时，借记“长期借款——本金”账户，贷记“银行存款”账户；同时存在利息调整余额的，借记或贷记“在建工程”、“制造费用”、“财务费用”、“研发支出”等账户，贷记或借记“长期借款——利息调整”账户。

【例 4—18】 某企业于第一年年初为购建厂房向银行借入资金 5 000 000 元，合同约定的名义利率为 10%，每年年底付清当年的利息，2 年期满后一次还清本金。第一年该企业为购建厂房，购买工程物资 3 000 000 元，全部投入工程使用，并发生应付职工薪酬1 000 000元。厂房于第一年年底完工，达到预定可使用状态，并交付使用。实际利率与合同约定的名义利率相等。

(1)借入资金存入银行时，会计分录为：

借：银行存款	5 000 000	
贷：长期借款——本金		5 000 000

(2)购买工程物资时，会计分录为：

借：工程物资	3 000 000	
贷：银行存款		3 000 000

(3)将工程物资投入工程使用时，会计分录为：

借：在建工程	3 000 000	
贷：工程物资		3 000 000

(4)发生应付职工薪酬时，会计分录为：

借：在建工程	1 000 000	
贷：应付职工薪酬		1 000 000

(5)第一年年末计息时，会计分录为：

借：在建工程	500 000	
贷：应付利息		500 000

(6)第一年年末支付利息时，会计分录为：

借：应付利息	500 000	
贷：银行存款		500 000

(7)固定资产交付使用时，会计分录为：

借：固定资产	4 500 000	
贷：在建工程		4 500 000

(8)第二年年末计息时，会计分录为：

借：财务费用	500 000	
贷：应付利息		500 000

(9)第二年年末归还本息时，会计分录为：

借：长期借款——本金	5 000 000	
应付利息	500 000	
贷：银行存款		5 500 000

二、应付债券

（一）应付债券概述

应付债券是指企业为筹集（长期）资金而发行的债券。债券是企业为筹集长期使用资金而发行的一种书面凭证。企业通过发行债券取得资金是以将来履行归还购买债券者的本金和利息的义务作为保证的。企业应当设置“企业债券备查簿”，详细登记每一企业债券的票面金额、债券票面利率、还本付息期限与方式、发行总额、发行日期和编号、委托代售单位、转换股份等资料。企业债券到期结清时，应当在备查簿内逐笔注销。

企业债券发行价格的高低一般取决于债券票面金额、债券票面利率、发行当时的市场利率以及债券期限的长短等因素。债券发行有面值发行、溢价发行和折价发行三种情况。企业债券按其面值出售的，称为面值发行。此外，债券还可能按低于或高于其面值的价格出售，即折价发行或溢价发行。折价发行是指债券以低于其面值的价格发行，而溢价发行则是指债券按高于其面值的价格发行。

（二）应付债券的核算

为了核算有关应付债券的业务，企业应专设“应付债券”账户。发行 1 年期及 1 年期以内的短期债券，在“交易性金融负债”账户核算，不在“应付债券”账户核算。“应付债券”账户应当按照“面值”、“利息调整”、“应计利息”进行明细分类核算。企业发行的可转换公司债券，应在该账户下设置“可转换公司债券”明细账户，进行明细分类核算。

1. 债券发行的核算

企业发行债券，应按实际收到的金额，借记“银行存款”、“库存现金”等账户；按债券票面金额，贷记“应付债券——面值”账户；按其差额，借记或贷记“应付债券——利息调整”账户。

2. 计息和利息调整的核算

（1）对于分期付息、一次还本的债券，应于资产负债表日按摊余成本和实际利率计算确定的债券利息，借记“在建工程”、“制造费用”、“财务费用”、“研发支出”等账户；按票面利率计算确定的应付未付利息，贷记“应付利息”账户；按其差额，借记或贷记“应付债券——利息调整”账户。

（2）对于一次还本付息的债券，应于资产负债表日按摊余成本和实际利率计算确定的债券利息，借记“在建工程”、“制造费用”、“财务费用”、“研发支出”等账户；按票面利率计算确定的应付未付利息，贷记“应付债券——应计利息”账户；按其差额，借记或贷记“应付债券——利息调整”账户。

（3）实际利率与票面利率差异很小的，也可以采用票面利率计算确定利息费用。

3. 支付利息的核算

支付利息时，借记“应付债券——应计利息”或“应付利息”账户，贷记“银行存款”账户。

4. 债券到期的核算

应付债券到期，支付债券本金，借记“应付债券——面值”账户，贷记“银行存款”账户；同时，存在利息调整余额的，借记或贷记“应付债券——利息调整”账户，贷记或借记“在建工程”、“制造费用”、“财务费用”、“研发支出”等账户。

5. 可转换公司债券的核算

（1）发行的可转换公司债券，应按实际收到的金额，借记“银行存款”等账户；按该项可转换公司债券包含的负债成分的面值，贷记“应付债券——可转换公司债券（面值）”账户；按权益成分的公允价值，贷记“资本公积——其他资本公积”账户；按其差额，借记或贷记“应付债券——可转换公司债券(利益调整)”账户。

(2)可转换公司债券持有人行使转换权利，将其持有的债券转换为股票，按可转换公司债券的余额，借记“应付债券——可转换公司债券(面值、利息调整)”账户；按权益成分的金额，借记“资本公积——其他资本公积”账户；按股票面值和转换的股数计算的股票面值总额，贷记“股本”账户；按实际用现金支付的不可转换股票的部分，贷记“库存现金”、“银行存款”等账户；按其差额，贷记“资本公积——股本溢价”账户。

(3)未转换股份的可转换公司债券到期还本付息，应当比照上述一般应付债券进行处理。

“应付债券”账户的期末贷方余额，反映企业尚未偿还的企业长期债券的摊余成本。

(三)应付债券核算举例

【例4-19】 A企业于2013年7月1日按面值发行3年期、到期一次还本付息、年利率为8%(不计复利)、发行面值总额为40 000 000元的债券，发行该债券所筹集资金用于建造固定资产。该项固定资产于2015年底完工交付使用。A企业的有关会计分录如下：

(1)2013年7月1日，发行债券收到款项时：

借：银行存款	40 000 000	
贷：应付债券——面值		40 000 000

(2)2013年12月31日，计提长期债券利息时：

借：在建工程(40 000 000×8%÷12×6)	1 600 000	
贷：应付债券——应计利息		1 600 000

(3)2014年12月31日，计提长期债券利息时：

借：在建工程(40 000 000×8%)	3 200 000	
贷：应付债券——应计利息		3 200 000

(4)2015年12月31日，计提长期债券利息时：

借：在建工程	3 200 000	
贷：应付债券——应计利息		3 200 000

(5)2016年7月1日，计提长期债券利息时：

借：财务费用	1 600 000	
贷：应付债券——应计利息		1 600 000

(6)2016年7月1日，A企业偿还债券本金和利息时：

借：应付债务——面值	40 000 000	
——应计利息	9 600 000	
贷：银行存款		49 600 000

三、长期应付款

长期应付款是指企业除长期借款和应付债券以外的其他各种长期应付款。为了核算长期应付款的发生及偿还情况，企业应设置“长期应付款”和“未确认融资费用”账户。

“长期应付款”账户核算企业除长期借款和企业债券以外的其他各种长期应付款项，包括以分期付款方式购入固定资产发生的应付账款、应付融资租入固定资产的租赁费等。该账户应当按照长期应付款的种类和债权人进行明细核算。其期末贷方余额，反映企业尚未支付的各种长期应付款。

“未确认融资费用”账户核算企业应当分期计入利息费用的未确认融资费用。该账户应当按照未确认融资费用项目进行明细核算。其期末借方余额，反映企业未确认融资费用的摊余价值。

1. 分期付款购入固定资产的主要账务处理

企业购入有关资产超过正常信用条件延期支付价款、实质上具有融资性质的，应按购买价款的现值，借记“固定资产”、“在建工程”等账户；按应支付的金额，贷记“长期应付款”账户；按其差额，借记“未确认融资费用”账户。

企业按期支付价款时，借记“长期应付款”账户，贷记“银行存款”账户。

企业采用实际利率法计算确定当期的利息费用时，借记“财务费用”、“在建工程”账户，贷记“未确认融资费用”账户。

2. 融资租入固定资产的主要账务处理

融资租入固定资产，在租赁期开始日，应按租赁准则确定的应计入固定资产成本的金额，借记“在建工程”或“固定资产”账户；按最低租赁付款额，贷记“长期应付款”账户，按发生的初始直接费用，贷记“银行存款”等账户；按其差额，借记“未确认融资费用”账户。

企业按期支付租金时，借记“长期应付款”账户，贷记“银行存款”等账户。

企业采用实际利率法计算确定当期利息费用时，借记“财务费用”或“在建工程”账户，贷记“未确认融资费用”账户。

第五章

所有者权益的核算

所有者权益可分为实收资本(或股本)、资本公积、盈余公积和未分配利润等部分,其中,盈余公积和未分配利润统称为留存收益。

本章介绍了不同出资方式下实收资本及其增减业务的核算、股票发行业务的核算、资本溢价的核算、其他资本公积的核算、盈余公积提取和使用的核算以及未分配利润的核算等。

第一节 概 述

一、所有者权益的性质

所有者权益是指企业资产扣除负债后由所有者享有的剩余权益。股份公司的所有者权益又称为股东权益。所有者权益的来源包括所有者投入的资本、直接计入所有者权益的利得和损失、留存收益等。直接计入所有者权益的利得和损失是指不应计入当期损益、会导致所有者权益发生增减变动,与所有者投入资本或者向所有者分配利润无关的利得或者损失。

企业必须拥有一定数量的资产,才能开展生产经营活动。企业取得资产的途径只有两个:一是由投资者投资,二是由债权人提供。两者都向企业投入了资产,这样,投资者和债权人对于企业的资产以及运用资产取得的经济利益就享有一种要求权,这种要求权被称为权益。属于投资者部分的权益,称为所有者权益;属于债权人部分的权益,称为债权人权益。

虽然所有者权益和债权人权益均对企业的资产享有要求权,然而,两者却有着根本的区别,主要表现在以下几个方面:

1.性质不同

负债是企业对债权人因借贷关系或经济法规规定而承担的经济责任,即债务偿还义务,表现为债权人对企业资产或劳务的求偿权,所有者权益是企业投资者对企业净资产的求偿权。负债和所有者权益在企业清算时的顺序并不一致,负债的求偿在先,净资产的求偿在后。

2.权利不同

从法律权利的角度来看,负债属于债权人权益,只有企业所有者投资形成企业以后才可能出现债权债务关系,因此,所有者权益存在在先,而债权人权益存在在后。根据有关法律规定,债权人享有企业资产的优先求偿权,但不能直接参与企业的生产经营管理。所有者作为企业的主人,享有企业的产权,具有企业经营管理权,或将经营管理权委托其他人员代行的权利。

3. 偿还的期限不同

从偿还的情况来看,企业的债务无论是长期负债还是流动负债,都具有一定的偿还期,并且大部分负债偿还时具有确切的偿还金额,债权人依据协议和法规规定,到期具有索取权,债务人具有无条件偿还的义务。所有者权益则是企业所有者对企业的投资,是企业得以存在的基础,企业并没有偿还的义务。虽然企业的所有者权益可能会因多种原因发生增减变动,但不得任意抽回资本金,可以说,所有者权益不存在确切的偿还期及偿还的金额。

4.收益与企业的经营业绩联系程度不同

投资者拥有的所有者权益与企业的经营业绩息息相关,在企业经营良好时,可以从其盈利中获取丰厚的投资收益,而在企业经营失利发生亏损时,则要承担投资损失;而债权人拥有的权益与企业的经营业绩无关,除企业破产清算外,债权人有权按事先约定的日期和利率收取利息。

二、所有者权益的分类

所有者权益可分为实收资本(或股本)、资本公积、盈余公积和未分配利润等部分。其中,盈余公积和未分配利润统称为留存收益。

第二节 实收资本

实收资本是投资者以各种形式投入企业的资本金。《企业法人登记管理条例》规定,企业申请开业,必须具备国家规定的与其生产经营和服务规模相适应的资金。与实收资本密切相关的一个概念是注册资本。注册资本是企业在设立时向工商行政管理部门登记的资本总额,即全部出资者设定的出资额之和。若资本一次筹集,则实收资本等于注册资本;若资本分次筹集,则在最后一次收到缴入资本之前,实收资本小于注册资本。注册资本是企业的法定资本,是企业承担民事责任的财务保证。

为了反映和监督投资者投入资本的增减变动情况,企业必须按照国家统一会计制度的规定进行实收资本的核算,真实地反映所有者投入企业资本的状况,维护所有者各方在企业的权益。除股份有限公司以外,其他各类企业应通过“实收资本”账户核算,股份有限公司应通过“股本”账户核算。

一、有限责任公司实收资本的核算

有限责任公司是由2个以上、50个以下股东共同出资设立的公司,每个股东以其认缴的出资额为限对公司承担有限责任,公司以其全部财产对公司的债务承担责任的企业法人。设立有限责任公司,应当具备下列条件:(1)股东符合法定人数;(2)股东出资达到法定资本最低限额;(3)股东共同制定公司章程;(4)有公司名称,建立符合有限责任公司要求的组织机构;(5)有公司住所。

为了核算投资者投入企业的资本,有限责任公司应设置“实收资本”账户,核算企业接受投资者投入企业的注册资本。该账户应当按照投资者进行明细核算,期末贷方余额反映企业实收资本总额。

(一)接受现金资产投资

企业收到投资者投入的现金资产,应借记“银行存款”等账户;按其在注册资本中所占份额,贷记“实收资本”账户。

【例5—1】 甲、乙共同投资设立A有限责任公司,注册资本为1 000 000元,甲、乙的持股比例分别为60%和40%，按照章程规定，甲、乙投入资本分别为600 000元、400 000元。A公司已如期收到两位投资者一次缴足的款项。A公司应编制会计分录如下：

借：银行存款　　1 000 000
　　贷：实收资本——甲　　600 000
　　　　　　　　——乙　　400 000

（二）接受非现金资产投资

我国《公司法》规定，股东可以用货币出资，也可以用实物、知识产权、土地使用权等可以用货币估价并可以依法转让的非货币财产作价出资，但是，法律、行政法规规定不得作为出资的财产除外。全体股东的货币出资金额不得低于有限责任公司注册资本的30%。

当企业收到投资者投入的固定资产、材料物资、无形资产等非现金资产投资时，应按评估价分别借记"固定资产"、"原材料"、"无形资产"等账户；按其在注册资本中应享有的份额，贷记"实收资本"账户。

【例5—2】 某企业设立时，收到投资者投资转入的机器一台，投出单位的账面价值为500 000元，评估作价400 000元。该企业应编制会计分录如下：

借：固定资产　　400 000
　　贷：实收资本　　400 000

【例5—3】 A有限责任公司于设立时收到甲公司作为资本投入的原材料一批，该批材料的评估价值为价款200 000元，增值税进项税额为34 000元。甲公司已经开具了增值税专用发票。该项进项税额允许抵扣，不考虑其他因素。A有限责任公司应编制会计分录如下：

借：原材料　　200 000
　　应交税费——应交增值税(进项税额)　　34 000
　　贷：实收资本——甲公司　　234 000

【例5—4】 B有限责任公司设立时，收到甲公司作为资本投入的非专利技术一项，该非专利技术的评估价值为70 000元；同时，收到乙公司作为资本投入的土地使用权一项，评估价值为80 000元。不考虑其他因素。B有限责任公司应编制会计分录如下：

借：无形资产——非专利技术　　70 000
　　　　　　——土地使用权　　80 000
　　贷：实收资本——甲公司　　70 000
　　　　　　　　——乙公司　　80 000

（三）实收资本增减变动的核算

一般情况下，企业的实收资本应相对固定不变，但在某些特定情况下，实收资本也可能发生增减变化。我国《企业法人登记管理条例》中规定，除国家另有规定外，企业的注册资本应当与实收资本相一致，当实收资本比原注册资本增加或减少的幅度超过20%时，应持资金信用证明或者验资证明，向原登记主管机关申请变更登记。如果擅自改变注册资本或抽逃资金，要受到工商行政管理部门的处罚。

1. 实收资本的增加

企业增加实收资本的途径主要有三条：一是投资者追加投资。企业在收到投资者追加的投资时，应借记"银行存款"、"固定资产"、"原材料"、"无形资产"等账户；按其在注册资本中所占份额，贷记"实收资本"账户；按其出资额超过其在注册资本所占份额部分，贷记"资本公积——资本溢价"账户。二是将资本公积转增为实收资本。会计处理是借记"资本公积"账户，贷记“实收资本”账户。三是将盈余公积转增为实收资本。会计处理是借记“盈余公积”账户，贷记“实收资本”账户。有限责任公司的资本公积、盈余公积转增资本时，应当按照原投资者所持股份同比例增加各股东的股权。

【例 5—5】 A 有限责任公司是由甲、乙两方各出资 700 000 元设立的，设立时的注册资本为 1 400 000 元，经营 3 年后，留存收益已达 500 000 元。为了扩大经营规模，两人决定吸收投资者丙加入，投资者丙以现金 1 000 000 元出资，投入后占公司全部资本的 1/3，同时公司的注册资本增加为 2 100 000 元。则该公司在收到投资者丙的出资时，应编制会计分录如下：

借：银行存款　　1 000 000

　　贷：实收资本　　700 000

　　　　资本公积——资本溢价　　300 000

【例 5—6】 B 有限责任公司的注册资本为 600 000 元，甲、乙、丙的出资比例分别为 50%、30%、20%。因扩大经营规模需要，经批准，B 有限责任公司按原出资比例将资本公积 100 000 元转增资本。B 有限责任公司应编制会计分录如下：

借：资本公积　　100 000

　　贷：实收资本——甲　　50 000

　　　　　　　　——乙　　30 000

　　　　　　　　——丙　　20 000

【例 5—7】 承【例 5—6】，因扩大经营规模的需要，经批准，B 有限责任公司按原出资比例将盈余公积 200 000 元转增资本。B 有限责任公司应编制会计分录如下：

借：盈余公积　　200 000

　　贷：实收资本——甲　　100 000

　　　　　　　　——乙　　60 000

　　　　　　　　——丙　　40 000

2.实收资本的减少

根据资本保全的要求，企业的所有者不能随意撤资，所以，企业实收资本一般不会减少。企业实收资本减少一般有两个原因：一是资本过剩而减资，一般要发还股款。会计上应借记“实收资本”账户，贷记“银行存款”账户。二是因重大亏损而减资，一般采用注销资本的方法。会计上应借记“实收资本”账户，贷记“利润分配——未分配利润”账户，这实际上是用资本金来弥补企业亏损。

【例 5—8】 某有限责任公司的实收资本总额为 20 000 000 元，开业以来经营情况不佳，连续两年发生严重亏损，亏损金额为 7 800 000 元。经投资者共同商议，决定采用注销资本的办法，使公司转入正常经营。公司注销资本时，应编制会计分录如下：

借：实收资本　　7 800 000

　　贷：利润分配——未分配利润　　7 800 000

二、股份有限公司股本的核算

股份有限公司是指全部资本由等额股份构成，并通过发行股票筹集资本，股东以其认购的股份为限对公司承担责任，公司以其全部财产对公司的债务承担责任的企业法人。设立股份有限公司，应当具备下列条件：(1)发起人符合法定人数。(2)发起人认购和募集的股本达到法定资本最低限额。(3)股份发行、筹办事项符合法律规定。(4)发起人制定公司章程，采用募集方式设立的，经创立大会通过。(5)有公司名称，建立符合股份有限公司要求的组织机构。(6)有公司住所。设立股份有限公司，应当有 2 人以上、200 人以下为发起人，其中须有半数以上的发起人在中国境内有住所。

为了核算投资者投入企业的资本，股份有限公司应设置"股本"账户，核算企业接受投资者投入企业的注册资本(股票面值总额)。"股本"账户应当按照投资者进行明细核算，该账户的期末贷方余额反映企业股本总额。

(一)股票发行的会计处理

股份有限公司发行股票时，既可以按面值发行股票，也可以溢价发行股票(我国目前不准许折价发行股票)。股份有限公司在核定的股本总额及核定的股份总额的范围内发行股票时，应在实际收到现金等资产时进行会计处理。

1. 按面值发行股票

股份有限公司按面值发行股票，在收到现金等资产时，按实际收到的金额，借记"库存现金"、"银行存款"等账户；按股票面值和核定的股份总额的乘积计算的金额，贷记"股本"账户。发生的发行费用，应冲减盈余公积；盈余公积不足的，再冲减未分配利润。

【例 5—9】 A 股份有限公司委托证券公司按面值发行普通股 9 000 000 股，每股面值 1 元，发行费用为 90 000 元。发行完毕，证券公司扣除发行费用后，付来发行款8 910 000元存入银行，该公司的盈余公积为 200 000 元。A 股份有限公司应编制会计分录如下：

借：银行存款	8 910 000	
盈余公积	90 000	
贷：股本		9 000 000

2. 溢价发行股票

股份有限公司溢价发行股票时，其发行费用应从本次股票发行的溢价中扣除。溢价部分不足抵扣的，应将不足抵扣部分冲减盈余公积和未分配利润。届时，股份有限公司根据实际收到的现金等资产，借记"银行存款"等账户；按股票面值和核定的股份总额的乘积计算的金额，贷记"股本"账户；按其差额，贷记"资本公积——股本溢价"账户。

【例 5—10】 A 股份有限公司发行普通股 800 000 股，每股面值 1 元，委托证券公司溢价发行，每股 3 元，发行费用为 30 000 元。发行完毕，证券公司扣除发行费用后，付来发行款 2 370 000元存入银行。A 股份有限公司应编制会计分录如下：

借：银行存款	2 370 000	
贷：股本		800 000
资本公积——股本溢价		1 570 000

(二)股本增减变动的核算

股份有限公司增资的途径和有限责任公司一样，也有再投资、资本公积或者盈余公积转增三种。会计处理的差异主要在于用"股本"账户代替"实收资本"账户。

股份有限公司减资的原因也主要是资本过剩和重大亏损。重大亏损的账务处理与有限责任公司类似，只要用"股本"账户代替"实收资本"账户即可。但是，股份有限公司在资本过剩情况下的减资方法不是直接向股东发还股款(因为股东人数众多)，而是回购企业在外发行的股票。股份有限公司采用收购本企业股票方式减资的，按注销股票的面值总额减少股本，购回股票支付的价款超过面值总额的部分，应依次冲减资本公积、盈余公积和未分配利润，借记"股本"、"资本公积"、"盈余公积"、"利润分配——未分配利润"账户，贷记"银行存款"、"库存现金"

账户。购回股票支付的价款低于面值总额的，应按股票面值总额，借记“股本”账户；按实际支付的金额，贷记“银行存款”、“库存现金”账户；按其差额，贷记“资本公积——股本溢价”账户。

【例5—11】 A股份有限公司2016年12月31日的股本为100 000 000股，面值为1元，资本公积（股本溢价）为30 000 000元，盈余公积为40 000 000元。经股东大会批准，A公司以银行存款回购本公司股票20 000 000股并注销。假定A公司按每股2元回购股票，不考虑其他因素，A股份有限公司的会计处理如下：

(1)回购本公司股票时：

借：库存股　　40 000 000

　贷：银行存款　　40 000 000

(2)注销本公司股票时：

借：股本　　20 000 000

　资本公积——股本溢价　　20 000 000

　贷：库存股　　40 000 000

【例5—12】 承【例5—11】，假定A股份有限公司按每股3元回购股票，其他条件不变。A股份有限公司的会计处理如下：

(1)回购本公司股票时：

借：库存股　　60 000 000

　贷：银行存款　　60 000 000

(2)注销本公司股票时：

借：股本　　20 000 000

　资本公积——股本溢价　　30 000 000

　盈余公积　　10 000 000

　贷：库存股　　60 000 000

【例5—13】 承【例5—11】，假定A股份有限公司按每股0.9元回购股票，其他条件不变。A股份有限公司的会计处理如下：

(1)回购本公司股票时：

借：库存股　　18 000 000

　贷：银行存款　　18 000 000

(2)注销本公司股票时：

借：股本　　20 000 000

　贷：库存股　　18 000 000

　　资本公积——股本溢价　　2 000 000

第三节　资本公积

资本公积是企业收到投资者的超出其在企业注册资本（或股本）中所占份额的投资，以及直接计入所有者权益的利得和损失等。资本公积包括资本溢价（或股本溢价）和直接计入所有者权益的利得和损失等。

资本溢价（或股本溢价）是企业收到投资者的超出其在企业注册资本（或股本）中所占份额的投资。形成资本溢价（或股本溢价）的原因有溢价发行股票、投资者超额缴入资本等。

直接计入所有者权益的利得和损失是指不应计入当期损益、会导致所有者权益发生增减变动、与所有者投入资本或者向所有者分配利润无关的利得或者损失。利得是指由企业的非日常活动造成的、会导致所有者权益增加的、与所有者投入资本无关的经济利益的流入。损失是指由企业的非日常活动造成的、会导致所有者权益减少的、与向所有者分配利润无关的经济利益的流出。

资本公积的核算包括资本溢价(或股本溢价)的核算、其他资本公积的核算和资本公积转增资本的核算等内容。

一、资本溢价(或股本溢价)的核算

除股份有限公司以外的其他类型的企业,在企业创立时,投资者认缴的出资额与注册资本一致,一般不会产生资本溢价。但在企业重组或有新的投资者加入时,常常会出现资本溢价。因为企业在初创阶段,收益较低,经过一个阶段的生产经营后,会产生一定数额的留存收益,且随着生产经营日趋成熟,其获利能力也会逐渐提高。当投资中的一方要增加投资,或者新的投资者要参与投资时,由于新投入的资本要分享企业开创至今所取得的成果,因此,新追加的投资或新的投资者要付出大于原有投资者的出资额,才能取得与原有投资者相同的投资比例。投资者多缴的部分就形成了资本溢价,应将其列入"资本公积"账户。有关会计处理,参见本章【例 5—5】的有关内容。

股份有限公司的股本溢价是发行股票的溢价净收入,其数额等于股份有限公司发行股票时实际收到的款项超过股票面值总额的部分。其有关会计处理,参见本章【例 5—10】的有关内容。

二、其他资本公积的核算

其他资本公积是指除资本溢价(或股本溢价)项目以外所形成的资本公积,其中主要是直接计入所有者权益的利得和损失。本书以因被投资单位所有者权益的其他变动产生的利得或亏损为例,介绍相关的其他资本公积的核算。

企业对某投资单位的长期股权投资采用权益法核算的,在持股比例不变的情况下,对因被投资单位除净损益以外的所有者权益的其他变动,如果是利得,则应按持股比例计算其应享有被投资企业所有者权益的增加数额;如果是损失,则应做相反的分录。在处置长期股权投资时,应转销与该笔投资相关的其他资本公积。

【例 5—14】 A 公司持有 B 公司 30%的股份,并按权益法处理其对 B 公司的股权投资。2016 年,B 公司因拨款转入,资本公积增加 67 000 元,A 公司按照持股比例计算应享有的部分为 20 100 元(67 000×30%)。A 公司的会计分录为:

借:长期股权投资——B 公司　　20 100

　　贷:资本公积——其他资本公积　　20 100

三、资本公积转增资本的核算

经股东大会或类似机构决议,用资本公积转增资本时,应冲减资本公积,同时按照转增前的实收资本(或股本)的结构或比例,将转增的金额记入"实收资本"(或"股本")账户下各所有者的明细分类账户。

有关会计处理,参见本章【例 5—6】的有关内容。

第四节　留存收益

留存收益是企业通过其生产经营活动而创造积累的、未分配或限制分配给投资者的净利润。它包括盈余公积和未分配利润两个部分。

一、盈余公积

盈余公积是企业按照规定从净利润中提取的各种积累资金。它是企业指定了专门用途的留存收益，包括法定盈余公积和任意盈余公积。法定盈余公积按净利润的10%提取，当此项公积金已达到注册资本的50%时，可不再提取；任意盈余公积按股东大会决议提取。法定盈余公积和任意盈余公积的区别在于各自计提的依据不同，前者以国家的法律、法规为依据，后者由企业的权力机构自行决定。

提取盈余公积的主要目的是为了对投资者的利润分配进行限制，增强企业自我发展和承受风险的能力。企业提取的盈余公积经批准，可用于弥补亏损、转增资本、发放现金股利或利润等。

为了核算企业从净利润中提取的盈余公积，企业应专设"盈余公积"账户。该账户应当分别设置"法定盈余公积"、"任意盈余公积"等明细账户，进行明细分类核算。

（一）提取盈余公积

企业按规定提取盈余公积时，应借记"利润分配"账户，贷记"盈余公积"账户。

【例 5－15】 A股份有限公司本年实现净利润为1 000 000元，经股东大会批准，按当年净利润的10%提取法定盈余公积，按净利润的20%提取任意盈余公积。A股份有限公司应编制会计分录如下：

借：利润分配——法定盈余公积　　100 000
　　　　　　——任意盈余公积　　200 000
　贷：盈余公积——法定盈余公积　　100 000
　　　　　　　——任意盈余公积　　200 000

（二）盈余公积补亏

企业发生亏损时，应由企业自行弥补。弥补亏损的渠道大体有三条：一是用以后年度税前利润弥补。按照规定，企业发生亏损，可以用以后年度实现的利润进行弥补，但弥补期限不得超过5年。二是用以后年度税后利润弥补。超过了税法规定的税前利润弥补期限，未弥补的以前年度亏损可用所得税后利润弥补。三是用盈余公积弥补。

企业经股东大会或类似机构决议，用盈余公积弥补亏损，应借记"盈余公积"账户，贷记"利润分配——盈余公积补亏"账户。

【例 5－16】 经股东大会批准，A股份有限公司用以前年度提取的盈余公积弥补当年亏损，当年弥补亏损的数额为300 000元。A股份有限公司应编制会计分录如下：

借：盈余公积　　300 000
　贷：利润分配——盈余公积补亏　　300 000

（三）盈余公积转增资本

企业经股东会决议，可以将盈余公积转为资本（或股本）。在转增资本时，一是要先办理增资手续；二是要按股东原有股份比例结转；三是法定盈余公积转增资本时，以转增后留存的此项公积不少于注册资本的25%为限。

企业用盈余公积转增资本时，应借记“盈余公积”账户，贷记“实收资本”或“股本”账户。其有关会计处理，参见本章【例5—7】的有关内容。

（四）用盈余公积发放现金股利或利润

依据有关规定，企业在无利润的年度，原则上不应分配股利。但有些企业为了维护公司的形象和声誉，经股东大会决议通过，可用盈余公积分配股利。一般来说，在企业无利润分配股利的情况时，应遵守以下原则：一是企业如果尚有未弥补的亏损，应先弥补亏损后再分配；二是企业分配股利的股利率不宜过高；三是分配股利后的盈余公积不得低于法定比例。

当企业根据股东大会决议用盈余公积分配现金股利或股票股利时，应借记“盈余公积”账户，贷记“应付股利”或“股本”账户。

二、未分配利润

未分配利润是指企业实现的净利润扣除提取的盈余公积和向投资者分配利润等利润分配之后剩余的利润。它是企业留待以后年度进行分配的历年结存的利润。相对于所有者权益的其他部分来说，企业对于未分配利润的使用有较大的自主权。

企业应通过“利润分配”账户，核算企业利润的分配（或亏损的弥补）和历年分配（或弥补）后的未分配利润（或未弥补亏损）。该账户应分别“提取法定盈余公积”、“提取任意盈余公积”、“应付现金股利或利润”、“盈余公积补亏”、“未分配利润”等明细账户，进行明细分类核算。企业的未分配利润通过“利润分配——未分配利润”明细账户进行核算。年度终了，企业应将全年实现的净利润或发生的净亏损，自“本年利润”账户转入“利润分配——未分配利润”账户，并将“利润分配”账户所属其他明细账户的余额，转入“未分配利润”明细账户。结转后，“利润分配——未分配利润”账户如为贷方余额，表示累积未分配的利润数额；如为借方余额，则表示累积未弥补的亏损数额。

【例5—17】 A股份有限公司年初未分配利润为0，本年实现净利润4 000 000元，本年提取法定盈余公积400 000元，宣告发放现金股利800 000元。A股份有限公司应做如下会计处理：

（1）结转本年利润时：

借：本年利润　　4 000 000

　　贷：利润分配——未分配利润　　4 000 000

如果企业当年发生亏损，则应借记“利润分配——未分配利润”账户，贷记“本年利润”账户。

（2）提取法定盈余公积，宣告发放现金股利时：

借：利润分配——提取法定盈余公积　　400 000

　　　　　　——应付现金股利　　800 000

　　贷：盈余公积　　400 000

　　　　应付股利　　800 000

同时：

借：利润分配——未分配利润　　1 200 000

　　贷：利润分配——提取法定盈余公积　　400 000

　　　　　　　　——应付现金股利　　800 000

结转后，如果“利润分配——未分配利润”明细账户的余额在贷方，表示累计未分配的利润；如果余额在借方，则表示累积未弥补的亏损。在本例中，“利润分配——未分配利润”明细账户的余额在贷方，此贷方余额 2 800 000 元（本年利润 4 000 000－提取法定盈余公积 400 000－支付现金股利 800 000）即为 A 股份有限公司本年年末的累计未分配利润。

第六章

收入、费用与利润的核算

企业在日常活动中会发生各种费用，同时取得各种收入。一定时期的收入抵补费用之后，再加上当期利得和损失等，就形成了企业的利润或亏损。

本章主要介绍收入、费用的特征、分类及核算，利润的构成内容，以及营业外收入、营业外支出、所得税费用、本年利润的会计处理。

第一节　概　述

一、收入的特征和分类

收入是会计对象的要素之一，对“收入”一词，目前世界上存在着两种不同的理解，即广义和狭义两种理解。在企业的所有收入中，有来自商品或劳务的提供方面的经营性收入，还有来自如押金收入、罚款收入等方面的非经营性收入。这些非经营性收入带有偶然性。按照不同的收入观点，即是否把非经营性的收入算入收入，分成了广义的收入观点和狭义的收入观点。

广义地理解收入，是把所有经营和非经营活动的所得都看作是收入。也就是说，所有使企业净资产增加的部分都是收入。很明显，这种收入的含义是非常广泛的，它包括营业收入和营业外收入。

狭义地理解收入，则仅仅把来自经营活动的收入即营业收入包括在内，其他不属于经营收入的“偶然”所得则统统除外。也就是说，站在狭义的收入的立场上，就要明确区分营业收入和非营业收入。我国《企业会计准则》对收入做了狭义的定义。

按照我国现行《企业会计准则》的定义，收入是指企业在日常活动中形成的、会导致所有者权益增加的、与所有者投入资本无关的经济利益的总流入。

（一）收入的特征

1. 收入是企业在日常活动中形成的经济利益的总流入

日常活动是指企业为完成其经营目标所从事的经常性活动以及与之相关的活动。工业企业销售产品、商业企业销售商品、咨询公司提供咨询服务、商业银行对外贷款、租赁公司出租资产等活动，均属于企业为完成其经营目标所从事的经常性活动，由此形成的经济利益的总流入构成收入。工业企业对外出售不需用的原材料、对外转让无形资产使用权、对外进行权益性投资（取得现金股利）或债权性投资（取得利息）等活动，虽不属于企业的经常性活动，但属于企业为完成其经营目标所从事的与经常性活动相关的活动，由此形成的经济利益的总流入也构成收入。

收入形成于企业日常活动的特征使其与产生于非日常活动的利得相区分。企业所从事或发生的某些活动也能为企业带来经济利益，但不属于企业为完成其经营目标所从事的经常性活动，也不属于与经常性活动相关的活动。例如，工业企业处置固定资产、无形资产、因其他企业违约收取罚款等，这些活动形成的经济利益的总流入属于企业的利得而不是收入。利得通常不经过经营过程就能取得，或属于企业不曾期望获得的收益。

2. 收入会导致企业的所有者权益增加

收入形成的经济利益总流入的形式多种多样，既可能表现为资产的增加，如增加银行存款、应收账款；也可能表现为负债的减少，如减少预收账款；还可能表现为两者的结合，如销售实现时，部分冲减预收账款，部分增加银行存款。收入形成的经济利益总流入能增加资产或减少负债或两者兼而有之，根据“资产－负债＝所有者权益”的会计等式，收入一定能增加企业的所有者权益。

企业为第三方或客户代收款项，一方面增加企业的资产，另一方面增加企业的负债，并不增加企业的所有者权益，因此不构成本企业的收入。

3. 收入与所有者投入资本无关

所有者投入资本主要是为谋求享有企业资产的剩余权益，由此形成的经济利益的总流入不构成收入，而应确认为企业所有者权益的组成部分。

（二）收入的分类

1. 按企业从事日常活动的性质不同分类

（1）销售商品收入。销售商品收入是指企业通过销售商品实现的收入。这里的商品包括企业为销售而生产的产品和为转售而购进的商品。企业销售的其他存货，如原材料、包装物等，也视同商品。

（2）提供劳务收入。提供劳务收入是指企业通过提供劳务实现的收入。比如，企业通过提供旅游、运输、咨询、代理、培训、产品安装等劳务所实现的收入。

（3）让渡资产使用权收入。让渡资产使用权收入是指企业通过让渡资产使用权实现的收入。让渡资产使用权收入包括利息收入和使用费收入。利息收入主要是指金融企业对外贷款形成的利息收入等。使用费收入主要是指企业转让无形资产（如商标权、专利权、专营权、版权）等资产的使用权形成的使用费收入。企业对外出租固定资产收取的租金、进行债权投资收取的利息、进行股权投资取得的现金股利等，也构成让渡资产使用权收入。

2. 按企业经营业务的主次不同分类

（1）主营业务收入。主营业务收入是指企业为完成其经营目标所从事的经常性活动实现的收入。主营业务收入一般占企业总收入的较大比重，对企业的经济效益产生较大影响。不同行业企业的主营业务收入所包括的内容不同，比如，工业企业的主营业务收入主要包括销售产品、提供工业性劳务等实现的收入，商业企业的主营业务收入主要包括销售商品实现的收入。

企业实现的主营业务收入通过“主营业务收入”账户核算，并通过“主营业务成本”账户核算为取得主营业务收入发生的相关成本。

（2）其他业务收入。其他业务收入是指企业为完成其经营目标所从事的与经常性活动相关的活动实现的收入。其他业务收入属于企业日常活动中次要交易实现的收入，一般占企业总收入的比重较小。不同行业企业的其他业务收入所包括的内容不同，比如，工业企业的其他业务收入主要包括对外销售材料，对外出租包装物、商品或固定资产，对外转让无形资产使用权，对外进行权益性投资（取得现金股利）或债权性投资（取得利息），提供非工业性劳务等实现的收入。

企业实现的原材料销售收入、包装物租金收入、固定资产租金收入、无形资产使用费收入等，通过“其他业务收入”账户核算；企业进行权益性投资或债权性投资取得的现金股利收入和利息收入，通过“投资收益”账户核算。通过“其他业务收入”账户核算的其他业务收入，需要通过“其他业务成本”账户核算为取得其他业务收入发生的相关成本。

二、费用的特征和分类

费用是企业在获取收入的过程中，对企业所掌握或控制的资产的耗费。对费用的定义也有广义和狭义两种解释。广义的费用包括企业各种费用和损失。狭义的费用只包括为获取营业收入提供商品或劳务而发生的耗费。也就是说，凡是同提供商品或劳务给客户的过程无关的资产耗用或资产减少就不是费用，即狭义的费用仅仅指与商品或劳务的提供相联系的耗费。损失只是一种对收益的纯扣减。

我们认为，费用和损失虽然很相似，它们都会导致股东权益即资本减少，但由于它们来自不同的方面，从而应在理论上和实务上将它们明确加以区分。我国《企业会计准则》对费用即做了狭义的定义。

按照我国现行《企业会计准则》的定义，费用是指企业在日常活动中发生的、会导致所有者权益减少、与向所有者分配利润无关的经济利益的总流出。

容易与费用概念混淆的是成本概念。成本概念也有广义和狭义之分。广义的成本是指取得资产的代价，如取得固定资产的代价就是固定资产的成本，生产产品所花费的代价即为产品成本等。狭义的成本是指产品成本。产品成本与生产费用既有联系，又有区别。联系在于：两者都是为了产品的生产而发生的耗费。区别在于：生产费用与一定期间相联系，是指某个会计期间内为生产产品而发生的全部耗费；产品成本与一定品种或数量的产品相联系，是指为取得某个会计期间内所售产品而发生的全部耗费，而不论这种耗费发生在哪一期间。成本是对象化了的费用。

（一）费用的特征

1. 费用是企业在日常活动中发生的经济利益的总流出

日常活动是指企业为完成其经营目标所从事的经常性活动以及与之相关的其他活动。例如，工业企业制造并销售产品、商业企业购买并销售商品等活动中发生的经济利益的总流出，即构成费用。工业企业对外出售不需用的原材料结转的材料成本等，也构成费用。

费用形成于企业日常活动的特征使其与产生于非日常活动的损失相区分。企业从事或发生的某些活动或事项也能导致经济利益流出企业，但不属于企业的日常活动。例如，企业处置固定资产、无形资产等非流动性资产，因违约支付罚款，对外捐赠，因自然灾害等非常原因造成财产毁损等，这些活动或事项形成的经济利益的总流出，属于企业的损失而不是费用。

2. 费用会导致企业的所有者权益减少

费用既可能表现为资产的减少，如减少银行存款、库存商品等；也可能表现为负债的增加，如增加应付职工薪酬、应交税费（应交营业税、消费税等）等。根据“资产－负债＝所有者权益”的会计等式，费用一定会导致企业的所有者权益减少。

企业经营管理中的某些支出并不减少企业的所有者权益，也不构成费用。例如，企业以银行存款偿还一项负债，只是一项资产和一项负债的等额减少，对所有者权益没有影响，因此，不构成企业的费用。

3. 费用与向所有者分配利润无关

向所有者分配利润或股利属于企业利润分配的内容，不构成企业的费用。

（二）费用的分类

1. 按照与收入配比的关系分类

（1）直接配比的费用，如直接材料、直接人工。

（2）间接配比的费用，如制造费用。间接配比的费用需要经过划分，才能与相关的收入配比。

（3）期间配比的费用，如销售费用、管理费用、财务费用。这些费用只和具体的期间相联系，而不能归属于为取得某项收入而发生的费用。

2. 按照经济内容与用途分类

按照经济内容与用途分类，费用主要包括主营业务成本、其他业务成本、营业税金及附加、销售费用、管理费用和财务费用等。

三、利润的构成

利润是指企业在一定会计期间的经营成果。利润包括收入减去费用后的净额、直接计入当期利润的利得和损失等。

直接计入当期利润的利得和损失是指应当计入当期损益、会导致所有者权益发生增减变动、与所有者投入资本或者向所有者分配利润无关的利得或者损失。

利润的相关计算公式如下：

（一）营业利润

营业利润＝营业收入－营业成本－营业税金及附加－销售费用－管理费用－财务费用
＋（或－）公允价值变动损益＋（或－）投资收益

其中，营业收入是指企业经营业务所确认的收入总额，包括主营业务收入和其他业务收入。营业成本是指企业经营业务所发生的实际成本总额，包括主营业务成本和其他业务成本。资产减值损失是指企业计提各项资产减值准备所形成的损失。公允价值变动损益是指企业交易性金融资产等公允价值变动形成的应计入当期损益的利得（或损失）。投资收益是指企业以各种方式对外投资所取得的收益（或发生的损失）。

（二）利润总额

利润总额＝营业利润＋营业外收入－营业外支出

其中，营业外收入是指企业发生的与其日常活动无直接关系的各项利得。营业外支出是指企业发生的与其日常活动无直接关系的各项损失。

（三）净利润

净利润＝利润总额－所得税费用

其中，所得税费用是指企业确认的应从当期利润总额中扣除的所得税费用。

第二节　收入的核算

一、收入的确认原则

收入的确认是指收入在什么时候以多少金额入账，并在利润表中反映。收入确认的迟或早与流转税的缴纳时间有着密切的关系，确认的多或少还会影响利润及相关税款的计算。由于成本、费用要与收入配比，收入的确认还会影响成本、费用的结转。所以，正确地进行收入确认，对企业具有重要的意义。

我们按照收入的来源，分销售商品收入、提供劳务收入和让渡资产使用权收入等，具体说明收入确认的基本原则。

（一）销售商品收入的确认原则

熟悉销售商品收入的确认条件，是销售商品收入核算的一个关键点。销售商品收入同时满足下列条件的，才能予以确认：

1. 企业已将商品所有权上的主要风险和报酬转移给购货方

风险主要是指商品由于贬值、损坏、报废等所造成的损失。报酬是指商品中包含的未来的经济利益，包括商品因升值等给企业带来的经济利益。如果一项商品发生的任何损失均不需要本企业承担，带来的经济利益也不归本企业所有，则意味着该商品所有权上的风险和报酬已转移出该企业。

判断一项商品所有权上的主要风险和报酬是否已转移给买方，需要视不同情况而定：

（1）在大多数情况下，所有权上的风险和报酬的转移伴随着所有权凭证的转移或实物的交付而转移，如大多数零售交易。

（2）在有些情况下，企业已将所有权凭证或实物交付给买方，但商品所有权上的主要风险和报酬并未转移。企业可能在以下几种情况下保留商品所有权上的主要风险和报酬：

① 企业销售的商品在质量、品种、规格等方面不符合合同规定的要求，又未根据正常的保证条款予以弥补，因而仍负有责任。

② 企业销售商品的收入是否能够取得，取决于卖方销售其商品的收入是否能够取得。如代销商品，委托方应在受托方售出商品，并取得受托方提供的代销清单时确认收入。

③ 企业尚未完成售出商品的安装或检验工作，且此项安装或检验任务是销售合同的重要组成部分。

④ 销售合同中规定了由于特定原因买方有权退货的条款，而企业又不能确定退货的可能性。

（3）在有些情况下，企业已将商品所有权上的主要风险和报酬转换给买方，但实物尚未交付。这时，应在所有权上的主要风险和报酬转移时确认收入，而不管实物是否交付。如交款提货的销售，买方支付完货款，并取得提货单，即认为该商品所有权已经转移，卖方应确认收入。

2. 企业既没有保留通常与所有权相联系的继续管理权，也没有对已售出的商品实施有效控制

通常情况下，企业售出商品后不再保留与商品所有权相联系的继续管理权，也不再对售出商品实施有效控制，商品所有权上的主要风险和报酬已经转移给购货方，通常应在发出商品时确认收入。如果企业在商品销售后保留了与商品所有权相联系的继续管理权，或能够继续对其实施有效控制，说明商品所有权上的主要风险和报酬没有转移，销售交易不能成立，不应确认收入，如售后租回。

3. 收入的金额能够可靠地计量

收入能否可靠地计量是确认收入的基本前提。企业在销售商品时，售价通常已经确定。但在销售过程中，由于某种不确定因素，也有可能出现售价变动的情况，则在新的售价未确定前不应确认收入。

4. 相关的经济利益很可能流入企业

经济利益是指直接或间接流入企业的现金或现金等价物。在销售商品的交易中，与交易相关的经济利益即为销售商品的价款。销售商品的价款能够有把握收回，是收入确认的一个重要条件。企业在销售商品时，如果估计价款收回的可能性不大，即使收入确认的其他条件均已满足，也不应确认收入。

销售商品的价款能否收回，主要根据企业以前与买方交往的直接经验，或从其他方面取得信息，或根据政府的有关政策等进行判断。企业在判断价款收回的可能性时，应进行定性分析，当确定价款收回的可能性大于不能收回的可能性时，即认为价款能够收回。

一般情况下，企业售出的商品符合合同或协议规定的要求，并已将发票账单交付买方，买方也承诺付款，即表明销售商品的价款很可能流入企业。如果企业判断销售商品收入满足确认条件而予以确认，同时确认了一笔应收债权，以后由于购货方资金周转困难无法收回该债权时，不应调整原会计处理，而应对该债权计提坏账准备，确认坏账损失。如果企业判断价款不能收回的，应提供可靠的证据。例如，企业根据以前与买方交往的直接经验判断买方信誉较差，或销售时得知买方在另一项交易中发生了巨额亏损、资金周转十分困难，或在出口商品时不能肯定进口企业所在国政府是否允许将款项汇出等，这些都可能会导致与销售商品相关的经济利益不能流入企业的情况，企业此时不应确认收入。

5. 相关的已发生或将发生的成本能够可靠地计量

根据收入和费用配比的原则，与同一项销售有关的收入和费用应在同一会计期间予以确认，即企业应在确认收入的同时或同一会计期间结转相关成本。因此，如果成本不能可靠计量，相关的收入就不能确认。

相关的已发生或将发生的成本能够可靠地计量，是指与销售商品有关的已发生或将发生的成本能够合理地估计。通常情况下，与销售商品相关的已发生或将发生的成本能够合理地估计，如库存商品的成本、商品运输费用等。如果库存商品是本企业生产的，则其生产成本能够可靠计量；如果是外购的，则购买成本能够可靠计量。有时，与销售商品相关的已发生或将发生的成本不能够合理地估计，此时企业不应确认收入，若已收到价款，应将已收到的价款确认为负债。例如，订货销售，企业已收到买方全部或部分货款，但库存无现货，这时，对收到的价款仅能确认其为一项负债。

（二）提供劳务收入的确认原则

企业提供劳务收入的确认原则因劳务完成时间的不同而不同。

1. 在同一会计期间内开始并完成的劳务

对于一次就能完成的劳务或在同一会计期间内开始并完成的劳务，应在提供劳务交易完成时确认收入，确认原则可参照销售商品收入的确认原则。

2. 劳务的开始和完成分属不同的会计期间

(1)提供劳务交易的结果能够可靠估计

如果劳务的开始和完成分属不同的会计期间，且企业在资产负债表日提供劳务交易的结果能够可靠估计的，应采用完工百分比法确认提供劳务收入。同时满足下列条件的，提供劳务交易的结果能够可靠估计：

① 收入的金额能够可靠地计量。收入的金额能够可靠地计量，是指提供劳务收入的总额能够合理地估计。通常情况下，企业应当按照从接受劳务方已收或应收的合同或协议价款确定提供劳务收入总额。随着劳务的不断提供，可能会根据实际情况增加或减少已收或应收的

合同或协议价款，此时，企业应及时调整提供劳务收入的总额。

② 相关的经济利益很可能流入企业。相关的经济利益很可能流入企业，是指提供劳务收入总额收回的可能性大于不能收回的可能性。

③ 交易的完工进度能够可靠地确定。企业可以根据提供劳务的特点，选用下列方法确定提供劳务交易的完工进度：

A. 已完工作的测量，这是一种比较专业的测量方法，由专业测量师对已经提供的劳务进行测量，并按一定方法计算确定提供劳务交易的完工程度。

B. 已经提供的劳务占应提供劳务总量的比例，这种方法主要以劳务量为标准，确定提供劳务交易的完工程度。

C. 已经发生的成本占估计总成本的比例，这种方法主要以成本为标准确定提供劳务交易的完工程度。只有反映已提供劳务的成本才能包括在已经发生的成本中，只有反映已提供或将提供劳务的成本才能包括在估计总成本中。

④ 交易中已发生和将发生的成本能够可靠地计量。交易中已发生和将发生的成本能够可靠地计量，是指交易中已经发生和将要发生的成本能够合理地估计。

(2)提供劳务交易的结果不能可靠估计

如果劳务的开始和完成分属不同的会计期间，且企业在资产负债表日提供劳务交易的结果不能可靠估计，即不能同时满足上述 4 个条件的，不能采用完工百分比法确认提供劳务收入。此时，企业应当正确预计已经发生的劳务成本能否得到补偿，分别下列情况处理：

① 已经发生的劳务成本预计全部能够得到补偿的，应按已收或预计能够收回的金额确认提供劳务收入，并结转已经发生的劳务成本。

② 已经发生的劳务成本预计部分能够得到补偿的，应按能够得到补偿的劳务成本金额确认提供劳务收入，并结转已经发生的劳务成本。

③已经发生的劳务成本预计全部不能得到补偿的，应将已经发生的劳务成本计入当期损益(主营业务成本或其他业务成本)，不确认提供劳务收入。

(三)让渡资产使用权收入的确认原则

让渡资产使用权收入包括利息收入和使用费收入。利息收入是因他人使用本企业现金而取得的；使用费收入主要指让渡无形资产等资产使用权的使用费收入、出租固定资产取得的租金、进行债权投资收取的利息、进行股权投资取得的现金股利等。

让渡资产使用权收入应同时满足下列条件，才能予以确认：

1. 相关的经济利益很可能流入企业

如果企业估计收入收回的可能性不大，就不应确认收入。

2. 收入的金额能够可靠地计量

利息收入应根据尚未收回的存、贷款本金，存续期间及合同或协议规定的利率计算；使用费收入应按照合同或协议规定的收费时间、方法计算。例如，一次性收取、不提供后期服务的使用费收入，应视同该项资产的销售一次确认收入；如果提供后续服务，则应在合同或协议规定的有效期内分期确认收入。分期支付使用费的，应按合同规定的收款时间和金额或合同规定的收费方法计算的金额分期确认收入。

二、收入的会计处理

（一）销售商品收入的会计处理

1. 普通商品销售业务的会计处理

在进行销售商品的会计处理时，首先要考虑销售商品收入是否符合收入确认条件。如果符合，应及时确认收入，并结转相关销售成本。

【例 6－1】 2016 年 3 月，A 公司向 B 公司销售产品一批，根据合同规定，产品售价为 1 000 000元，增值税税率为 17%，产品已经发出，且产品品质完全符合合同规定的标准。B 公司验收入库后，开出一张期限为 3 个月的商业承兑汇票。这批产品的实际成本为 60 万元。

A 公司确认收入并结转相应成本的会计分录如下：

借：应收票据——B 公司	1 170 000	
贷：主营业务收入		1 000 000
应交税费——应交增值税（销项税额）		170 000
借：主营业务成本	600 000	
贷：库存商品		600 000

普通商品销售业务，如果确认收入的五个条件没能同时满足，则不应确认收入。为了单独反映已经发出但尚未确认销售收入的商品成本，企业应增设“发出商品”等账户，该账户核算一般销售方式下已经发出但尚未确认销售收入的商品成本。但应注意的一个问题是，尽管发出的商品不符合收入确认条件，但如果销售该商品的纳税义务已经发生，如已经开出增值税专用发票，则应确认应交的增值税销项税额，借记“应收账款”等账户，贷记“应交税费——应交增值税（销项税额）”账户。如果纳税义务没有发生，则不需进行上述处理。

【例 6－2】 假设【例 6－1】中，B 公司近期遭受重大自然灾害，损失惨重，A 公司估计一时无法收回款项，决定暂不确认收入。若增值税发票已经开出。

（1）A 公司在发出商品时，应编制会计分录如下：

借：发出商品	600 000	
贷：库存商品		600 000
借：应收账款——B 公司	170 000	
贷：应交税费——应交增值税（销项税额）		170 000

（2）如果 3 月底，B 公司承诺付款，则 A 公司可以确认收入并结转成本，此时，应编制会计分录如下：

借：应收账款——B 公司	1 000 000	
贷：主营业务收入		1 000 000
借：主营业务成本	600 000	
贷：发出商品		600 000

2. 商业折扣的会计处理

商业折扣是指企业为促进商品销售而在商品标价上给予的价格扣除。通常，销售发票上的金额就是扣除商业折扣后的金额。因此，商业折扣不会对收入产生特殊的影响，企业销售商品涉及商业折扣的，应当按照扣除商业折扣后的金额确定销售商品收入金额。

【例 6－3】 A 公司规定，凡购买本公司甲商品（单价 100 元）超过 200 件的，可给予 10% 的折扣。2016 年，B 公司向 A 公司赊购甲商品 300 件，增值税税率为 17%，A 公司发出商品并代垫运费 500 元。A 公司应编制会计分录如下：

借：应收账款——B 公司　　32 090

　　贷：主营业务收入　　27 000

　　　　应交税费——应交增值税（销项税额）　　4 590

　　　　银行存款　　500

待以后收到 B 公司的货款时，再编制会计分录如下：

借：银行存款　　32 090

　　贷：应收账款——B 公司　　32 090

3. 现金折扣（销售折扣）的会计处理

现金折扣是指企业为了鼓励客户在一定期间内及早偿付货款而从发票价格中给予客户的优惠。通用的表示方法是“3/10、2/20、n/30”，分别代表“10 天内付款优惠 3%，20 天内付款优惠 2%，30 天内付款没有优惠”。

本书在“负债”一章中介绍了购货方对于销售折扣的会计处理，本章强调的是销货方对于取得含现金折扣条件的销售收入的会计处理。从本质上看，两者对同一交易的会计处理应当是一致的，所以，销货方也要区分总价法和净价法。我国目前采用的是总价法。

在计算现金折扣时，还应注意销售方是按不包含增值税的价款提供现金折扣，还是按包含增值税的价款提供现金折扣，两种情况下购买方享有的折扣金额不同。例如，销售价格为 1 000元的商品，增值税税额为 170 元，购买方享有的现金折扣为 1%。如果购销双方约定计算现金折扣时不考虑增值税，则购买方应享有的现金折扣金额为 10 元；如果购销双方约定计算现金折扣时一并考虑增值税，则购买方享有的现金折扣金额为 11.7 元。

【例 6—4】 2016 年 4 月 3 日，A 公司向 B 公司赊销甲商品 150 件，单价为 220 元，增值税税率为 17%，A 公司规定的现金折扣条件为 2/10、1/20、n/30。假设计算现金折扣时不考虑增值税，采用总价法进行处理。

（1）2016 年 4 月 3 日：

借：应收账款——B 公司　　38 610

　　贷：主营业务收入　　33 000

　　　　应交税费——应交增值税（销项税额）　　5 610

（2）若 B 公司于 4 月 10 日付款，则享受 2%的现金折扣，会计处理如下：

借：银行存款　　37 950

　　财务费用　　660

　　贷：应收账款——B 公司　　38 610

（3）若 B 公司于 4 月 17 日付款，则享受 1%的现金折扣，会计处理如下：

借：银行存款　　38 280

　　财务费用　　330

　　贷：应收账款——B 公司　　38 610

（4）若 B 公司于 4 月 23 日以后付款，则不享受现金折扣，会计处理如下：

借：银行存款　　38 610

　　贷：应收账款——B 公司　　38 610

4. 销售折让的会计处理

销售折让是指企业因所售商品的质量不合格、品种与要求不一致等原因而在售价上给予购买方的减让。销售折让的会计处理要根据不同的退货时间加以区分：如果折让发生在企业确认收入之前，只要在销售商品时直接给予客户价格上的减让，相应的会计处理不变，只是金额为扣减折扣后的价款；如果折让发生在企业确认收入之后，则应在折让实际发生时冲减当期的销售收入。

【例6—5】 A公司于2016年10月销售5 000件甲产品，单位售价为20元，尚未收到货款。购货方验货时，发现部分产品规格与合同规格不符，于当年12月要求在价格上给予10%的折让。A公司同意后，根据税务部门开具的索取折让证明单，开具了红字增值税专用发票。甲产品的增值税税率为17%。A公司发生销售折让时的会计处理如下：

借：主营业务收入	10 000	
应交税费——应交增值税（销项税额）	1 700	
贷：应收账款		11 700

5. 销售退回的会计处理

销售退回是指企业所售商品因质量、品种、规格不符合要求等原因而发生的退货。企业售出商品发生销售退回的，应当分别不同情况进行会计处理：一是尚未确认销售商品收入的售出商品发生销售退回的，应当冲减发出商品，同时增加库存商品。二是已确认销售商品收入的售出商品发生销售退回的，除属于资产负债表日后事项外，一般应在发生时冲减当期销售商品收入，同时冲减当期销售商品成本；如果按规定允许扣减增值税税额的，应同时冲减已确认的应交增值税销项税额；如果该项销售退回已发生现金折扣的，应同时调整相关财务费用的金额。

【例6—6】 A公司于2016年8月5日收到B公司因质量问题而退回的商品10件，每件商品成本为200元。该批商品系A公司2016年6月2日出售给B公司，每件商品的售价为300元，适用的增值税税率为17%，货款尚未收到，A公司尚未确认销售商品收入。因为B公司提出的退货要求符合销售合同的规定，A公司同意退货，并按规定向B公司开具了增值税专用发票（红字）。A公司应在验收退货入库时，做如下会计分录：

借：库存商品	2 000	
贷：发出商品		2 000

【例6—7】 A公司于2016年4月20日销售甲商品一批，增值税专用发票上注明的售价为300 000元，增值税税额为51 000元；该批商品的成本为180 000元。甲商品于2016年4月20日发出，购货方于4月27日付款。A公司对该项销售确认了销售收入。2016年10月15日，该批商品的质量出现了严重问题，购货方将该批商品全部退回给A公司，A公司同意退货，于退货当日支付了退货款，并按规定向购货方开具了增值税专用发票（红字）。A公司销售退回时，应编制会计分录如下：

借：主营业务收入	300 000	
应交税费——应交增值税（销项税额）	51 000	
贷：银行存款		351 000
借：库存商品	180 000	
贷：主营业务成本		180 000

6. 采用预收款方式销售商品的会计处理

采用预收款方式销售商品时，销售方直到收到最后一笔款项才将商品交付购货方，表明商品所有权上的主要风险和报酬只有在收到最后一笔款项时才转移给购货方。在这种情况下，企业通常在发出商品时确认收入，在此之前预收的货款应确认为预收账款。

【例 6—8】 A 公司与 B 公司签订协议，采用预收款方式向 B 公司销售一批商品。该批商品的实际成本为 500 000 元。协议约定，该批商品的销售价格为 700 000 元，增值税额为 119 000元；B 公司应在协议签订时预付 60%的货款(按销售价格计算)，剩余货款于 2 个月后支付。A 公司的会计处理如下：

(1)收到 60%货款时：

借：银行存款　　420 000

　　贷：预收账款——B 公司　　420 000

(2)收到剩余货款及增值税税款时：

借：预收账款——B 公司　　420 000

　　银行存款　　399 000

　　贷：主营业务收入　　700 000

　　　　应交税费——应交增值税(销项税额)　　119 000

借：主营业务成本　　500 000

　　贷：库存商品　　500 000

7. 销售材料等存货的会计处理

企业在日常活动中还可能发生对外销售不需用的原材料、随同商品对外销售单独计价的包装物等业务。企业销售原材料、包装物等存货也视同商品销售，其收入确认原则比照商品销售。

企业应设置"其他业务收入"、"其他业务成本"账户，核算其销售原材料、包装物等存货实现的收入以及结转的相关成本。

"其他业务收入"账户核算企业除主营业务活动以外的其他经营活动实现的收入，包括销售材料、出租包装物和商品、出租固定资产、出租无形资产等实现的收入。该账户的贷方登记企业实现的各项其他业务收入，借方登记期末结转入"本年利润"账户的其他业务收入，结转后该账户应无余额。

"其他业务成本"账户核算企业除主营业务活动以外的其他经营活动所发生的成本，包括销售材料的成本、出租固定资产的折旧额、出租无形资产的摊销额、出租包装物的成本或摊销额。该账户的借方登记企业结转或发生的其他业务成本，贷方登记期末结转入"本年利润"账户的其他业务成本，结转后该账户应无余额。

【例 6—9】 A 公司销售一批原材料，开出的增值税发票上注明的售价为 20 000 元，增值税税额为 3 400 元，款项已由银行收妥。该批原材料的实际成本为 15 000 元。A 公司的会计处理如下：

(1)取得原材料销售收入时：

借：银行存款　　23 400

　　贷：其他业务收入　　20 000

　　　　应交税费——应交增值税(销项税额)　　3 400

(2)结转已销原材料的实际成本时：

借：其他业务成本　　15 000

　　贷：原材料　　15 000

8. 委托代销商品的会计处理

企业委托其他单位代销的商品，在"发出商品"账户核算，企业也可以将"发出商品"账户改为“委托代销商品”账户，并按照受托单位进行明细核算。

企业委托其他单位代销本公司的产品，应区分以下两种情况确认收入：

(1)视同买断方式

即由委托方和受托方签订协议，委托方按协议价收取所代销商品的货款，实际售价可由受托方自定，实际售价与协议价之间的差额归受托方所有。在这种销售方式下，委托方在交付商品时不确认收入，受托方也不做购进商品处理。受托方将商品销售后，应按实际售价确认为销售收入，并向委托方开具代销清单。委托方收到代销清单时，再确认收入。企业将委托代销的商品发交受托代销单位时，按实际成本，借记“发出商品”账户，贷记“库存商品”账户。收到受托代销单位报来的代销清单时，按应收金额，借记“应收账款”账户；按应确认的收入，贷记“主营业务收入”账户；按应交的增值税销项税额，贷记“应交税费——应交增值税(销项税额)”账户。同时，按代销商品的实际成本，借记“主营业务成本”账户，贷记“发出商品”账户。

(2)收取手续费方式

即受托方根据所代销的商品数量向委托方收取手续费，这对受托方来说实际上是一种劳务收入。这种代销方式与第(1)种方式相比，主要特点是，受托方通常应按照委托方规定的价格销售，不得自行改变售价。在这种代销方式下，委托方应在受托方将商品销售后，并向委托方开具代销清单时，确认收入；受托方在商品销售后，按应收取的手续费确认收入。企业将委托代销的商品发交受托代销单位时，按实际成本，借记“发出商品”账户，贷记“库存商品”账户。收到受托代销单位报来的代销清单时，向受托代销单位开具一张与其开给顾客的增值税专用发票相同金额的增值税专用发票，按应收金额，借记“应收账款”账户；按应确认的收入，贷记“主营业务收入”账户，按应交的增值税销项税额，贷记“应交税费——应交增值税(销项税额)”账户。按应支付的代销手续费，借记“销售费用”账户，贷记“应收账款”账户。同时，按代销商品的实际成本，借记“主营业务成本”账户，贷记“发出商品”账户。

【例 6—10】 A 公司与某商场签订代销合同，委托该商场代销商品一批，成本为40 000元，售价为 50 000 元，手续费按代销额的 10%计算，在代销额中扣除。商场送来代销清单，该批商品销售完毕，手续费为 5 000 元。A 公司收到商场汇来的代销商品款，其中已扣除代销手续费。适用增值税税率为 17%。A 公司应编制会计分录如下：

(1)A 公司将委托代销的商品发交受托单位代销时：

借：发出商品	40 000	
贷：库存商品		40 000

(2)收到代销单位报来的代销清单时：

借：应收账款——××商场	58 500	
贷：主营业务收入		50 000
应交税费——应交增值税(销项税额)		8 500
借：销售费用	5 000	
贷：应收账款——××商场		5 000
借：主营业务成本	40 000	
贷：发出商品		40 000

(3)收到代销单位的代销款项时：

借：银行存款	53 500	
贷：应收账款——××商场		53 500

(二)提供劳务收入的会计处理

企业对外提供劳务,如果属于企业的主营业务,所实现的收入应作为主营业务收入处理,结转的相关成本应作为主营业务成本处理;如果属于主营业务以外的其他经营活动,所实现的收入应作为其他业务收入处理,结转的相关成本应作为其他业务成本处理。企业对外提供劳务发生的支出一般先通过“劳务成本”账户予以归集,待确认为费用时,再由“劳务成本”账户转入“主营业务成本”或“其他业务成本”账户。

1. 不跨期劳务收入的会计处理

对于一次就能完成的劳务,企业应在提供劳务完成时确认收入及相关成本。对于持续一段时间但在同一会计期间内开始并完成的劳务,企业应在为提供劳务发生相关支出时确认劳务成本,劳务完成时再确认劳务收入,并结转相关劳务成本。

【例 6—11】 A 公司于 2016 年 4 月 15 日接受一项设备安装任务,该安装任务可一次完成,合同总价款为 8 000 元,实际发生安装成本 4 000 元。假定安装业务属于 A 公司的主营业务。A 公司应在安装完成时做如下会计分录:

借:应收账款(或银行存款)	8 000	
贷:主营业务收入		8 000
借:主营业务成本	4 000	
贷:银行存款等		4 000

若上述安装任务需要花费一段时间(不超过本会计期间)才能完成,则应在为提供劳务发生有关支出时,编制会计分录如下:

借:劳务成本	4 000	
贷:银行存款等		4 000

待安装完成,确认所提供劳务的收入,并结转该项劳务的总成本时,编制会计分录如下:

借:应收账款(或银行存款)	8 000	
贷:主营业务收入		8 000
借:主营业务成本	4 000	
贷:劳务成本		4 000

2. 跨期劳务收入的会计处理

确认跨期劳务收入的会计处理比较复杂,重点在于掌握常用的完工百分比法。完工百分比法是根据合同完工进度确认合同收入和费用的方法。在完工百分比法下,本期应确认的劳务收入及费用的计算公式如下:

本期确认的收入=劳务总收入×本期末止劳务的完工进度-以前期间已确认的收入

本期确认的费用=劳务总成本×本期末止劳务的完工进度-以前期间已确认的费用

上述公式中的劳务总收入通常按照接受劳务方已收或应收的合同或协议价款确定。在劳务总收入和总成本能够可靠计量的情况下,关键是确定劳务的完工进度。企业应根据所提供劳务的特点,选择确定劳务完工进度的方法。

【例 6—12】 A 公司于 2016 年 12 月 1 日接受一项设备安装任务,安装期为 3 个月,合同总投入为 300 000 元,至年底已预收安装费 220 000 元,实际发生安装费用 140 000 元(假定均为安装人员的薪酬),估计完成安装任务还需发生安装费用 60 000 元。假定 A 公司按实际发生的成本占估计总成本的比例确定劳务的完成进度。A 公司的会计处理如下:

实际发生的成本占估计总成本的比例=140 000÷(140 000+60 000)=70%

2016 年 12 月 31 日确认的劳务收入＝300 000×70%－0＝210 000(元)

2016 年 12 月 31 日确认的费用＝(140 000＋60 000)×70%－0＝140 000(元)

(1)实际发生劳务成本 140 000 元时：

借:劳务成本　　140 000

　　贷:应付职工薪酬　　140 000

(2)预收劳务款 220 000 元时：

借:银行存款　　220 000

　　贷:预收账款　　220 000

(3)2016 年 12 月 31 日，确认提供劳务收入，并结转劳务成本时：

借:预收账款　　210 000

　　贷:主营业务收入　　210 000

借:主营业务成本　　140 000

　　贷:劳务成本　　140 000

(三)让渡资产使用权收入的会计处理

让渡资产使用权收入主要分为利息收入和使用费收入。

利息收入主要为金融企业和其他企业间或金融企业之间的交易收入，确认利息收入时，借记“应收利息”账户，贷记“利息收入”、“金融企业往来收入”等账户。

企业确认使用费收入时，一般作为其他业务收入处理，借记“应收账款”、“银行存款”等账户，贷记“其他业务收入”账户；让渡资产所计提的摊销额等，一般作为其他业务成本处理。

【例 6－13】 A 公司于 2016 年 1 月 1 日向 B 公司转让某专利权的使用权，协议约定转让期为 5 年，每年年末收取使用费 180 000 元。当年该专利权计提的摊销额为120 000元，每月计提金额为 10 000 元。假定不考虑其他因素。A 公司应做如下会计处理：

(1)2016 年年末，确认使用费收入时：

借:应收账款(或银行存款)　　180 000

　　贷:其他业务收入　　180 000

(2)2016 年，每月计提专利权摊销额时：

借:其他业务成本　　10 000

　　贷:累计摊销　　10 000

第三节　费用与成本的核算

企业与日常生产经营活动有关的费用包括与收入配比的直接材料、直接人工，一般在发生时记入“生产成本”账户；与收入间接配比的制造费用，在发生时先记入“制造费用”账户，再经过分配，从“制造费用”账户转入“生产成本”账户；期间配比的三项费用在发生时，分别按项目归属直接记入当期“销售费用”、“管理费用”、“财务费用”等相关的某些账户中。

一、材料费用的归集与分配

材料费用是产品制造成本的重要组成部分。各车间、部门在使用材料时，应填写领料单向仓库领用，为简化核算工作，平时这些领料单由仓库部门保管，不马上送财会部门。仓库部门定期(通常每旬)根据这些领料单汇总编制“耗用材料汇总表”送财会部门，财会部门审核无误后，编制记账凭证。对于可以明确确定成本核算对象的直接材料费用，记入“生产成本”账户；对于那些不能确定具体成本核算对象的间接材料费用，记入“制造费用”账户进行归集。

【例6－14】 A公司本月生产甲产品，共领用原材料115 000元。A公司领用材料时，应编制会计分录如下：

借：生产成本——甲产品　　115 000

　贷：原材料　　115 000

二、职工薪酬的归集与分配

生产车间直接从事产品生产工人的薪酬，通过“生产成本”账户进行归集：如果只生产一种产品，其薪酬可直接记入该产品的“生产成本”明细账；若生产两种以上产品，其薪酬应按一定的标准分配记入各产品的“生产成本”明细账。车间其他管理人员的薪酬记入“制造费用”账户，企业管理部门人员的薪酬记入“管理费用”账户。

【例6－15】 A公司某车间生产甲、乙两种产品，甲产品的定额工时为12 000小时，乙产品的定额工时为13 000小时。本月车间生产工人实际发生薪酬费用20 000元，车间管理人员发生薪酬费用2 280元，公司管理部门人员发生薪酬费用15 000元（车间生产工人薪酬费用按定额工时进行分配）。A公司应编制会计分录如下：

借：生产成本——甲产品　　9 600

　　　　　　——乙产品　　10 400

　　制造费用　　2 280

　　管理费用　　15 000

　贷：应付职工薪酬　　37 280

三、制造费用的归集与分配

制造费用是指企业各生产单位为组织和管理生产而发生的各项间接费用，当这些间接费用发生时，应归集到“制造费用”账户中。在生产一种产品的车间中，月末制造费用可直接计入该产品的成本；在生产多种产品的车间，就要采用一定的方法，月末将制造费用分配计入各种产品成本。通常根据耗用工时比例分配，其计算公式如下：

分配率＝制造费用总额÷耗用工时总额

某种产品应负担的制造费用＝该种产品耗用工时×分配率

【例6－16】 A公司1月份发生制造费用18 000元，该公司生产甲产品耗用3 600工时，乙产品耗用2 400工时。分配制造费用计算的结果如下：

分配率＝18 000÷（3 600＋2 400）＝3（元）

甲产品应负担的制造费用＝3 600×3＝10 800（元）

乙产品应负担的制造费用＝2 400×3＝7 200（元）

根据计算结果，编制会计分录如下：

借：生产成本——甲产品　　10 800

　　　　　　——乙产品　　7 200

　贷：制造费用　　18 000

期末“生产成本”账户归集了企业生产产品所发生的全部直接费用和间接费用。倘若生产的产品全部完工，那么，“生产成本”账户归集的费用就是完工产品的成本；倘若生产的产品一部分完工，一部分尚未完工，那么，“生产成本”账户归集的费用就要在完工产品和未完成的在产品之间进行分配。企业在期末结转完工产品成本时，应借记“库存商品”账户，贷记“生产成本”账户。

【例 6—17】 B公司本月投产丙产品，耗用直接材料 100 000 元，直接人工薪酬20 000元，月末丙产品分摊到制造费用 15 000 元。该产品已全部完工，结转完工产品成本。B公司应编制会计分录如下：

借：库存商品——丙产品　　135 000

　　贷：生产成本——丙产品　　135 000

四、期间费用的核算

期间费用是指不能直接归属于某种特定产品成本的费用。它容易确定其发生的期间，而难以判别其所应归属的产品，因而在发生的当期便从当期损益中扣除。期间费用包括销售费用、管理费用和财务费用。

(一)销售费用

销售费用是指企业在销售商品和材料、提供劳务过程中发生的各项费用，包括企业在销售商品过程中发生的包装费、保险费、展览费和广告费、商品维修费、预计产品质量保证损失、运输费、装卸费等费用，以及企业发生的为销售本企业商品而专设的销售机构的职工薪酬、业务费、折旧费、固定资产修理费等费用。企业应通过“销售费用”账户，核算销售费用的发生和结转情况。该账户的借方登记企业所发生的各项销售费用，贷方登记期末结转入“本年利润”账户的销售费用，结转后该账户应无余额。该账户应按销售费用的费用项目进行明细核算。

当企业在销售商品过程中发生包装费、保险费、展览费和广告费、运输费、装卸费等费用时，借记“销售费用”账户，贷记“库存现金”、“银行存款”账户。企业发生的为销售本企业商品而专设的销售机构的职工薪酬、业务费等经营费用，应借记“销售费用”账户，贷记“应付职工薪酬”、“银行存款”、“累计折旧”等账户。

【例 6—18】 A公司签发转账支票，支付产品广告费用 8 000 元。A公司应编制会计分录如下：

借：销售费用　　8 000

　　贷：银行存款　　8 000

(二)管理费用

管理费用是指企业为组织和管理生产经营活动而发生的各种管理费用，包括企业在筹建期间发生的开办费、董事会和行政管理部门在企业的经营管理中发生的或者应由企业统一负担的公司经费(包括行政管理部门职工薪酬、物料消耗、低值易耗品摊销、办公费和差旅费等)、工会经费、董事会费(包括董事会成员津贴、会议费和差旅费等)、聘请中介机构费、咨询费(含顾问费)、诉讼费、业务招待费、房产税、车船税、土地使用税、印花税、技术转让费、矿产资源补偿费、研究费用、排污费以及行政管理部门发生的固定资产修理费等。

企业应通过“管理费用”账户，核算管理费用的发生和结转情况。该账户的借方登记企业发生的各项管理费用，贷方登记期末转入“本年利润”账户的管理费用，结转后该账户应无余额。该账户应按管理费用的费用项目进行明细核算。

1. 企业在筹建期内发生的开办费，包括人员工资、办公费、培训费、差旅费、印刷费、注册登记费以及不计入固定资产价值的借款费用等，借记“管理费用”账户，贷记“库存现金”、“银行存款”等账户。

2. 行政管理部门人员的职工薪酬，借记“管理费用”账户，贷记“应付职工薪酬”账户。

3. 行政管理部门计提的固定资产折旧，借记“管理费用”账户，贷记“累计折旧”账户。发生的办公费、修理费、水电费、业务招待费、聘请中介机构费、咨询费、诉讼费、技术转让费、研究费用，借记“管理费用”账户，贷记“银行存款”、“研发支出”等账户。

4. 按规定计算确定的应交矿产资源补偿费，借记“管理费用”账户，贷记“应交税费”账户。按规定计算确定的应交的房产税、车船使用税、土地使用税，借记“管理费用”账户，贷记“应交税费”账户。

【例 6-19】 A 公司发生业务招待费 30 000 元，均用银行存款支付。A 公司应编制会计分录如下：

借：管理费用　　30 000
　　贷：银行存款　　30 000

（三）财务费用

财务费用是指企业为筹集生产经营所需资金等而发生的筹资费用，包括利息支出（减利息收入）、汇兑损益以及相关的手续费、企业发生的现金折扣或收到的现金折扣等。

企业应通过“财务费用”账户，核算财务费用的发生和结转情况。该账户的借方登记企业发生的各项财务费用，贷方登记期末结转入“本年利润”账户的财务费用，结转后该账户应无余额。该账户应按财务费用的费用项目进行明细核算。

企业发生的财务费用，借记“账务费用”账户，贷记“银行存款”、“未确认融资费用”等账户。发生的应冲减财务费用的利息收入、汇兑差额、现金折扣，借记“银行存款”、“应付账款”等账户，贷记“财务费用”账户。

【例 6-20】 A 公司的短期借款利息按月支付，本月支付短期借款利息 6 000 元。A 公司应编制会计分录如下：

借：财务费用　　6 000
　　贷：银行存款　　6 000

第四节　利润的核算

一、营业外收入的核算

营业外收入是指企业发生的与其日常活动无直接关系的各项利得，主要包括非流动资产处置利得、盘盈利得、罚没利得、捐赠利得、确实无法支付而按规定程序经批准后转作营业外收入的应付款项等。其中，非流动资产处置利得包括固定资产处置利得和无形资产出售利得。固定资产处置利得是指企业出售固定资产所取得价款或报废固定资产的材料价值和变价收入等，扣除处置固定资产的账面价值、清理费用、处置相关税费后的净收益；无形资产出售利得是指企业出售无形资产所得价款，扣除出售无形资产的账面价值、出售相关税费后的净收益。盘盈利得主要是指对于现金等清查盘点中盘盈的现金等，报经批准后计入营业外收入的金额。罚没利得是指企业取得各项罚款，在弥补由于对违反合同或协议而造成的经济损失后的罚款净收益。捐赠利得是指企业接受捐赠产生的利得。

企业应设置“营业外收入”账户，核算营业外收入的取得及结转情况。该账户的贷方登记企业确认的各项营业外收入，借方登记期末结转入本年利润的营业外收入，结转后该账户应无余额。该账户应按照营业外收入的项目进行明细核算。

企业确认营业外收入，借记“库存现金”、“银行存款”、“应付账款”、“待处理财产损溢”、“固定资产清理”等账户，贷记“营业外收入”账户。

【例6－21】 A公司收到另一企业交来的罚款2 000元，款项已收存银行。A公司应编制会计分录如下：

借：银行存款	2 000	
贷：营业外收入——罚没利得		2 000

二、营业外支出的核算

营业外支出是指企业发生的与其日常活动无直接关系的各项损失，主要包括非流动资产处置损失、盘亏损失、罚款支出、公益性捐赠支出、非常损失等。其中，非流动资产处置损失包括固定资产处置损失和无形资产出售损失。固定资产处置损失是指企业出售固定资产所取得价款或报废固定资产的材料价值和变价收入等，不足以抵补处置固定资产的账面价值、清理费用、处置相关税费所发生的净损失；无形资产出售损失是指企业出售无形资产所取得价款，不足以抵补出售无形资产的账面价值、出售相关税费后所发生的净损失。盘亏损失主要是指对于固定资产清查盘点中盘亏的固定资产，在查明原因处理时，按确定的损失计入营业外支出的金额。罚款支出是指企业由于违反税收法规、合同等而支付的各种滞纳金和罚款。公益性捐赠支出是指企业对外进行公益性捐赠发生的支出。非常损失是指企业对于因客观因素（如自然灾害等）造成的损失，在扣除保险公司赔偿后应计入营业外支出的净损失。

企业应设置“营业外支出”账户，核算营业外支出的发生及结转情况。该账户的借方登记企业发生的各项营业外支出，贷方登记期末结转入本年利润的营业外支出，结转后该账户应无余额。该账户应按照营业外支出的项目进行明细核算。

企业确认营业外支出时，借记“营业外支出”账户，贷记“库存现金”、“银行存款”、“待处理财产损溢”，“固定资产清理”等账户。

【例6－22】 A公司用银行存款支付税款滞纳金10 000元。应编制会计分录如下：

借：营业外支出——罚款支出	10 000	
贷：银行存款		10 000

三、所得税费用的核算

企业所得税是指对企业的生产、经营所得和其他所得征收的一种税。企业应设置“所得税费用”账户，用于核算企业根据所得税准则确认的应从当期利润总额中扣除的所得税费用。该账户应当按照“当期所得税费用”项目、“递延所得税费用”项目进行明细核算。期末，应将该账户的余额转入“本年利润”账户，结转后该账户应无余额。

企业在计算确定当期所得税以及递延所得税费用（或收益）的基础上，应将两者之和确认为利润表中的所得税费用（或收益）。公式如下：

所得税费用（或收益）＝当期所得税＋递延所得税费用（－递延所得税收益）

递延所得税费用＝递延所得税负债增加额＋递延所得税资产减少额

递延所得税收益＝递延所得税负债减少额＋递延所得税资产增加额

（一）当期所得税的计算

企业会计准则的目标是为了公允地反映企业财务状况、经营成果和现金流量；而税法不仅关注微观主体纳税的效率和公平，还要考虑自身宏观调控的职能。正是由于会计准则和税法的目标不同，导致两种制度下收入、费用、利润、资产、负债等要素的确认和计量存在差异，按照会计准则确认、计量的税前会计利润往往需要经过调整，才能转化为计算当期应交所得税的计税基础——应纳税所得额。

应纳税所得额的计算公式为：

应纳税所得额＝税前会计利润＋纳税调整增加额－纳税调整减少额

纳税调整增加额主要包括在税法规定允许扣除的项目中，企业已计入当期费用但超过税法规定扣除标准的金额（如超过税法规定标准的工资支出、业务招待费支出），以及企业已计入当期损失但税法规定不允许扣除项目的金额（如税收滞纳金、罚款、罚金）。

纳税调整减少额主要包括按税法规定允许弥补的亏损和准予免税的项目，如前5年内的未弥补亏损和国债利息收入等。

企业当期应交所得税额的计算公式为：

当期应交所得税额＝应纳税所得额×所得税税率

【例6－23】 A公司2016年全年利润总额（即税前会计利润）为10 200 000元，其中包括本年收到的国库券利息收入200 000元，所得税税率为25%。假定A公司本年无其他纳税调整因素，A公司当期应交所得税额计算如下：

应纳税所得额＝10 200 000－200 000＝10 000 000（元）

当期应交所得税额＝10 000 000×25%＝2 500 000（元）

（二）所得税费用的会计处理

企业根据有关规定，对当期应交所得税加以调整计算后，确认应从当期利润总额中扣除的所得税费用。

【例6－24】 A公司当期应交所得税经过计算为2 500 000元。该公司递延所得税负债年初数为400 000元，年末数为500 000元；递延所得税资产年初数为250 000元；年末数为200 000元。A公司的会计处理如下：

A公司的所得税费用计算如下：

递延所得税费用＝（500 000－400 000）＋（250 000－200 000）
＝150 000（元）

所得税费用＝当期应交所得税＋递延所得税费用
＝2 500 000＋150 000＝2 650 000（元）

A公司应编制会计分录如下：

借：所得税费用	2 650 000	
贷：应交税费——应交所得税		2 500 000
递延所得税负债		100 000
递延所得税资产		50 000

四、利润的核算

为了核算企业本年度内实现的净利润（或净亏损），企业应设置“本年利润”账户，用于期末（月末或年末）结转各损益类账户的发生额，核定出本期利润。

期末结转利润时，应将“主营业务收入”、“其他业务收入”等账户的期末余额分别转入“本年利润”账户，借记“主营业务收入”、“其他业务收入”、“营业外收入“等账户，贷记“本年利润”账户。

将“主营业务成本”、“营业税金及附加”、“其他业务成本”、“销售费用”、“管理费用”、“财务费用”、“资产减值损失”、“营业外支出”、“所得税费用”等账户的期末余额分别转入“本年利润”账户，借记“本年利润”账户，贷记“主营业务成本”、“营业税金及附加”、“其他业务成本”、“销售费用”、“管理费用”、“财务费用”、“资产减值损失”、“营业外支出”、“所得税费用”等账户。

将“公允价值变动损益”、“投资收益”账户的净收益，转入“本年利润”账户，借记“公允价值变动损益”、“投资收益”账户，贷记“本年利润”账户；如为净损失，则做相反的会计分录。

转账后，“本年利润”账户如为贷方余额，反映本年度自年初开始累计实现的净利润；如为借方余额，反映本年度自年初开始累计发生的净损失。

年度终了，应将本年收入与支出相抵后，结出本年实现的净利润，转入“利润分配”账户，应借记“本年利润”账户，贷记“利润分配——未分配利润”账户；如为净亏损，则做相反的会计分录。年终结账后，“本年利润”账户无余额。

利润总额的核算方法有“账结法”和“表结法”两种。账结法是指企业每月结账时，将损益类账户的余额全部转入“本年利润”账户，通过“本年利润”账户的借、贷方之差，计算出当月损益，再与以往月份的损益累加，求出当年累计损益的方法。表结法是指企业每月结账时，不需将损益类账户的余额全部转入“本年利润”账户，而是通过结出各损益类账户的本年累计余额，再逐项填制利润表，求得截至本月的本年累计利润，然后减去截至上月的本年累计利润，算出两者的差额，即得本月利润或亏损的方法。每月月末，企业可以根据实际情况自行选择核算方法；每年年末，企业只能采用“账结法”，在“本年利润”账户中集中反映全年利润。

【例 6—25】 A 公司 2016 年 12 月 31 日结账前各损益类账户的余额如表 6—1 所示。

表 6—1　　A 公司 2016 年 12 月 31 日结账前各损益类账户的余额　　单位：元

账户名称	借方余额	贷方余额
主营业务收入		600 000
其他业务收入		200 000
投资收益		60 000
营业外收入		40 000
主营业务成本	360 000	
营业税金及附加	40 000	
其他业务成本	10 000	
销售费用	20 000	
管理费用	30 000	
财务费用	16 000	
资产减值损失	13 000	
营业外支出	11 000	
所得税费用	100 000	

根据上述资料，编制会计分录如下：

(1)将所有收入类账户的余额转入“本年利润”账户：

借:主营业务收入　　600 000
　其他业务收入　　200 000
　投资收益　　60 000
　营业外收入　　40 000
　贷:本年利润　　900 000

(2)将所有费用类账户的余额转入"本年利润"账户:

借:本年利润　　600 000
　贷:主营业务成本　　360 000
　　营业税金及附加　　40 000
　　其他业务成本　　10 000
　　销售费用　　20 000
　　管理费用　　30 000
　　财务费用　　16 000
　　资产减值损失　　13 000
　　营业外支出　　11 000
　　所得税费用　　100 000

(3)计算并结转本年净利润:

净利润=900 000-600 000=300 000(元)

借:本年利润　　300 000
　贷:利润分配——未分配利润　　300 000

第七章

财务报表及其分析利用

企业在日常会计核算的基础上，需要定期编制财务报表，以便全面、系统、概括地反映会计主体在一定时期的经济活动的情况和结果。

通过本章的学习，应重点掌握资产负债表和利润表的结构、内容及编制方法，了解现金流量表、所有者权益变动表的结构和内容以及会计报表附注。财务报表编制的最终目的是对报表提供的信息进行分析利用，因此还需要掌握财务报表的基本分析方法。

第一节　概　述

一、财务报表的意义和作用

财务报表是对企业财务状况、经营成果和现金流量的结构性表述。

在企业的日常会计核算中，对于所发生的各项经济业务，会计人员都要按照有关规定，依据一定的核算程序，采用会计上的专门方法，将经济业务在会计凭证和会计账簿中进行登记，反映会计主体的经营活动和财务收支情况。但是，由于会计凭证和账簿自身的特点所决定，它们反映的资料比较分散，不能将大量的会计核算资料综合地对外进行报告，因而不便于投资者、债权人等会计信息资料的使用者了解企业的财务状况和经营成果及现金流量情况，也难以满足单位本身经营管理的需要。因此，各企业应当按照规定，在日常会计核算的基础上，定期对日常会计核算资料加以归纳整理，编制财务报表，全面、系统、概括地反映会计主体在一定时期的经济活动的情况和结果。

财务报表是企业对外提供财务会计信息的主要形式，在日常的经济运行过程中发挥着越来越重要的作用，主要表现在以下几个方面：

1. 财务报表所提供的财务会计信息资料，是国家进行宏观经济管理的重要信息来源。各会计主体的财务报表经过层层汇总，反映出某一行业、部门、地区乃至全国的经济活动情况。国家经济管理部门根据掌握的信息资料，了解各地区、各行业、各部门的经济情况，制定合理的经济政策，对整个国民经济进行有效的宏观调控。

2. 财务报表为企业外部的会计信息资料的使用者进行决策，以及进行企业控制和监督提供了重要依据。企业外部的会计信息资料的使用者主要包括企业的投资者、债权人、潜在的投资者和债权人以及政府机构等。在这些企业的利害关系人中，投资者、债权人以及潜在的投资者和债权人可以根据财务报表所提供的有关信息，作出科学、合理的决策，并对企业的经营情况进行控制和监督。政府职能部门可以通过财务报表提供的信息，了解企业各项法律法规、财经纪律的贯彻执行情况，对企业实行有效的监管。

3. 财务报表是企业内部加强经营管理的重要依据。通过财务报表所提供的指标，有利于企业管理当局掌握企业的生产经营状况、经营成果和现金流量情况，及时找出问题，分析原因，以便进行科学、合理的决策，寻找出提高企业经济效益的途径和方法。

二、财务报表的组成和分类

（一）财务报表的组成

财务报表是对企业财务状况、经营成果和现金流量的结构性表述。一套完整的财务报表至少应当包括资产负债表、利润表、现金流量表、所有者权益（或股东权益，下同）变动表以及附注。

资产负债表、利润表和现金流量表分别从不同角度反映企业的财务状况、经营成果和现金流量。资产负债表反映企业在某一特定日期所拥有的资产、需偿还的债务以及股东（投资者）拥有的净资产情况；利润表反映企业在一定会计期间的经营成果，即利润或亏损的情况，表明企业运用所拥有资产的获利能力；现金流量表反映企业在一定会计期间现金和现金等价物流入和流出的情况。

所有者权益变动表反映构成所有者权益的各组成部分当期的增减变动情况。企业的净利润及其分配情况是所有者权益变动的组成部分，相关信息已经在所有者权益变动表及其附注中反映，企业不需要再单独编制利润分配表。

附注是财务报表不可或缺的组成部分，是对在资产负债表、利润表、现金流量表和所有者权益变动表等报表中列示项目的文字描述或明细资料，以及对未能在这些报表中列示项目的说明等。

（二）财务报表的分类

财务报表可以按照不同的标准进行分类。

1. 按财务报表编报期间的不同，可以分为中期财务报表和年度财务报表。中期财务报表是以短于一个完整会计年度的报告期间为基础编制的财务报表，包括月报、季报和半年报等。中期财务报表至少应当包括资产负债表、利润表、现金流量表和附注，其中，中期资产负债表、利润表和现金流量表应当是完整的报表，其格式和内容应当与年度财务报表相一致。与年度财务报表相比，中期财务报表中的附注披露可适当简略。

2. 按财务报表编报主体的不同，可以分为个别财务报表和合并财务报表。个别财务报表是由企业在自身会计核算基础上对账簿记录进行加工而编制的财务报表，主要用于反映企业自身的财务状况、经营成果和现金流量情况。合并财务报表是以母公司和子公司组成的企业集团为会计主体，根据母公司和所属子公司的财务报表，由母公司编制的综合反映企业集团财务状况、经营成果及现金流量的财务报表。

三、财务报表的编制要求

财务报表应根据登记完整、审核无误的账簿和其他有关资料进行编制。为确保财务报表的质量，编制时应遵循以下基本要求：

1. 内容完整

财务报表必须按照会计准则和会计制度规定的报表种类、格式和内容编制。凡规定编报的报表，必须编报齐全，不得漏编、漏报。对于应当填列的报表指标，不论是表内项目还是补充资料，都必须填列齐全。报表主体部分难以反映的某些会计事项，应在报表附注中予以披露。

2. 数字真实

为了充分发挥财务报表的作用，体现客观性会计原则，财务报表的数字必须客观真实、计算准确，如实反映企业的财务状况、经营成果和现金流量。为了使财务报表中的数字客观真实，在编制报表之前，应做到有关凭证和账簿核对相符、有关账簿之间核对相符、账簿与实物核对相符，不得任意估计、编造数字，严禁弄虚作假，以保证财务报表的质量。

3. 编报及时

根据及时性会计原则，便于财务报表的使用者及时利用财务报表资料，财务报表必须在规定的期限内及时编制，及时报送有关部门和人员，以便于财务报表使用者作出科学的决策。

第二节　资产负债表

一、资产负债表的概念和作用

资产负债表是反映企业某一特定日期财务状况的会计报表，即反映企业在某一特定日期资产、负债及所有者权益构成情况的会计报表。

资产负债表是企业最基本和最重要的会计报表之一，任何企业和单位都应按有关部门的规定定期编制和报送资产负债表。资产负债表具有以下作用：

1. 通过资产负债表可以了解企业某一特定日期的资产总额及其结构，即企业拥有或控制的经济资源及其分布情况。

2. 通过资产负债表可以了解企业资金来源的构成，即企业某一日期的负债总额及其结构、所有者权益的构成情况等。

3. 通过资产负债表提供的资料，可以进行财务指标分析，如计算流动比率、速动比率等，以了解企业的财务实力和偿债能力，便于投资者和债权人进行正确的决策。

4. 通过比较分析前、后期的资产负债表，可以了解企业资产、负债及所有者权益的变动情况，分析企业的发展变化趋势。

二、资产负债表的结构和内容

资产负债表的结构是按照“资产＝负债＋所有者权益”这一会计恒等式展开的。其基本结构有两种：账户式和报告式。

账户式资产负债表是将资产负债表分为左、右两方。左方列示资产项目，按各项资产的流动性大小依次排列；右方列示负债及所有者权益项目，负债按照债务的偿还期限从短到长依次排列，负债列于所有者权益前面，所有者权益按投资者投入和企业税后利润的积累顺序排列。左方资产项目的合计数等于右方负债及所有者权益项目的合计数。我国企业的资产负债表采用账户式结构，具体格式如表 7－1 所示。

表 7—1　　资产负债表(账户式)　　会企 01 表

编制单位：　　____年__月__日　　单位:元

资产	期末余额	年初余额	负债及所有者权益(或股东权益)	期末余额	年初余额
流动资产：			流动负债：		
货币资金			短期借款		
交易性金融资产			交易性金融负债		
应收票据			应付票据		
应收账款			应付账款		
预付款项			预收款项		
应收利息			应付职工薪酬		
应收股利			应交税费		
其他应收款			应付利息		
存货			应付股利		
1 年内到期的非流动资产			其他应付款		
其他流动资产			1 年内到期的非流动负债		
流动资产合计			其他流动负债		
非流动资产：			流动负债合计		
可供出售金融资产			非流动负债：		
持有至到期投资			长期借款		
长期应收款			应付债券		
长期股权投资			长期应付款		
投资性房地产			专项应付款		
固定资产			预计负债		
在建工程			递延所得税负债		
工程物资			其他非流动负债		
固定资产清理			非流动负债合计		
生产性生物资产			负债合计		
油气资产			所有者权益(或股东权益)：		
无形资产			实收资本(或股本)		
开发支出			资本公积		
商誉			减:库存股		
长期待摊费用			盈余公积		
递延所得税资产			未分配利润		
其他非流动资产			所有者权益(或股东权益)合计		
非流动资产合计					
资产总计			负债及所有者权益(或股东权益)总计		

报告式资产负债表是依据“资产－负债＝所有者权益”的顺序，将资产、负债、所有者权益

项目上下依次排列，全部资产项目合计数减去全部负债项目合计数的差额为所有者权益项目的合计数。其简易格式如表 7－2 所示。

表 7－2 **资产负债表（报告式）**

编制单位： ____年__月__日 单位：元

项 目	期末数	年初数
资产		
货币资金		
交易性金融资产		
应收票据		
…		
资产合计		
负债		
短期借款		
应付票据		
应付账款		
…		
负债合计		
所有者权益		
实收资本		
资本公积		
…		
所有者权益合计		

三、资产负债表的编制方法

（一）资产负债表项目的填列方法

资产负债表的各项目均需填列“年初余额”和“期末余额”两栏。

资产负债表“年初余额”栏内的各项数字，应根据上年末资产负债表的“期末余额”栏内的所列数字填列。如果上年度资产负债表规定的各个项目的名称和内容与本年度不一致，应对上年年末资产负债表各项目的名称和数字按照本年度的规定进行调整，填入本表的“年初余额”栏内。

资产负债表“期末余额”栏内的各项数字，其填列方法如下：

1. 根据总分类账户的余额填列。资产负债表中的有些项目，可以直接根据有关总分类账户的余额填列，如“交易性金融资产”、“短期借款”、“应付票据”、“应付职工薪酬”等项目；有些项目，则需根据几个总分类账户的余额计算填列，如“货币资金”项目，需要根据“库存现金”、“银行存款”、“其他货币资金”三个总账账户的余额合计填列。

2. 根据有关明细账户的余额计算填列。资产负债表中的有些项目，需要根据明细账户的余额填列，如“应付账款”项目，需要分别根据“应付账款”和“预付账款”两个账户所属明细账户的期末贷方余额计算填列；"应收账款"项目，需要根据"应收账款"和"预收账款"两个账户所属明细账户的期末借方余额计算填列。

3. 根据总分类账户和明细账户的余额分析计算填列。资产负债表的有些项目，需要依据总分类账户和明细账户两者的余额分析填列，如"长期借款"项目，应根据"长期借款"总分类账户的余额扣除"长期借款"账户所属明细账户中将自资产负债表日起1年内到期且企业不能自主地将清偿义务展期的长期借款后的金额填列。

4. 根据有关账户余额减去其备抵账户余额后的净额填列。如资产负债表中的"应收账款"、"长期股权投资"等项目，应根据"应收账款"、"长期股权投资"等账户的期末余额减去"坏账准备"、"长期股权投资减值准备"等账户余额后的净额填列；"固定资产"项目，应根据"固定资产"账户的期末余额减去"累计折旧"、"固定资产减值准备"账户余额后的净额填列；"无形资产"项目，应根据"无形资产"账户的期末余额减去"累计摊销"、"无形资产减值准备"账户余额后的净额填列。

5. 综合运用上述填列方法分析填列。如资产负债表中的"存货"项目，需要根据"原材料"、"库存商品"、"委托加工物资"、"周转材料"、"材料采购"、"在途物资"、"发出商品"、"材料成本差异"等总分类账户期末余额的分析汇总数，再减去"存货跌价准备"备抵账户余额后的金额填列。

（二）资产负债表项目的填列说明

1. 资产项目的填列说明

(1)"货币资金"项目，反映企业库存现金、银行结算户存款、外埠存款、银行汇票存款、银行本票存款、信用卡存款、信用证保证金存款等的合计数。本项目应根据"库存现金"、"银行存款"、"其他货币资金"账户期末余额的合计数填列。

(2)"交易性金融资产"项目，反映企业持有的以公允价值计量且其变动计入当期损益的为交易目的所持有的债券投资、股票投资、基金投资、权证投资等金融资产。本项目应当根据"交易性金融资产"账户的期末余额填列。

(3)"应收票据"项目，反映企业因销售商品、提供劳务等而收到的商业汇票，包括银行承兑汇票和商业承兑汇票。本项目应根据"应收票据"账户的期末余额，减去"坏账准备"账户中有关应收票据计提的坏账准备期末余额后的金额填列。

(4)"应收账款"项目，反映企业因销售商品、提供劳务等经营活动应收取的款项。本项目应根据"应收账款"和"预收账款"账户所属各明细账户的期末借方余额合计，减去"坏账准备"账户中有关应收账款计提的坏账准备期末余额后的金额填列。如"应收账款"账户所属明细账户期末有贷方余额，应在本表"预收款项"项目内填列。

(5)"预付款项"项目，反映企业按照购货合同的规定预付给供应单位的款项等。本项目应根据"预付账款"和"应付账款"账户所属各明细账户的期末借方余额合计数，减去"坏账准备"账户中有关预付款项计提的坏账准备期末余额后的金额填列。如"预付账款"账户所属各明细账户期末有贷方余额，应在资产负债表"应付账款"项目内填列。

(6)"应收利息"项目，反映企业应收取的债券投资等的利息。本项目应根据"应收利息"账户的期末余额，减去"坏账准备"账户中有关应收利息计提的坏账准备期末余额后的金额填列。

(7)"应收股利"项目，反映企业应收取的现金股利和应收取其他单位分配的利润。本项目应根据"应收股利"账户的期末余额，减去"坏账准备"账户中有关应收股利计提的坏账准备期末余额后的金额填列。

(8)“其他应收款”项目，反映企业除应收票据、应收账款、预付账款、应收股利、应收利息等经营活动以外的其他各种应收、暂付的款项。本项目应根据“其他应收款”账户的期末余额，减去“坏账准备”账户中有关其他应收款计提的坏账准备期末余额后的金额填列。

(9)“存货”项目，反映企业期末在库、在途和在加工中的各种存货的成本或可变现净值。本项目应根据“材料采购”、“原材料”、“低值易耗品”、“库存商品”、“周转材料”、“委托加工物资”、“委托代销商品”、“生产成本”等账户的期末余额合计，减去“受托代销商品款”、“存货跌价准备”账户期末余额后的金额填列。材料采用计划成本核算，以及库存商品采用计划成本核算或售价核算的企业，还应按加上或减去材料成本差异、商品进销差价后的金额填列。

(10)“1 年内到期的非流动资产”项目，反映企业将于 1 年内到期的非流动资产项目金额。本项目应根据有关账户的期末余额填列。

(11)“长期股权投资”项目，反映企业持有的对子公司、联营企业和合营企业的长期股权投资。本项目应根据“长期股权投资”账户的期末余额，减去“长期股权投资减值准备”账户期末余额后的金额填列。

(12)“固定资产”项目，反映企业各种固定资产原价减去累计折旧和减值准备后的净额。本项目应根据“固定资产”账户的期末余额，减去“累计折旧”和“固定资产减值准备”账户期末余额后的金额填列。

(13)“在建工程”项目，反映企业期末各项未完工程的实际支出，包括交付安装的设备价值、未完建筑安装工程已经耗用的材料、工资和费用支出、预付出包工程的价款等的可收回金额。本项目应根据“在建工程”账户的期末余额，减去“在建工程减值准备”账户期末余额后的金额填列。

(14)“工程物资”项目，反映企业尚未使用的各项工程物资的实际成本。本项目应根据“工程物资”账户的期末余额填列。

(15)“固定资产清理”项目，反映企业因出售、毁损、报废等原因转入清理但尚未清理完毕的固定资产的净值，以及固定资产清理过程中所发生的清理费用和变价收入等各项金额的差额。本项目应根据“固定资产清理”账户的期末借方余额填列。如“固定资产清理”账户期末为贷方余额，则以“－”号填列。

(16)“无形资产”项目，反映企业持有的无形资产，包括专利权、非专利技术、商标权、著作权、土地使用权等。本项目应根据“无形资产”账户的期末余额，减去“累计摊销”和“无形资产减值准备”账户期末余额后的金额填列。

(17)“开发支出”项目，反映企业开发无形资产过程中能够资本化形成无形资产成本的支出部分。本项目应当根据“研发支出”账户中所属的“资本化支出”明细账户的期末余额填列。

(18)“长期待摊费用”项目，反映企业已经发生但应由本期和以后各期负担的分摊期限在 1 年以上的各项费用。长期待摊费用中在 1 年内(含 1 年)摊销的部分，在资产负债表“1 年内到期的非流动资产”项目填列。本项目应根据“长期待摊费用”账户的期末余额减去将于 1 年内(含 1 年)摊销的数额后的金额填列。

(19)“其他非流动资产”项目，反映企业除长期股权投资、固定资产、在建工程、工程物资、无形资产等以外的其他非流动资产。本项目应根据有关账户的期末余额填列。

2. 负债项目的填列说明

(1)“短期借款”项目，反映企业向银行或其他金融机构等借入的期限在 1 年以下(含 1 年)的各种借款。本项目应根据“短期借款”账户的期末余额填列。

(2)“应付票据”项目,反映企业购买材料、商品和接受劳务供应等而开出、承兑的商业汇票,包括银行承兑汇票和商业承兑汇票。本项目应根据“应付票据”账户的期末余额填列。

(3)“应付账款”项目,反映企业因购买材料、商品和接受劳务供应等经营活动应支付的款项。本项目应根据“应付账款”和“预付账款”账户所属各明细账户的期末贷方余额合计数填列。如“应付账款”账户所属明细账户期末有借方余额,应在资产负债表“预付款项”项目内填列。

(4)“预收款项”项目,反映企业按照合同规定向购货单位预收的购货定金或部分货款。本项目应根据“预收账款”和“应收账款”账户所属各明细账户的期末贷方余额合计数填列。如“预收账款”账户所属各明细账户期末有借方余额,应在资产负债表“应收账款”项目内填列。

(5)“应付职工薪酬”项目,反映企业根据有关规定应付给职工的工资、职工福利、社会保险费、住房公积金、工会经费、职工教育经费、非货币性福利、辞退福利等各种薪酬。外商投资企业按规定从净利润中提取的职工奖励及福利基金,也在本项目列示。

(6)“应交税费”项目,反映企业按照税法规定计算应缴纳的各种税费,包括增值税、消费税、所得税、资源税、土地增值税、城市维护建设税、房产税、土地使用税、车船使用税、教育费附加、矿产资源补偿费等。企业代扣代缴的个人所得税,也通过本项目列示。企业所缴纳的税金不需要预计应交数的,如印花税、耕地占用税等,不在本项目列示。本项目应根据“应交税费”账户的期末贷方余额填列;如“应交税费”账户期末为借方余额,则以“－”号填列。

(7)“应付利息”项目,反映企业按照规定应当支付的利息,包括分期付息到期还本的长期借款应支付的利息、企业发行的企业债券应支付的利息等。本项目应当根据“应付利息”账户的期末余额填列。

(8)“应付股利”项目,反映企业分配的现金股利或利润。企业分配的股票股利,不通过本项目列示。本项目应根据“应付股利”账户的期末余额填列。

(9)“其他应付款”项目,反映企业除应付票据、应付账款、预收款项、应付职工薪酬、应付股利、应付利息、应交税费等经营活动以外的其他各项应付、暂收的款项。本项目应根据“其他应付款”账户的期末余额填列。

(10)“1 年内到期的非流动负债”项目,反映企业非流动负债中将于资产负债表日后1 年内到期部分的金额,如将于 1 年内偿还的长期借款。本项目应根据有关账户的期末余额填列。

(11)“长期借款”项目,反映企业向银行或其他金融机构借入的期限在 1 年以上(不含 1 年)的各项借款。本项目应根据“长期借款”账户的期末余额扣除将于 1 年内到期的长期借款填列。

(12)“应付债券”项目,反映企业为筹集长期资金而发行的债券本金和利息。本项目应根据“应付债券”账户的期末余额填列。

(13)“其他非流动负债”项目,反映企业除长期借款、应付债券等项目以外的其他非流动负债。其他非流动负债项目应根据有关账户的期末余额减去将于 1 年内(含 1 年)到期偿还数后的余额填列。非流动负债各项目中将于 1 年内(含 1 年)到期的非流动负债,应在“1 年内到期的非流动负债”项目内单独反映。

3. 所有者权益项目的填列说明

(1)“实收资本(或股本)”项目,反映企业各投资者实际投入的资本(或股本)总额。本项目应根据“实收资本(或股本)”账户的期末余额填列。

(2)“资本公积”项目,反映企业资本公积的期末余额。本项目应根据“资本公积”账户的期末余额填列。

(3)“盈余公积”项目,反映企业盈余公积的期末余额。本项目应根据“盈余公积”账户的期末余额填列。

(4)“未分配利润”项目,反映企业尚未分配的利润。本项目应根据“本年利润”账户和“利润分配”账户的余额计算填列。未弥补的亏损在本项目内以“—”号填列。

下面举例说明资产负债表的编制方法。

【例7—1】 甲公司2016年6月30日有关总分类账户及明细分类账户的期末余额如表7—3所示。

表7—3 **总分类账户及明细分类账户期末余额表**

2016年6月30日 单位:元

账户名称	借方	贷方	账户名称	借方	贷方
库存现金	1 000		短期借款		85 000
银行存款	145 000		应付票据		45 000
交易性金融资产	56 000		应付账款		85 000
应收账款	65 000		——D企业		125 000
——A企业	75 000		——E企业	40 000	
——B企业		10 000	预收账款		20 000
坏账准备		4 000	——F企业		20 000
——应收账款		4 000	其他应付款		10 500
预付账款	25 000		应付职工薪酬		9 000
——C企业	25 000		应交税费		22 500
其他应收款	7 500		应付股利		28 500
原材料	185 000		长期借款		195 000
生产成本	40 000		其中:1年内到期的长期借款		70 000
库存商品	80 000		实收资本		715 000
长期待摊费用	25 000		资本公积		15 000
长期股权投资	150 000		盈余公积		275 000
固定资产	980 000		本年利润		268 000
累计折旧		210 000	利润分配	178 000	
无形资产	50 000		合 计	1 997 500	1 997 500

根据上述资料,编制该公司2016年6月30日的资产负债表,如表7—4所示(年初数略)。

表7—4 **资产负债表** 会企01表

编制单位:甲公司 2016年6月30日 单位:元

资 产	期末余额	年初余额	负债及所有者权益(或股东权益)	期末余额	年初余额
流动资产			流动负债		
货币资金	146 000		短期借款	85 000	
交易性金融资产	56 000		交易性金融负债		
应收票据			应付票据	45 000	
应收账款	71 000		应付账款	125 000	
预付款项	65 000		预收款项	30 000	

续表

资　产	期末余额	年初余额	负债及所有者权益(或股东权益)	期末余额	年初余额
应收利息			应付职工薪酬	9 000	
应收股利			应交税费	22 500	
其他应收款	7 500		应付利息		
存货	305 000		应付股利	28 500	
1年内到期的非流动资产			其他应付款	10 500	
其他流动资产			1年内到期的非流动负债	70 000	
流动资产合计	650 500		其他流动负债		
非流动资产			流动负债合计	425 500	
可供出售金融资产			非流动负债		
持有至到期投资			长期借款	125 000	
长期应收款			应付债券		
长期股权投资	150 000		长期应付款		
投资性房地产			专项应付款		
固定资产	770 000		预计负债		
在建工程			递延所得税负债		
工程物资			其他非流动负债		
固定资产清理			非流动负债合计	125 000	
生产性生物资产			负债合计	550 500	
油气资产			所有者权益(或股东权益)		
无形资产	50 000		实收资本(或股东)	715 000	
开发支出			资本公积	15 000	
商誉			减:库存股		
长期待摊费用	25 000		盈余公积	275 000	
递延所得税资产			未分配利润	90 000	
其他非流动资产			所有者权益(或股东权益)合计	1 095 000	
非流动资产合计	995 000				
资产总计	1 645 500		负债及所有者权益(或股东权益)总计	1 645 500	

由此可见,资产负债表按照资产、负债、所有者权益(或者股东权益)分类分项列示,能较好地满足报表使用者了解企业财务状况的需要。同时,资产负债表用前后期对比方式排列,表中各项目不仅列示期末数,还列示了年初数,便于报表使用者通过对比分析,了解企业财务状况的变化情况。

第三节　利润表

一、利润表的概念及作用

利润表是反映企业在一定会计期间经营成果的报表。利润表把一定期间的营业收入与其同一会计期间相关的营业费用进行配比,计算出企业一定时期的净利润(或净亏损)。由于利润表是企业经营业绩的综合体现,又是进行利润分配的主要依据,因此,利润表也是财务报表中的主要报表,每个企业都必须按要求编制利润表。概括起来,利润表具有以下几个方面的作用:

1. 通过利润表可以反映企业一定时期的利润形成过程及经营成果。在利润表中，清楚地反映了一个企业在一定期间内的收入情况以及与之相配比的费用发生情况，体现了收入和费用间的配比关系，综合反映了企业的利润实现过程以及通过配比而计算出的经营成果。

2. 通过利润表提供的不同时期的比较数字（本月数、本年累计数、上年数），可以分析、预测企业的盈利能力和企业未来一定时期内的利润发展趋势，衡量企业的经营管理水平，便于投资者和债权人做出正确的投资决策。

二、利润表的结构和内容

根据计算利润的方法不同，利润表的结构有单步式和多步式两种。

单步式利润表是指只通过一个步骤，即“利润＝营业收入－营业成本和费用”，就能计算出利润的利润表。利润的计算过程表现为营业收入减去营业成本和费用的简单过程。利润表（单步式）的基本结构如表 7－5 所示。

单步式利润表的优点在于步骤简化，结构简单，比较直观，编制方便。但由于这种结构的利润表，营业收入和营业费用的配比是一次性完成的，利润的计算过程缺少层次性，不能全面而科学地揭示出收入与费用不同层次的配比关系，不利于报表使用者进行经营分析和获利能力的评价，因此，单步式利润表主要用于经济业务比较简单的企业。

表 7－5 **利润表（单步式）**

编制单位： ____年__月 单位：元

项　目	本期金额	上期金额
一、收益		
营业收入		
公允价值变动		
投资收益		
营业外收入		
收益合计		
二、费用		
营业成本		
营业税金及附加		
其他业务支出		
销售费用		
管理费用		
财务费用		
资产减值损失		
营业外支出		
所得税费用		
费用支出合计		
三、净利润		

多步式利润表的利润计算是通过多步骤来完成的，在这种利润表中，不同层次的收入与费用相互配比，计算出不同层次意义上的“利润”，即营业利润、利润总额和净利润。因为企业在

一定会计期间所实现的利润是由不同性质的收入与费用(或成本)带来的,利润的计算应该反映这种不同性质的收入与费用配比的结果,所以,利润要经过多次计算来完成。

多步式利润表主要反映以下几个方面的内容:(1)营业收入,由主营业务收入和其他业务收入组成。(2)营业利润,由营业收入减去营业成本(主营业务成本、其他业务成本)、营业税金及附加、销售费用、管理费用、财务费用、资产减值损失,加上公允价值变动收益(减去公允价值变动损失),加上投资收益(减去投资损失)。(3)利润总额,由营业利润加上营业外收入,减去营业外支出。(4)净利润,由利润总额减去所得税费用。(5)每股收益,普通股或潜在普通股已公开交易的企业,以及正处于公开发行普通股或潜在普通股过程中的企业,还应当在利润表中列示每股收益信息,包括基本每股收益和稀释每股收益两项指标。(6)其他综合收益,反映企业根据企业会计准则规定未在损益中确认的各项利得和损失扣除所得税影响后的净额。(7)综合收益总额,是企业净利润与其他综合收益的合计总额。具体列示如表7—6所示。

表7—6 利润表(多步式) 会企02表

编制单位: ____年__月 单位:元

项目	本期金额	上期金额
一、营业收入		
减:营业成本		
营业税金及附加		
销售费用		
管理费用		
财务费用		
资产减值损失		
加:公允价值变动收益(损失以"—"号填列)		
加:投资收益(损失以"—"号填列)		
其中:对联营企业和合营企业的投资收益		
二、营业利润(亏损以"—"号填列)		
加:营业外收入		
减:营业外支出		
其中:非流动资产处置损失		
三、利润总额(亏损总额以"—"号填列)		
减:所得税费用		
四、净利润(净亏损以"—"号填列)		
五、每股收益		
(一)基本每股收益		
(二)稀释每股收益		
六、其他综合收益		
七、综合收益总额		

在多步式利润表中，收入应当按照其重要性分项列示，费用应当按照其性质分项列示，上下加减。虽然多步式利润表的层次较为复杂，但可以清晰地反映出每项收入与费用之间的内在联系，便于报表使用者对企业经营情况进行分析，有利于不同企业之间进行比较。所以，我国企业一般采用多步式利润表。

三、利润表的编制

（一）利润表的编制步骤

如前所述，我国企业的利润表主要分以下三个步骤编制：

第一步，以营业收入为基础，减去营业成本、营业税金及附加、销售费用、管理费用、财务费用、资产减值损失，加上公允价值变动收益（减去公允价值变动损失）和投资收益（减去投资损失），计算出营业利润；

第二步，以营业利润为基础，加上营业外收入，减去营业外支出，计算出利润总额；

第三步，以利润总额为基础，减去所得税费用，计算出净利润（或净亏损）。

普通股或潜在普通股已公开交易的企业，以及正处于公开发行普通股或潜在普通股过程中的企业，还应当在利润表中列示每股收益信息。

（二）利润表项目的填列方法

利润表各项目均需填列"本期金额"和"上期金额"两栏。

在编制中期利润表时，"本期金额"栏应分为"本期金额"和"年初至本期末累计发生额"两栏，分别填列各项目本中期（月、季或半年）的实际发生额，以及自年初起至本中期（月、季或半年）末止的累计实际发生额。"上期金额"栏应分为"上年可比本中期金额"和"上年初至可比本中期末累计发生额"两栏，应根据上年可比中期利润表"本期金额"下对应的两栏数字分别填列。上年度利润表与本年度利润表的项目名称和内容不一致的，应对上年度利润表项目的名称和数字按本年度的规定进行调整。

利润表"本期金额"、"上期金额"栏内的各项数字，除"每股收益"项目外，应当按照相关账户的发生额分析填列。

（三）利润表项目的填列说明

1．"营业收入"项目，反映企业经营主要业务和其他业务所确认的收入总额。本项目应根据"主营业务收入"和"其他业务收入"账户的发生额分析填列。

2．"营业成本"项目，反映企业经营主要业务和其他业务所发生的成本总额。本项目应根据"主营业务成本"和"其他业务成本"账户的发生额分析填列。

3．"营业税金及附加"项目，反映企业经营业务应负担的消费税、营业税、城市建设维护税、资源税、土地增值税和教育费附加等。本项目应根据"营业税金及附加"账户的发生额分析填列。

4．"销售费用"项目，反映企业在销售商品过程中发生的包装费、广告费等费用和为销售本企业商品而专设的销售机构的职工薪酬、业务费等经营费用。本项目应根据"销售费用"账户的发生额分析填列。

5．"管理费用"项目，反映企业为组织和管理生产经营发生的管理费用。本项目应根据"管理费用"账户的发生额分析填列。

6．"财务费用"项目，反映企业筹集生产经营所需资金等而发生的筹资费用。本项目应根据"财务费用"账户的发生额分析填列。

7.“资产减值损失”项目,反映企业各项资产发生的减值损失。本项目应根据“资产减值损失”账户的发生额分析填列。

8.“公允价值变动收益”项目,反映企业应当计入当期损益的资产或负债的公允价值变动收益。本项目应根据“公允价值变动损益”账户的发生额分析填列。如为净损失,本项目以“—”号填列。

9.“投资收益”项目,反映企业以各种方式对外投资所取得的收益。本项目应根据“投资收益”账户的发生额分析填列。如为投资损失,本项目以“—”号填列。

10.“营业利润”项目,反映企业实现的营业利润。如为亏损,本项目以“—”号填列。

11.“营业外收入”项目,反映企业发生的与经营业务无直接关系的各项收入。本项目应根据“营业外收入”账户的发生额分析填列。

12.“营业外支出”项目,反映企业发生的与经营业务无直接关系的各项支出。本项目应根据“营业外支出”账户的发生额分析填列。

13.“利润总额”项目,反映企业实现的利润。如为亏损,本项目以“—”号填列。

14.“所得税费用”项目,反映企业应从当期利润总额中扣除的所得税费用。本项目应根据“所得税费用”账户的发生额分析填列。

15.“净利润”项目,反映企业实现的净利润。如为亏损,本项目以“—”号填列。

下面举例说明利润表的编制方法。

【例 7—2】 甲公司 2016 年全年有关损益类账户的发生额如下:

主营业务收入	800 000 元
主营业务成本	645 000 元
其他业务收入	525 000 元
其他业务成本	300 000 元
营业税金及附加	5 700 元
营业外收入	73 500 元
销售费用	15 000 元
管理费用	75 000 元
财务费用	4 800 元
所得税费用	111 870 元
投资收益	8 000 元(贷方)
营业外支出	14 000 元

根据上述资料,编制甲公司 2016 年度的利润表,见表 7—7。

表 7—7 **利润表** 会企 02 表

编制单位:甲公司 2016 年 单位:元

项目	本期金额	上期金额(略)
一、营业收入	1 325 000	
减:营业成本	945 000	
营业税金及附加	5 700	
销售费用	15 000	

续表

项　目	本期金额	上期金额(略)
管理费用	75 000	
财务费用	4 800	
资产减值损失		
加:公允价值变动收益(损失以"—"号填列)		
投资收益(损失以"—"号填列)	8 000	
其中:对联营企业和合营企业的投资收益		
二、营业利润(亏损以"—"号填列)	287 500	
加:营业外收入	73 500	
减:营业外支出	14 000	
其中:非流动资产处置损失		
三、利润总额(亏损总额以"—"号填列)	347 000	
减:所得税费用	111 870	
四、净利润(净亏损以"—"号填列)	235 130	
五、每股收益		
(一)基本每股收益		
(二)稀释每股收益		
六、其他综合收益		
七、综合收益总额		

第四节　现金流量表

一、现金流量表的概念和作用

现金流量表是反映一定会计期间现金和现金等价物流入和流出的报表。它是反映企业财务状况变动情况的动态报表。现金流量表所指的现金概念包括库存现金、银行存款、其他货币资金和现金等价物。

现金流量表以现金的流入和流出反映企业在一定会计期间内的经营活动、投资活动和筹资活动的动态情况,其主要目的是为报表使用者提供企业一定会计期间内现金流入和流出的有关信息,以便于报表使用者了解和评价企业获取现金和现金等价物的能力,并据以预测企业未来的现金流量。其作用主要表现在以下几个方面:

1. 现金流量表通过列示影响现金变化的各要素对现金流量的影响,反映企业所进行的各项财务活动。报表使用者可以据此了解企业财务活动的管理水平,正确评价企业的经营业绩,评价企业的偿债能力和支付股利(利润)的能力,评价企业进行筹资的程度和能力。

2. 通过现金流量表可以反映财务状况的变动情况。报表使用者可以通过现金流量表了解期末现金与期初现金的差异及其发生变动的原因，预测企业在未来期间产生现金流入的能力。

3. 现金流量表对资产负债表和利润表中未反映的内容进行补充。资产负债表是对某一时点企业财务状况的反映，但不能反映财务状况的变动情况及变动的原因。利润表是按权责发生制反映企业的经营成果，与现金变化存在着差异。而现金流量表较好地解决了这些问题。它不仅可以反映一定时期内现金的变化，而且能够说明现金变化的原因，对资产负债表和利润表起到补充说明的作用，为正确进行财务决策提供了依据。

二、现金流量的含义及其分类

现金流量是指一定会计期间内企业现金和现金等价物的流入和流出。企业从银行提取现金、用现金购买短期到期的国库券等现金和现金等价物之间的转换，不属于现金流量。

现金是指企业库存现金以及可以随时用于支付的存款，包括库存现金、银行存款和其他货币资金（如外埠存款、银行汇票存款、银行本票存款等）。不能随时用于支付的存款，不属于现金。

现金等价物是指企业持有的期限短、流动性强、易于转换为已知金额现金、价值变动风险很小的投资。期限短，一般是指从购买日起 3 个月内到期。现金等价物通常包括3 个月内到期的债券投资等。权益性投资变现的金额通常不确定，因而不属于现金等价物。企业应当根据具体情况，确定现金等价物的范围，一经确定，不得随意变更。

企业产生的现金流量分为以下三类：

（一）经营活动产生的现金流量

经营活动是指企业投资活动和筹资活动以外的所有交易和事项。经营活动产生的现金流量主要包括销售商品或提供劳务、购买商品、接受劳务、支付工资和缴纳税款等流入和流出的现金和现金等价物。

（二）投资活动产生的现金流量

投资活动是指企业长期资产的购建和不包括在现金等价物范围内的投资及其处置活动。投资活动产生的现金流量主要包括购建固定资产、处置子公司及其他营业单位等流入和流出的现金和现金等价物。

（三）筹资活动产生的现金流量

筹资活动是指导致企业资本及债务规模和构成发生变化的活动。筹资活动产生的现金流量主要包括吸收投资、发行股票、分配利润、发行债券、偿还债务等流入和流出的现金和现金等价物。偿付应付账款、应付票据等商业应付款等属于经营活动，不属于筹资活动。

三、现金流量表的结构和内容

我国企业现金流量表采用报告式结构，分类反映经营活动产生的现金流量、投资活动产生的现金流量和筹资活动产生的现金流量，最后汇总反映企业某一期间现金及现金等价物的净增加额。

我国企业现金流量表的格式如表 7－8、表 7－9 所示。

表 7—8　　　　现金流量表　　　　会企 03 表

编制单位：　　　　____年　__月　　　　单位：元

项　目	本期金额	上期金额
一、经营活动产生的现金流量		
销售商品、提供劳务收到的现金		
收到的税费返还		
收到的其他与经营活动有关的现金		
经营活动现金流入小计		
购买商品、接受劳务支付的现金		
支付给职工以及为职工支付的现金		
支付的各项税费		
支付的其他与经营活动有关的现金		
经营活动现金流出小计		
经营活动产生的现金流量净额		
二、投资活动产生的现金流量		
收回投资所收到的现金		
取得投资收益所收到的现金		
处置固定资产、无形资产和其他长期资产收回的现金净额		
处置子公司及其他营业单位收到的现金净额		
收到其他与投资活动有关的现金		
投资活动现金流入小计		
购建固定资产、无形资产和其他长期资产所支付的现金		
投资支付的现金		
取得子公司及其他营业单位支付的现金净额		
支付其他与投资活动有关的现金		
投资活动现金流出小计		
投资活动产生的现金流量净额		
三、筹资活动产生的现金流量		
吸收投资收到的现金		
取得借款收到的现金		
收到其他与筹资活动有关的现金		
筹资活动现金流入小计		
偿还债务支付的现金		
分配股利、利润或偿付利息支付的现金		
支付其他与筹资活动有关的现金		
筹资活动现金流出小计		
筹资活动产生的现金流量净额		
四、汇率变动对现金及现金等价物的影响		

续表

项　目	本期金额	上期金额
五、现金及现金等价物净增加额		
加:期初现金及现金等价物余额		
六、期末现金及现金等价物余额		

表 7—9　　现金流量表补充资料

补 充 资 料	本期金额	上期金额
1. 将净利润调节为经营活动现金流量		
净利润		
加:资产减值准备		
固定资产折旧、油气资产折耗、生产性生物资产折旧		
无形资产摊销		
长期待摊费用摊销		
处置固定资产、无形资产和其他长期资产的损失(收益以"—"号填列)		
固定资产报废损失(收益以"—"号填列)		
公允价值变动损失(收益以"—"号填列)		
财务费用(收益以"—"号填列)		
投资损失(收益以"—"号填列)		
递延所得税资产减少(收益以"—"号填列)		
递延所得税负债增加(收益以"—"号填列)		
存货的减少(增加以"—"号填列)		
经营性应收项目的减少(增加以"—"号填列)		
经营性应付项目的增加(减少以"—"号填列)		
其他		
经营活动产生的现金流量净额		
2. 不涉及现金收支的重大投资和筹资活动		
债务转为资本		
1 年内到期的可转换公司债券		
融资租入固定资产		
3. 现金及现金等价物净增加情况		
现金的期末余额		
减:现金的期初余额		
加:现金等价物的期末余额		
减:现金等价物的期初余额		
现金及现金等价物净增加额		

四、现金流量表的编制

（一）现金流量表的编制方法

现金流量表的编制方法有两种：一是直接法，二是间接法。

直接法是指通过现金收入和支出的主要类别反映来自企业经营活动的现金流量。在实务中，一般是以利润表中的营业收入为起算点，调整与经营活动各项目有关的增减变动，然后分别计算出经营活动各现金流量。其主要优点是显示了经营活动现金流量的各项流入、流出的内容。相对间接法而言，它更能体现现金流量表的目的，有助于预测未来的经营活动现金流量，更能揭示企业从经营活动中产生足够的现金来偿付其债务的能力、进行再投资的能力和支付利润（股利）的能力。

间接法是指以本期净利润为起算点，调整不涉及现金的收入、费用、营业外收支以及应收、应付等项目的增减变动，据此计算并列示经营活动的现金流量。间接法的原理在于，利润表中反映的净利润是按权责发生制确定的，其中有些收入、费用项目并没有实际发生现金流入和流出。通过对这些项目进行调整，即可将净利润调整为经营活动的现金流量。间接法有助于分析影响现金流量的原因，以及从现金流量角度分析企业净利润的质量。

我国《企业会计准则》要求企业按直接法编制现金流量表，并在现金流量表补充资料中提供按间接法将净利润调整为经营活动现金流量的信息。

采用直接法编制经营活动的现金流量时，一般以利润表中的营业收入为起算点，调整与经营活动有关的项目的增减变动，然后计算出经营活动的现金流量。采用直接法具体编制现金流量表时，可以采用工作底稿法或T型账户法，也可以根据有关账户记录分析填列。

（二）现金流量表主要项目说明

1. 经营活动产生的现金流量

（1）“销售商品、提供劳务收到的现金”项目，反映企业本年销售商品、提供劳务收到的现金，以及以前年度销售商品、提供劳务本年收到的现金（包括应向购买者收取的增值税销项税额）和本年预收的款项，减去本年销售、本年退回商品和以前年度销售、本年退回商品支付的现金。企业销售材料和代购代销业务收到的现金，也在本项目反映。

（2）“收到的税费返还”项目，反映企业收到返还的所得税、增值税、营业税、消费税、关税和教育费附加等各种税费返还款。

（3）“收到的其他与经营活动有关的现金”项目，反映企业经营租赁收到的租金等其他与经营活动有关的现金流入；金额较大的，应当单独列示。

（4）“购买商品、接受劳务支付的现金”项目，反映企业本年购买商品、接受劳务实际支付的现金（包括增值税进项税额），以及本年支付以前年度购买商品、接受劳务的未付款项和本年预付款项，减去本年发生的购货退回收到的现金。企业购买材料和代购代销业务支付的现金，也在本项目反映。

（5）“支付给职工以及为职工支付的现金”项目，反映企业本年实际支付给职工的工资、资金、各种津贴和补贴等职工薪酬（包括代扣代缴的职工个人所得税）。

（6）“支付的各项税费”项目，反映企业本年发生并支付、以前各年发生本年支付以及预交的各项税费，包括所得税、增值税、营业税、消费税、印花税、房产税、土地增值税、车船使用税、教育费附加等。

（7）“支付的其他与经营活动有关的现金”项目，反映企业经营租赁支付的租金、支付的差旅费、业务招待费、保险费、罚款支出等其他与经营活动有关的现金流出;金额较大的,应当单独列示。

2. 投资活动产生的现金流量

(1)“收回投资所收到的现金”项目,反映企业出售、转让或到期收回除现金等价物以外的对其他企业的权益工具、债务工具和合营中的权益等投资收到的现金。收回债务工具实现的投资收益、处置子公司及其他营业单位收到的现金净额,不包括在本项目内。

(2)“取得投资收益所收到的现金”项目,反映企业除现金等价物以外的对其他企业的权益工具、债务工具和合营中的权益投资分回的现金股利和利息等,不包括股票股利。

(3)“处置固定资产、无形资产和其他长期资产收回的现金净额”项目,反映企业出售、报废固定资产、无形资产和其他长期资产所取得的现金(包括因资产毁损而收到的保险赔偿收入),减去为处置这些资产而支付的有关费用后的净额。

(4)“处置子公司及其他营业单位收到的现金净额”项目,反映企业处置子公司及其他营业单位所取得的现金,减去相关处置费用以及子公司及其他营业单位持有的现金和现金等价物后的净额。

(5)“购建固定资产、无形资产和其他长期资产支付的现金”项目,反映企业购买、建造固定资产、取得无形资产和其他长期资产所支付的现金,以及用现金支付的应由在建工程和无形资产负担的职工薪酬。

(6)“投资支付的现金”项目,反映企业取得除现金等价物以外的对其他企业的权益工具、债务工具和合营中的权益投资所支付的现金以及支付的佣金、手续费等交易费用,但取得子公司及其他营业单位支付的现金净额除外。

(7)“取得子公司及其他营业单位支付的现金净额”项目,反映企业购买子公司及其他营业单位购买出价中以现金支付的部分,减去子公司及其他营业单位持有的现金和现金等价物后的净额。

(8)“支付其他与投资活动有关的现金”项目,反映企业除上述各项目外支付的其他与投资活动有关的现金;金额较大的,应当单独列示。

3. 筹资活动产生的现金流量

(1)“吸收投资收到的现金”项目,反映企业以发行股票、债券等方式筹集资金实际收到的款项,减去直接支付的佣金、手续费、宣传费、咨询费、印刷费等发行费用后的净额。

(2)“取得借款收到的现金”项目,反映企业举借各种短期、长期借款而收到的现金。

(3)“收到其他与筹资活动有关的现金”项目,反映企业除上述各项目外所收到的其他与筹资活动有关的现金流入,如接受现金捐赠等。

(4)“偿还债务支付的现金”项目,反映企业为偿还债务本金而支付的现金,包括偿还金融企业的借款本金、偿还债券本金等。

(5)“分配股利、利润或偿付利息支付的现金”项目,反映企业实际支付的现金股利、支付给其他投资单位的利润或用现金支付的借款利息、债券利息。

(6)“支付其他与筹资活动有关的现金”项目,反映企业除上述各项目外支付的其他与筹资活动有关的现金;金额较大的,应当单独列示。

4.“汇率变动对现金及现金等价物的影响”项目

该项目反映企业外币现金流量以及境外子公司的现金流量折算为记账本位币时,所采用的现金流量发生日的即期汇率或按照系统合理的方法确定的、与现金流量发生日即期汇率近似的汇率折算的记账本位币金额与“现金及现金等价物净增加额”中外币现金及现金等价物净增加额按年末汇率折算的记账本位币金额之间的差额。

（三）现金流量表补充资料有关项目的编制

现金流量表补充资料是按间接法编制的，即以净利润为出发点，通过对若干项目的调整，最终计算确定经营活动产生的现金流量。采用间接法将净利润调节为经营活动的现金流量净额时，主要需要调整四大类项目：实际没有支付现金的费用，实际没有收到现金的收益，不属于经营活动的损益，经营性应收、应付项目的增减变动。其基本公式是：

经营活动产生的现金流量净额＝净利润＋不影响经营活动现金流量但减少净利润的项目－不影响经营活动现金流量但增加净利润的项目＋与净利润无关但增加经营活动现金流量的项目－与净利润无关但减少经营活动现金流量的项目

对于补充资料中的几个主要项目说明如下：

1. 将净利润调节为经营活动现金流量

（1）“资产减值准备”项目

“资产减值准备”项目反映企业实际计提的各项资产减值准备，包括坏账准备、存货跌价准备、长期股权投资减值准备、持有至到期投资减值准备、投资性房地产减值准备、固定资产减值准备、在建工程减值准备、商誉减值准备、生产性生物资产减值准备、油气资产减值准备和无形资产减值准备等。在具体计算时，可以直接根据“资产减值损失”项目的当期发生金额计算。

（2）“固定资产折旧、油气资产折耗、生产性生物资产折旧”项目

该项目反映企业本期累计计提的固定资产折旧、油气资产折耗、生产性生物资产折旧。可以根据“累计折旧”、“累计折耗”等账户的贷方发生额分析填列。

（3）“无形资产摊销”项目

该项目反映企业本期累计摊入成本费用的无形资产价值。可以根据“累计摊销”账户的贷方发生额分析填列。

（4）“长期待摊费用摊销”项目

该项目反映企业本期累计摊入成本费用的长期待摊费用。可以根据“长期待摊费用”账户的贷方发生额分析填列。

（5）“处置固定资产、无形资产和其他长期资产的损失”项目

该项目反映企业本期处置固定资产、无形资产和其他长期资产发生的净损失（或净收益）。如果是净收益，则以“－”号填列。

（6）“固定资产报废损失”项目

该项目反映企业本期发生的固定资产盘亏净损失。可以根据“营业外收入”和“营业外支出”等账户所属有关明细账户的记录分析填列。

（7）“公允价值变动损失”项目

该项目反映企业持有的交易性金融资产、交易性金融负债、采用公允价值模式计量的投资性房地产等公允价值变动形成的净损失。如果是净收益，则以“－”号填列。本项目可以根据“公允价值变动损益”账户所属有关明细账户的记录分析填列。

（8）“财务费用”项目

该项目反映企业本期实际发生的属于投资活动和筹资活动产生的财务费用。属于投资活动、筹资活动的部分，只影响净利润，但不影响经营活动现金流量，应在净利润的基础上进行调整。

（9）“投资损失”项目

该项目反映企业对外投资实际发生的投资损失减去收益后的净损失。若为投资收益，调节净利润时应减去；若为投资损失，调节净利润时应加回。

(10)“递延所得税资产减少”项目

该项目反映企业资产负债表“递延所得税资产”项目的期初余额与期末余额的差额。

(11)“递延所得税负债增加”项目

该项目反映企业资产负债表“递延所得税负债”项目的期初余额与期末余额的差额。

(12)“存货的减少”项目

该项目反映企业资产负债表“存货”项目的期初余额与期末余额的差额。期末数大于期初数的差额，以“－”号填列。

(13)“经营性应收项目的减少”项目

该项目反映企业本期经营性应收项目（包括应收票据、应收账款、预付账款、长期应收款和其他应收款等经营性应收项目中与经营活动有关的部分及应收的增值税销项税额等）的期初余额与期末余额的差额。期末数大于期初数的差额，以“－”号填列。

(14)“经营性应付项目的增加”项目

该项目反映企业本期经营性应付项目（包括应付账款、应付票据、应付职工薪酬、应交税费中与经营活动有关的部分及应付的增值税进项税额等）的期初余额与期末余额的差额。期末数小于期初数的差额，以“－”号填列。

2. 不涉及现金收支的重大投资和筹资活动

这些活动虽然本期不涉及现金收支，但对以后各期的现金流量会产生重大影响，因此，我国《企业会计准则》要求单列项目在补充资料中反映。

(1)“债务转为资本”项目，反映企业本期转为资本的债务金额。

(2)“1 年内到期的可转换公司债券”项目，反映企业 1 年内到期的可转换公司债券的本息。

(3)“融资租入固定资产”项目，反映企业本期融资租入固定资产的最低租赁付款额扣除应分期计入利息费用的未确认融资费用后的净额。

3. 现金及现金等价物净增加情况

该项目反映企业一定会计期间现金及现金等价物的期末余额减去期初余额后的净增加额（或净减少额），是对现金流量表中“现金及现金等价物净增加额”项目的补充说明。

第五节　所有者权益变动表

一、所有者权益变动表的内容及结构

所有者权益变动表是指反映构成所有者权益各组成部分当期增减变动情况的报表。当期损益、直接计入所有者权益的利得和损失，以及与所有者的资本交易导致的所有者权益的变动，应当分别列示。

在所有者权益变动表中，企业至少应当单独列示反映下列信息的项目：(1)净利润；(2)直接计入所有者权益的利得和损失项目及其总额；(3)会计政策变更和差错更正的累积影响金额；(4)所有者投入资本和向所有者分配利润等；(5)提取的盈余公积；(6)实收资本或股本、资本公积、盈余公积、未分配利润的期初和期末余额及其调节情况。

所有者权益变动表的格式见表 7—10。

表7—10　所有者权益(股东权益)变动表　会企:04表

编制单位:　______年度　单位:元

项目	本年金额						上年金额					
	实收资本(或股本)	资本公积	减:库存股	盈余公积	未分配利润	所有者权益合计	实收资本(或股本)	资本公积	减:库存股	盈余公积	未分配利润	所有者权益合计
一、上年年末余额												
加:会计政策变更												
前期差错更正												
二、本年年初余额												
三、本年增减变动金额(减少以"—"号填列)												
(一)净利润												
(二)其他综合收益												
上述(一)和(二)小计												
(三)所有者投入和减少资本												
1. 所有者投入资本												
2. 股份支付计入所有者权益的金额												
3. 其他												
(四)利润分配												
1. 提取盈余公积												
2. 对所有者(或股东)的分配												
3. 其他												
(五)所有者权益内部结转												
1. 资本公积转增资本(或股本)												
2. 盈余公积转增资本(或股本)												
3. 盈余公积弥补亏损												
4. 其他												
四、本年年末余额												

二、所有者权益变动表的填列方法

(一)"上年年末余额"项目

该项目反映企业上年资产负债表中实收资本(或股本)、资本公积、库存股、盈余公积、未分配利润的年末余额。

(二)"会计政策变更"、"前期差错更正"项目

该项目分别反映企业采用追溯调整法处理的会计政策变更的累积影响金额和采用追溯重述法处理的会计差错更正的累积影响金额。

(三)"本年增减变动金额"项目

1."净利润"项目,反映企业当年实现的净利润(或净亏损)金额。

2."直接计入所有者权益的利得和损失"项目,反映企业当年直接计入所有者权益的利得和损失金额。

(1)"可供出售金融资产公允价值变动净额"项目,反映企业持有的可供出售金融资产当年公允价值变动的金额。

(2)"权益法下被投资单位其他所有者权益变动的影响"项目,反映企业对按照权益法核算的长期股权投资,在被投资单位当年实现的净损益以外其他所有者权益当年变动中应享有的份额。

(3)"与计入所有者权益项目相关的所得税影响"项目,反映企业根据《企业会计准则第18号——所得税》规定应计入所有者权益的当年所得税影响金额。

3."所有者投入和减少资本"项目,反映企业当年所有者投入的资本和减少的资本。

(1)"所有者投入资本"项目,反映企业当年所有者投入的资本,包括实收资本和资本溢价。

(2)"股份支付计入所有者权益的金额"项目,反映企业处于等待期中的权益结算的股份支付当年计入资本公积的金额。

4."利润分配"项目,反映企业当年的利润分配金额。

(1)"提取盈余公积"项目,反映企业按照规定提取的盈余公积。

(2)"对所有者(或股东)的分配"项目,反映对所有者(或股东)分配的利润(或股利)金额。

5."所有者权益内部结转"项目,反映企业构成所有者权益的组成部分之间的利润(或股利)金额。

(1)"资本公积转增资本(或股本)"项目,反映企业以资本公积转增资本(或股本)的金额。

(2)"盈余公积转增资本(或股本)"项目,反映企业以盈余公积转增资本(或股本)的金额。

(3)"盈余公积弥补亏损"项目,反映企业以盈余公积弥补亏损的金额。

第六节　财务报表附注

一、财务报表附注的概念和作用

附注是对在资产负债表、利润表、现金流量表和所有者权益变动表等报表中列示项目的文字描述或明细资料,以及对未能在这些报表中列示项目的说明等。

企业编制财务报表附注,可以提高会计信息的可比性,增进会计信息的可理解性,促使会计信息充分披露,从而提高会计信息的质量,使报表使用者对企业的财务状况、经营成果和现金流动情况获得更充分的了解，并有利于报表使用者作出正确的决策。

二、财务报表附注的主要内容

1. 财务报表的编制基础。
2. 遵循《企业会计准则》的声明。
3. 重要会计政策的说明，包括财务报表项目的计量基础和会计政策的确定依据等。
4. 重要会计估计的说明，包括下一会计期间内很可能导致资产、负债账面价值重大调整的会计估计的确定依据等。
5. 会计政策和会计估计变更以及差错更正的说明。
6. 对已在资产负债表、利润表、现金流量表和所有者权益变动表中列示的重要项目的进一步说明，包括终止经营税后利润的金额及其构成情况等。
7. 或有和承诺事项、资产负债表日后非调整事项、关联方关系及其交易等需要说明的事项。

企业应当在附注中披露资产负债表日后、财务报告批准报出日前提议或宣布发放的股利总额和每股股利金额(或向投资者分配的利润总额)。

下列各项未在与财务报表一起公布的其他信息中披露的，企业应当在附注中披露：

1. 企业注册地、组织形式和总部地址。
2. 企业的业务性质和主要经营活动。
3. 母公司以及集团最终母公司的名称。

第七节 财务报表的分析利用

一、财务报表分析的目的

财务报表分析是在财务报表及其相关资料的基础上，通过一定的方法和手段，对财务报表提供的数据进行系统和深入的分析研究，揭示有关指标之间的关系、变动情况及其形成原因，从而向使用者提供更相关和全面的财务信息。

财务报表使用者在进行报表分析前，应该明确其分析的目的。一般地，可以将报表分析的目的概括为三个方面：评价企业过去的经营业绩，衡量企业现在的财务状况，预测企业未来的发展趋势。但对于不同的报表使用者而言，他们关注的重点却是不尽相同的。

企业投资者进行财务报表分析主要看企业的盈利能力状况，包括公司现在和可预期未来的盈利及这些盈利趋势的稳定性，当然，他们对公司财务状况及其分派股利和避免破产的能力也十分关心。从商业债权人角度讲，他们主要关心公司资产的流动性。因为他们的权益是短期的，而公司有无迅速偿还这些权益的能力，可以通过对公司流动性的分析得到有效判断。与之相反，债券持有者的权益是长期的，他们更关注公司长期内的现金流转能力。债券持有者可以通过分析公司资本结构、资金的主要来源与运用及公司一段时期的盈利状况来评估这项能力。公司经营者通过财务报表分析所涉及的内容几乎涵盖了报表外部使用者关心的所有问题，他们需要评价公司目前的财务状况和已实现的经营业绩，然后与计划数进行比较，找出差距，以便对下一期间的财务情况作出更准确的预测，并发现问题，采取适当的解决措施。

二、财务报表分析的内容

财务报表分析的内容，概括地说就是企业的财务状况和经营成果。具体来说，主要包括以下几个方面的内容：

（一）偿债能力分析

偿债能力是指企业偿还到期债务的能力。企业在生产经营活动中，为了弥补自身资金不足，往往需要对外举债。但如果企业由于经营不善、缺少周转资金等原因导致到期无法偿还本金和利息，则会使企业陷入困境甚至破产。因此，无论是企业管理者，还是企业的债权人、投资者或其他信息使用者，都日益关注企业的偿债能力。偿债能力分析包括短期偿债能力分析和长期偿债能力分析。

（二）盈利能力分析

盈利能力是指企业获取利润的能力。企业只有在不断盈利的基础上才有可能得以发展，因此，利润是企业报表使用者或多或少关注的问题。利润是投资者取得投资收益、债权人收取本息资金的来源，是经营者经营业绩和管理效能的集中表现，也是职工集体福利设施不断完善的重要保障。

（三）资产运用效率分析

企业资金大部分并不是以货币资金形态存在的，而是以存货、应收账款等形式的流动资产、长期股权投资、无形资产、固定资产等形式存在的。这些资金必须有合理比例，只有这样，企业才能稳步发展，提高资金的使用效益。此外，企业资金所投资的各种资产能否充分有效地使用、其周转速度的快慢，以及为企业带来收入的能力大小，直接关系到企业盈利能力以及资金需要量。

三、财务报表分析的方法

财务报表分析的方法一般有比较分析法、因素分析法、比率分析法以及趋势分析法。

（一）比较分析法

比较分析法是利用同一企业不同时期或同一时期不同企业的同一性质或类别的指标进行对比分析进而确定差异、分析原因的一种方法。

比较分析法的主要形式有：

1. 实际指标与计划指标对比，借以分析、检查计划的完成情况。

2. 本期实际指标与上期实际或历史最高水平、历史平均水平的指标对比，其结果可以揭示企业有关该指标的变动情况。

3. 本企业实际指标与同行业相应指标的平均水平或先进水平对比，从中分析企业的现状、在行业中所处的位置，寻找差异，采取对策。

在运用比较分析法时，对比的指标可以是绝对数指标，如产品销售收入、利润总额等；也可以是相对数指标，如毛利率、存货周转率等。

需要注意的是，进行对比的指标，计算口径、计价基础和时间单位都应保持一致，否则不具有可比性。

（二）因素分析法

因素分析法是用来揭示经济指标变化的原因，测定各个因素对经济指标变动的影响程度的分析方法。它又可具体划分为主次因素分析法、因果分析法及连锁替代法等。

1. 主次因素分析法

主次因素分析法又称为ABC分析法，它将影响经济指标的各因素区分为主要因素(A)、次要因素(B)和一般因素(C)，然后对主要因素进行深入分析，对其他因素则花较少时间，以取得事半功倍的效果。

2. 因果分析法

因果分析法是将经济指标分解为若干因素，对每个因素再进一步分析，以揭示经济指标变化的原因。例如，产品销售成本的变动主要受到销售数量和单位销售成本等因素的影响；而单位销售成本的变动，又受到单位生产成本、销售费用总额的影响；单位生产成本的高低又取决于原材料的价格、劳动生产率的高低、生产技术水平等因素。这样一层层分析，可以揭示产品销售成本变动的深层次原因。

3. 连锁替代法

连锁替代法是一种科学的因素分析法，它不仅能定性，而且能定量地测定影响经济指标的各个因素对该指标变动差异的影响程度。其方法是将经济指标分解为两个或两个以上的因素，逐一变动各个因素，从数量上测算各个因素变动对经济指标总体的影响。

(三)比率分析法

比率分析法是财务报表内两个或两个以上项目之间的关系分析，它用相对数来表示，因而又称为财务比率。该比率指标可以揭示企业的财务状况及经营成果。财务比率的种类较多，概括来说有短期偿债能力指标、长期偿债能力指标、盈利能力指标、反映企业资产运用效率的指标等。

(四)趋势分析法

趋势分析法是将前后两期以上的财务报表资料并列比较，以了解前后各期余额增减变动情况及其趋势的方法。

趋势分析可以采用图示方法，即做成统计图表，但财务人员通常采用的方法是编制比较报表。根据比较方式的不同，比较财务报表又可分为：

1. 绝对金额比较报表

绝对金额比较报表的编制比较简单，只要将两期以上的财务金额并列，增加“比较增减”栏，列明增减的金额及百分比，供报表分析人员对变动较大的项目做进一步的了解与研讨。

2. 共同比比较报表

共同比又称结构比，是指在财务报表上增设专栏，列明各项目金额占总金额的百分比。就资产负债表而言，分别以资产总额、负债及所有者权益总额为100%，列出各资产项目占资产总额的百分比，各负债及所有者权益项目占负债及所有者权益总额的百分比。就利润表而言，以营业收入为100%，列出各成本费用项目占营业收入的百分比。

3. 趋势分析比较报表

趋势分析需要列出连续多期(通常为5～10年)的金额，而以最初一期的金额为基数(100%)，算出以后各期同一项目金额的趋势百分比，以显示连续多期的变动趋势。

$$\text{某期趋势百分比}=\frac{\text{当期金额}}{\text{基期金额}}\times 100\%$$

四、若干财务比率的分析

(一)反映企业短期偿债能力的比率

短期偿债能力是指支付短期债务的能力。企业短期偿债能力的强弱，表现为资产变现能力的强弱。变现能力的强弱，则表现为一个营业周期内，企业流动资产与流动负债之比。短期偿债能力指标有：

1. 流动比率

流动比率是企业在一定经营期间的流动资产与流动负债的比率，衡量企业流动资产的短期债务在到期前可以变为现金用于偿还流动负债的能力，是反映流动财务状况的比率之一，是衡量企业短期偿债能力常用的比率。

流动比率的计算公式为：

$$流动比率=\frac{流动资产}{流动负债}$$

从理论上讲，流动比率维持在 2∶1 是比较合理的，但是，由于行业性质不同，流动比率的实际标准也不同，如机器制造业及电力业的流动性较差。

2. 速动比率

速动比率是指企业在一定经营期间的速动资产与流动负债的比率。其中，速动资产是流动资产减去存货的金额。速动比率衡量企业流动资产中可以立即用于偿付流动负债的能力。

速动比率的计算公式为：

$$速动比率=\frac{速动资产}{流动负债}$$

$$速动资产=流动资产-存货$$

速动比率的标准一般应保持为 1。流动比率大、速动比率小时，说明企业存货过多。不同行业的该比率有所不同，分析时应参照同行业资料和本企业的历史资料。

3. 现金比率

现金比率是现金和有价证券之和与流动负债的比率。现金比率对于分析企业的短期偿债能力具有十分重要的意义。因为流动负债期限很短（不超过 1 年），很快就需要现金来偿还，如果企业没有一定的现金储备，等到债务到期时，临时筹资来偿还债务，就容易出现问题。

站在债权人的立场上，现金比率越高越好。如果现金比率达到或超过 1，即经营活动产生的现金余额等于或大于流动负债总额，企业即使不动用其他资产（如存货、应收账款等），只用现金就足以偿还流动负债；站在企业的立场上，现金比率并不是越高越好。因为资产的流动性（即其变现能力）与其盈利能力成反比，流动性越差的资产，其盈利能力反而越强。在企业所有资产中，现金是流动性最好的资产，同时也是盈利能力最差的资产。因此，保持过高的现金比率，对企业来讲不一定是好事，只要能证明企业具有一定的偿债能力，不会发生债务危机即可。

现金比率的计算公式为：

$$现金比率=\frac{现金+银行存款+交易性金融资产}{流动负债}$$

（二）反映企业长期偿债能力的比率

企业的长期偿债能力是指支付长期债务的能力。分析长期偿债能力时，不能不重视获利能力，因为企业现金流入最终取决于能够获得的利润，现金流出最终取决于必须付出的成本。另外，企业债务与资本的比例也是极其重要的。企业的资本结构中债务的比例越高，无力偿还债务的可能也就越大。因此，长期偿债能力的分析既要重视利润表反映的偿债能力，又要分析资产负债表反映的偿债能力。可以通过计算以下三个指标说明：

1. 资产负债率

资产负债率又称为债务比率，是企业全部负债总额与全部资产总额的比率，表示企业从债务人处筹集的资金占企业资产的百分比。资产负债率用于衡量企业利用债权人提供资金进行财务活动的能力，同时也是反映企业在较长时间内财务风险的重要指标。

$$资产负债率=\frac{负债总额}{资产总额}\times 100\%$$

对债权人来说，企业的资产负债率越低，说明债权的物质保障越高。因为企业在清算时，资产变现所得可能低于账面价值，而所有者一般只承担有限责任，所以，如果资产负债比率过高，债权人就可能会蒙受损失。对经营者和投资者来说，企业的资产负债率越高，意味着负债经营程度提高，在企业资本收益率或投资收益率高于债务资金成本率的情况下，带来的财务杠杆利益越大，能提高资本收益率，但财务风险也越大。若企业经营不善，过度的负债经营将遭到财务杠杆的惩罚，降低资本收益率，并可能导致“资不抵债”而破产。

通常而言，企业适度负债经营可以提高经营效率，这个比例一般不应超过50%。在不同行业和不同地区，这个比率也并非一成不变。

2. 产权比率

产权比率是企业负债总额与所有者权益总额的比率，反映由债权人提供的资本与股东提供的资本的相对比率关系。

产权比率的计算公式为：

$$产权比率=\frac{负债总额}{所有者权益总额}\times 100\%$$

产权比率反映了企业的基本财务结构是否稳定。产权比率高，是高风险、高报酬的财务结构；产权比率低，是低风险、低报酬的财务结构。同时，产权比率也反映债权人投入资本受到股东权益保障的程度，或者说是企业清算时对债权人利益的保障程度。

3. 利息保障倍数

利息保障倍数又称为已获利息倍数，是指企业每期获得的息税前利润与所支付的固定利息费用的倍数关系。该指标测定企业用其获取的利润总额来承担支付利息的能力，是从利润表方面考虑企业长期偿债能力的指标。

利息保障倍数的计算公式为：

$$利息保障倍数=\frac{息税前利润}{债务利息}$$

利息保障倍数指标反映企业经营收益为所需支付的债务利息的多少倍。只要利息保障倍数足够大，企业就有充足的能力偿付利息；否则相反。如何合理确定企业的利息保障倍数，就需要将该企业的这一指标与其他企业，特别是本行业的平均水平进行比较，来分析决定本企业的指标水平。同时，从稳健性的角度出发，最好比较本企业连续几年的该项指标，并选择最低指标年度的数据作为标准。

(三)反映企业资产利用效率的比率

1. 流动资产利用效率的分析

流动资产利用效率的分析常被用作企业短期偿债能力分析的重要补充，有的教材也把它作为短期偿债能力分析的组成部分。主要指标有存货周转率、应收账款周转率、营运资产周转率等。

(1)存货周转率

存货周转率是用于衡量企业在一定时期内存货资产的周转次数，反映企业销售能力强弱和存货是否过量的指标。

存货周转率的计算公式为：

$$存货周转率=\frac{产品销售成本}{平均存货成本}\times 100\%$$

$$平均存货成本=\frac{期初存货成本+期末存货成本}{2}$$

一般来讲，存货周转速度越快，存货的占用水平越低，资产流动性越强，存货转换为现金或应收账款的速度越快。提高存货周转率可以提高企业资产的变现能力。但是，存货周转率过高，可能说明企业存货水平过低或销售价格过高等。因此，对于存货周转率的分析，应结合企业存货的构成和销售价格情况作出恰当判断。

(2)应收账款周转率

应收账款周转率也称收账比率，以赊销净额除以期初和期末应收账款的平均余额而得。但是，由于人们有时无法将销货拆开，分为赊销和现金销货两类，因此，计算时便以销货净额来代替赊销净额。

应收账款周转率的计算公式为：

$$应收账款周转率=\frac{赊销净额}{应收账款平均余额}\times 100\%$$

$$赊销净额=销售收入-现销收入-销售退回、折让、折扣$$

一般来说，应收账款周转率越高越好。应收账款周转率高，表明公司收账速度快，坏账损失少，资产流动快，偿债能力强。

还有一个与应收账款周转率密切关联的指标，即应收账款周转天数，它表示平均需要多少时间能将应收账款收回。其计算公式为：

$$应收账款周转天数=\frac{计算期天数}{应收账款周转率}$$

与之相对应，应收账款周转天数则是越短越好。如果公司实际收回账款的天数超过了公司规定的应收账款天数，则说明债务人欠债时间长，资信度低，增大了发生坏账损失的风险；同时也说明公司催收账款不力，使资产形成了呆账甚至坏账，导致流动资产不流动，这对公司正常的生产经营是很不利的。但从另一方面说，如果公司的应收账款周转天数太短，则表明公司奉行较紧的信用政策，有可能因此不适当地减少了部分营业收入。

(3)流动资产周转率

流动资产周转率是销售收入与全部流动资产平均额的比值。

流动资产周转率的计算公式为：

$$流动资产周转率=\frac{销售收入}{流动资产平均额}\times 100\%$$

$$流动资产平均额=\frac{期初流动资产+期末流动资产}{2}$$

流动资产周转率反映流动资产的周转速度。周转速度快，会相对节约流动资产，等于相对扩大资产投入，增强企业盈利能力；而延缓周转速度，需要补充流动资产参加周转，形成资金浪费，降低企业盈利能力。

2. 固定资产周转率

固定资产周转率是主营业务收入净额与平均固定资产净值的比值。

固定资产周转率的计算公式为：

$$固定资产周转率(周转次数)=\frac{主营业务收入净额}{平均固定资产净值}$$

$$平均固定资产净值=\frac{期初固定资产净值+期末固定资产净值}{2}$$

一般情况下，固定资产周转率高，表明企业固定资产利用充分，固定资产投资得当，固定资产结构合理，能够充分发挥效率。

3. 总资产周转率

总资产周转率是分析企业全部资产利用效率的指标，是企业一定期间的销售净收入与总资产平均额的比率。

总资产周转率的计算公式为：

$$总资产周转率=\frac{销售净收入}{总资产平均额}$$

$$总资产平均额=\frac{期初总资产+期末总资产}{2}$$

总资产周转率也可用周转天数来表示，其计算公式为：

$$总资产周转天数=\frac{总资产平均额\times计算期天数}{销售净收入}$$

总资产周转率越低，周转天数越高，说明公司利用其资产进行经营的效率越差，这不仅会影响公司的获利能力，而且直接影响上市公司的股利分配。总资产周转率与流动资产周转率都是衡量公司资产运营效率的指标，一般来说，流动资产周转率越高，总资产周转率也越高，这两个指标从不同角度对公司资产的运营进行了评价。

（四）反映企业获利能力的财务比率

企业经营的最终目的是获取利润，只有盈利，企业才能不断地成长和发展。可以通过对利润表有关项目之间的对比关系，以及利润表和资产负债表有关项目之间的关联关系，来分析评价企业当前的经营成果和未来获利能力的发展趋势。

反映企业获利能力的财务比率主要有：

1. 销售利润率

销售利润率是企业利润总额与销售收入净额的比率。

销售利润率的计算公式为：

$$销售利润率=\frac{利润总额}{销售收入净额}$$

如上式中利润总额改为税后净利润，则该比率为销售净利润率。该比率用于反映和衡量企业销售收入的收益水平，比率越大，表明企业经营成果越好。

2. 销售毛利率

销售毛利率是毛利占销售收入的百分比。

销售毛利率的计算公式为：

$$销售毛利率=\frac{销售收入-销售成本}{销售收入}\times100\%$$

企业的销售毛利率表示每1元的销售收入扣除销售产品或商品成本后，尚有多少可用于支付各项期间费用和形成盈利。企业的销售毛利率越大，获利能力越强。

3. 成本费用利润率

成本费用利润率是指利润总额与成本费用总额的比率。

成本费用利润率的计算公式为：

$$成本费用利润率=\frac{利润总额}{成本费用总额}\times100\%$$

该比率反映的是企业生产经营过程中发生的耗费与获得的收益之间关系的指标。该比率越高，表明企业耗费所取得的收益越高。这是一个能直接反映增收节支、增产节约效益的指标。企业生产销售的增加和费用开支的节约，都能使这一比率提高。

4. 资产报酬率

资产报酬率又称资产所得率，是指企业一定时期内税后利润与总资产平均总额的比率。该比率用于评价企业运用全部资产的总体获利能力，是评价企业资产运营效益的重要指标。

资产报酬率的计算公式为：

$$资产报酬率=\frac{税后利润}{总资产平均额}\times 100\%$$

一般情况下，可以将该指标与市场利率进行比较。如果该指标大于市场利率，则表明企业可以充分利用财务杠杆，进行负债经营，获取尽可能多的收益。此外，该指标越高，表明企业投入产出的水平越好，企业的资产运营越有效。

5. 所有者权益报酬率

所有者权益报酬率是税后利润与所有者权益平均总额的比率，是反映自有资金投资收益水平的指标。

所有者权益报酬率的计算公式为：

$$所有者权益报酬率=\frac{税后利润}{所有者权益平均总额}$$

对投资者来说，所有者权益报酬率越大越好。

6. 每股收益

每股收益是指在一定会计期间每股普通股享有的净利润。

每股收益的计算公式为：

$$每股收益=\frac{净利润-优先股股利}{发行在外普通股平均股数}$$

该指标直接反映每一股普通股的获利能力，它是影响股票价格行情的一个重要的财务指标。在其他因素不变的情况下，普通股每股收益越大，获利能力越强，股票市值越高。

7. 市盈率

市盈率又称为股价与收益比率，是普通股每股市价与每股收益的比率。

市盈率的计算公式为：

$$市盈率=\frac{普通股每股市价}{普通股每股收益}$$

该指标表明企业普通股股票每一元的收益在证券市场上的价值。市盈率高，说明企业对该上市公司的评价较高，对该公司的盈利能力较具信心，看好公司未来的潜力。但是，过高的市盈率蕴含着较高的风险，因为也可以将该指标理解为以公司目前的盈利水平，投资者收回其所投资金的年数。

8. 价格股利率

价格股利率又称为股利与价格比率、股利产出率，是指普通股每股现金股利与普通股每股市价的比率。

价格股利率的计算公式为：

$$价格股利率=\frac{普通股每股现金股利}{普通股每股市价}$$

该指标对期望定期获得较多现金股利的投资者十分重要，它反映股东持有的普通股按市价计算实际获得的收益率。

9. 股利分配率

股利分配率又称为股利发放率、股利支付率，它与价格股利率密切相关，是指普通股每股现金股利与普通股每股收益额的比率。

股利分配率的计算公式为：

$$股利分配率=\frac{普通股每股现金股利}{普通股每股收益额}$$

该指标反映了企业发放股利的政策。它表明普通股股东所得的每股收益额当中，以现金股利形式流出企业的股利所占的比重，其余的收益则留存于企业。因此，该指标又能衡量企业未来自主发展的可能性。

10. 普通股每股账面价值

普通股每股账面价值是普通股股东权益与会计期末流通在外的普通股股数的比值。

普通股每股账面价值的计算公式为：

$$普通股每股账面价值=\frac{普通股股东权益}{会计期末流通在外的普通股股数}$$

第八章

管理会计概述

现代会计学包括财务会计与管理会计两大分支。管理会计是为了解决企业内部决策的信息需求而出现的，而随着经济、社会的发展，对管理信息需求的更新又推动了管理会计的发展。管理学理论和微观经济学理论为管理会计的理论和方法提供了充实的理论基础，管理会计内容与方法的构成又受到管理会计理论体系的指导。作为管理控制系统，管理会计在企业整个管理控制过程中发挥着重要的作用。通过分析管理会计与财务会计的关系，可以帮助我们进一步了解管理会计的特点。

第一节　管理会计的产生与发展

管理会计与财务会计共同作为现代会计的两大分支，是现代管理科学理论和方法运用于会计领域的结果，也可以说是管理学科与会计学科相互结合的产物。同其他学科一样，管理会计也经历了从小到大、从简单到复杂、从低级到高级的发展阶段。

一、管理会计的产生与发展

从客观内容上看，管理会计的实践最初萌生于19世纪末、20世纪初，其雏形产生于20世纪上半叶，正式形成和发展于第二次世界大战之后，20世纪70年代后在世界范围内得以迅速发展。

在早期的资本主义社会中，由于近代会计与当时以经验和直觉为核心的传统管理方式相适应，对社会的经济发展起到了积极的促进作用。但随着社会生产力水平的提高和商品经济的迅速发展，传统管理方式所无法克服的粗放经营、资源浪费严重、企业基层生产效率低下等弊端，同大机器工业的矛盾越来越尖锐。于是，取代旧的落后的“传统管理”的“科学管理”方式在19世纪末、20世纪初应运而生。在以美国的泰勒与法国的法约尔为代表人物的“古典管理理论”的指导下，企业管理实践中先后应用了以确定定额为目的的时间与动作研究技术、差别工资制和以计划职能与执行职能相分离为主要特征的预算管理和差异分析，以及日常成本控制等一系列标准化、制度化的新技术、新方法。这一切对片面地强调事后反映职能的传统会计提出了严峻挑战和巨大冲击。在这种情况下，企业会计必须突破单一事后核算的格局，采取对经济过程实施事前规划和事中控制的技术方法，更好地促进经营目标的实现。

伴随着企业管理方式的变革，会计开始了由近代会计向现代会计转变的进程，原始的管理会计也初见端倪。20世纪初，在美国企业会计实务中开始出现了以差异分析为主要内容的“标准成本计算制度”和“预算控制”。这标志着管理会计的原始雏形已经形成。

第二次世界大战结束后，美国经济在世界上可谓一枝独秀。经济的复苏带动了企业的活力，管理者们开始重视内部管理信息，并加强了理论的学习，同时将其指导于实践。在这一形势的驱使下，管理会计的研究得到世人的关注。由于管理会计从理论和方法都得以发展和完善，各种分析方法在企业管理中的应用也日趋普遍和系统化，最终形成了独立于财务会计的现代管理会计，并在 1952 年国际会计师联合会(IFAC)年会上正式采用了“管理会计”这一专门词汇，由此，现代会计分为财务会计和管理会计两大分支。

20 世纪五六十年代是世界经济发展的黄金时期，经济的繁荣使得人们有动力和保障去进行科学研究。出现了以“行为科学”和“管理科学”为主要流派的现代管理理论。与此相应，管理会计的发展也进入了繁荣期。一方面，由于电子计算机的广泛应用使信息处理变得容易和快捷，于是，在西方国家的管理会计研究和应用中，各种数学模型得以发展和深化，企业决策分析中也开始应用一些较为复杂的技术。另一方面，西方管理会计学者开始将信息经济性、组织行为学、代理人理论等相关学科和理论引入管理会计研究，使管理会计的研究领域进一步拓宽，并且对管理会计在企业管理中的应用也产生了深远的影响。因此，可以说 20 世纪 60 年代和 70 年代是西方管理会计发展的全盛期。这种繁荣一方面表现为大量的有关管理会计的研究论文在学术期刊上出现，当今中西方管理会计的教科书的内容大多取材于这一时期的研究成果。另一方面是管理会计职业组织的建立和管理会计师职业的产生。英、美等国家都相应在 70 年代前后建立了专门的管理会计专业机构和主办管理会计师的职业考试。这种职业化和专业化既是管理会计发展的结果，反过来也极大地推动了管理会计的进一步发展。

20 世纪 80 年代后的经济从整体上看是持续增长的，这也推动了企业组织规模的扩大。同时，这一阶段突飞猛进的高科技产业和信息技术则为传统管理会计的进一步发展提供了直接或间接的帮助。例如，高新信息技术条件下的“适时管理”(Just-in-time)、“全面质量管理”(Total Quality Management)等，都对管理会计系统提出了更高的要求。

伴随经济增长的是经济全球化的进程加速。美国企业主转而把目光投向视野更为广阔的战略管理。战略管理要求企业不仅关注内部作业流程，还要关注外部市场环境；不仅需要了解竞争者的成本信息，还必须搜集上游供应商、下游购买者乃至产业潜在进入者的各种信息。这种多元化信息的需求导致了战略管理会计的出现。在战略管理会计的概念提出之后，涌现出一大批有关其方法体系的文章，其中较为显著的研究成果有：关于作业成本会计(Activity-Based-Costing)的实地研究，战略成本分析(Strategic Cost Analysis)，目标成本法(Target Costing)，生命周期成本法(Life Cycle Costing)，平衡计分卡(Balanced Scorecard)等。

随着经济环境的变化，管理会计的研究不断演进并将永远持续下去。目前，管理会计的研究领域已经纵深到诸多领域，一些前沿问题包括：关于代理人理论的研究及其在内部控制与考评体系中的应用，关于组织行为、管理决策与管理会计信息之间关系的研究，关于人力资源管理会计、环境管理会计以及国际管理会计的研究等。

二、我国管理会计发展的简要回顾

“管理会计”一词引入中国不过 30 余年，它始于 20 世纪 70 年代末期老一辈会计学者对西方管理会计的关注和引进，但部分管理会计实务实际上早在新中国成立初期就开始了。可以说，我国管理会计的发展经历的是实务领先于理论，尔后再由理论推动实务这种相互促进、齐头并进的轨迹。从解放初期引进苏联高度集权的经济管理体制，企业的管理目标主要是为了完成国家下达的任务，推行经济责任制，相应的管理会计实务便是编制生产技术财务计划和月度财务收支计划，建立流动资金归口分级管理制度，厂部、车间、班组分级核算制度，实行厂内计划价格及各项经济指标层层分解落实，到其后的计划/定额成本管理，厂内银行/内部结算，再到“邯钢经验”等，均是我国管理会计实际运用的成果。改革开放引入西方管理会计理论，特别是党的十四届三中全会后，现代企业制度的建立要求企业强化内部管理、提高经济效益，财政部发布的《会计改革和发展纲要》更是明确提出必须运用现代管理会计理论、方法和技术，充分发挥会计预测、决策、核算、控制、分析和考核的功能。因此，20 世纪 90 年代中期以后，我国对管理会计的理论研究呈现出一片空前高涨的局面，并进一步推进了实务的发展。一些传统的、成熟的管理会计方法，如本量利分析、责任会计、预算管理、目标成本管理等，已在我国企业中得到广泛的普及；另一些先进的管理会计理念和模式，如作业成本管理、战略成本管理、绩效管理等，也越来越受到理论界和实务界的普遍关注。

2014 年 10 月 27 日，财政部颁布了《关于全面推进管理会计体系建设的指导意见》(以下简称《指导意见》)。《指导意见》综合了当今国际、国内社会经济环境的要求和单位的现实需要，为我国全面推进管理会计发展而量身打造，是一次体系建设的创新。《指导意见》立足国情，借鉴国际，提出了理论、指引、人才、信息化加咨询服务“4＋1”的管理会计有机发展模式。既发展中国特色管理会计理论，也形成能够科学指导实践操作的管理会计指引；既打造管理会计人才队伍，也提高管理会计信息化水平；既发挥单位在管理会计工作中的主体作用，也借助管理会计专业咨询服务机构的“外脑”作用，促进管理会计工作的全面开展。《指导意见》为管理会计的发展规划了蓝图，开启了会计改革与发展的新篇章，在会计史上具有里程碑意义，必将对我国财政会计事业发展乃至社会经济发展产生积极而深远的影响。

会计的产生源于人们对企业经济信息的需求，而这一需求又是随着社会经济环境的发展而变化的。相对于财务会计而言，管理会计的历史仅有百年而已。追寻它的发展轨迹，我们可以找到清晰的脉络，即经济环境的变化引起公司组织结构的调整，相应地改变了公司管理的要求，随之而来的是人们对管理信息的需求，而对管理信息的需求便推动了管理会计的萌芽、形成与发展。

第二节　管理会计的基本理论框架

一、现代管理会计的理论基础

管理会计作为管理与会计的结合，与管理科学具有密切的渊源，它由于管理科学的产生而萌芽，伴随着管理科学的发展而发展，由此而决定了它首先具有管理学属性，相关的管理理论因此而成为现代管理会计的重要理论基础。同时，作为经济领域的一门学科，它也在一定程度上具有经济学属性，微观经济学、信息经济学等也是其重要的理论基础。

(一)科学管理理论对管理会计的影响

19 世纪末，经历了南北战争的美国经济百废待兴，然而，其劳动力奇缺，劳动生产率低下，传统的经验管理在经济管理中仍然占主导地位，如何加强管理、提高劳动生产率便成为当时亟待解决的问题。在此背景下，以泰勒为代表的科学管理问世。它倡导应对劳动者的作业动作和时间进行研究，并用精确的调查研究和科学知识来代替个人的单纯经验，实施作业管理，由此而提高劳动生产率。科学管理导致了管理会计的萌芽。正是为了配合科学管理的实施，会计需要对相关内容进行专门的记录和反映，从而出现了与传统财务会计所记录和反映不同性质的事项。具体有：

1. 标准成本制度的萌芽

科学管理在动态研究的基础上确定标准时间和标准工资，并据以实际执行，从而出现了标准人工成本的概念。此概念进一步推广应用于材料和费用管理，就形成了管理会计中成本控制的重要方法之一——标准成本制度。

2. 日常控制和管理

传统会计通常采用对"已经发生了的经济活动"进行定期报告的方式，主要侧重于事后分析。科学管理认为事中管理更为重要，所以，要求每日提供与成本相关的业务报告，并与事前制定的标准相比较，进行差异分析，据以实施日常控制。这是管理会计区别于财务会计的重要特征之一。

3. 成本性态分析

"在大多数企业中，间接费用等于或超过给工人的直接工资……因此，当产量按比例增加时，付给工人较高的工资永远是节省的，因为每件产品间接费用降低的比率大于工资的增加。从生产成本考虑，许多企业家不了解产量对成本的影响，他们忽略了这样一个事实，就是赋税、保险费、折旧、租金、利息、薪金、办公费、推销费、动力费等，无论企业产量多少，都大体保持一致。"正是泰勒的这一论述，揭开了成本性态研究的序幕，为管理会计中最重要、最基本的成本问题——成本性态分析，奠定了坚实的基础。

（二）组织行为学对管理会计的影响

组织行为学是20世纪40年代针对科学管理的不足而产生的、专门研究人类行为的客观规律的学科。它运用心理学、社会学、生理学、人类学、政治学、管理学和经济学等多门学科的研究成果和基本理论，探索如何根据人类行为的规律来构建企业组织结构、调整企业内部人与人之间的关系，引导和激励人们充分发挥其积极性、主动性、创造性，最大限度地利用企业人力资源提高经济效益。其代表人物有美国经济学家梅奥、组织行为学家马斯洛等。

组织行为学促成了管理会计由"物本"观向"人本"观的转变。作为管理控制系统的管理会计，就必须在规划和控制两大方面均运用组织行为学的理论，根据人类行为的客观规律，寻找激发人力资源的管理模式。人的行为是由动机决定的，而人的动机又是由人的需要所引发的，因此，通过分析了解人们的具体需要，将其转化为目标激励因素，激发人的动机，引导人的行为。因此，管理会计就需要研究特定时期、各特定企业的激励因素，并将其与企业目标相联结，以促使企业目标的顺利实现。领导的信任和重视、适度的分权可以在一定程度上满足人们的"自尊"和"自我实现"的需要，从而能够更好地激发人们的主动性和创造性。但是，权力的下放必须适当，不能导致失控和失调；而且，拥有一定权力就必须承担一定责任，以形成约束机制。

责任会计是组织行为学在管理会计运用上的具体体现，它是根据分权的思想划分责任中心，根据激励和约束的要求编制责任预算，并在此基础上进行责任核算和考评。根据组织行为学理论，管理会计在建立责任会计制度时，应注意：(1)划分责任中心时，既要考虑责权范围，还应该考虑非正式组织的作用，从而促进劳动生产率全面提高。(2)责任预算在责任会计中具有明确目标、控制依据、考评标准等职能作用，但它对人们的行为既有积极的影响，又有消极的影响。因此，在建立责任会计、编制责任预算的过程中，要善于运用组织行为学，正确引导人的行为，尽量避免其消极影响，发挥积极作用。

（三）信息经济学对管理会计的影响

信息经济学是20世纪60年代初产生的、从经济学角度全面研究信息成本和信息效益的学科，其目的在于正确认识和解决信息时代的信息“质量”问题。其代表人物有美国经济学家F. Marklup、美国社会学家M. U. Bright等。信息经济学的主要观点是：信息是现代社会的一种重要资源，它与其他所有资源一样，具有效益和成本。信息的效益来源于信息的决策有用性，信息的成本则取决于信息的获取代价。因此，信息的“质量”不仅取决于信息决策有用性，即其价值大小，更关键的是取决于其“净值”大小，即通过信息效益与成本的比较所确定的效益大于成本的“净值”。

现代管理会计作为一个管理控制系统，实现其管理控制的重要手段之一即产出与企业内部管理和决策相关的信息，因此，信息质量至关重要。信息经济学的引入，改变了传统的在不计信息成本基础上对信息质量的认识，因此，在建立和完善管理会计系统时，必须全面衡量信息效益和信息成本，在成本效益分析的基础上，选择既有用又经济的信息系统。

（四）代理人理论对管理会计的影响

代理人理论最早起源于20世纪30年代美国著名经济学家科斯的产权理论，但直至70年代才真正得到西方经济学界的广泛重视。代理人理论是以研究委托人和代理人关系为主的微观经济学理论，其目的在于协调并且正确处理委托人和代理人双方的权、责、利关系。

无论是企业所有者与经营者之间，还是企业内部各级责任部门之间，实质上都是一种层层委托代理的关系。代理人理论对于委托人和代理人关系的分析，使管理会计系统处于愈加重要的地位。代理人理论将组织行为学、信息经济学等多种理论中的概念和原理兼收并蓄，为管理会计的理论研究和实践提供了丰富的营养，极大地推动了当代管理会计的发展。

1. 在代理人理论体系中，管理会计在决策前信息的提供和关于决策执行结果的信息提供两个方面，对于促进委托人利益最大具有重要意义。这种对于管理会计信息价值的确认，强调了管理会计信息对于人的行为的调节作用，使管理会计系统真正成为有效的管理控制系统。

2. 代理人理论的“分享”原则丰富了责任会计的理论和实践。代理人理论认为，应在风险分担和利益分享之间取得平衡，从而对代理人和委托人都起到产生最好成绩的激励作用。传统的管理会计理论强调可控性原则，要求只按照责任人可以控制的因素和范围来进行业绩评价，这无疑是正确的，在一定程度上也反映了代理人理论的要求。但这种传统理论忽略了风险分担问题，在出资者和最高管理层之间强调可控性，将管理者的责任和不确定性的影响隔离开来，实际上是由委托人承担了所有风险。事实上，委托人和代理人同时处于不确定的随机环境中，可控和不可控都是相对的，只有正确考虑两者之间的风险分担，才能使责任会计所提供的信息有效地影响企业及各个环节的行为，实现企业效益的最大化。对于风险共享原则的重视和研究，无疑进一步丰富了责任会计的理论和实践。

3. 代理人理论使信息经济学在管理会计中的应用进一步具体化。由于信息不对称现象的存在，委托人所获取的关于生产经营活动的信息远不如经营者直接、具体和广泛，从信息经济学的信息效益和信息成本的比较出发，有效地设计管理会计信息系统，使业绩评价制度和内部权力分解相适应，可以在分权和控制之间达到平衡。

（五）权变理论对管理会计的影响

权变理论是20世纪70年代形成的一种企业管理理论，其主要观点为：没有任何一种管理方法是普遍适用于所有企业的，所谓最好的管理理论和方法，应该是根据特定时期、特定企业的内外环境和条件，权宜应变，灵活掌握。

管理会计作为一个管理控制系统，不同的系统设计必然会产生不同的管理控制效果。权变理论的引入，要求我们在进行管理会计系统设计时，必须充分考虑该系统的各种相关环境因素及其作用影响，必须结合企业的具体环境、特征，而且尽可能使之具有灵活性，以顺应经济社会环境多变的需要。

二、管理会计的基本内容与方法

管理会计内容与方法的构成必然受到管理会计理论体系的指导。管理控制系统的运行包括目标确定、目标落实和目标实现结果评价三个主要环节，它们离不开管理会计的规划与控制职能。管理会计的基本内容与方法体系必须围绕管理会计的实质（管理控制系统）及其职能而构建，具体如图 8－1 所示。

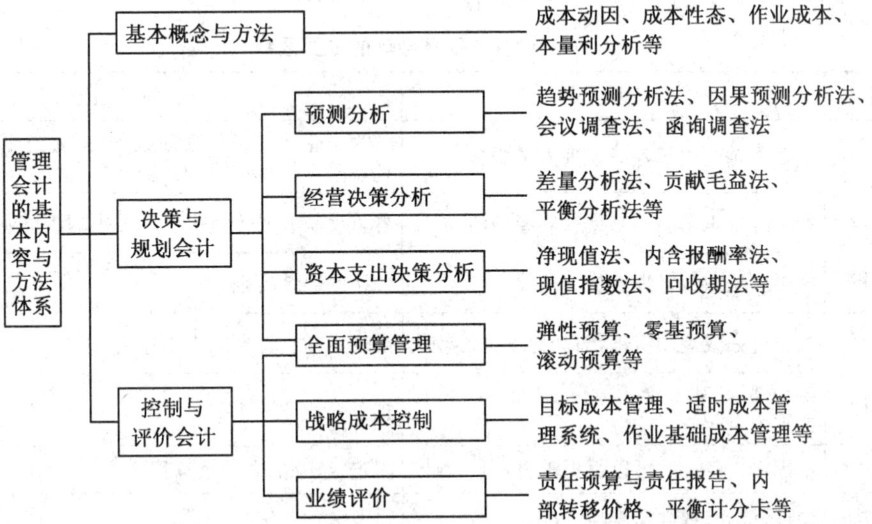

图 8－1　管理会计的基本内容与方法体系

三、管理会计的作用

管理会计是现代会计信息系统中体现预测、决策、规划、控制和责任考核评价等管理职能的一个管理控制系统，在企业整个管理控制过程中发挥着重要的作用。

一方面，通过管理会计对企业内部经营活动的记录、反映，为管理控制系统的运行提供重要的决策信息。管理会计根据管理的目的和要求，采用专门的方法对相关财务信息进行加工，为制定决策和计划提供信息，并作为管理团队的重要成员参与制定决策和计划的过程。

另一方面，管理会计通过沟通内部环境和外部环境，沟通企业内部各个层面的经营管理人员，主动渗透到管理控制的每一个方面：将企业关键成功因素转化为衡量指标，从而明确了目标；将企业各种资源与目标对接，这就是计划或预算；进一步将计划或预算按权力和责任分解、落实，以形成责任预算；以此为前提构建信息反馈系统，并通过揭示偏差、分析原因，以评价业绩，并实施奖惩。

四、管理会计与财务会计的关系

管理会计从传统财务会计中分离出来之后，与财务会计共同构成现代会计学的两大分支。因此，管理会计与财务会计既有密切的联系，也存在一定的区别。通过分析管理会计与财务会计的关系，可以帮助我们进一步了解管理会计的特点。

（一）管理会计与财务会计的联系

1. 管理会计与财务会计的信息来源相同。管理会计所需的信息很多来源于财务会计，它是对财务会计信息进行的深加工与再利用。

2. 管理会计与财务会计的工作对象相同。管理会计与财务会计的工作对象都是企业的经营资金运动，只是侧重点不同而已。

3. 管理会计与财务会计的最终目的是一致的。管理会计与财务会计的最终目的都是为企业提高经营管理水平和经济效益服务。

（二）管理会计与财务会计的区别

管理会计与财务会计的区别可以概括如表8－1所示。

表8－1　管理会计与财务会计的主要区别

项目	管理会计	财务会计
服务对象	主要为企业内部各级管理人员服务	既为本企业的经营管理服务，又为企业外部有经济利益关系的单位或个人服务
工作重点	着重规划未来和控制现在的经济活动	着重反映和监督过去已经发生的经济业务
约束依据	主要服从内部管理人员的需要	公认的会计准则
时间跨度	报告过去或规划将来，时间跨度弹性较大	按规定的会计期间报告过去
会计主体	某个部门、某个责任单位、某个生产阶段或整个企业	整个企业
会计程序	不固定、不统一，可以根据需要自行设计	固定、统一的会计核算程序
会计方法	会计、统计、数学及其他方法	财务会计方法
核算要求	不要求绝对精确，可以计算近似值	力求精确
信息特征	不具有法律效力	具有法律效力

第九章

决策与规划

决策是根据当前的条件和对事物未来发展趋势的预测分析，在多个可供选择、能够达到预定目标的若干个方案中，选择最优方案的过程。

企业应将预测和决策所确定的各项目标和任务，用数量化的形式加以汇总、平衡，编制企业的总预算，对企业未来经营活动的各个方面进行全面的规划，使企业的各种生产要素和经济资源得到最优配置，即取得最佳的经济效益和社会效益。

为了进行正确的决策与规划，必须将企业的总成本按照习性进行分类，进而通过本量利分析有效地帮助企业进行正确决策和合理规划。

第一节　成本习性与本量利分析

为了进行正确的生产经营决策，必须研究利润、销售量、售价、成本等因素之间的函数关系，即本量利分析。本量利分析提供的信息有助于企业合理规划、有效控制经济过程，正确进行经营决策。在本量利分析前，必须将企业的总成本按照成本习性进行分类。

一、成本习性

成本习性又叫成本性态，是指成本总额与业务量总数的依存关系。按照成本习性，可将成本划分为固定成本、变动成本和混合成本三类。

(一)固定成本

固定成本是指在一定的相关范围内，成本总额不受业务量增减变动的影响而保持固定不变的成本。即在一定范围内，固定成本总额不随业务量的变动而变动，但就单位固定成本而言，却随着业务量的增减变动呈反比例变动。一般来说，按直线法计提的固定资产折旧费、房屋设备的租金、保险费等，都属于固定成本。

【例 9—1】 某公司一台设备的原值为 50 000 元，使用年限为 10 年，每年折旧额为5 000元，业务量(产量)的相关范围为 0～500 件。设备折旧与产量的关系如下：

产量	固定成本总额	单位固定成本
50 件	5 000 元	100 元
100 件	5 000 元	50 元
200 件	5 000 元	25 元

以上业务量与成本的关系可用图 9—1、图 9—2 表示。

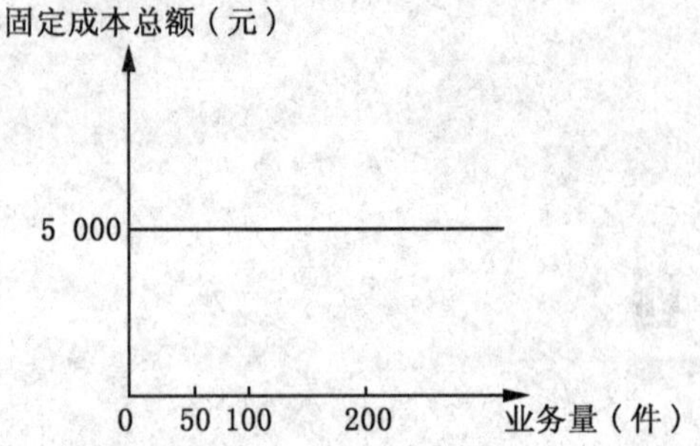

图 9—1 固定成本总额性态模型

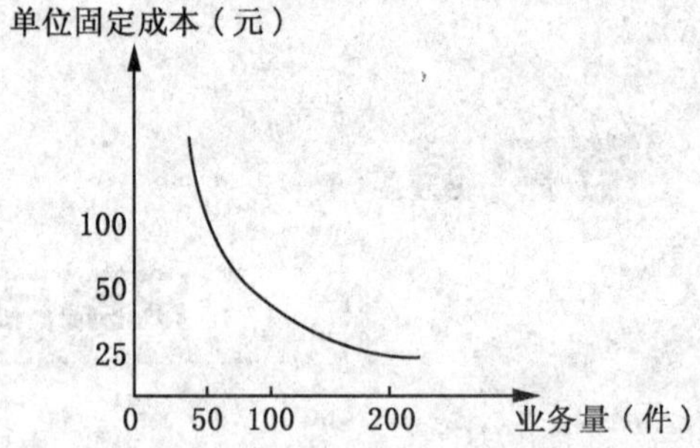

图 9—2 单位固定成本性态模型

为了有利于成本控制，固定成本还可以进一步分为酌量性固定成本和约束性固定成本。酌量性固定成本是指其总额虽不随业务量的变动而变动，但可由管理者的决策所改变的固定成本。约束性固定成本是指为维持目前的生产经营能力而必须开支的固定成本。

（二）变动成本

变动成本是指在一定的相关范围内，成本总额随着业务量的增减变化成正比例增减变动的成本。就单位变动成本而言，却不随着业务量的增减变动而变动。一般来说，企业的直接材料、计件工资制下的直接人工、按销售额计提的推销人员工资等，都属于变动成本。

【例 9—2】 假设每生产一件甲产品需要原材料 5 千克，每千克原材料 2 元，则在一定的范围内，变动成本与业务量（产量）之间的关系如下：

产量	变动成本总额	单位变动成本
100 件	1 000 元	10 元
200 件	2 000 元	10 元
300 件	3 000 元	10 元

以上业务量与成本的关系可用图 9—3、图 9—4 表示。

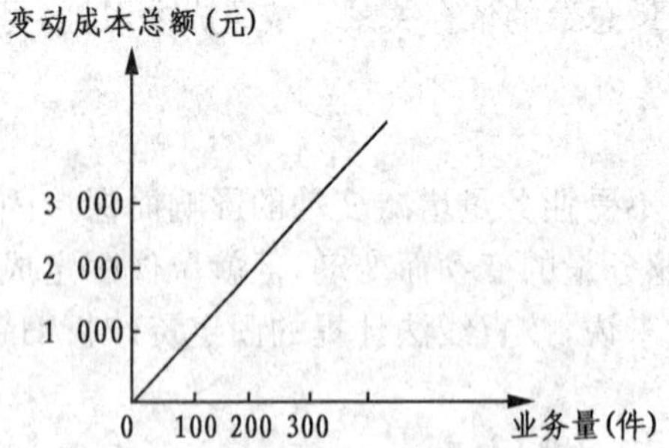

图 9—3 变动成本总额性态模型

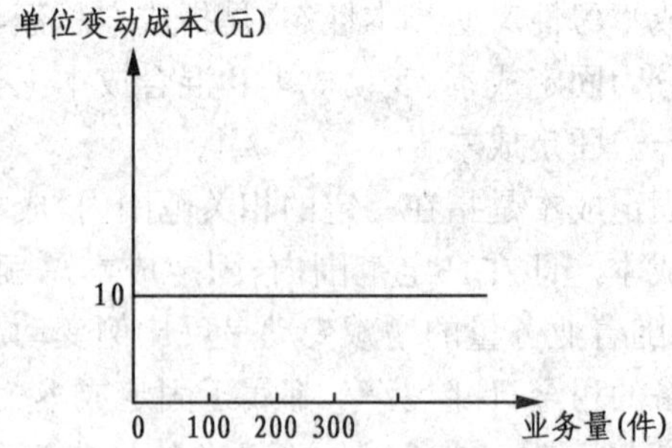

图 9—4 单位变动成本性态模型

（三）混合成本

混合成本是指同时兼有固定成本和变动成本性质的成本。实际上，现实经济生活中大多数成本是混合成本。混合成本的总成本虽然受业务量变动的影响，但其变动的幅度并不与业务量的变动保持严格的比例关系。

混合成本的情况比较复杂，形态多种多样，常见的有半变动成本、阶梯式成本、曲线变动成本和延期变动成本。具体模型如图 9—5、图 9—6、图 9—7、图 9—8 所示。

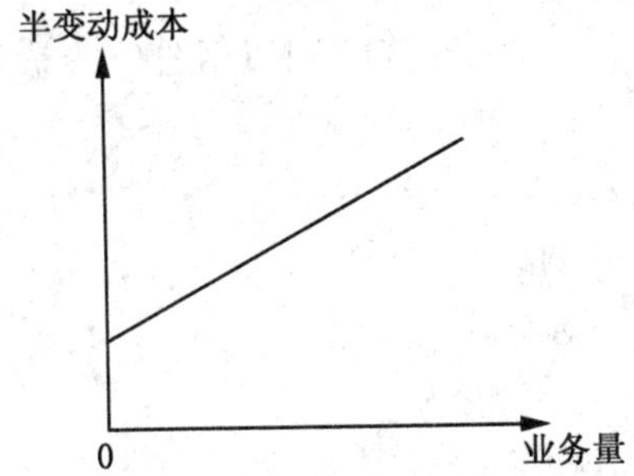

图 9—5 半变动成本模型

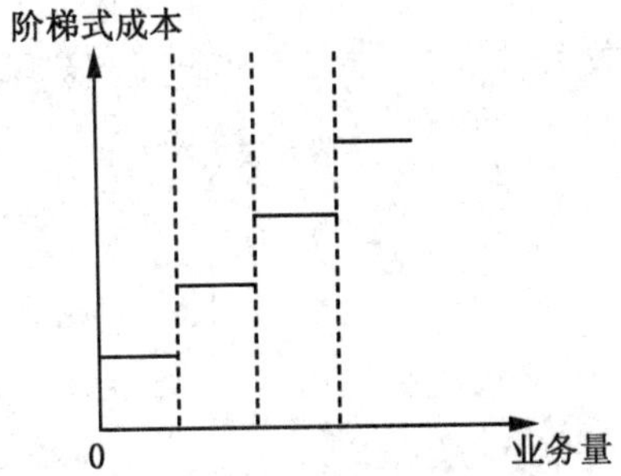

图 9—6 阶梯式成本模型

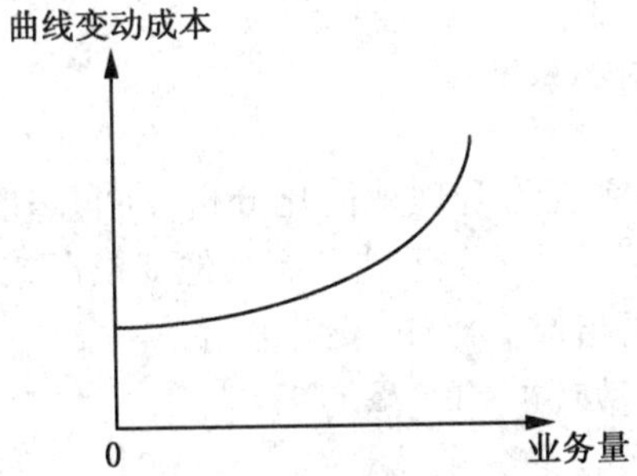

图 9—7 曲线变动成本模型

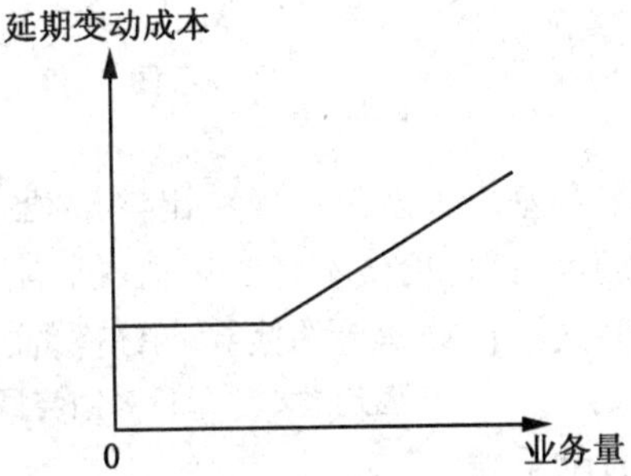

图 9—8 延期变动成本模型

为了有利于管理会计方法的应用，可以用高低点法、散布图法、回归直线法将混合成本分解为固定成本和变动成本。

二、本量利分析

本量利分析即成本—业务量—利润分析，也叫 CVP 分析，是以成本习性分析为基础，通过研究一定期间的成本、业务量和利润之间的规律性联系来进行各项分析的一种方法。利用本量利分析方法，可以进行各项预测、决策和控制分析，对企业管理有着重要意义。但必须注意的是，本量利分析的原理及其应用是以一定的假设作为前提条件的。这些假设包括：

第一，假设一定时间、一定范围内产品生产和销售保持一致。

第二，假设成本可以准确、可靠地分为变动成本和固定成本。

第三，假设一定时间、一定范围内成本与销售量保持线性关系，即售价、单位变动成本、固定成本总额已确定并且保持固定不变。

第四，多品种企业的本量利分析还要假设品种结构稳定。

上述这些假设条件是本量利分析结果有效的前提，受到这些假设条件的约束，本量利分析一般只适用于短期分析，是管理会计短期分析的主要方法。

（一）本量利分析的基本模式

假设税前利润为 P，销售量为 x，单价为 p，单位变动成本为 b，固定成本总额为 a，则有：

税前利润＝销售收入－总成本

＝销售收入－（变动成本＋固定成本）

＝（单价－单位变动成本）×销售量－固定成本总额

即：

$$P = px - bx - a = (p - b)x - a$$

上述关系式是明确表达本量利之间数量关系的基本方程式，我们还可以用图9—9表示如下：

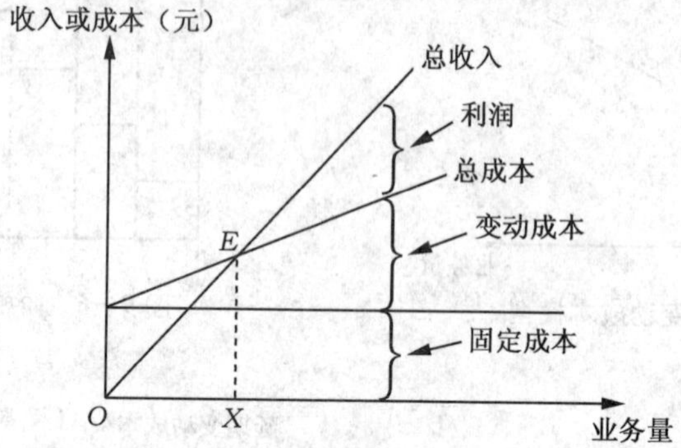

图9—9　本量利基本关系图

从本量利基本关系图可以看出本量利之间的关系。为合理地简化分析，利润一般采用税前营业利润，而销售价格不包含增值税。本量利分析的基本关系式还有其他变换形式，可以利用上述关系式进行数学上的换算，求得所需要的分析指标。比如：

固定成本＝单价×销售量－单位变动成本×销售量－利润

（二）贡献毛益

贡献毛益（又称边际贡献）是管理会计所特有的收益概念，在企业内部管理的各个领域中具有重要的作用。

1. 贡献毛益总额和单位贡献毛益

贡献毛益的绝对数指标有贡献毛益总额和单位贡献毛益。

贡献毛益总额是销售收入总额超过变动成本总额的部分，具体计算如下：

贡献毛益总额＝销售收入总额－变动成本总额

单位贡献毛益是单位产品所提供的贡献毛益，计算公式为：

单位贡献毛益＝贡献毛益总额÷销售量

＝单价－单位变动成本

由于企业的总成本包括变动成本和固定成本，而贡献毛益仅仅是销售收入补偿变动成本后的余额，所以，它不是终极形态的收益。但在企业的成本核算中，固定成本往往是维持企业生产能力的间接成本，与具体产品的生产和经营没有直接的依存关系，所以，贡献毛益实际上反映了各产品的生产经营对企业盈利的贡献。

2. 贡献毛益率与变动成本率

为了更好地反映产品的盈利能力，贡献毛益还有相对数指标：贡献毛益率。

贡献毛益率＝贡献毛益总额÷销售收入总额

＝单位贡献毛益÷单位产品售价

贡献毛益率指标反映了产品的盈利能力，并且有利于各产品盈利能力的比较，在利润的预测分析、产品生产的决策分析等方面都有重要用途。

与贡献毛益率相关的另一个指标是变动成本率，计算公式为：

变动成本率＝变动成本总额÷销售收入总额

＝单位变动成本÷单位产品售价

变动成本率与贡献毛益率之间是一种互补关系，即：

变动成本率＋贡献毛益率＝1

【例 9－3】 某公司生产 B 产品，每单位产品的变动成本为 6 元，单位售价为 10 元，固定成本总额为 30 000 元，全年共销售 B 产品 10 000 件。则：

利润总额＝(10－6)×10 000－30 000＝10 000(元)

贡献毛益总额＝(10－6)×10 000＝40 000(元)

单位贡献毛益＝10－6＝4(元)

贡献毛益率＝40 000÷100 000(或 4÷10)

　　　　　＝0.4

变动成本率＝60 000÷100 000(或 6÷10)

　　　　　＝0.6

(三)保本保利分析

保本保利分析是本量利分析原理最基本的应用。

1. 保本分析

保本分析是指通过研究企业处于盈亏平衡状态时的成本、业务量和利润之间的关系，确定保本时的销售量或销售金额。

企业销售产品所获得的贡献毛益首先应补偿固定成本，如有多余，即为企业创造的利润；如果贡献毛益无法补偿固定成本，其差额即为企业发生的亏损。如果贡献毛益正好补偿固定成本，则称为盈亏平衡。也就是说，此时企业不盈利也不亏损，利润为零。

保本分析的主要目的是确定保本点。保本点又称盈亏临界点，是指企业利润等于零时的销售量或销售金额。即保本点有两种表示方式，即保本点销售量和保本点销售金额。对生产单一品种产品的企业，保本点既可以用数量表示，也可以用金额表示，但多品种企业的保本点则只能用金额表示。

(1)单一品种企业的保本分析

由前述基本关系式可以知道，利润为零时的销售量即是保本点销售量，即：

保本点销售量＝固定成本总额÷(销售单价－单位变动成本)

或＝固定成本总额÷单位贡献毛益

进而可以计算出保本点销售金额：

保本点销售金额＝保本点销售量×销售单价

或＝固定成本总额÷贡献毛益率

【例 9－4】 假设大地公司新开发一种新产品，市场预测售价为每件 360 元，生产该产品每月的固定成本总额为 50 000 元，每件产品的材料、人工等变动成本为 160 元。要求计算该产品的保本点销售量和保本点销售金额。

保本点销售量＝固定成本总额÷(销售单价－单位变动成本)

　　　　　　＝50 000÷(360－160)

　　　　　　＝250(件)

即新产品每月的销售量必须达到 250 件才能保本。

保本点销售金额＝保本点销售量×销售单价

　　　　　　　＝250×360

　　　　　　　＝90 000(元)

即新产品每月的销售金额必须达到 90 000 元才能保本。

(2)多品种企业的保本分析

在实际工作中，大部分企业生产的产品品种不止一种，这时，上述单一品种的计算模式就无法适用。由于不同品种的产品可能计量单位不同，其销售量无法直接相加，因此，需要用销售金额来表示保本点。常用的方法有加权平均法。

加权平均法是指在综合考虑全部产品的贡献毛益率的基础上，按各产品销售收入占全部产品销售收入的比重进行加权平均，得到加权平均贡献毛益率，并据此计算全部产品的保本点。具体计算步骤如下：

首先，计算加权平均贡献毛益率。

加权平均贡献毛益率＝∑(各产品的贡献毛益率×该产品的销售比重)

其次，根据加权平均贡献毛益率和固定成本总额，计算全部产品的保本点销售金额。

全部产品的保本点销售金额＝固定成本总额÷加权平均贡献毛益率

最后，根据各产品的销售比重，计算出各产品的保本点销售金额和保本点销售量。

各产品的保本点销售金额＝全部产品保本点销售金额×各产品的销售比重

各产品的保本点销售量＝各产品的保本点销售金额÷各产品的销售单价

【例 9—5】 某公司在计划年度产销 A、B、C 三种产品，其销售及成本资料如表 9—1 所示。

表 9—1　　A、B、C 三种产品的销售及成本资料

产品名称	A 产品	B 产品	C 产品
销售量	10 000 件	2 500 台	1 000 套
销售单价(元)	100	200	500
单位变动成本(元)	85	160	250
贡献毛益率	15%	20%	50%
固定成本总额(元)	300 000		

要求：

①采用加权平均法预测该公司在计划年度的加权平均贡献毛益率。

②计算 A、B、C 三种产品的综合保本点销售额。

③计算 A、B、C 三种产品的保本点销售金额和保本点销售量。

根据上述资料，计算如下：

① 加权平均贡献毛益率的计算如表 9—2 所示。

表 9—2　　加权平均贡献毛益率的计算

产品名称	A 产品	B 产品	C 产品	合　计
贡献毛益率	15%	20%	50%	—
销售收入总额(元)	1 000 000	500 000	500 000	2 000 000
销售比重	50%	25%	25%	—
加权平均贡献毛益率	7.5%	5%	12.5%	25%

②计算 A、B、C 三种产品的综合保本点销售额。

A、B、C 三种产品的综合保本点销售额=300 000÷25%=1 200 000(元)

③计算 A、B、C 三种产品的保本点销售金额和保本点销售量:

各产品的保本点销售金额:

A 产品:1 200 000×50%=600 000(元)

B 产品:1 200 000×25%=300 000(元)

C 产品:1 200 000×25%=300 000(元)

各产品的保本点销售量:

A 产品:600 000÷100=6 000(件)

B 产品:300 000÷200=1 500(台)

C 产品:300 000÷500=600(套)

2. 保利分析

保利分析是分析企业保证目标利润实现必须达到的销售量、单价、成本水平。所谓目标利润,是指企业在一定时间内争取达到的利润目标,反映着一定时间内经营状况的好坏和经济效益高低的预期经营目标。

(1)目标利润的确定

根据前述的本量利分析基本关系式可知,确定目标利润的基本模型如下:

目标利润=(单价-单位变动成本)×销售量-固定成本总额
=贡献毛益总额-固定成本总额
=贡献毛益率×销售收入-固定成本总额

(2)实现目标利润的销售量

实现目标利润的销售量是指在销售单价、单位变动成本和固定成本总额均不变的情况下,为达到确定的目标利润应该销售的产品数量,又称目标销售量。

目标销售量=(固定成本总额+目标利润)÷(销售单价-单位变动成本)
=(固定成本总额+目标利润)÷单位贡献毛益

(3)实现目标利润的销售单价

在其他条件确定的情况下,实现目标利润的销售单价可计算如下:

销售单价=(变动成本总额+固定成本总额+目标利润)÷销售量
=单位变动成本+单位贡献毛益

(4)实现目标利润的成本水平

在其他条件确定的情况下,实现目标利润的成本水平可计算如下:

单位变动成本=(销售金额-固定成本总额-目标利润)÷销售量
=单价-单位贡献毛益
固定成本总额=销售金额-变动成本总额-目标利润
=单位贡献毛益×销售量-目标利润

第二节 预测分析

在当今千变万化的市场经济条件下,企业间存在着激烈的竞争,企业管理者必须明白要使企业在竞争中取胜,不仅要知道市场的过去和现在,而且能根据历史资料和实践经验对企业的未来发展趋势作出科学的预计和推测,这关系到一个企业未来发展的兴衰存亡。

所谓预测分析，是根据历史资料和现在的信息，运用一定的科学预测方法，对未来经济活动可能产生的经济效益和发展趋势作出科学的预计和推测的过程。在企业中，科学的预测分析不仅可以提高决策的正确性和科学性，而且在提高企业经营管理水平和企业经济效益方面也有着十分重要的意义。

一、预测分析的一般程序

（一）确定预测目标

要进行预测分析，首先必须确定预测目标，即确定预测分析的具体对象和内容是预测销售量，还是预测利润？是预测成本，还是预测资金需要量？当然，预测目标应根据企业经营的总体目标进行设计和选择。在确定预测目标的同时，还要确定预测的范围、时间期限及数量单位等。

（二）制定预测计划

根据预测目标，制定预测计划，作为进行预测分析的保证。例如，谁来领导和组织，采用什么预测方法，什么时间完成，以及预测的各项准备工作，等等。

（三）收集、分析信息资料

预测目标确定后，应有组织地、系统地收集相关的信息资料和数据。相关信息资料是进行预测分析的前提，而其真实准确性是保证预测目标实现的关键。因此，在占有大量资料的基础上，还要对这些资料进行加工、整理、归纳、鉴别，找出与预测目标有关的各因素之间的规律性和相互依存关系，作为预测分析的依据。

（四）选择预测方法

正确选择预测方法是保证预测分析精度的另一个关键。对于不同的预测对象、内容和所掌握的资料，应采用不同的预测方法。对于那些资料齐全、可以建立数学模型的预测对象，可依所收集信息资料的内在联系及其规律性，选择适当的定量分析方法。对于缺乏定量分析资料，无法建立数学模型的预测对象，可根据经验法选择合适的定性分析法。

（五）实际进行预测

应用选定的预测方法，结合所掌握的信息资料，进行定量分析和定性分析，并提出实事求是的预测结果。

（六）分析预测误差，修正预测结果

经过一段时间后，对上一阶段的预测结果必须进行验证和分析评价，即以实际数与预测数进行比较，检查过去预测的结果是否准确，并分析误差原因，以便及时修正预测方法。对于原用定量分析方法进行的预测，常常由于某些因素的数据不充分或无法定量分析而影响预测的精度，这就需要用定性分析方法考虑这些因素，并修正定量预测分析的结果。至于原用定性方法预测的结果，也需用定量分析方法加以修正、补充，使预测结果更接近实际。

（七）报告预测结果

根据上一阶段的修正、补充，形成文字报告，把最后的预测结论上报给有关管理当局。

预测分析的一般程序是必要的，但不是简单机械的排列，而是要根据实际情况有简有繁，但不可忽视各个阶段。整个预测分析过程，要做到及时沟通信息和进行信息反馈。

以上预测分析的一般程序，如图 9－10 所示。

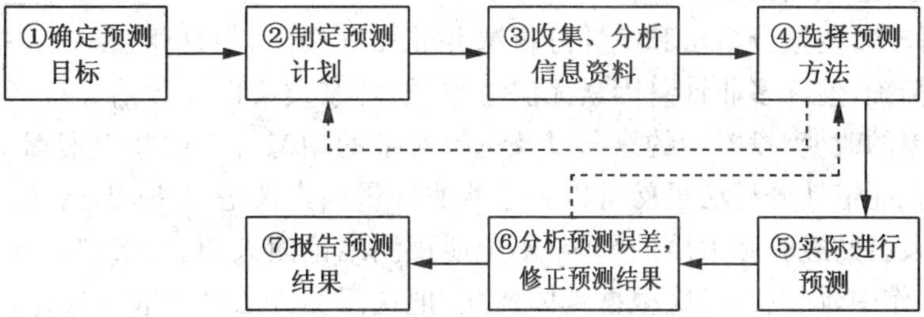

图 9—10　预测分析的一般程序

二、预测分析的基本方法

预测分析的专门方法很多，据国外统计，已达数百种。具体方法的选择受分析对象、目的、时间以及精确程度等因素的影响。但其基本方法大体上可归纳为两大类，即定量分析法与定性分析法。

（一）定量分析法

定量分析法，又称数量分析法，是指应用现代数学方法和各种现代化计算工具对与预测对象有关的各种经济信息进行科学的加工处理，建立预测分析的数学模型，揭示各变量之间的规律性联系，并做出预测结论的预测分析方法。定量分析法根据预测依据的不同，又分为以下两种类型：

1. 趋势预测分析法，即将预测对象过去的历史数据按时间顺序排列，应用一定的数学方法进行加工、计算，借以预测其未来发展趋势的分析方法。亦称“时间序列分析法”或“外推分析法”。这种方法的实质是依据事物发展的“延续性原则”，采用数理统计的方法，预测事物的发展趋势。具体方法有算术平均法、移动加权平均法、指数平滑法、回归分析法、趋势平均法等。

2. 因果预测分析法，即根据预测对象与其他相关指标之间相互依存、相互制约的规律性联系，建立相应的因果数学模型进行预测分析的方法。这种方法的实质是遵循事物发展的“相关性原则”，推测事物的发展趋势。具体方法有本量利分析法、回归分析法、连续比例法等。

（二）定性分析法

定性分析法又称非数量分析法，是指预测人员根据预测对象的特点、知识以及主观判断和分析能力，推断事物的性质和发展趋势的预测分析方法。这种方法通常在缺乏完备、准确的历史资料或有关变量之间缺乏明显的数量关系的情况下采用。按具体做法，定性分析法可分为会议和函询两种方式。

会议调查法主要有两个步骤：首先，邀请熟悉该行业经济业务和市场情况的专家或有关人员，根据他们积累的经验和拥有的知识进行分析判断，提出经营预测的初步意见；其次，通过召开调查会或座谈会的方式，对上述初步意见进行修正和补充，作为预测结论的依据。

函询调查法即所谓的“德尔斐法”（Delphi Method），它起源于 20 世纪 40 年代末期美国著名的“兰德公司”（Rand Corporation），后来被西方国家广泛采用，享有盛名。它主要采用通讯方式，具体可分为三个步骤：首先，制作预测问题调查表，寄发给各位专家，分别征求他们的意见；其次，把各位专家的判断，以匿名方式汇集于一张表上，请各位专家分别在参考别人意见的基础上修正自己的第一次判断。如此反复了 3～5 次，最后采用加权平均法或中位数法，综合归纳各专家的意见，做出最终判断。

在实际工作中，定量分析法和定性分析法并非相互排斥，而是相互补充，相辅相成。定量分析法虽然较精确，但许多非计量因素无法考虑，如国家政策以及政治经济形势的变动、消费者心理以及习惯的改变、投资者的意向以及竞争对手的动态等。这些因素都是定量分析法无法量化的因素。而定性分析法虽然可以将这些非计量因素考虑进去，但估计的准确性在很大程度上受预测人员的经验和素质的影响，不免使预测结论因人而异，带有一定的主观随意性。因此，在实际工作中，预测人员应根据具体情况，把这两类方法结合起来应用，相互取长补短，以提高经营预测结论的可信性。

对于企业来说，预测分析主要包括销售预测、利润预测、成本预测以及资金需要量预测。由于不同预测对象各自的特点及发展趋势不一定相同，所以在进行企业预测分析时，应针对不同的预测对象选择适宜的预测分析方法。

三、销售预测

销售预测是在对市场进行充分调查的基础上，根据市场供需情况的发展趋势，并以过去和现在的销售资料为基础进行分析、判断，对企业某种产品在未来一定时期和区域内的销售量及其变化趋势做出的科学预计和推测。现代市场经济要求企业"以需定销，以销定产"，因此，销售预测在整个经营预测过程中处于先导地位，它对于指导利润预测、成本预测和资金预测，安排经营计划，进行长、短期决策及组织生产，起着重要的作用。

进行销售预测的方法有很多，但最常用的有趋势预测分析法、因果预测分析法、判断分析法、调查分析法四类。其中，前两类属于定量分析法，后两类属于定性分析法。

(一)趋势预测分析法

趋势预测分析法在销售预测中应用较为普遍，它是根据销售的历史资料，用一定的计算方法来推测未来的销售变动趋势。它主要包括：

1. 算术平均法

算术平均法是以过去若干期的销售量(额)的算术平均数作为计划期的销售预测值。其计算公式为：

$$\text{销售预测值}(X)=\frac{\text{各期销售量(额)之和}\left(\sum_{i=1}^{n}x_i\right)}{\text{销售资料期数}(n)}$$

【例 9—5】 某公司今年下半年 A 产品的实际销售额资料如表 9—3 所示。

表 9—3

月　份	7	8	9	10	11	12
实际销售额	148	146	152	144	156	154

要求：预测明年 1 月份 A 产品的销售额。

解：根据公式，明年 1 月份 A 产品的销售预测值为：

$$X=\frac{148+146+152+144+156+154}{6}=150(\text{万元})$$

算术平均法计算简单，但没有考虑近期的变化趋势，且将各期间的差异平均化，因此可能会使预测结果产生较大的误差。所以，这种方法一般适用于各期销售量比较稳定的产品的预测，如没有季节性变动的食品、文具、日用品等。

2. 移动加权平均法

移动加权平均法是先根据过去若干期的销售量（额），按其距离预测期的远近分别进行加权（近期所加权数大些，远期所加权数小些），然后计算其加权平均数，并以此作为计划期的销售预测值。这里的“移动”，是指所取的观测值（历史数据）随时间的推移而顺延。例如，当观测值为 3 个月时，预测 7 月份的销售值，则应采用 4、5、6 月的历史资料为依据；若预测 8 月份的预测值，则应以 5、6、7 三个月的资料为准。另外在加权时，由于接近预测期的实际销售情况对预测值的影响较大，故所加权数应大些；反之，则应小些。为计算方便，可令权数之和等于 1（权数用 W 表示），即 $\sum W=1$。例如，若取 3 个观测值，其权数按距预测期的远近应分别为：0.2，0.3，0.5；若取 5 个观测值，其远近权数应分别为：0.03，0.07，0.15，0.25，0.5；若取 6 个观测值，则远近权数应分别为：0.01，0.04，0.08，0.12，0.25，0.5。

移动加权平均法的计算公式为：

销售预测值（X）＝各期销售量（额）分别乘以其权数之和

即：

$$X=\sum x_i . w_i$$

其中，$\sum w_i=1$.

为了能反映近期的销售发展趋势，还可在上述基础上，再加上平均每月的销售变动趋势值 b，计算出计划期的销售预测值。因此，上述公式可修正为：

$$\text{销售预测值}(X)=\sum x_i . w_i+b$$

$$\text{平均每月销售变动趋势值}(b)=\frac{\text{本季度平均实际销售量(额)}-\text{上季度平均每月实际销售量(额)}}{3}$$

【例 9－6】 依据【例 9－5】，要求根据 10、11、12 三个月的实际销售额，按移动加权平均法预测明年 1 月份的销售额。

解：先计算平均每月的销售变动趋势值（b）：

$\because$ 三季度月平均实际销售额 $=\frac{148+146+152}{3}=148.67$（万元）

四季度月平均实际销售额 $=\frac{144+156+154}{3}=151.33$（万元）

$\therefore b=\frac{151.33-148.67}{3}=0.89$（万元）

又令 $\sum W=1(W_1=0.2, W_2=0.3, W_3=0.5)$

$$X=\sum x_i . w_i+b=(144\times0.2+156\times0.3+154\times0.5)+0.89$$
$$=153.49\text{（万元）}$$

由此可见，移动加权平均法既考虑了近期发展的趋势，又根据时期的远近分别加权，从而消除了各期销售差异的平均化，故其预测结果比较接近计划期的实际情况。

3. 指数平滑法

指数平滑法是以平滑系数以及（1－平滑系数）分别作为前期实际观测值和前期预测值的权数，计算出两者的加权平均数，作为计划期的销售预测值的预测方法。其计算公式如下：

计划期销售预测值＝平滑系数×上期实际销售数＋（1－平滑系数）×上期预测销售数

即：

$$X_{t+1}=\alpha\cdot A_t+(1-\alpha)\cdot X_t \qquad (0<\alpha<1)$$

【例 9—7】 依据【例 9—5】，该公司 12 月份 A 产品实际销售额为 154 万元，原来预测 12 月份的销售额为 148 万元；平滑系数 $\alpha=0.7$。要求按指数平滑法预测 A 产品明年 1 月份的销售额。

解：根据平滑指数公式，可计算明年 1 月份的预测值为：

$$\begin{aligned} X_{12+1} &= \alpha \cdot A_{12} + (1-\alpha) \cdot X_{12} \\ &= 0.7 \times 154 + (1-0.7) \times 148 \\ &= 152.2（万元） \end{aligned}$$

用指数平滑法进行销售预测时，平滑系数通常由预测者根据销售实际数与预测值之间差异的大小确定。平滑系数取值越大，则近期实际数对预测结果的影响就越大；平滑系数取值越小，则近期实际数对预测结果的影响越小。所以，若想使预测的平均值能反映观测值的长期变动趋势，可选用较小的平滑系数；若想使预测的平均值能反映观测值的近期变化趋势，则可选用较大的平滑系数。这个方法的优点是只需设定平滑系数 α 值一个权数，比较灵活方便，而且可较多地考虑近期观测值的影响，符合事物发展的实际情况。但是，平滑系数的确定有一定的主观随意性。

4. 修正的时间序列回归法

修正的时间序列回归法属于回归分析法的一种特殊形式，是指通过分析一定时期内销售量(额)与时间(t)的系数关系，建立回归模型并据此进行预测的方法。这里应注意的是不是以时间作为自变量，而是以时间变量 t 作为自变量。销售量(额)Q 与时间变量 t 之间的依存关系可用一元回归直线表示：

$$Q=a+bt$$

其中：

$$回归系数\ a=\frac{\sum Q-b\sum t}{n} \qquad b=\frac{n\sum tQ-\sum t\cdot\sum Q}{n\sum t^2-(\sum t)^2}$$

由于观测值按时间顺序排列，间隔期相等，因此，时间变量 t 是一个等差时间序列。可利用这一特点对时间值进行修正，简化回归系数的计算公式。即令 $\sum t=0$ 来求回归直线。具体做法是：

若观测期(n)为奇数，则取 t 的间隔期为 1，即将 0 置于所有观测期的中央，其余上下均以绝对值 1 为等差递增或递减(按…−3，−2，−1，0，1，2，3…排列)。若观测期(n)为偶数，则取 t 的间隔期为 2，即将 −1 与 1 置于所有观测期当中的上、下两期，其余上、下均以绝对值 2 为等差递增或递减(按…−5，−3，−1，1，3，5…排列)。这样就能使 $\sum t=0$。

因为 $\sum t=0$，所以，上述确定 a 与 b 的值的公式就可简化为：

$$a=\frac{\sum Q}{n} \qquad b=\frac{\sum tQ}{\sum t^2}$$

a 与 b 的值求出后，代入 $Q=a+bt$，即可进行销售预测。

【例 9—8】 依据【例 9—5】，若观测期的历史资料为最后 5 个月(奇数)，要求按修正的时间序列回归法预测 A 产品明年 1 月份的销售额。

解：可先编计算表，如表 9—4 所示。

表 9—4

月　份	间隔期(t)	销售额(Q)	tQ	t^2
8	−2	146	−292	4
9	−1	152	−152	1
10	0	144	0	0
11	1	156	156	1
12	2	154	308	4
$n=5$	$\sum t=0$	$\sum Q=752$	$\sum tQ=20$	$\sum t^2=10$

$\because a=\dfrac{\sum Q}{n}=\dfrac{752}{5}=150.4 \qquad b=\dfrac{\sum tQ}{\sum t^2}=\dfrac{20}{10}=2$

明年 1 月份的 t 值 $=2+1=3$

∴预计明年 1 月份 A 产品的销售额(Q)＝150.4＋2×3＝156.4(万元)

【例 9—9】 依据【例 9—5】,若观测期的历史资料为最后 6 个月(偶数),要求按修正的时间序列回归法预测 A 产品明年 1 月份的销售额。

解:可先编计算表,如表 9—5 所示。

表 9—5

月　份	间隔期(t)	销售额(Q)	tQ	t^2
7	−5	148	−740	25
8	−3	146	−438	9
9	−1	152	−152	1
10	1	144	144	1
11	3	156	468	9
12	5	154	770	25
$n=6$	$\sum t=0$	$\sum Q=900$	$\sum tQ=52$	$\sum t^2=70$

$\because a=\dfrac{\sum Q}{n}=\dfrac{900}{6}=150 \qquad b=\dfrac{\sum tQ}{\sum t^2}=\dfrac{52}{70}=0.74$

明年 1 月份的 t 值 $=5+2=7$

∴预计明年 1 月份 A 产品的销售额(Q)＝150＋0.74×7＝155.18(万元)

5. 二次曲线法

当企业销售的历史资料明显地呈现曲线趋势时,就不能采用上述的回归分析法,而应按一元二次曲线方程建立销售预测的"曲线回归数学模型",这在管理会计中叫做销售预测的二次曲线法。

二次曲线的基本公式为:

$$y=a+bx+cx^2$$

其中:y——销售额;

x——观测值的间隔期;

a——曲线的截距;

b——x 的系数;

c——x^2 的系数。

采用二次曲线法与上述回归直线法一样，由于所有观测值是按时间顺序排列的，其间隔期(x)的间距相等，故可令$\sum x=0$，$\sum x^3=0$，这样一来，其系数的测算公式如下(推导过程从略)：

$$a=\frac{\sum x^4\cdot\sum y-\sum x^2\cdot\sum x^2y}{n\sum x^4-(\sum x^2)^2}$$

$$b=\frac{\sum xy}{\sum x^2}$$

$$c=\frac{n\sum x^2y-\sum x^2\sum y}{n\sum x^4-(\sum x^2)^2}$$

a、b、c 的值求出后，再代入二次曲线的基本公式 $y=a+bx+cx^2$，即可进行销售预测。间隔期的排列与数值的确定均与修正的时间序列回归法相同。

【例 9—10】 某自行车厂 2010～2015 年自行车的实际销售额如表 9—6 所示。

表 9—6

年　度	2010	2011	2012	2013	2014	2015
销售额(万元)	42	90	74	116	100	160

要求：采用二次曲线法为该自行车厂预测 2016 年自行车的销售额。

解：

(1)将上述 6 年的历史资料进行加工处理，并编制计算表，如表 9—7 所示。

表 9—7

年度	间隔期(x)	销售额(y)(万元)	xy	x^2	x^2y	x^4
2010	−5	42	−210	25	1 050	625
2011	−3	90	−270	9	810	81
2012	−1	74	−74	1	74	1
2013	1	116	116	1	116	1
2014	3	100	300	9	900	81
2015	5	160	800	25	4 000	625
$n=6$	$\sum x=0$	$\sum y=582$	$\sum xy=662$	$\sum x^2=70$	$\sum x^2y=6\ 950$	$\sum x^4=1\ 414$

(2)将表 9—7 最后一行数据代入公式，分别求出 a、b、c 的值：

$$a=\frac{\sum x^4\cdot\sum y-\sum x^2\cdot\sum x^2y}{n\sum x^4-(\sum x^2)^2}=\frac{1\ 414\times582-70\times6\ 950}{6\times1\ 414-70^2}=93.875$$

$$b=\frac{\sum xy}{\sum x^2}=\frac{662}{70}=9.457$$

$$c=\frac{n\sum x^2y-\sum x^2\sum y^2}{n\sum x^4-(\sum x^2)}=\frac{6\times6\ 950-70\times582}{6\times1\ 414-70^2}=0.268$$

(3)预测 2016 年的销售额：

∵2016 年的间隔期(x)的值$=5+2=7$

∴2016 年自行车的预计销售额(y)$=a+bx+cx^2$

$=93.875+9.457\times7+0.268\times7^2$

$=173.206$(万元)

(二)因果预测分析法

因果预测分析法是利用事物发展的因果关系来推测事物发展趋势的方法。它是根据已掌握的历史资料,找出预测对象的变量与其相关对象的变量之间的依存关系,来建立相应的因果预测的数学模型,据以预测计划期的销售量或销售额。

在现代市场经济条件下,产品的销售往往与社会经济的某些因素相关,甚至有些因素对产品的销售起决定性作用,如国民生产总值、个人可支配收入、人口、相关工业的销售量、价格及需求弹性等。这些影响销售的因素应尽量选择公布的统计数字和预测数字。

因果预测分析法所采用的具体方法较多,最常用的是回归分析法和连续比例法。

1. 回归分析法

在现实经营活动中,回归分析法是因果预测分析法中最常用的方法。这里只介绍一元线性回归法,适用于只用一个相关因素的情况。例如,某些工业品的销售在很大程度上取决于相关工业品的销售,像轮胎与汽车、纺织面料与服装、皮革与皮鞋、水泥与建筑等,而且都是前者的销售量取决于后者的销售量。所以,在这种情况下,可以利用后者现成的销售预测的信息,采用回归分析法来推测前者的销售预测值。具体步骤如下:

(1)设 x 为影响预测对象的相关因素的销售量(额),即自变量;y 为预测对象的销售量(额),即因变量。建立因果预测模型:$y=a+bx$。

(2)计算回归系数:

$$a=\frac{\sum y-b\sum x}{n}$$

$$b=\frac{n\sum xy-\sum x\sum y}{n\sum x^2-(\sum x)^2}$$

(3)根据未来自变量 x 的变动情况,确定预测对象的销售量(额)。

(4)进行相关性检验。即通过计算相关系数(R)来检验预测变量与相关因素变量间的相关性,以判断预测结果的可靠性。

$$\text{相关系数 } R=\frac{n\sum xy-\sum x\sum y}{\sqrt{[n\sum x^2-(\sum x)^2]\cdot[n\sum y^2-(\sum y)^2]}}$$

R 的取值范围应为:$-1\leqslant R\leqslant 1$,$|R|$越接近 1,相关关系越密切。一般可按以下标准加以判断:

$0.7\leqslant|R|\leqslant 1$,为较高程度相关;

$0.3\leqslant|R|<0.7$,为中等程度相关;

$0<|R|<0.3$,为较低程度相关。

【例 9－11】 某橡胶轮胎厂主要生产汽车轮胎,而决定轮胎销售量的主要因素是汽车销售量。假如中国汽车工业联合会最近 5 年汽车和轮胎的实际销售量的统计资料如表 9－8 所示。

表 9－8

年　度	2011	2012	2013	2014	2015
汽车销售量(万辆)	10	12	15	18	20
轮胎销售量(万只)	64	78	80	106	120

假定计划期 2016 年汽车销售量的预测数为 25 万辆,该轮胎厂的市场占有率为 30%,要

求采用回归分析法预测2016年该轮胎厂的轮胎销售量。

解:(1)设 y 为轮胎销售量,x 为汽车销售量,a 表示原来社会上拥有的汽车对轮胎的每年需要量,b 表示每销售1万辆汽车对轮胎的需要量,且 $y=a+bx$。

(2)根据已知资料编制计算表,如表9—9所示。

表9—9

年度	汽车销售量(x)(万辆)	轮胎销售量(y)(万只)	xy	x^2	y^2
2011	10	64	640	100	4 096
2012	12	78	936	144	6 084
2013	15	80	1 200	225	6 400
2014	18	106	1 908	324	11 236
2015	20	120	2 400	400	14 400
$n=5$	$\sum x=75$	$\sum y=448$	$\sum xy=7\,084$	$\sum x^2=1\,193$	$\sum y^2=42\,216$

根据表9—9最后一行数字,代入公式计算 a、b 值:

$$a=\frac{\sum y-b\sum x}{n}=\frac{448-5.35\times75}{5}=9.35$$

$$b=\frac{n\sum xy-\sum x\sum y}{n\sum x^2-(\sum x)^2}=\frac{5\times7\,084-75\times448}{5\times1\,193-75^2}=5.35$$

(3)将 a、b 值代入公式 $y=a+bx$ 中,预测2016年轮胎的市场销售量:

$y=9.35+5.35\times25=143.1$(万只)

∴2016年该企业轮胎的预计销售量$=143.1\times30\%=42.93$(万只)

(4)进行相关性检验:

$$R=\frac{n\sum xy-\sum x\sum y}{\sqrt{[n\sum x^2-(\sum x)^2]\cdot[n\sum y^2-(\sum y)^2]}}=\frac{5\times7\,084-75\times448}{\sqrt{(5\times1\,193-75^2)\cdot(5\times42\,216-448^2)}}$$

$$=0.969$$

相关系数 $R=0.969$,即轮胎销售量与汽车销售量之间具有较高程度的相关性。

2. 连续比例法

连续比例法是将与企业销售量有关的一连串因素的比例相乘,构成预测模型的一种销售预测方法。

【例9—12】 某市啤酒厂预计明年啤酒销售额与人口、县人均可支配收入、食品费占收入的百分率、饮料费占食品费的百分率、啤酒费占饮料费的百分率以及该啤酒厂在本市内啤酒市场的占有率等因素相关。若全市人口为50万人,市人均可支配收入为5 000元,食品费占收入的百分率为30%,饮料费占食品费的百分率为10%,啤酒费占饮料费的百分率为40%,该啤酒厂在本市内啤酒市场的占有率为50%。要求预测该啤酒厂明年的销售额。

解:该啤酒厂明年的预测销售额$=500\,000\times5\,000\times30\%\times10\%\times40\%\times50\%$

$=15\,000\,000$(元)

(三)判断分析法

判断分析法是通过一些具有丰富实践经验的经济专家、推销商或本企业的经理人员、推销人员等,对计划期商品的销售情况进行分析研究,并做出判断和预测的方法。一般适用于不具备完整可靠的历史资料、无法进行定量分析的销售预测，如对新产品的销售预测。判断分析法按具体进行的方式，可分为以下三种类型：

1. 集合意见法

集合意见法是指将本企业熟悉市场情况及相关变化信息的经营管理人员或业务人员对市场的判断意见加以汇总、分析、整理，从而作出较为正确的预测。其中的经营管理人员一般指企业的总经理、供销人员、生产部门负责人、财务人员等，综合这些管理人员的意见，可以对市场、生产、成本等方面的情况有一个比较客观的了解，预测的正确性也能得到一定的保证。因此，它是进行短、近期市场预测常用的方法。

在判断分析的过程中，有关人员在提出各自预测方案的过程中，应将质的分析与量的分析相结合，力求既有充分的定性分析，又有较准确的定期量化描述。在定性分析的基础上，将自己的判断结果作出定量化的描述，形成各自的预测方案。另外，当预测组织者结合各预测方案的方案期望值，采用平均数、加权平均数或中位数等统计方法得到综合预测值后，还应参照当时市场上正在出现的苗头，考虑对综合预测值是否需要调整，以使预测结果更趋合理。

【例 9—13】 某零售企业为确定明年化妆品的销售预测值，要求经理和业务部、计划部、财会部以及化妆品商品部的售货员均做出年度销售预测。

(1)假设三位经理、不同管理单位和五位售货员经过各自的分析判断，做出预测如下，见表 9—10、表 9—11、表 9—12。

表 9—10

经理	估计值				期望值(元)	权　数
	最高额(元)	概率	最低额(元)	概率		
甲	5 800	0.9	5 500	0.1	5 770	0.5
乙	6 000	0.7	5 500	0.3	5 850	0.3
丙	5 400	0.8	5 200	0.2	5 360	0.2

表 9—11

单位	估计值						期望值(元)	权　数
	最高额(元)	概率	中等额(元)	概率	最低额(元)	概率		
业务	6 000	0.2	5 500	0.6	5 000	0.2	5 500	0.4
计划	5 800	0.3	5 400	0.5	3 900	0.2	5 220	0.3
财会	6 200	0.1	5 800	0.5	5 000	0.4	5 520	0.3

表 9—12

售货员	估计值						期望值(元)	权　数
	最高额(元)	概率	中等额(元)	概率	最低额(元)	概率		
甲	5 000	0.3	3 500	0.5	2 000	0.2	3 650	0.2
乙	4 800	0.2	4 000	0.6	3 000	0.2	3 960	0.1
丙	4 500	0.2	4 200	0.5	3 400	0.3	4 020	0.3
丁	4 300	0.3	3 800	0.5	3 300	0.2	3 850	0.2
戊	4 000	0.2	3 800	0.7	2 000	0.1	3 660	0.2

(2)对上面各类人员的预测方案进行综合。这种综合要考虑同类人员中各人的经验丰富程度和预测准确性与重要程度,对其预测方案期望值给予不同权数,如表9—10、表9—11、表9—12中最后一列所列。这样就可以采用加权平均数对各类计算综合预测值,分别为:

经理类:$y_1=5\ 770\times0.5+5\ 850\times0.3+5\ 360\times0.2=5\ 712$(元)

管理单位类:$y_2=5\ 500\times0.4+5\ 220\times0.3+5\ 520\times0.3=5\ 422$(元)

售货员类:$y_3=3\ 650\times0.2+3\ 960\times0.1+4\ 020\times0.3+3\ 850\times0.2+3\ 660\times0.2$

$=3\ 834$(元)

(3)根据三方面的重要程度不同,给予不同的权数对三类综合预测值加以综合。一般来说,经理的预测方案统观全局,既体现领导部门的要求,又能反映企业经营管理的现状,因而应给予较大的权数;而售货人员的预测方案,由于与自身承担的责任有关,一般偏低,所以应给予较小的权数;至于管理单位的预测方案,因为他们直接从事经营管理活动,其预测值一般较能反映客观实际,因此其权数应高于售货人员的方案。假设经理方案的权数为3,管理单位方案的权数为2,售货员方案的权数为1,则企业的预测值为:

$$\frac{5\ 712\times3+5\ 422\times2+3\ 834\times1}{3+2+1}=5\ 302.3(\text{元})$$

(4)对企业综合预测值做适当调整。这个综合预测值是对三类人员所做预测值进行加权平均后得到的。这个综合预测值既低于经理层的综合预测值,也低于管理层的综合预测值,显然是受业务层偏低的综合预测值影响所致。为此,要对其进行调整。对企业综合预测值的调整,可以召开会议,相互交换意见,最后由预测组织者确定最终预测值。

2. 专家调查法

专家调查法又称德尔菲法,它是采用函询的方式,征集各方面专家的意见,加以整理,并经过多次反复,最后归纳各方专家的意见,做出预测的方法。

在采用专家调查法进行销售预测时,应注意以下几点:

(1)匿名性,即每次专家的分析判断是在背靠背情况下进行的。

(2)反馈性,即预测结果是在经过几轮征询,专家不断修正其预测意见基础上得出的。

(3)统计性,即在轮番征询过程中,每次专家意见都经过统计归纳处理,使得专家意见逐渐趋向一致,预测值趋于收敛。这种方法多用于缺乏数据资料的长期预测。

3. 专家会议法

专家会议法是由企业将各方面的专家召集在一起,通过会议的形式,对企业产品的市场需求及其发展趋势做出预测判断。这种方法存在的缺陷是各专家的意见可能会受到权威专家意见的影响,其客观性较德尔菲法差。因此,在实施过程中应注意两个主要问题:

(1)如何选择专家,包括确定专家的数目,专家选得是否合适,这些都将决定预测结果的可靠性和全面性。选择专家不仅要看他的经验、知识和能力,还要看他是否善于表达自己的意见。另外,专家数目的确定也很重要,对于复杂的问题,需要有多方面的专家参加,这样可以使问题讨论得更深入一些,意见也反映得更全面一些。但参加的人数太多,组织工作就比较难做,而且归纳意见也就比较费事。因此,专家数目应适当。

(2)如何让专家充分发表意见,这是组织工作的关键。在会议上,应让与会专家畅所欲言,各抒己见,在充分讨论的基础上,综合各专家的意见,整理出有关企业生产经营或有关新产品的质量、性能、特点、价格、竞争能力和市场需求等分析材料,再结合市场行情及其发展变化趋势,确定市场未来需求量的预测。

(四)调查分析法

调查分析法就是通过对某种商品在市场上的供需情况和消费者购买意向的详细调查,来预测其销售量或销售额的专门方法。

调查分析法一般可以从以下四个方面进行:

1. 调查商品本身处于产品"寿命周期"的哪一个阶段。任何工业品都有其发生、发展、衰亡的过程,经济学界把这个过程叫做产品的寿命周期。它一般可分为试销、成长、成熟、饱和和衰退五个阶段,不同阶段的销售量(额)是各不相同的。

2. 调查消费者的情况,摸清消费者的经济情况、个人爱好、风俗习惯以及对商品的要求等因素,据此分析未来一定时期的市场情况。

3. 调查市场上竞争对手的情况,充分了解生产经营同类商品企业的市场占有情况及他们所采取的各种促销措施,以掌握本企业产品的优势、劣势及市场占有率。

4. 调查国内外和本地区经济发展的趋势,以了解经济的发展趋势对商品销售量(额)的影响。

将上述四个方面的调查资料进行综合、整理、加工、计算,就可以对某种商品在未来一定时期的销售情况进行预测。

【例 9—14】 假定某市有居民 100 万户,通过市场调查,把电冰箱、洗衣机、空调机、电视机这四种耐用消费品目前所处的市场阶段,以及居民拥有情况的资料列表,如表 9—13、表 9—14所示。

表 9—13　　耐用消费品的市场阶段划分

寿命周期	试销期	成长期	成熟期	饱和期	衰退期
年数	1～5 年	1～5 年	1～5 年	1～3 年	1～5 年
估计使用户数占全市居民户数的比例	0.1%～5%	6%～50%	51%～75%	76%～90%	—

表 9—14　　某市四种耐用消费品所处市场阶段及已拥有户数

商品名称	电冰箱	洗衣机	空调机	电视机
所处市场阶段	成长期(3 年)	成熟期(3 年)	成长期(2 年)	饱和期(2 年)
已拥有的户数	25 万户	60 万户	16.2 万户	86 万户

另根据市场调查,得悉计划期间本市甲电冰箱厂在本市的市场占有率为 40%,对外地区的供应量约 2 万台。

要求:

(1)作出该市对四种耐用消费品平均每年需要量的预测;

(2)作出甲电冰箱厂在计划期间的销售预测。

解:(1)某市对四种耐用消费品的平均每年需要量预测如表 9—15 所示。

表 9—15　某市四种耐用消费品平均每年需要量的预测计算表

产品名称	现所处市场阶段	已拥有户数比重	各阶段的购买潜量（以每户一台计）	该市平均每年需要量
电冰箱	成长期(3 年)	25%	100 万户×(50%−25%)＝25(万台)	25 万台÷(5−3)年＝12.5 万台/年
洗衣机	成熟期(3 年)	60%	100 万户×(75%−60%)＝15(万台)	15 万台÷(5−3)年＝7.5 万台/年
空调机	成长期(2 年)	16.2%	100 万户×(50%−16.2%)＝33.8(万台)	33.8 万台÷(5−2)年＝11.27 万台/年
电视机	饱和期(2 年)	86%	100 万户×(90%−86%)＝4(万台)	4 万台÷(3−2)年＝4 万台/年

(2)计算该市甲电冰箱厂计划期预计销售量。

甲电冰箱厂计划期预计电冰箱销售量＝(该市平均每年需要量×市场占有率)＋对外地区供应量

＝(12.5×40%)＋2

＝7(万台)

四、利润预测

利润是企业在一定会计期间进行经营活动的结果，它是衡量企业生产经营情况的重要指标。利润预测是按照企业经营目标的要求，通过综合分析影响利润变动的成本、产销量等因素，对未来一定时间内可能达到的利润水平和变化趋势所进行的科学预计和推测。

利润预测的方法有很多，如本量利分析法，特定指标(销售收入、销售成本、资金)利润率分析法，敏感性分析法，经营杠杆系数分析法。其中，本量利分析法在第一节已做详尽介绍，本节重点介绍其他利润预测方法。

(一)特定指标利润率分析法

按某一特定指标利润率分析法预测利润，要先对某一特定指标(如销售收入、资金占用额等)加以预测，再将其与该指标的基期利润率相乘，即可得到计划期的利润(即目标利润)。通常某一指标的利润率往往是根据历史资料，结合计划期的情况变化做一些适当的调整而取得，这一资料往往容易取得，且相对准确。运用这种分析法的关键是计划期该指标的预测值是否准确。最常用的有以下三种方法：

1. 目标利润＝预计销售收入×销售利润率
2. 目标利润＝预计商品销售成本×销售成本利润率
3. 目标利润＝预计资金平均占用额×资金利润率

这里应注意的是，上述三个公式中的“利润”，通常是指“息税前利润”(EBIT)。

【例 9—15】 某公司本年度销售额为 1 000 000 元，息税前利润为 200 000 元，预计下年销售额比本年度增长 20%。要求预测下年目标利润。

解：$目标利润=1\,000\,000\times(1+20\%)\times\frac{200\,000}{1\,000\,000}=240\,000(元)$

【例 9—16】 某公司本年度实际资金占用额为 300 万元，下年度计划扩大生产规模，追加投资 60 万元，预定资金利润率为 12%。要求预测下年度的目标利润。

解：目标利润＝(300＋60)×12%＝43.2 (万元)

（二）敏感性分析法

利润预测敏感性分析法是指分析影响利润各有关因素发生变化时对利润影响的方向和程度，并利用这种关系原理预测计划期利润的一种专门方法。由本量利分析法的基本原理可知，影响计划期利润的各因素为计划期的销售收入、销售数量、单位变动成本以及固定成本。各因素的变化均会对企业利润带来影响，但影响的方向和程度是不同的。有的因素每增长一个百分点会对利润产生同方向的较大或较小的变动，有的因素每增长一个百分点会对利润产生反方向的较大或较小的变动，也就是说，各因素对利润影响的敏感度不同。每增长一个百分点，能引起利润产生较大变动（从绝对值来看，不管是正方向还是反方向）的，称为高敏感性因素；反之，则称为低敏感性因素。在利润预测的过程中，我们应充分重视那些高敏感性因素，因为它们对利润预测值的大小起着主导作用。

1. 利润敏感系数的计算

为了便于进行利润敏感性分析，先做如下假定：

(1)假定利润只受到销售单价、单位变动成本、销售量和固定成本总额四个因素的影响，且四个因素中任一因素的变动均不会引起其他三项因素的变动。

(2)假定每项因素的变动都能导致利润增加，且每个因素均按1%的同一幅度变动。即单价增长1%，销量增长1%，单位变动成本降低1%，固定成本降低1%，这样才能科学地考察不同因素的变动对利润影响程度的大小。

在上述假定的基础上，就可以计算利润受各个因素影响的敏感系数。某因素的利润敏感系数是指该因素按上述假定单独变动1%后导致的利润变动率与该因素的变动率1%相除的指标。

某因素的利润敏感系数的计算公式如下：

$$\text{某因素的利润敏感系数}(S)=\frac{\text{该因素变动 1\% 后的利润变动率}}{1\%}=\frac{\Delta P/P}{1\%}=\frac{\Delta P}{P\times 1\%}$$

这样，根据上述公式及本量利基本公式（$P=px-bx-a$），即可计算出各因素的利润敏感系数，表达如下：

$$\text{单价的利润敏感系数}(S_p)=\frac{px\times 1\%}{P\times 1\%}=\frac{px}{P}$$

$$\text{单位变动成本的利润敏感系数}(S_b)=\frac{bx\times 1\%}{P\times 1\%}=\frac{bx}{P}$$

$$\text{销售量的利润敏感系数}(S_x)=\frac{(p-b)x\times 1\%}{P\times 1\%}=\frac{(p-b)x}{P}=\frac{Tcm}{P}$$

$$\text{固定成本的利润敏感系数}(S_a)=\frac{a\times 1\%}{P\times 1\%}=\frac{a}{P}$$

【例9—17】 假设某公司只生产经营一种产品，单价为100元，单位变动成本为60元，固定成本总额全年300 000元，2016年实现销售10 000件。要求计算各因素的利润敏感系数。

解：由资料可计算出 $P=100\ 000$ 元，$px=1\ 000\ 000$ 元，$bx=600\ 000$ 元，$Tcm=400\ 000$ 元，$a=300\ 000$ 元。

则：

$$S_p=\frac{px}{P}=\frac{1\ 000\ 000}{100\ 000}=10$$

$$S_b=\frac{bx}{P}=\frac{600\ 000}{100\ 000}=6$$

$$S_x=\frac{Tcm}{P}=\frac{400\ 000}{100\ 000}=4$$

$$S_a=\frac{a}{P}=\frac{300\ 000}{100\ 000}=3$$

上述计算表明：

(1)该公司产品销售单价上升1%，将使利润增长10%；单位变动成本下降1%，将使利润增长6%；销售量上升1%，将使利润增长4%；固定成本下降1%，将使利润增长3%。

(2)该公司影响利润的各因素的敏感系数排列顺序为：$S_p>S_b>S_x>S_a$。

必须说明的是，上述排序是在【例9－17】所设定的条件下而得到的，如果条件发生了变化，则各因素敏感系数之间的排列顺序也可能发生变化。

【例9－18】 如果【例9－17】中，单位变动成本为45元，其他条件不变，要求计算各因素的利润敏感系数。

解：$S_p=\frac{px}{P}=\frac{1\ 000\ 000}{250\ 000}=4$

$$S_b=\frac{bx}{P}=\frac{450\ 000}{250\ 000}=1.8$$

$$S_x=\frac{Tcm}{P}=\frac{550\ 000}{250\ 000}=2.2$$

$$S_a=\frac{a}{P}=\frac{300\ 000}{250\ 000}=1.2$$

上述各因素的敏感系数排列顺序为：$S_p>S_x>S_b>S_a$。

由此可见，各因素的利润敏感系数排列顺序并不是唯一的。尽管如此，利润敏感系数的排列顺序还是有一定规律可循，在企业正常盈利的前提条件下，利润敏感系数有如下规律：

(1)销售单价的敏感系数总是最高。

(2)销售单价的敏感系数等于单位变动成本的敏感系数与销售量的敏感系数之和，即$S_p=S_b+S_x$。

(3)销售量的敏感系数等于固定成本的敏感系数加上1，即$S_x=S_a+1$。

(4)销售量的敏感系数不可能最低。

根据敏感系数可以具体掌握各因素对利润的影响程度，从而有助于企业在利润预测过程中提高预测能力，并可采取有效的措施增加收入，降低成本，以保证目标利润的实现。

2. 利润敏感系数的应用

(1)计算单一因素变动对利润变动的影响程度。其计算公式如下：

$$\text{某单一因素变动影响利润变动比率}=\pm\text{单一因素变动率}\times\text{该因素利润敏感系数}$$

或

$$R_P=\pm R\cdot S$$

其中，当R为单价变动率(R_p)和销售量变动率(R_x)时，取正号；当R为单位变动成本变动率(R_b)和固定成本变动率(R_a)时，取负号。

【例9－19】 已知某公司的利润敏感系数如【例9－17】的计算结果所示。假定该公司预计2016年单价上升了5%，单位变动成本上升了4%。要求计算这两个因素单独变动后对利润的影响程度，并预测2016年的利润额。

解：①销售单价变动影响利润变动率(R_P)＝(＋5%)×10＝＋50%

即当单价上升 5%时，利润将增长 50%。其目标利润为：

$P=100\ 000\times(1+50\%)=150\ 000$(元)

②单位变动成本变动影响利润变动率(R_P)=(−4%)×6=−24%

即当单位变动成本上升 4%时，利润将下降 24%，其目标利润为：

$P=100\ 000\times(1-24\%)=76\ 000$(元)

(2)多个因素以任意幅度同时变动对利润变动的影响程度。其计算公式如下：

$$R_P=(R_p+R_x+R_p\cdot R_x)\cdot S_p-(R_b+R_x+R_b\cdot R_x)\cdot S_b-R_aS_a$$

【例 9—20】 已知某公司的利润敏感系数如【例 9—17】的计算结果所示。假定该公司预计 2016 年销售单价上升 2%，单位变动成本下降 5%，销售量上升 10%，固定成本上升 4%。要求计算这四个因素同时变动后对利润的影响程度，并预测 2016 年的利润额。

解：已知 $S_p=10$，$S_b=6$，$S_a=3$，$R_p=+2\%$，$R_b=-5\%$，$R_x=+10\%$，$R_a=+4\%$，则：

$$R_p=(2\%+10\%+2\%\times10\%)\times10-[(-5\%)+10\%+(-5\%)\times10\%]\times6-4\%\times3$$
$$=83\%$$

预计 2016 年的利润额=100 000×(1+83%)=183 000(元)

(三)经营杠杆系数分析法

在单价、单位变动成本和固定成本不变的情况下，利润的变动率一定会大于销售量的变动率，这种现象称为经营杠杆效应。产生这种效应的原因是：当产销量上升时，单位固定成本下降，导致利润的增加率大于产销量的增加率；反之，当产销量下降时，单位固定成本上升，导致利润的降低率大于产销量的降低率。

经营杠杆系数(DOL)是指在一定产销量的基础上，利润的变动率相当于产销量变动率的倍数。其计算公式为：

$$经营杠杆系数=\frac{\dfrac{P_1-P_0}{P_0}}{\dfrac{x_1-x_0}{x_0}}$$

其中：P_0——基期利润；

P_1——计划期利润；

x_0——基期销售量；

x_1——计划期销售量。

【例 9—21】 某公司有关资料如表 9—16 所示，要求计算该公司 2016 年的经营杠杆系数。

表 9—16

项目 \ 年份	2015 年	2016 年
销售量(件)	2 000	2 800
销售单价(元)	80	80
单位变动成本(元)	50	50
固定成本总额(元)	40 000	40 000
息税前利润(元)	20 000	44 000

$$解：2016\ 年的经营杠杆系数(DOL)=\frac{\dfrac{44\ 000-20\ 000}{20\ 000}}{\dfrac{2\ 800-2\ 000}{2\ 000}}=\frac{1.2}{0.4}=3$$

上述公式是计算经营杠杆系数的基本公式，但利用该公式，必须掌握利润和销售量前后两期的资料才能进行计算，而不能仅仅根据基期资料来进行计算。为此，对上述公式进一步推导如下：

$$DOL=\frac{\frac{P_1-P_0}{P_0}}{\frac{x_1-x_0}{x_0}}=\frac{\frac{[(p-b)x_1-a]-[(p-p)x_0-a]}{[(p-b)x_0-a]}}{\frac{x_1-x_0}{x_0}}=\frac{\frac{(p-b)(x_1-x_0)}{(p-b)x_0-a}}{\frac{x_1-x_0}{x_0}}$$

$$=\frac{(p-b)x_0}{(p-b)x_0-a}=\frac{Tcm_0}{P_0}$$

根据【例 9－21】的资料，可以用以上简化公式计算该公司 2016 年的经营杠杆系数为：

$$DOL=\frac{2\ 000\times(80-50)}{20\ 000}=3$$

由此可见，如果已知销售变动率 K_0 和经营杠杆系数 DOL，可以求得利润变动率 K_1，进而预测计划期利润为：

$$P_1=P_0\times(1+K_1)=P_0\times(1+K_0\cdot DOL)$$

【例 9－22】 已知某企业基期实际利润为 80 000 元，基期产销量为 5 000 件，基期单价为 120 元，基期单位变动成本为 80 元，计划期销售增长率为 8%，要求预测计划期的利润。

解：$\because DOL=\frac{Tcm_0}{P_0}=\frac{(120-80)\times 5\ 000}{80\ 000}=2.5$

$P_0=80\ 000$ 元

销售增长率 $K_0=8\%$

$\therefore$ 计划期利润＝80 000×(1＋8%×2.5)＝96 000(元)

五、成本预测

成本预测是通过对成本构成的各要素及影响成本变动的有关因素进行分析测算，进而对企业未来一定时期内的成本水平及其发展趋势进行的科学规划。

在现代企业管理中，成本是评价企业经济管理成效的一个重要指标，降低成本水平、提高产品质量是企业提高竞争力的重要方面。通过事前准确的成本预测，制定计划期的目标成本，可以提高企业生产经营的预见性，减少决策的盲目性，有利于企业规划成本、控制成本，从而有效地降低成本，并且有利于企业利润的目标管理。

成本预测按产品的不同分类，可分为可比产品成本预测和不可比产品成本预测。

(一)可比产品成本预测

可比产品是指以往年度正常生产过的产品，其过去的成本资料比较健全和稳定。可比产品成本预测的基本方法有高低点法、回归分析法和因素分析法。由于前面内容对这两种方法已经做了详细介绍，这里就不再赘述，仅介绍利用因素分析法进行成本预测。

因素分析法是通过对影响成本的各项因素测算分析，预测计划期成本水平的方法。一般可以从节约原材料消耗、提高劳动生产率、合理利用设备、节约管理费用、减少废品损失等方面进行测算。

1. 测算原材料费用对成本的影响

原材料费用是构成产品成本的主要项目之一，在产品成本中一般占有较大的比重。在保证产品质量的前提下，合理、节约地使用原材料，降低原材料费用，是降低产品成本的主要途径。影响原材料费用变动的因素有材料消耗定额和材料价格。材料消耗定额和材料价格的下降，会使产品单位成本中的材料费用相应地降低。又由于材料费用只是产品成本的一个组成部分，材料费用的降低率，并不等于产品成本的降低率。因此，材料消耗定额降低形成的节约，应按下列公式计算：

$$\text{材料消耗定额降低影响的成本降低率}=\text{材料消耗定额降低的百分比}\times\text{材料费用占成本的百分比}$$

如果在材料消耗定额发生变动的同时，价格也发生变动，则材料价格变动对成本的影响，可按下列公式计算：

$$\text{材料价格变动影响的成本降低率}=\left(1-\text{材料消耗定额降低的百分比}\right)\times\text{材料价格变动的百分比}\times\text{材料费用占成本的百分比}$$

以上两个公式可合并计算如下：

$$\text{材料消耗定额和价格同时降低影响的成本降低率}=\left[1-\left(1-\text{材料消耗定额降低的百分比}\right)\times\left(1-\text{材料价格降低的百分比}\right)\right]\times\text{材料费占成本的百分比}$$

由于在一些工业企业里，提高原材料利用率是节约材料费用的重要途径，因此，也可以单独测算提高原材料利用率对产品成本的影响程度。其计算公式如下：

$$\text{原材料利用率提高影响的成本降低率}=\left(1-\frac{\text{上年的原材料利用率}}{\text{计划年度的原材料利用率}}\right)\times\text{材料费用占成本的百分比}$$

2. 测算工资费用对成本的影响

(1)测算在生产工人人数和工资不变的情况下，由于劳动生产率提高对成本的影响。劳动生产率提高，说明单位时间内的产量增加，在其他因素不变的条件下，单位产品所分担的工资费用也就减少了。因此，在只有劳动生产率一个因素变动时，它对成本的影响，可按下列公式计算：

$$\text{劳动生产率提高影响的成本降低率}=\left(1-\frac{1}{1+\text{劳动生产率提高的百分比}}\right)\times\text{生产工人工资占成本的百分比}$$

(2)测算由于劳动生产率提高超过平均工资增长率对成本的影响。劳动生产率的变动，同单位产品中工资费用的变动成反比例关系；而平均工资的增长，同单位产品中工资费用的增长成正比例关系。所以，当劳动生产率的增长超过平均工资的增长速度时，就能节约产品成本中的工资费用。其计算公式如下：

$$\text{劳动生产率和平均工资相互作用影响的成本降低率}=\left(1-\frac{1+\text{平均工资增长的百分比}}{1+\text{劳动生产率增长的百分比}}\right)\times\text{生产工人工资占成本的百分比}$$

(3)测算由于工时定额降低和平均工资增长对成本的影响

由于以产量表示的劳动生产率同以工时表示的劳动生产率互为倒数，所以，当掌握了计划年度工时定额降低幅度的资料时，可用下列公式计算成本降低率：

$$\text{工时定额降低影响的成本降低率}=\left(1-\frac{1+\text{平均工资增长的百分比}}{1+\text{工时定额降低的百分比}}\right)\times\text{生产工人工资占成本的百分比}$$

3. 测算生产增长超过制造费用增长对成本的影响

计入产品成本的制造费用，按其与产量的关系，一部分属于与产量变动没有直接关系的固定制造费用，一部分属于与产量变动有直接关系的变动制造费用。当产量增加时，单位产品中的固定制造费用降低，可使产品成本下降；而变动制造费用却会随产量的增长而提高。因此，要使得产品成本下降，必须采取得当的措施，使变动制造费用提高的幅度低于产量的增长幅度。

(1)测算生产增长超过变动制造费用增长对成本的影响：

$$\text{生产增长超过变动制造费用增长影响的成本降低率}=\left(1-\frac{1+\text{变动制造费用增长百分比}}{1+\text{生产增长百分比}}\right)\times\text{变动制造费用占成本的百分比}$$

(2)测算生产增长固定制造费用不变对成本的影响:

$$\text{生产增长固定制造费用不变影响的成本降低率}=\left(1-\frac{1}{1+\text{生产增长百分比}}\right)\times\text{固定制造费用占成本的百分比}$$

4. 测算废品率降低对成本的影响

生产中废品增加,会使合格产品的成本上升,而降低废品率可以减少废品损失,从而降低产品成本。其计算公式如下:

$$\text{废品损失减少影响的成本降低率}=\text{废品损失减少的百分比}\times\text{废品损失占成本的百分比}$$

【例 9-23】 某企业 2016 年 A 产品实际成本金额及成本结构如表 9-17 所示。

表 9-17　　**某企业 2016 年度 A 产品实际成本金额及成本结构表**

成本项目	成本金额(元)	成本比重(%)
直接材料	420 000	50.00
直接人工	225 000	26.79
制造费用	150 000	17.86
其中:变动制造费用	60 000	7.14
固定制造费用	90 000	10.72
废品损失	45 000	5.35
合　计	840 000	100.00

该企业 2017 年拟采取以下增产节约措施:材料消耗定额降低 8%;生产工人平均工资增长可控制在 4%以内;变动制造费用增长可控制在 3%以内;废品损失下降 30%;劳动生产率提高 25%;可比产品产量增长 20%;根据市场调查,预测材料价格将上升 3%;固定制造费用不变。

要求:预测 2017 年度的成本金额。

解:(1)计算各因素变动影响的成本降低率:

$$\text{材料消耗定额和价格同时降低影响的成本降低率}=[1-(1-8\%)\times(1+3\%)]\times 50\%=2.62\%$$

$$\text{劳动生产率和平均工资相互作用影响的成本降低率}=\left(1-\frac{1+4\%}{1+25\%}\right)\times 26.79\%=4.5\%$$

$$\text{生产增长超过变动制造费用增长影响的成本降低率}=\left(1-\frac{1+3\%}{1+20\%}\right)\times 7.14\%=1\%$$

$$\text{生产增长固定制造费用不变影响的成本降低率}=\left(1-\frac{1}{1+20\%}\right)\times 10.72\%=1.79\%$$

$$\text{废品损失下降影响的成本降低率}=30\%\times 5.35\%=1.61\%$$

(2)预测期(2017 年)A 产品的总成本=420 000×(1-2.62%)+225 000×(1-4.5%)+60 000×(1-1%)+90 000×(1-1.79%)+45 000×(1-1.61%)=815 935.5(元)

(二)不可比产品成本预测

不可比产品是指企业以往年度没有正式生产过的产品,其成本水平无法与过去进行比较,因而不能像可比产品那样通过采用下达成本降低指标的方法控制成本支出。但在科学技术高速发展的今天，新产品不断出现，原有产品更新换代加快，不可比产品的比重不断上升，因此，为了全面控制企业费用支出，加强成本管理，除了对可比产品成本进行预测外，还应对不可比产品成本进行预测。预测时主要采用以下三种方法：

1. 技术测定法

技术测定法是指根据产品设计结构、制作工艺和企业的生产技术条件对生产中所消耗的各种要素逐项进行技术测试，以计算出产品成本的方法。由于生产中消耗的要素比较多，运用这种方法需要对消耗的要素逐项进行测试。因此，这种方法的工作量比较大。但由于逐项测定，其预测结果较为准确。这种方法适用于不可比产品种类不多，产品技术资料比较完整的企业。其计算公式为：

$$\text{某种不可比产品的单位预测成本}=\text{材料预计单价}\times\text{单位产品耗料定额}+\text{工时定额}\times\left(\text{小时费用率}+\text{小时工资率}\right)$$

2. 类比分析法

类比分析法是比照其他单位的同类产品，结合单位自身的生产技术条件和水平、市场供求、原材料来源渠道等情况，测算产品成本的一种方法。这种方法工作量小，比较简便，但预测结果不十分准确。其计算公式为：

$$\text{预测产品成本}=\text{同类可比产品成本}\times\text{调整系数}$$

3. 目标成本法

目标成本法是根据产品的价格构成来制定产品目标成本的一种方法。一般地，产品价格包括产品成本、销售税金和利润三个部分。在企业实行目标管理的过程中，先确定单位产品价格和单位利润目标，然后按下列公式计算出单位产品的目标成本：

$$\text{单位产品目标成本}=\text{预测单位售价}-\text{单位产品销售税金}-\text{单位产品目标利润}$$

六、资金预测

一个企业要正确地进行经营决策，合理地组织经济活动，不仅要进行销售、成本、利润的预测分析，而且还需进行资金需要量的预测分析。这里的“资金”，是指企业生产经营中各种资产的货币表现。所谓资金需要量预测，是指包括流动资金和固定资金在内的资金需要总量的预测。

科学的资金预测，不仅能为企业生产经营活动的正常开展测定相应的资金需要量，而且能为企业制定经营决策、节约资金耗费、提高资金利用效果创造有利的条件，可以把企业的生产经营有意识地引导到以最少的资金占用取得最佳的经济效益的轨道上来。

为了预测资金需要量，首先应弄清楚影响资金需要量的主要因素是什么。一般情况下，影响资金需要量程度最大的就是计划期的预计销售金额。因为企业在不同期间资金实际需要量的大小是同该期间的经营业务量的多少相适应的，虽然企业的生产经营活动比较复杂，影响资金变动的因素也不只一个，但就一个特定的年度（或季度、月份）而言，导致资金发生变动的最直接、最重要的因素是产品销售收入的变动。所以，良好的销售预测是资金预测的主要依据。通过确定销售收入和资金需要量之间相互关系的基本模式，可以推算出销售收入处在某一特定水平上的资金需要量。

（一）回归分析法

资金预测的回归分析法就是应用最小平方法原理，对过去若干期间的销售额及资金占用总额的历史资料进行分析，确定反映销售收入总额(x)与资金占用总额(y)之间相互关系的回归直线($y=a+bx$)，并据以预测计划期的资金需要量的一种方法。

【例 9—24】 某公司最近五年销售收入和资金占用总量的历史资料，如表 9—18 所示。

表 9—18 **某公司最近五年的销售收入和资金占用额**

单位：万元

年 度	2011	2012	2013	2014	2015
销售收入	180	195	192	200	225
资金总额	116	122	120	124	130

该公司计划年度(2016 年)的销售收入总额预测值为 300 万元，已有资金 80 万元，要求预测计划年度(2016 年)需要追加多少资金?

解：(1)根据回归分析法原理对给定的历史资料进行加工、整理，编制计算表，如表 9—19 所示。

表 9—19 **回归分析计算表**

单位：万元

年度	销售收入(x)	资金占用额(y)	xy	X^2
2011	180	116	20 880	32 400
2012	195	122	23 790	38 025
2013	192	120	23 040	36 864
2014	200	124	24 800	40 000
2015	225	130	29 250	50 625
$n=5$	$\sum x=992$	$\sum y=612$	$\sum xy=121\ 760$	$\sum x^2=197\ 914$

(2)将表 9—19 中最后一行数据代入求 a 与 b 的公式中：

$$a=\frac{\sum y-b\sum x}{n}=\frac{612-0.3080\times 992}{5}=61.2928$$

$$b=\frac{n\sum xy-\sum x\sum y}{n\sum x^2-(\sum x)^2}=\frac{5\times 121\ 760-992\times 612}{5\times 197\ 914-(992)^2}=0.3080$$

(3)将 a 与 b 的值代入资金需要量(y)的公式中：

预计 2016 年资金需要总量(y) $=a+bx=61.2928+0.3080\times 300$

$=153.6928$(万元)

∴2016 年需要追加资金 $=153.6928-80=73.6928$(万元)

(二)销售百分比法

销售百分比法就是根据资金各个项目与销售收入总额之间的依存关系，按照计划期销售额的增长情况来预测需要相应追加多少资金的方法。

销售百分比法一般按以下三个步骤进行：

1. 分析基期资产负债表中各个项目与销售收入总额之间的依存关系。

(1)资产类项目——周转中的货币资金、正常的应收账款和存货等流动资产项目，一般都会因销售额的增长而相应地增加。而固定资产是否要增加，则需视基期的固定资产是否已被充分利用。如尚未充分利用，则可通过进一步挖掘其利用潜力，即可产销更多的产品；如基期对固定资产的利用已达饱和状态，则增加销售额就需要扩充固定资产。至于长期投资和无形资产等项目，一般不随销售额的增长而增长。

(2)负债与权益类项目——应付账款、应付票据、应交税费和其他应付款等流动负债项目，通常会因销售额的增长而自动增加。至于长期负债和股东权益等项目，则不随销售额的增长而增加。

此外，计划期所提取的折旧准备(应减除计划期用于更新改造的金额)和留存收益两个项目，通常可作为计划期内需要追加资金的内部资金来源。

2. 将基期的资产负债表各项目用销售百分比的形式另行编表。

3. 按下列公式计算计划期预计需要追加的资金数额：

$$\text{计划期预计需要追加的资金数额}=\left(\frac{A}{S_0}-\frac{L}{S_0}\right)(S_1-S_0)-D_1-S_1R_0(1-d_1)+M_1$$

式中：S_0——基期的销售收入总额；

S_1——计划期的销售收入总额；

A——基期随销售额变动而变动的资产项目总额；

L——基期随销售额变动而变动的负债项目总额；

D_1——计划期提取的折旧减去用于固定资产更新改造后的余额；

R_0——基期的税后销售利润率；

d_1——计划期的股利发放率；

M_1——计划期的零星资金需要量。

【例 9—25】 某公司在基期(2015 年)的实际销售收入总额为 500 000 元，税后净利 20 000 元，发放普通股股利 10 000 元。假定基期固定资产利用率已达到饱和状态。该公司 2015 年末简略资产负债表如表 9—20 所示。

表 9—20　　**资产负债表**

编制单位：××公司　　2015 年 12 月 31 日　　单位：元

资　产		权　益	
1. 现金	15 000	1. 应付账款	75 000
2. 应收账款	127 500	2. 应交税费	37 500
3. 存货	150 000	3. 长期负债	172 500
4. 厂房设备(净额)	225 000	4. 普通股股本	300 000
5. 无形资产	82 500	5. 留存收益	15 000
资产总计	600 000	权益总计	600 000

若该公司在计划期(2016 年)销售收入总额将增至 1 200 000 元，并仍按基期股利发放率支付股利；折旧准备提取数为 30 000 元，其中 70%用于改造现有的厂房设备；计划期零星资金需要量为 21 000 元。要求预测 2016 年需要追加资金的数量。

解：(1)先根据 2015 年年末资产负债表各项目的性质，分析研究各项资金与当年销售收入总额的依存关系，并编制该年度用销售百分比形式反映的资产负债表，如表 9—21 所示。

表 9—21　　××公司资产负债表
（用销售百分比反映）

资产		权益	
1. 现金	3%	1. 应付账款	15%
2. 应收账款	25.5%	2. 应交税费	7.5%
3. 存货	3%	3. 长期负债	（不适用）
4. 厂房设备（净额）	45%	4. 普通股股本	（不适用）
5. 无形资产	（不适用）	5. 留存收益	（不适用）
$\frac{A}{S_0}$ 合计	76.5%	$\frac{L}{S_0}$ 合计	22.5%

（2）将以上各有关数据代入公式，计算计划期需要追加资金的数量。

$$\begin{aligned}\text{计划期(2016 年)预计需追加的资金数额} &= \left(\frac{A}{S_0}-\frac{L}{S_0}\right)(S_1-S_0)-D_1-S_1R_0(1-d_1)+M_1\\ &=(76.5\%-22.5\%)\times(1\ 200\ 000-500\ 000)-(30\ 000-21\ 000)\\ &\quad -\left(1\ 200\ 000\times\frac{20\ 000}{500\ 000}\right)\times\left(1-\frac{10\ 000}{20\ 000}\right)+21\ 000\\ &=366\ 000(\text{元})\end{aligned}$$

第三节　决策分析

正确的决策对于一个企业的生存和发展至关重要。一个处于困境中的企业常常由于管理者的正确决策而起死回生，一个经营良好的企业也可能因为一个错误决策而陷入困境。

所有决策的目的都是如何使企业目标最优化。决策是面向未来的，而未来含有许多不确定性因素，因此，良好的预测是决策的基础，是决策科学化的前提。同时，决策是规划的基础，没有具体的决策结论，就无法做出相应的计划和预算，也无法进行相应的控制和考核。

决策可以按不同的标准进行分类。按决策的内容，可分为经营决策和资本支出决策。

一、经营决策分析

经营决策分析即通过计算、分析和比较有关短期经营决策方案的优劣，据以作出选择的过程。经营决策分析不外乎是在本、量、利之间进行总量或差量的比较和优选。常用的决策分析方法有差量分析法、贡献毛益分析法、成本平衡点法等。下面我们通过案例说明常见的经营决策分析。

（一）定价决策

产品定价决策是指企业根据市场及相关因素确定其销售价格的决策，它是企业一项重要的经营决策。在市场经济条件下，企业产品的价格必然要与市场的需求相联系，受到市场供需法则的制约。市场环境复杂多变，定价决策必须具有一定的灵活性。下面介绍几种常用的定价方法。

1. 以完全成本为基础的定价

以完全成本为基础的定价是按产品的完全成本加上一定百分比的利润确定产品售价的方法。其定价模型为：

单价＝预计单位产品完全成本×(1＋利润加成率)

2. 以变动成本为基础的定价

以变动成本为基础的定价是指在产品变动成本的基础上加上一定数量的边际贡献，以此确定产品的销售价格。此法一般使用于在企业尚有剩余生产能力的情况下，衡量是否接受追加订货的产品价格的标准。其定价模型为：

产品单价＝产品单位变动成本÷(1－边际贡献率)

3. 以市场为基础的定价

以市场为基础的定价是指企业制定产品售价主要以市场需求和消费者对特定价格水平的接受程度作为客观依据。以市场需求为定价基础的基本出发点是价格与市场需求量呈相反方向的变化，价格高则需求量小，价格低则需求量大。市场需求量对企业的产销量有直接的制约作用。在产品供不应求时，可适当提高产品的售价，但同时产销量可能会减少；在供过于求时，则可适当降低产品的售价，以增加销售量。以市场需求为基础的定价决策的关键问题在于，在售价与销售量之间寻求一种平衡，从而使得企业的利润能够最大。

以市场需求为基础制定产品售价，一般可采用微分极值法和边际分析法求得。

(二)生产决策

1. 生产或增产某种产品的决策

如利用现有的生产设备来决策生产哪一种产品为宜，应以生产哪种产品能为企业提供较大的边际贡献作为决策的依据。

【例 9－26】 某公司利用现有设备可生产 A 产品或 B 产品，有关产品的生产资料如表 9－22所示。

表 9－22 **产品的生产资料** 单位：元

	A 产品	B 产品
可销售数量(件)	11 000	15 000
销售单价	15	12
单位变动生产成本	6	4
固定制造费用	56 000	56 000
单位变动销售及管理费用	3	3
固定销售及管理费用	8 500	8 500

生产哪种产品提供的边际贡献较多？

A 产品的边际贡献总额＝11 000×(15－6－3)＝66 000(元)

B 产品的边际贡献总额＝15 000×(12－4－3)＝75 000(元)

由此可以看出，该设备用于生产 B 产品比用于生产 A 产品可多获边际贡献 9 000 元(75 000－66 000)，因此以生产 B 产品为宜。

如为了把剩余的生产能力充分利用起来增产产品，增产哪一种产品为宜，则应以分析比较每一机器小时用于生产不同的产品能提供多少边际贡献作为决策的依据。

【例 9－27】 某企业目前生产甲、乙、丙三种产品，有关资料如表 9－23 所示。目前生产能力(用机器小时表示)的利用程度只达到 85%，那么剩余 15%的生产能力应利用起来增产哪种产品为宜？

表 9—23 产品生产资料 单位:元

	甲产品	乙产品	丙产品
售价	60	68	40
变动成本	30	44	24
边际贡献	30	24	16
固定成本	10	6	2
税前利润	20	18	14

固定成本按机器小时分配,每小时1元。

从表9—23中可以看出,甲产品每单位能提供较多的利润。那么,剩余的生产能力是否就应用于增产甲产品呢?其实并不是。虽然甲产品的单位利润较高,但每单位需用的机器小时也较多,将剩余的生产能力用来生产甲产品,并不一定能为企业带来较多的利润。我们必须分析比较每一产品的单位机器小时所能提供的边际贡献,如表9—24所示。

表 9—24 每一产品的单位机器小时所能提供的边际贡献

	甲产品	乙产品	丙产品
单位产品边际贡献(元)	30	24	16
每单位产品需用机器小时	10	6	2
每机器小时能提供的边际贡献(元)	3	4	8

由于每机器小时用于生产丙产品能提供较多的边际贡献,所以,剩余的生产能力用于增产丙产品为宜。

2. 特殊订货的决策

特殊订货的决策是指是否接受客户低于正常售价的追加订货的选择。一般决策时要结合生产能力的范围来考虑。

对于特殊的订货,如果企业是利用剩余生产能力来生产,即追加的订货不会引起固定成本变动,而不接受订货时,相应的剩余生产能力也不能转移,因此,不会产生机会成本。在这种情况下,决策分析时可不考虑固定成本,只需考虑变动成本。因此,只要追加订货客户的出价高于产品的单位变动成本(若有专属固定成本,还应补偿专属固定成本),该追加订货就是可接受的。

对于超越生产能力允许范围的特殊订货,如果接受订货,就存在两种情况:一种是压缩正常订货,满足特殊订货;另一种是扩大生产能力,增加固定成本,以满足特殊订货。

无论哪种情况,决策的原则都是将特殊订货前后的利润进行比较,对企业有利的就可以接受。

【例9—28】 某企业原有生产能力可以生产20 000件A产品,原正常销售量为15 000件,单位售价为20元,单位变动成本为12元。现有一客户提出订货8 000件,每件售价为16元,是否要接受这批订货?

因为客户的特殊订货是8 000件,加上原有的15 000件,销售量超过了生产能力3 000件,这样一来,如果接受特殊订货,就必须压缩正常的销售量3 000件,在决策时:

首先,计算特殊订货的边际贡献:

8 000×(16−12)=32 000(元)

其次，计算压缩正常订货所损失的边际贡献：

3 000×(20－12)＝24 000(元)

由此可以看出，由于特殊订货的边际贡献大于压缩正常订货所损失的边际贡献，所以，这批特殊订货可以接受。

【例 9－29】 某企业本年计划生产甲产品 2 000 件，生产能力为 2 400 件，正常售价为每件 200 元，单位变动生产成本为 90 元，单位固定性制造费用为 20 元。现有一客户要向该企业追加订货 600 件甲产品，价格为每件 140 元，追加订货要求追加 2 400 元专属成本。若不接受追加订货，剩余能力可以转移，对外出租可获租金收入 600 元。要求决策是否接受特殊订货。

首先，计算特殊订货的边际贡献：

(140－90)×600＝30 000(元)

其次，计算压缩正常订货所损失的边际贡献：

(200－90)×200＝22 000(元)

再考虑追加专属成本 2 400 元，机会成本 600 元。综合以上因素考虑，接受特殊订货可以增加利润 5 000 元，因而可以接受。

3. 零部件自制或外购的决策

产品的零部件是自制还是外购合算？对于这类问题的决策，主要是比较成本的高低。外购零部件的进货成本包括购价、运费、验收费等，自制成本包括直接材料、直接人工、变动制造费用等，将这两部分成本进行比较，选取成本低的方案。

(1)零部件需要量已知情况下的决策

【例 9－30】 某企业产品中有一零件甲，年需要量为 8 000 件，若该企业目前有剩余生产能力可以制造甲零件，有关自制成本如下：单位变动成本为 48 元，专属固定成本总额为 24 000 元，分配的固定成本为 16 000 元。现有一专门生产甲零件的厂商，愿以每件 58 元的价格供应 8 000 件甲零件。假定该企业如不制造甲零件，生产设备也没有其他用途，要求作出甲零件是自制还是外购的决策分析。

由于该企业有剩余生产能力可以利用，它原有的固定成本不会因自制而增加，也不会因外购而减少，该项成本属于无关成本，所以，自制甲零件的成本为：

8 000×48＋24 000＝408 000(元)

外购甲零件的成本为：

8 000×58＝464 000(元)

根据以上分析可见，甲零件如采用自制方案，可节约成本 56 000 元，因此以自制为宜。

(2)在零部件需要量未知情况下的决策

对于零部件需要量未知情况下的决策，应先求出成本平衡点，再根据零件不同的需要量，合理地安排自制或外购。

【例 9－31】 某零件外购价每件 20 元，如果自制，单位变动成本为 8 元，生产该零件须追加固定成本 30 000 元，要求作出该零件是自制还是外购的决策。

一般我们假设生产 x 件零件时，自制成本刚好等于外购成本，则：

$8x+30\ 000=20x$

$12x=30\ 000$

$x=2\ 500$(件)

因此，当需要量大于 2 500 件时，应自制该零件；当需要量小于 2 500 件时，应外购该零件。

4. 亏损产品应否停产的决策

在生产多种产品的企业，总会有一些产品的盈利能力较强，而另一些产品则盈利能力较弱，甚至亏损。对于这些亏损产品，是应该继续生产还是停产或转产，企业管理者应作出正确的决策。从以利润最大为目标的短期经营决策分析的角度考虑，亏损产品如果仍然提供贡献毛益，而有关设备即使停产也无其他用途的情况下，仍应保留该产品的生产；如果亏损产品停产后，有关设备、人员能有其他用途，则应具体分析。如果该产品无贡献毛益，那么，生产得越多，亏损得也就越多，就不宜再生产了。

【例 9—32】 某厂原生产 A、B、C 三种产品，其中 C 产品发生亏损，有关资料如表9—25所示。

表 9—25 　产品生产资料 　单位：元

项　目	A 产品	B 产品	C 产品	合　计
销售收入	40 000	60 000	20 000	120 000
变动成本	25 000	40 000	15 000	80 000
贡献毛益	15 000	20 000	5 000	40 000
固定成本	8 000	8 000	7 000	23 000
利润	7 000	12 000	−2 000	17 000

要求：作出 C 产品是否要停产的决策分析。

C 产品虽然亏损 2 000 元，但能提供 5 000 元的贡献毛益，这说明 C 产品在经济上对企业还是有利的。如果停产 C 产品，不仅减少了贡献毛益，而且把 C 产品所负担的固定成本全部转嫁到 A、B 产品上，使 A、B 产品的利润额要相应减少，整个企业的利润也要减少，其减少额正是 C 产品所提供的贡献毛益额(5 000 元)。因此，C 产品不能停产，应继续生产。

二、资本支出决策分析

资本支出是企业实现战略目标资本增值的重要途径，特点是金额大，资金占用的时间较长，风险较大。资本支出决策的正确与否，事关企业的生死存亡，因此，对资本支出决策应有一套严密的程序。

(一)资本支出决策分析的基础

在进行资本支出决策分析时，应牢固树立货币时间价值的观念，并运用现金流量作为决策分析的依据。

1. 货币时间价值

货币具有时间价值，不同时间的 1 元钱是不等值的，或者说它们不具有可比性。资本支出项目由于具有影响时间长的特点，资金的投入与收益往往发生在不同时间，而不同时间收付的资金不能直接相比，否则将导致决策错误。因此，在资本支出项目评价中，必须将发生于各不同时点的现金流入量和现金流出量进行时间价值的计算，将它们全部折算为同一时点上的值，使之具有可比性后，方能比较、确定资本支出项目的财务收益好坏，方能进行可行与否的决策。所以，树立货币时间价值观念是正确进行资本支出项目评价的前提。

所谓货币时间价值，是指在不考虑通货膨胀和风险的情况下，同一货币量在不同时间的价值量的差额。假设目前的利率是 10%，现在的 1 元钱在 1 年后就不再是 1 元钱，而是 1.1 元，而这 0.1 元的差额就是货币时间价值。由此可见，1 年后的 1 元与现在的 1 元不等值。货币时间价值的本质是价值增值，是货币投入生产经营使用后，在循环周转过程中所新创造或增加的价值。显然，货币的投资占用时间越长，循环周转的次数越多，其价值增值量也应越大，货币时间价值也就越多。

从现象上看，货币时间价值非常近似于利息或利率，因此，货币时间价值的计量通常采取终值、现值的形式。不过，必须采取复利计息的方法计算。复利是指复合利息，俗称“利滚利”，是指不仅计算本金的利息，而且计算利息的利息。现值即现在的价值，类似于本金；终值即未来值，类似于本利和。

(1)复利终值

复利终值就是复利计息时的本利总和。

如果我们假设 P 为本金，i 为利率，n 为时期，S 为复利终值，则复利终值 S 的计算公式为：

$$S=P(1+i)^n$$

式中，$(1+i)^n$ 被称为复利终值系数，或称 1 元的复利终值，也可表示为 $CF_{i,n}$。$CF_{i,n}$ 值可查“1 元复利终值系数表”求得。因此，复利终值的计算公式也可表示为：

$$S=P\times CF_{i,n}$$

【例 9—33】 李先生今年年初存入银行 50 000 元，定期 5 年，若 5 年定期银行存款的年利率为 5%，那么到期时的本利和(复利计息)是多少？

由“1 元复利终值系数表”可知：$CF_{5\%,5}=1.276$，所以：

$S=50\ 000\times(1+5\%)^5=50\ 000\times1.276=63\ 800$(元)

(2)复利现值

复利现值是指一定时期后的一定货币量，按复利计息法折算所得现在的价值。复利现值与复利终值互为逆运算。现值的计算也称为折现，折算现值所用的利率称为折现率。

假设 P 为现值，S 为未来值，i 为利率，n 为折现期，则复利现值的计算公式为：

$$P=S\div(1+i)^n=S\times1\div(1+i)^n$$

式中，$1\div(1+i)^n$ 被称为复利现值系数，或称 1 元的现值，也可表示为 $DF_{i,n}$。$DF_{i,n}$ 值可查“1 元复利现值系数表”求得。因此，复利现值的计算公式也可表示为：

$$P=S\times DF_{i,n}$$

【例 9—34】 张先生希望在 10 年后得款 300 000 元用于子女的出国学习费用，若 10 年定期银行存款年利率为 8%，那么，他现在应一次性存款多少元(复利计息)？

我们可以计算：

$P=300\ 000\div(1+8\%)^{10}=300\ 000\times DF_{8\%,10}$

查“1 元复利现值系数表”可知：$DF_{8\%,10}=0.463$，所以：

$P=300\ 000\times0.463=138\ 900$(元)

(3)年金终值和年金现值

所谓年金，是指依照相同时期间隔在连续若干期收入或付出的一系列金额相等的款项。年金包括普通年金、即付年金、递延年金、永续年金等多种形式。普通年金是指收付发生在每期期末的年金，又称后付年金；即付年金是指收付发生在每期期初的年金，又称预付年金；递延年金是指前一期或前几期没有收付款项，递延到一定时期后才开始发生收付的年金，又称延期年金；永续年金是指没有确定收付款期限，近似于无穷数列的年金。无论哪一种年金，其终值和现值的计算都是以复利制度为基础的。由于普通年金以外的各种形式的年金都是普通年金的转化形式，所以，下面仅对普通年金终值和现值做简要的说明。

假设以 S_A 表示普通年金的终值，其他符号的含义同前，则有：

$$S_A=A\times[(1+i)^n-1]\div i$$

式中，$[(1+i)^n-1]\div i$ 称为年金终值系数，或称为 1 元年金的终值，也可以表示为 $ACF_{i,n}$。因此，年金终值的计算公式也可表示为：

$$S_A=A\times ACF_{i,n}$$

式中的 $ACF_{i,n}$ 可查"1 元年金终值系数表"求得。

假设以 P_A 表示普通年金现值，其他符号的含义不变，则有：

$$P_A=A\times[1-(1+i)^{-n}]\div i$$

式中，$[1-(1+i)^{-n}]\div i$ 称为年金现值系数，或称为 1 元年金的现值，也可以表示为 $ADF_{i,n}$。因此，年金终值的计算公式也可表示为：

$$P_A=A\times ADF_{i,n}$$

式中的 $ADF_{i,n}$ 可查"1 元年金现值系数表"求得。

2. 现金流量

资本支出项目相关的现金流量是指特定的资本支出项目在其整个寿命周期内所发生的现金流入量和现金流出量的总称，它是资本支出决策分析中最基础的数据。现金流量是建立在收付实现制基础之上的收、支概念，应用现金流量的概念可以更恰当地进行时间价值的计算，可以更客观地说明资本支出项目相关的财富积聚情况。

资本支出项目相关的现金流入是指该项目直接引起的企业现金流入的增加额，通常包括经营收入、固定资产残值收入、垫支营运资本的收回以及其他现金流入。资本支出项目相关的现金流出是指该项目直接导致的企业现金流出的增加额，通常包括建设性投资支出、垫支的营运资本、经营性支出以及其他现金流出。现金流入量和现金流出量的差额为现金净流量(NCF)，其计算公式为：

现金净流量＝现金流入量－现金流出量

由于现金流入量和现金流出量在项目计算期内不同阶段上的内容不同，因此，各阶段现金净流量也表现出不同的特点。例如，建设期内现金净流量通常小于或等于零，而经营期内现金净流量一般要大于零。综合现金净流量在不同阶段上的特点和内容，可将其计算公式进一步表示如下：

某年现金净流量＝－当年的投资额(1)＋当年的净利润(2)＋当年计提的折旧(3)＋当年的回收额(4)

上式中的第(1)项通常发生在项目建设期，表示现金的流出量。第(2)项和第(3)项通常发生在经营期，两者之和表示经营期的年净现金流量。之所以用净利润加上当期计提的折旧，是因为在计算净利润过程中所扣除的折旧费用均为当期的非付现费用，而从计算现金净流量的角度看，把非付现费用从现金流入量中扣除是不合理的，所以应加上折旧。第(4)项通常发生在项目的终结期，具体内容包括固定资产的残值收入和垫支流动资金的回收等。

【例 9－35】 某企业投资 130 000 元购买机器一台，可用 5 年。期满有残值 10 000 元。该设备投入使用后每年可增加营业收入 80 000 元，同时付现成本将增加 36 000 元。假定按直线法计提折旧，所得税税率为 25%，计算经营期的年现金净流入量。

经营期的年现金净流入量＝税后净利润＋折旧

折旧额＝(130 000－10 000)÷5＝24 000(元)

现金净流量＝[80 000－(36 000＋24 000)]×(1－25%)＋24 000＝39 000(元)

(二)资本支出决策分析的方法

资本支出决策分析的方法按是否考虑货币时间价值，分为静态分析方法和动态分析方法两大类。静态分析方法的评价指标包括年均投资报酬率和投资回收期两种。动态分析方法的评价指标包括净现值、现值指数、投资回收期和内含报酬率四种。下面我们主要介绍考虑货币时间价值的动态分析方法。

1. 净现值法

净现值法是通过计算确定净现值进行资本支出项目评价的方法，其评价标准是净现值是否大于0。

所谓净现值(NPV)，是指从资本支出项目开始投资直至项目寿命终结，所有现金流量按资本成本或其他特定的折现率计算的现值之和，亦可表述为未来现金净流量的现值总额与初始投资现值总额的差额。对于单一投资项目，净现值大于零是项目可行的必要条件。净现值越大，方案越优。

(1)年现金净流入量相等

净现值＝年现金净流入量×年金现值系数－投资现值

【例9－36】 某企业购入设备一台，价值25 000元，经营期为5年，年现金净流入量为8 000元，若贴现率为8%，则：

净现值$=8\,000\times ADF_{8\%,5}-25\,000$

$=8\,000\times 3.993-25\,000$

$=6\,944$(元)

(2)年现金净流入量不相等

净现值＝∑(各年的现金净流入量×各年的现值系数)－投资现值

【例9－37】 假定【例9－36】中，各年的现金净流入量分别为5 000元、6 000元、8 000元、10 000元、12 000元，其余资料不变，则：

净现值$=5\,000\times DF_{8\%,1}+6\,000\times DF_{8\%,2}+8\,000\times DF_{8\%,3}+10\,000\times DF_{8\%,4}+12\,000\times DF_{8\%,5}-25\,000$

$=5\,000\times 0.926+6\,000\times 0.857+8\,000\times 0.794+10\,000\times 0.735+12\,000\times 0.681-25\,000$

$=6\,646$(元)

2. 现值指数法

现值指数是指投资项目未来报酬(净现金流量)的总现值与原始投资额现值的比率，现值指数越大，方案越优；单一方案决策时，现值指数大于1，方案才可取。

【例9－38】 仍依据【例9－36】的资料，计算该项目的现值指数。

现值指数$=8\,000\times ADF_{8\%,5}\div 25\,000$

$=8\,000\times 3.993\div 25\,000$

$=1.278$

现值指数是一个相对数，它解决了不同投资额方案间的净现值缺乏可比性的问题。

3. 投资回收期法

项目的投资回收期可以用静态法来确定，也可以用动态法来确定。以动态法确定投资回收期要考虑货币时间价值因素，即以折现后的现金流量计算投资回收期。单一方案的投资项目投资回收期一般不能长于项目投资有效期的一半，多个方案选优则以回收期最短者为好。

【例 9－39】 某企业购入设备一台，价值 100 000 元，可用 5 年，每年的现金净流入量为 40 000 元，假定贴现率为 10%，求项目回收期。

首先，求出使得投资正好回收，即净现值为零的年金现值系数。即：

年现金净流入量×年金现值系数－投资＝0

所以：

使得净现值为零的年金现值系数＝投资÷年现金净流入量

＝100 000÷40 000

＝2.5

其次，查表确定项目投资回收期的范围。可根据已知的贴现率(i)查表求出 n。由于项目的投资回收期正好是整数年限的可能性很小，所以，只能先确定它的范围，即项目的投资回收期在哪相邻两年之间。

查表可知：

$ADF_{10\%,3}=2.487$

$ADF_{10\%,4}=3.170$

即项目的投资回收期在 3～4 年之间。

最后，用插值法求出项目的投资回收期。

n			年金现值系数		
3	x	1	2.487	0.013	0.683
n			2.500		
4			3.170		

$x\div 1=0.013\div 0.683$

$x=0.019$

所以，当年金现值系数为 2.50 时的 n 应为 3＋0.019＝3.019(年)

4. 内含报酬率法

内含报酬率法是指未来现金流入量现值等于未来现金流出量现值的贴现率，或者说是使得净现值等于零时的贴现率。内含报酬率大于资本成本，方案可行；反之则不可行。在多个方案中择优时，则以内含报酬率大者为优。

在年现金净流入量相等的情况下，内含报酬率可采用插值法计算，其步骤和思路与求投资回收期相似，但含义有所不同。我们根据【例 9－38】的资料，计算内含报酬率。

首先，求出使得净现值为零的年金现值系数。

使得净现值为零的年金现值系数＝投资÷年现金净流入量

＝100 000÷40 000

＝2.5

其次，查表确定内含报酬率的范围。这里已知年金现值系数与 n，求 i。

$ADF_{25\%,3}=2.689$

$ADF_{30\%,5}=2.436$

因此，内含报酬率在 25%～30%之间。

最后，用插值法求出内含报酬率。

i			年金现值系数		
25%	x	5%	2.689	0.189	0.253
i			2.500		
30%			2.436		

$x \div 5\% = 0.189 \div 0.253$

$x = 3.74\%$

则内含报酬率为 28.74%。

第四节　预算管理

一、预算的意义和作用

所谓预算，就是用货币来计量，将决策目标所涉及的经济资源的配置，以计划的形式具体地、系统地反映出来。简而言之，预算就是决策目标的具体化。

预算是企业经济活动全部计划的数量形式的反映，为企业整体及其各个方面确立了明确的目标和任务。它明确了每个职能部门的管理人员在计划期内的具体工作，从而保证了各部门和整个企业工作的顺利运行。其作用概括起来有以下三点：

1. 明确奋斗目标，控制业务活动

通过编制预算，不仅能帮助企业各部门管理人员和员工明确整个企业的奋斗目标，而且能够明确在完成总目标和任务中各自的具体目标和任务。预算一经制定，就必须付诸实施。在预算执行过程中，各有关部门应以全面预算为根据，通过计量、对比，及时发现实际偏离预算的差异数额，并分析其原因，以便采取有效的补救措施，保证预定目标的实现。因此，预算是控制企业日常经济活动的主要依据。

2. 沟通、协调企业内各部门的工作

企业以预算的形式向每个员工表达企业的计划，所有员工便会清楚他们在实现这些目标中的作用。这样，可以使企业的各项经济活动，在企业统一目标的指引下协调地进行。还可以避免各个部门由于过分强调部门利益而带来矛盾，从而使各部门的预算相互衔接，环环相扣。例如，在“以销定产”的经营方针下，生产预算应以销售预算为前提，而现金预算必须以供、产、销过程中的现金流量为依据。

3. 分析比较，评价工作业绩

在执行预算的过程中，实际偏离预算的差异不仅是控制企业日常经济活动的主要依据，也是评定各部门、各单位和全体职工工作业绩的重要标准。通过对比和分析，可以划清和落实经济责任，并根据责任情况给予一定的奖惩，促使企业和各部门为完成预算目标而努力工作。同时，还可以根据分析情况，发现预算本身的问题，有利于改进下期预算的编制工作。

二、预算的编制方法

预算的编制方法有固定预算、弹性预算、零基预算、滚动预算、概率预算等，下面对各种编制方法逐一介绍。

（一）固定预算与弹性预算

1. 固定预算

预算按其是否可以根据业务量进行调整，分为固定预算和弹性预算两种。固定预算是一种最基本的预算编制方法，是根据预算期内正常的可实现的某一业务量水平而编制的预算。该方法所涉及到的各项预定指标均为固定数据，这种方法也叫静态预算。

固定预算的控制性仅限于实际业务量水平与预期业务量水平相近的情况，这种预算编制的方法简便易行，用来考核非营利组织或业务量水平较为稳定的企业比较合适。但由于市场情况变幻莫测，许多企业难以准确预计市场需求，当实际业务量水平与预算确定的业务量水平相差甚远时，用固定预算就很难正确地考核和评价预算的执行情况，从而降低了预算的控制和考核作用。弹性预算则能弥补这一缺陷。

2. 弹性预算

弹性预算是指按照预算期内可预见的多种业务量水平所编制的，能够适应不同业务量情况的预算。其预算编制的依据不是某一固定的业务量，而是一个可预见的业务量范围，因而使预算具有伸缩弹性，增强了预算的适用性。

从理论上说，所有的预算都可以采用弹性预算的方法，但在实际工作中，从经济实用的角度出发，弹性预算大多用于成本、费用、利润预算的编制。

弹性预算的基本运作方式是在可预见的业务量范围内，根据收入、成本、费用、利润的不同性态，按照一定业务量间隔，分别确定其预算额，并汇总列入一个预算表格中。一般业务量的间隔通常以5%～15%为宜，这是因为间隔太大将失去弹性预算的优点，间隔太小则会增加不必要的预算编制工作量。

成本的弹性预算要先按照成本性态，将成本分为固定成本和变动成本两大类，然后选择一个最能代表本部门生产经营活动水平的计量单位（如产量单位、直接人工小时、机器小时等），确定合适的业务量范围，从而计算出预算期内各业务量水平的预算额。

销售与管理费用的弹性预算是以销售量作为计算基础，确定合适的销售量范围，从而编制销售与管理费用的弹性预算表。

利润的弹性预算是以期望的各种销售量为出发点，按照成本习性，扣减相应的成本，借以分别确定不同销售量可能实现的利润或发生的亏损。

比如，某企业2016年的利润弹性预算，根据有关资料进行综合编制，如表9－26所示。

表9－26　某企业2016年的利润弹性预算　　单位：元

项　目	单位预算	弹性预算		
销售数量		35 000	40 000	45 000
销售收入	46.00	1 610 000	1 840 000	2 070 000
变动成本	32.80	1 148 000	1 312 000	1 476 000
其中：变动制造费用	31.50	1 102 500	1 260 000	1 417 500
变动销售费用	0.90	31 500	36 000	40 500
变动管理费用	0.40	14 000	16 000	18 000
贡献毛益	13.20	462 000	528 000	594 000
固定成本	367 500	367 500	367 500	367 500

续表

项　目	单位预算	弹 性 预 算		
其中:固定制造费用	194 250	194 250	194 250	194 250
固定销售及管理费用	173 250	173 250	173 250	173 250
营业利润		94 500	160 500	226 500

由表9—26可见，弹性预算的适用性较强，但其工作量也较大。关键是要掌握弹性预算的概念及其原理，即收入、成本、费用的性态特征及其对利润的影响。其中，收入和变动性成本、费用随业务量正比例增减变动，应重点控制其单位额；固定性的成本、费用则不受业务量的影响，相对固定不变，应重点控制其总额。因此，如果掌握了表9—26中的“单位预算”，预算就自动地具备了弹性的特征，即可随时根据需要对预算进行弹性调整。

弹性预算的主要优点是：弹性预算可根据一系列业务量水平或实际业务量水平编制或调整；它扩大了预算的使用范围，并为实际结果与预算的比较提供了一个动态的基础，从而使预算执行情况的评价和考核更具有客观性。

(二)零基预算

零基预算即以零为基础的预算，是指在编制预算时，不考虑过去情况如何，对所有业务活动都重新进行评价，从根本上去考虑其必要性和规律的预算编制方法。它是相对于传统预算中的增量预算的不足而设计的。传统的增量预算是以前期的实际执行结果为基础，根据预算期内有关业务量预期的变化进行适当的调整，从而确定预算期的预算数。因此，增量预算会使新的预算受到既成事实的影响，并容易使某些不合理因素得以长期沿袭，容易造成预算的不足，或者是安于现状，造成预算浪费。为此，美国的维恩·刘易斯于1952年发表了《预算编制理论新解》一文，最早提出了零基预算的理论。其后，美国得克萨斯仪器公司于20世纪70年代初首次使用零基预算成功，随后又在政府预算中得以推广。

零基预算法的具体操作步骤如下：

1. 提出预算项目。企业内部各有关部门根据企业的总体目标和本部门的目标与要求，在充分讨论研究的基础上，提出必须安排的预算项目，并对每一项预算项目说明其性质和目的，详细提出各项业务所需要的开支或费用。

2. 进行成本—效益分析。由企业领导、总会计师等人参加的预算委员会对各部门提出的预算方案进行成本—效益分析，将其所费与所得进行对比，对各个费用开支方案进行评价，然后按效益大小顺序排列。

3. 分配资源，落实预算。企业最高管理当局按照最终的项目排列顺序，根据可动用的资源，进行资源分配。当资源有限，不能满足所有项目的全额所需时，应根据其轻重缓急进行安排，落实预算。

【例9—40】 假设某企业采用零基预算法编制销售与管理费用预算。该企业预算期用于销售和行政管理方面的资金总额为825 000元。销售与管理费用的预算应按以下步骤编制：

第一步，由企业的销售部门和行政管理部门根据本部门的预算目标和具体任务，确定以下必须开支的费用项目及数额：

(1)销售佣金　　84 000元

(2)运输费　　235 500元

(3)广告费　127 500 元
(4)管理人员工资　30 000 元
(5)差旅费　51 000 元
(6)办公费　34 500 元
(7)职工教育经费　37 500 元
(8)保险费　60 000 元
(9)税金　94 500 元
(10)业务招待费　120 000 元

第二步，经过分析研究，认为销售佣金、运输费、管理人员工资、差旅费、办公费、保险费和税金七项开支属于约束性费用性质，在预算期必须全额保证它们对资金的需求；而广告费、职工教育经费、业务招待费三项开支属于酌量性费用性质，可在满足约束性费用资金需求的前提下，将剩余的资金按照它们的重要程度来分配。重要程度可通过三个项目的开支与其给企业带来的收益相对比来确定，通过成本—效益分析，确定资金的分配顺序为：广告费可满足90%，职工教育经费可满足85%，剩余的为业务招待费。

第三步，将预算期可动用的资金在各费用项目之间进行分配，编制预算如下：

1. 全额满足约束性费用的需求，约束性费用所需资金总额为：

84 000+235 500+30 000+51 000+34 500+60 000+94 500=589 500(元)

2. 将剩余的资金在酌量性费用之间进行分配：

广告费分配资金数额=127 500×90%=114 750(元)

职工教育经费分配资金数额=37 500×85%=31 875(元)

业务招待费分配资金数额=825 000−589 500−114 750−31 875
=88 875(元)

零基预算的主要优点是：打破老框框的束缚，既能充分发挥各部门人员的积极性和创造性，又能促使各部门精打细算，合理使用资源，提高全部资源的使用效率。也就是说，必需的功能、作业决定了预算的需要，可用的资源制约着预算的额度。为此，各种间接费用的预算，尤其是职能部门的酌量性费用的预算，应尽可能采用零基预算的方法编制。

(三)滚动预算

滚动预算也称为连续预算或永续预算，是指将预算期始终保持在一个固定期间，连续进行预算编制的方法。其预算期通常以1年为固定长度，每过去1个月或1个季度，便补充1个月或1个季度，永续向前滚动，因此而得名。滚动预算要求在1年中，头几个月的预算要详细、完整，后几个月可以略粗一些，随着时间的推移，原来较粗的预算逐渐由粗变细，后面随之又补充新的较粗的预算，以此往复，不断滚动。滚动预算的运作方式如图9—11所示。

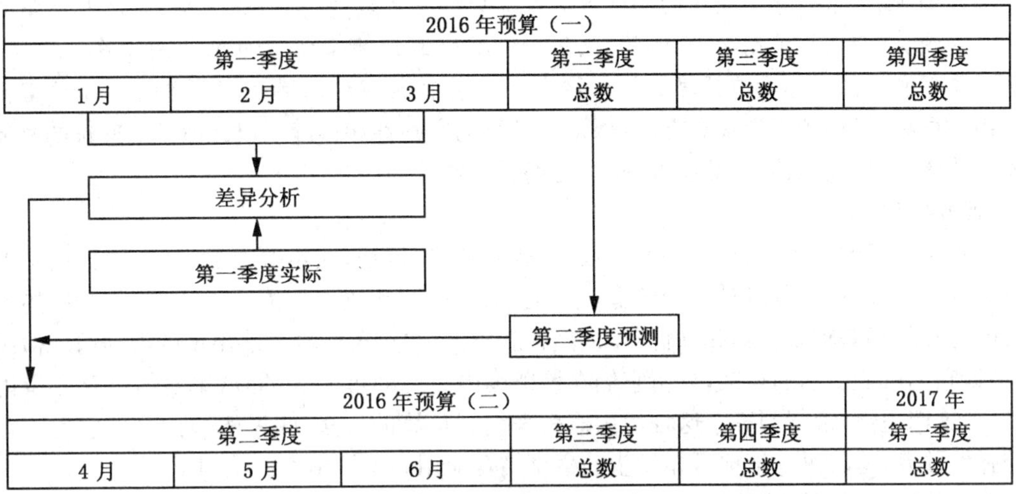

图9—11 滚动预算示意图

【例9—41】 某企业产销A产品，2016年预计销售量如表9—27所示。A产品的单位售价为25元，单位变动性销售费用为12元，每月固定性销售费用总额为16 000元，所得税税率为25%。

表9—27 **2016年A产品预计销售量**

月 份	销售量(件)	月份	销售量(件)
1	4 000	7	4 200
2	3 000	8	4 100
3	3 000	9	4 200
4	4 000	10	4 400
5	4 200	11	4 400
6	4 400	12	4 500

要求：依据以上资料，编制该企业2016年的利润滚动预算。

根据以上资料编制的利润滚动预算表如表9—28所示。

表9—28 **利润滚动预算表** 单位：万元

项 目	第一季度			第二季度	第三季度	第四季度	合 计
	1月	2月	3月				
销售收入	10	7.5	7.5	31.5	31.25	33.25	121
减：变动费用	4.8	3.6	3.6	15.12	15	15.96	58.08
贡献毛益	5.2	3.9	3.9	16.38	16.25	17.29	62.92
减：固定费用	1.6	1.6	1.6	4.8	4.8	4.8	19.2
税前利润	3.6	2.3	2.3	11.58	11.45	12.49	43.72
减：所得税	0.9	0.575	0.575	2.895	2.8625	3.1225	10.93
税后利润	2.7	1.725	1.725	8.685	8.5875	9.3675	32.79

如果2016年第一季度利润的实际数与预算数的差异较小，则可按月编制2016年第二季度的利润预算，并按季编制2016年第三、第四季度和2017年第一季度的利润预算；如果2016年第一季度利润的实际数与预算数的差异较大，则应做相应的调整后，再编制以后的预算。

由上可见，滚动预算的优点在于：保证了预算的完整性和连续性，长计划、短安排的具体做法使预算能适时反映实际经营状况，从而更增强了预算的指导作用。

（四）概率预算

在编制预算的过程中，涉及的变量很多，如业务量、价格、成本等，在生产和销售正常的情况下，这些变量的预计可能是一个定值。但是，在市场波动较大的情况下，对这些变量的预计有可能与实际相差较大。因此，就需要根据客观条件，对有关变量可能出现的波动情况做出估计，估计它们可能变动的范围，分析它们在该范围内出现的可能性（即概率），然后对变量进行调整，计算期望值，编制预算。这种运用概率来编制预算的方法，叫做概率预算。它是一种修正的弹性预算，是将每一事项可能发生的概率结合应用到弹性预算的编制中去。

现举例说明概率预算的编制过程。

【例9—42】 某企业某年预计的有关数字如表9—29所示。

表9—29　　某企业某年预计的有关数字

销售量		销售单价（元）	单位变动成本		固定成本（元）
数量（件）	概率		金额（元）	概率	
12 000	0.3	12	6.15	0.2	30 000
			6	0.5	
			5.85	0.3	
15 000	0.5	12	6.15	0.3	37 500
			6	0.4	
			5.85	0.3	
18 000	0.2	12	6.15	0.3	45 000
			6	0.5	
			5.85	0.2	

根据以上资料，计算利润期望值，如表9—30所示。

表9—30　　利润期望值的计算

销售量	变动成本（元）	固定成本（元）	利润（元）	联合概率	利润期望值（元）	组合
	6.15	30 000	40 200	0.06	2 412	1
	0.2					
12 000	6	30 000	42 000	0.15	6 300	2
0.3	0.5					
	5.85	30 000	43 800	0.09	3 942	3
	0.3					

销售量	变动成本(元)	固定成本(元)	利润(元)	联合概率	利润期望值(元)	组合
	6.15	37 500	50 250	0.15	7 537.5	4
	0.3					
15 000	6	37 500	52 500	0.20	10 500	5
0.5	0.4					
	5.85	37 500	54 750	0.15	8 212.5	6
	0.3					
	6.15	45 000	60 300	0.06	3 618	7
	0.3					
18 000	6	45 000	63 000	0.10	6 300	8
0.2	0.5					
	5.85	45 000	65 700	0.04	2 628	9
	0.2					
				1.00	51 450	

表 9—30 的计算说明，当销售量为 12 000 件、单位成本为 6.15 元、固定成本为30 000元时，利润为 40 200 元[12 000×(12−6.15)−30 000]，而这种情况的可能性(联合概率)为 0.06(0.3×0.2)，所以，利润期望值为 2 412 元。以此类推，汇总计算，得到总利润期望为 51 450 元。

也可以用另一种方法计算如下：

销售收入=(12 000×0.3+15 000×0.5+18 000×0.2)×12=176 400(元)

变动成本=12 000×0.3×(6.15×0.2+6×0.5+5.85×0.3)+15 000×0.5×(6.15×0.3+6×0.4+5.85×0.3)+18 000×0.2×(6.15×0.3+6×0.5+5.85×0.2)=88 200(元)

固定成本=30 000×0.3+37 500×0.5+45 000×0.2=36 750(元)

税前利润=销售收入−变动成本−固定成本

=176 400−88 200−36 750=51 450(元)

由此可见，用概率预算法编制预算的过程中，把各种可预计的可能性都考虑进去了，因而比较接近于客观实际情况，同时还能帮助企业管理当局对各种经营情况及其结果出现的可能性做到心中有数、有备无患。

三、总预算的编制

(一)总预算的基本内容

企业生产经营的总预算是以对市场需求的研究和预测作为基础，以销售预算为主导，包括生产、成本和现金收支等各个方面，并特别重视生产经营活动对企业财务状况和财务成果的预期影响，最后以编制预计的财务报表作为终结的这样一种整体预算。

总预算按其涉及的业务活动领域，可以分为业务预算、专门决策预算和财务预算。

1. 业务预算，主要是反映企业在计划期间日常发生的基本活动的预算，具体包括销售预算、生产预算、直接材料采购预算、直接人工预算、制造费用预算、产品成本预算、销售及管理费用预算等。

2. 专门决策预算，是指企业为不经常发生的长期投资决策项目或一次性专门业务所编制的预算，具体包括资本支出预算和一次性专门业务预算。

3. 财务预算，是指反映企业在计划期内有关现金收支、财务状况和经营成果方面的预算，具体包括现金预算、预计资产负债表和预计利润表。

全面预算是由一系列预算构成的体系，各项预算之间的相互关系如图 9—12 所示。

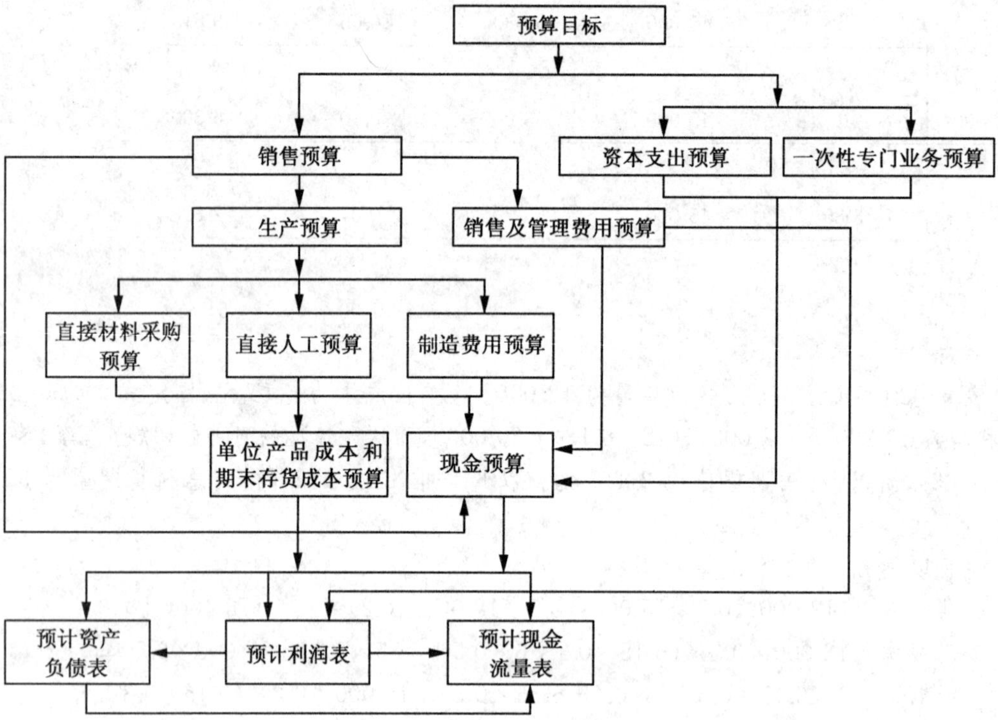

图 9—12　总预算关系图

为了便于理解总预算的编制程序，本节主要以固定预算编制方法为例，对全面预算的具体编制加以说明。

（二）总预算的编制

1. 销售预算

销售预算是总预算编制的起点，是其他经营业务预算和财务预算的基础。销售预算是根据预计的销售量、销售单价、销货款的回收及预计的现金收入编制的。其中，预计的现金收入包括上期销售将于本期收到的现金和本期销售可于本期收到的现金，主要为编制现金预算提供必要的资料。

【例 9—43】 新华公司在计划年度（2016 年）只销售一种产品，销售单价为 75 元，每季销售在当季收到货款的占 40%，其余部分在下季收讫。基期（2015 年）末的应收账款余额为 24 000元。该公司计划年度的分季销售预算，如表 9—31 所示。

表 9—31　　新华公司的销售预算

2016 年度　　单位：元

季　度		1	2	3	4	全　年
销售数量(件)		1 000	1 500	2 000	1 500	6 000
销售单价(元)		75	75	75	75	75
预计销售金额		75 000	112 500	150 000	112 500	450 000
预计现金收入计算表	期初应收账款(2015 年 12 月 31 日)	24 000				24 000
	第一季度销售收入	30 000	45 000			75 000
	第二季度销售收入		45 000	67 500		112 500
	第三季度销售收入			60 000	90 000	150 000
	第四季度销售收入				45 000	45 000
	现金收入合计	54 000	90 000	127 500	135 000	406 500

2. 生产预算

生产预算主要是安排企业在预算期内的生产活动，确定预算期内有关产品的生产数量及其分布状况。根据销售预算的内容来编制生产预算，要注意考虑计划期初和期末的存货水平。其计算公式为：

预计生产量＝预计销售量＋预计期末存货数量－预计期初存货数量

生产预算的数据一般以实物量度反映，但是在多品种的情况下，也可以采用货币单位来计量。

【例 9—44】　沿用【例 9—43】的资料，假定公司各季度的期末存货按下一季度销售量的 10%计算，各季期初存货与上季期末存货相等。现根据销售预算中的资料，结合期初、期末的存货水平，编制计划年度的分季生产预算，如表 9—32 所示。

表 9—32　　新华公司的生产预算

2016 年度　　单位：件

季　度	1	2	3	4	全　年
预计销售需要量(销售预算)	1 000	1 500	2 000	1 500	6 000
加：预计期末存货量	150	200	150	110*	110*
预计需要量合计	1 150	1 700	2 150	1 610	6 110
减：期初存货量	100	150	200	150	100
预计生产量	1 050	1 550	1 950	1 460	6 010

注：* 为估计数。

3. 直接材料采购预算

直接材料采购预算是以生产预算为基础，并同时考虑预算期初、期末直接材料的存货水平而编制的，它主要是确定预算期直接材料的采购数量、采购成本以及与之相关的预计现金支出的数额。其中，预计现金支出的数额包括前期应付购料款的偿还，以及本期购料款的支付，主要为编制现金预算提供必要的资料。另一个至关重要的因素就是如何制定单位材料计划耗用量与材料计划单价，即直接材料的耗用量标准与采购单价标准。

直接材料采购预算应当按照材料类别，分别根据下列公式计算：

预计材料采购金额＝预计采购量×材料计划单价

预计采购量＝生产需用量＋预算期末预计存料量－预算期初存料量

【例 9－45】 沿用【例 9－43】的资料，假定新华公司单位产品的材料消耗定额为 2 千克，计划单价为 5 元/千克。每季度的购料款当季付 50%，其余在下季度付讫。各季度的期末存料量按下一季生产需要量的 20%计算，各季期初与上季期末存料量相等，期初应付购料款 6 000元。现编制计划年度的分季直接材料采购预算，如表 9－33 所示。

表 9－33 **新华公司直接材料采购预算**

2016 年度

季度		1	2	3	4	全年
预计生产量(生产预算)(件)		1 050	1 550	1 950	1 460	6 010
单位产品材料消耗定额(千克/件)		2	2	2	2	2
预计生产需要量(千克)		2 100	3 100	3 900	2 920	12 020
加:期末存料量		620	780	584	460*	460*
预计需要量合计		2 720	3 880	4 484	3 380	12 480
减:期初存料量		420	620	780	584	420
预计采购量		2 300	3 260	3 704	2 796	12 060
材料计划单价(元/千克)		5	5	5	5	5
预计采购材料金额(元)		11 500	16 300	18 520	13 980	60 300
预计现金支出计算表	期初应付账款(元)(2015 年 12 月 31 日)	6 000				6 000
	第一季度购料(元)	5 750	5 750			11 500
	第二季度购料(元)		8 150	8 150		16 300
	第三季度购料(元)			9 260	9 260	18 520
	第四季度购料(元)				6 990	6 990
	现金支出合计(元)	11 750	13 900	17 410	16 250	59 310

注：* 为估计数。

4. 直接人工预算

直接人工预算也是以生产预算为基础进行编制的，它是用来确定预算期内生产车间人工工时消耗水平、人工成本水平及相关的预计现金支出需要额的预算，通常根据生产预算的预计生产量、单位产品标准或定额工时(量)及标准或定额小时工资率进行编制的。其计算公式为：

预计直接人工成本总额＝预计生产量×单位产品直接人工工时定额×定额小时工资率

通常情况下，企业生产产品耗用的直接人工工种往往不同，由于工种不同，小时工资也不一样，这时，直接人工预算应按工时类别分别计算，然后汇总求得直接人工成本总额。

直接人工预算也包括两个构成部分：直接人工预算项目及直接人工预计现金支出额。

【例 9－46】 沿用【例 9－43】的资料，假设新华公司在计划期间内所需直接人工只有一个工种，单位产品工时定额为 5 工时，单位小时工资率为 4 元。编制直接人工预算，如表 9－34所示。

表 9—34　　新华公司的直接人工预算

2016 年度　　单位:元

季　度	1	2	3	4	全　年
预计生产量(件)	1 050	1 550	1 950	1 460	6 010
单位产品工时定额	5	5	5	5	5
直接人工总工时	5 250	7 750	9 750	7 300	30 050
小时工资率(元/小时)	4	4	4	4	4
直接人工成本总额	21 000	31 000	39 000	29 200	120 200

5. 制造费用预算

制造费用预算是指生产中除直接材料、直接人工以外的其他各项生产费用的预算,包括制造费用项目预算与相关的预计现金支出两个部分。其中,制造费用项目预算要按成本性态细分为变动制造费用和固定制造费用两大类,并按费用的明细项目编制。编制的关键在于确认可变的具体项目,并选择成本分配的基础,如机器小时、人工工时、产量、作业量等,然后计算变动制造费用分配率。至于固定制造费用,则应直接列入利润表,作为期间成本处理。

预计现金支出部分,是计算预算期在制造费用方面的现金支出,以供编制现金预算之需。但必须注意的是,固定资产折旧费虽然属于固定制造费用,但不属于现金支出项目,应在编表时予以扣除。

相关计算公式为:

$$\begin{aligned}\text{预计制造费用} &= \text{预计变动制造费用} + \text{预计固定制造费用}\\ &= \text{预计业务量} \times \text{变动制造费用分配率} + \text{预计固定制造费用}\end{aligned}$$

其中:

$$\text{变动制造费用分配率} = \frac{\text{预算期变动制造费用总额}}{\text{预算期产量(工时总额)}}$$

【例 9—47】 沿用【例 9—43】的资料,新华公司预算期制造费用的预算如表 9—35 所示。

表 9—35　　新华公司制造费用预算表

2016 年　　单位:元

成本明细项目		金　额	费用分配率计算		
变动费用	间接人工	12 000	变动费用分配率 $=\frac{\text{变动费用预算合计}}{\text{预计产量工时总额}}=\frac{60\ 100}{30\ 050}=2$(元/时)		
	间接材料	18 000			
	维护费	8 000			
	水电费	15 000			
	润滑剂	7 100			
	合　计	60 100			
固定费用	维护费	14 000	固定费用分配率 $=\frac{\text{固定费用预算合计}}{\text{预计产量工时总额}}=\frac{60\ 000}{30\ 050}=1.99667$(元/工时)		
	折旧费	15 000			
	管理费	25 000			
	保险费	4 000			
	财产税	2 000			
	合　计	60 000			
预计现金支出		变动费用支出总额			60 100
		固定费用合计		60 000	
		减:折旧费		15 000	45 000
		制造费用全年现金支出总额			105 100
		制造费用每季现金支出总额			105 100÷4=26 275

6. 单位产品成本和期末存货成本预算

单位产品成本预算编制的主要依据是直接材料采购预算、直接人工预算、制造费用预算的价格标准和用量标准。期末存货成本预算依据单位产品成本预算和预算期期末存货量编制。若采用变动成本法计算，产品成本和存货成本只包括变动成本；若采用全部成本法计算，则产品成本和存货成本还应增加固定制造费用。

【例 9—48】 沿用【例 9—43】的资料，新华公司计算单位产品成本采用变动成本法。根据前面预算中的资料，编制单位产品成本及期末存货成本预算，如表 9—36 所示。

表 9—36　　新华公司的单位产品成本预算和期末存货成本预算(变动成本法)

2016 年度

成本项目	价格标准	用量标准	合　计(元)
直接材料	5 元/千克	2 千克	10
直接人工	4 元/工时	5 工时	20
变动制造费用	2 元/工时	5 工时	10
单位产品成本	—	—	40
期末存货预算	期末存货量(件)		110
	单位产品成本		40
	期末存货金额		4 400

7. 销售及管理费用预算

销售及管理费用预算是为预算期产品销售活动和行政管理中发生的各项费用所编制的预算。与制造费用一样，销售及管理费用的具体项目也应按成本性态分为变动费用和固定费用两个部分列示。另外，销售及管理费用预算还应包括预计现金支出计算部分，以便编制现金预算之需。

【例 9—49】 沿用【例 9—43】的资料，新华公司的销售及管理部门根据计划期的具体情况，编制销售及管理费用预算，如表 9—37 所示。

表 9—37　　新华公司的销售及管理费用预算

2016 年度　　单位：元

费用项目	金　额	
变动费用	销货佣金	12 000
	办公费	2 500
	运输费	15 500
	合　计	30 000
固定费用	广告费	9 000
	管理人员薪金	25 000
	保险费	6 000
	财产税	2 000
	合　计	42 000
预计现金支出计算表	推销及管理费用全年现金支出总额＝30 000＋42 000＝72 000(元)	
	推销及管理费用每季现金支出总额＝72 000÷4＝18 000(元)	

8. 专门决策预算

专门决策预算是指企业为不经常发生的长期投资决策项目或一次性专门业务所编制的预

算。专门决策预算大体上可分为以下两类：

(1)资本支出预算

资本支出预算是根据经过审核批准的各个长期投资决策项目所编制的预算，其中需要详细列出该项目在寿命周期内各个年度的现金流出量和现金流入量的明细资料，它是控制资本支出、检查投资效果的重要依据。资本支出预算中各期的投资额应编入各该期现金预算的现金支出部分和预计资产负债表的资产方。投资项目较多的企业，也可就各项目在预算年度内的投资额，汇编成年度分季(或分月)的资本支出预算。其格式和内容的繁简，各企业不尽相同。

【例 9—50】 沿用【例 9—43】的资料，假设新华公司董事会批准了在计划期间的第二季度以自有资金购置机器设备一台的投资项目，需支付 16 000 元，预计可使用 5 年，期满残值为 500 元。购入后每年可为公司增加净利 2 300 元，该设备按直线法计提折旧。根据上述资料，编制资本支出预算，如表 9—38 所示。

表 9—38 **新华公司的资本支出预算**

2016 年度

资本支出项目	购置期间	原始投资额	估计使用年限	期满残值	资金来源	资金成本	购入后每年 NCF	回收期(PP)
购置设备一台	第二季度	16 000 元	5 年	500 元	自有	16%	5 400 元	3 年

(2)一次性专门业务预算

一次性专门业务预算主要是指企业财会部门为筹措资金、投放资金、发放股利、缴纳所得税等一次性专门业务编制的预算。这样可以配合财务预算的编制，控制和监督以上这些一次性专门业务。

【例 9—51】 沿用【例 9—43】的资料，假设新华公司根据现金收支情况，预计第一季度初需向银行借款 28 000 元，第二季度初需向银行借款 21 000 元，第三季度末可归还借款20 000 元及其利息，第四季度末可归还借款 29 000 元及其利息(年利率为 10%)。另外，根据税法规定，计划期间每季末预付所得税 4 000 元，全年 16 000 元；又根据董事会的决定，计划期间每季末支付股利 2 000 元，全年共 8 000 元。根据以上有关资料，编制专门决策预算，如表 9—39、表 9—40 所示。

表 9—39 **新华公司的融资预算**

2016 年度

单位：元

专业业务名称	资金		日期			
	来源	去向	1 月初	4 月初	9 月底	12 月底
筹措资金	银行		28 000	21 000		
归还借款及利息		银行			21 500	31 375

表 9—40 **新华公司缴纳税金、发放股利预算**

2016 年度

单位：元

专门业务名称	支付对象	支付日期				合计
		第一季度	第二季度	第三季度	第四季度	
预付所得税	税务局	4 000	4 000	4 000	4 000	16 000
预付股利	股东	2 000	2 000	2 000	2 000	8 000

9. 现金预算

现金预算是综合反映企业预算期间由于经营理财等各项活动引起的现金流入与流出状况的预算。现金流量状况如何，不仅直接关系到企业的获利能力，而且对企业财务风险的大小具有决定性的影响。因此，企业在编制各项职能预算、资本预算时，需要预计相关的现金流入与流出数额，还必须从企业整体角度对现金的流入与流出以及现金净流量做出较为准确的预计，以便事先采取必要的财务政策，避免因现金余裕或不足而给企业造成损失。

现金预算通常由四个部分构成：

(1)现金流入，包括计划期间的期初现金余额，加上本期预计可能发生的现金收入。一般来说，预计现金收入包括现销、应收账款收回、应收票据到期兑现、出售长期性资产，收回投资等产生现金流入的业务。

(2)现金流出，指预算期内预计发生的现金支出，如支付购料款、直接人工、制造费用以及销售及管理费用等，此外还有缴纳税金、支付股利以及资本性支出等。其中不导致现金支出的费用应排除在外，如折旧费。

(3)现金余绌，将现金流入与现金流出总额进行轧抵，如流入大于流出，即说明现金多余；如流入小于流出，表明现金不足。

(4)现金通融，这部分是以现金余绌为出发点，当出现现金多余时，可用来归还借款，或用于短期投资；当现金不足时，则应向银行或通过其他方式筹措资金。

【例 9—52】 沿用【例 9—43】的资料，假设新华公司按年分季编制现金预算。该公司规定计划期间现金的最低库存余额为 10 000 元，根据以上各种预算表中的有关资料编制现金预算，如表 9—41 所示。

表 9—41 **新华公司的现金预算**

2016 年度 单位：元

结构	项 目	数据来源	一季度	二季度	三季度	四季度	全 年
现金流入	期初现金余额		12 000	10 975	10 800	10 115	12 000
	本期现金流入：						
	应收账款收回及销售收入	表 9—31	54 000	90 000	127 500	135 000	406 500
	本期可动用现金总计		66 000	100 975	138 300	145 115	418 500
现金流出	本期现金流出：						
	采购直接材料	表 9—33	11 750	13 900	17 410	16 250	59 310
	支付直接人工	表 9—34	21 000	31 000	39 000	29 200	120 200
	制造费用	表 9—35	26 275	26 275	26 275	26 275	105 100
	销售及管理费用	表 9—37	18 000	18 000	18 000	18 000	72 000
	购置设备	表 9—38	—	16 000	—	—	16 000
	支付所得税	表 9—40	4 000	4 000	4 000	4 000	16 000
	支付股利	表 9—40	2 000	2 000	2 000	2 000	8 000
	本期现金流出合计		83 025	111 175	106 685	95 725	396 610
	现金余绌		(17 025)	(10 200)	31 615	49 390	21 890

续表

结构	项　目	数据来源	一季度	二季度	三季度	四季度	全　年
现金通融	向银行借款(期初)*	表 9—39	28 000	21 000	—	—	49 000
	归还借款(期末)	表 9—39	—	—	(20 000)	(29 000)	(49 000)
	支付利息(年利率为10%)**		—	—	(1 500)	(2 375)	(3 875)
	现金通融合计		28 000	21 000	(21 500)	(31 375)	(3 875)

注：* 向银行借款数除抵补现金不足外，还要保证期末最低现金余额 10 000 元。

** 归还 20 000 元借款 9 个月利息的计算：20 000×10%×(9/12)＝1 500(元)。

归还 29 000 元借款利息的计算(其中，8 000 元的计息期是 12 个月，21 000 元的计息期是 9 个月)：8 000×10%×1＋21 000×10%×(9/12)＝2 375(元)。

10. 预计利润表

预计利润表是用来反映企业在计划期间全部经营活动及其最终财务成果而编制的预算。它是依据销售预算、销售及管理费用预算、单位产品成本和期末存货成本预算、专门决策预算和现金预算等资料编制的。

【例 9—53】 沿用上述新华公司的例子，新华公司根据以上预算的有关资料，编制预计利润表，如表 9—42 所示。

表 9—42　　新华公司预计利润表

2016 年度　　单位：元

项　目	资料来源	金　额
销售收入(75×6 000)	表 9—31	450 000
减：变动成本		270 000
变动生产成本	表 9—36	240 000
变动销售及管理费用	表 9—37	30 000
贡献毛益总额		180 000
减：期间成本		102 000
固定制造费用	表 9—35	60 000
固定销售及管理费用	表 9—37	42 000
营业利润		78 000
减：利息费用	表 9—41	3 875
税前利润		74 125
减：所得税	表 9—40	16 000
税后利润		58 125

11. 预计资产负债表

预计资产负债表是反映企业预算期末财务状况的总括性预算，它是依据基期末资产负债表和全面预算中的其他预算所提供的有关数字做适当调整编制的。

【例 9—54】 沿用上述新华公司的例子，新华公司基期期末的资产负债表(简表)如表 9—43所示。

表 9—43

新华公司资产负债表

2015 年 12 月 31 日

单位:元

资 产		负债及所有者权益	
流动资产:		流动负债:	
现金(1)	12 000	应付账款(6)	6 000
应收账款(2)	24 000	—	
存货(3)	6 100	—	
流动资产合计	42 100	负债合计	6 000
固定资产:		所有者权益:	
固定资产原值(4)	100 000	股本(普通股)(7)	40 000
减:累计折旧(5)	40 000	留存收益(8)	56 100
固定资产净值	60 000	所有者权益合计	96 100
资产总计	102 100	负债及所有者权益合计	102 100

根据基期(2015 年)末的资产负债表及计划期间(2016 年)各项预算中的有关资料,编制计划期末的预计资产负债表,如表 9—44 所示。

表 9—44

新华公司预计资产负债表

2016 年 12 月 31 日

单位:元

资 产		负债及所有者权益	
流动资产:		流动负债:	
现金(1)	18 015	应付账款(6)	6 990
应收账款(2)	67 500	—	
存货(3)	6 700	—	
流动资产合计	92 215	负债合计	6 990
固定资产:		所有者权益:	
固定资产原值(4)	116 000	股本(普通股)(7)	40 000
减:累计折旧(5)	55 000	留存收益(8)	106 225
固定资产净值	61 000	所有者权益合计	146 225
资产总计	153 215	负债及所有者权益总计	153 215

表中各项目数字来源的说明:

(1)见表 9—41 的期末现金余额:418 500—396 610—3 875=18 015(元)。

(2)见表 9—31,第四季度销售货款的 60%,即:112 500×60%=67 500(元)。

(3)见表 9—33 和表 9—36,其中,第四季度期末存料量为 460 千克,即 5×460=2 300(元),期末存货金额=40×110=4 400(元)。

(4)见表 9—43 和表 9—36,计划期购置新设备 16 000 元,此数加到表 9—43 固定资产原值 100 000 元上,合计为 116 000 元。

(5)见表 9—35,计划期内计提折旧 15 000 元,此数加到表 9—43 原累计折旧 40 000 元上,合计为 55 000 元。

(6)见表 9—33,第四季度购料款的 50%,即:13 980×50%=6 990(元)。

(7)见表 9—43,普通股股本在计划期内原数字未变动。

(8)留存收益期初余额(见表 9—43)	56 100 元
加:税后净利(见表 9—42)	58 125 元
减:支付股利(见表 9—41)	8 000 元
留存收益期末余额(见表 9—44)	106 225 元

12. 预计现金流量表

现金流量表以现金的流入和流出来反映企业一定时期内的经营活动、投资活动和筹资活动的动态情况。该表能说明企业一定期间内现金流入和流出的原因、偿债能力和支付股利的能力。现金流量表还能够分析企业投资理财活动对经营成果和财务状况的影响。现金流量表的编制方法有直接法与间接法两种。

但是,预计现金流量表的编制比较繁琐,相对而言,其有用性又较预计利润表和现金预算差很多。依据经济性原则,在实务中通常可以省略预计现金流量表的编制,本例亦从略。

第十章

控制与业绩评价

成本是实现企业价值最大化目标的关键。随着企业生存的经营环境和组织形态发生了很大的变化，成本控制理念和方法也不断演进，各种成本控制方法不断涌现——作业成本管理、目标成本管理、即时成本控制、质量成本控制等。

业绩评价既是本次管理循环的总结，又为下一次管理循环确定目标提供了有利的反馈。对责任中心的业绩评价必须体现其目标的层次性和责任的可控性。平衡计分卡从财务、顾客、内部流程、学习与成长四个方面对管理业绩进行评价。

第一节　战略成本控制

一、成本控制的基础:成本差异的计算与分析

企业日常成本控制是企业根据事先规定的成本标准，对各个对成本负责的责任中心日常发生的成本、费用的实际发生额进行严格的考评与监督，以保证企业成本目标实现的管理活动。由于成本标准是事先制定的，在实际执行过程中难免因主、客观因素的变化，导致实际成本和成本标准不一致，我们将二者的差异额称为成本差异。在企业管理过程中，成本标准有多种表现形式:标准成本、目标成本、定额成本等，因此，成本差异分析可以应用于各种成本管理方法。

成本差异是成本管理和控制的重点，成本差异分析为企业成本控制与管理提供了重要的信息，它既是成本控制的信息来源，又是实施成本控制的基础。

(一)成本差异的分类

1. 按照成本差异的性质，可以分为有利差异和不利差异。有利差异是指实际成本小于成本标准的差异额，意味着成本的节约;不利差异是指实际成本大于成本标准的差异额，意味着成本的超支。

2. 按照成本差异的形成因素，可以分为价格差异和数量差异。价格和数量是构成成本总额的两个基本要素。所谓价格差异，是指由于价格因素变动而导致的成本差异额;所谓数量差异，是指由于数量变动而导致的成本差异额。

(二)成本差异的计算与分析

1. 直接材料成本差异的计算与分析

直接材料成本差异是材料实际成本和材料标准成本之间的差额，具体由材料价格差异和材料数量差异构成。即:

材料成本差异＝材料实际成本－材料标准成本

＝实际数量×实际价格－标准数量×标准价格

或：

材料成本差异＝材料价格差异＋材料数量差异

其中，材料价格差异是指外购材料的实际价格与标准价格之间的差额，可以表示为：

材料价格差异＝实际数量×（实际价格－标准价格）

材料数量差异是指生产过程中材料的标准耗用量与实际耗用量之间的差额，可以表示为：

材料数量差异＝标准价格×（实际数量－标准数量）

【例 10－1】 某厂只生产一种产品，只需用一种材料。本期实际产量为 500 件，耗用材料 2 000 吨，材料的标准价格为每吨 190 元，实际价格为每吨 180 元。单位产品的标准用量为 4.2 吨，则直接材料的成本差异计算如下：

材料成本差异＝2 000×180－500×4.2×190＝－39 000（元）（有利差异）

或：

材料价格差异＝2 000×（180－190）＝－20 000（元）（有利差异）

材料数量差异＝190×（2 000－500×4.2）＝－19 000（元）（有利差异）

材料成本差异＝－20 000＋（－19 000）＝－39 000（元）（有利差异）

材料价格差异通常应由采购部门负责，因为材料的实际价格受到多种因素的影响，如采购的批量、交货方式、运输方式、材料质量、购货折扣等，其中任何一个方面脱离制定标准成本时的预定要求，都会形成价格差异。当然，对差异形成的原因和责任，还需要根据具体情况做进一步的分析，也可能是由于其他部门的原因造成的，如生产上要求对某项材料的紧急订货，由此可能会形成不利的差异。

材料的数量差异一般应由生产部门负责，但有时也可能是由于其他部门的原因造成的差异。如采购部门购进了质量较差的材料，从而造成材料耗用量的增长；设备维修部门没能按时维修保养机器，造成了耗料的增加；等等。

2. 直接人工成本差异的计算与分析

直接人工成本差异是人工实际成本与人工标准成本之间的差额，具体由工资率差异（价格差异）和人工效率差异（数量差异）组成。即：

直接人工成本差异＝人工实际成本－人工标准成本

＝实际工时×实际工资率－标准工时×标准工资率

或：

直接人工成本差异＝工资率差异＋人工效率差异

其中，工资率差异是指每单位时间标准工资率与实际工资率之间的差额，可以表示为：

工资率差异＝实际工时×（实际工资率－标准工资率）

人工效率差异是指标准工时与实际工时之间的差额，可以表示为：

人工效率差异＝标准工资率×（实际工时－标准工时）

【例 10－2】 依据【例 10－1】，本期实际耗用了 10 000 工时，平均每件耗用 20 个工时，实际工资额为 110 000 元，平均每工时 11 元。假设标准工资率为 10 元，单位产品的工时耗用标准为 18 工时，则直接人工成本差异计算如下：

人工成本差异＝10 000×11－500×18×10

＝20 000（元）（不利差异）

或：

工资率差异＝10 000×(11－10)

　　　　　＝10 000(元)(不利差异)

人工效率差异＝10×(10 000－500×18)

　　　　　　＝10 000(元)(不利差异)

则：

人工成本差异＝工资率差异＋人工效率差异

　　　　　　＝20 000(元)(不利差异)

工资率差异通常应由劳资部门负责。例如，在具体安排工作时，没有“按才定岗”，出现了“大材小用”或“高职低就”的现象。

影响人工效率差异的因素是多方面的。例如，生产工人的技术熟练程度，生产工艺过程是否改变，原材料的质量、规格是否符合规定等，应根据具体情况进行具体分析。

3. 变动制造费用差异的计算与分析

变动制造费用差异是实际变动制造费用和标准变动制造费用的差额，具体由变动制造费用耗用差异和变动制造费用效率差异两部分构成。即：

变动制造费用差异＝实际变动制造费用－标准变动制造费用

或：　**变动制造费用差异＝耗用差异＋效率差异**

其中，耗用差异是指实际的分配率与标准的分配率之间的差额，可以表示为：

变动制造费用耗用差异＝实际工时×(实际分配率－标准分配率)

效率差异是指实际工时与标准工时之间的差额，可以表示为：

变动制造费用效率差异＝标准分配率×(实际工时－标准工时)

【例 10－3】 接【例 10－2】资料，该厂本期生产产品 500 件，实际耗用了 10 000 工时，实际发生了变动制造费用 50 000 元，平均每工时 5 元。如果标准分配率为 6 元，单位产品的工时耗用标准为 18 工时，则变动制造费用的差异计算如下：

变动制造费用差异＝50 000－500×18×6＝－4 000(元)(有利差异)

或：

变动制造费用耗用差异＝10 000×(5－6)＝－10 000(元)(有利差异)

变动制造费用效率差异＝6×(10 000－500×18)＝6 000(不利差异)

则：

变动制造费用差异＝－4 000 元(有利差异)

变动制造费用差异所反映的不仅是费用支付价格方面的节省或超支，同时也包含着各费用项目在用量方面的节约或浪费。管理人员必须了解差异的实质，是费用价格支付方面的原因，还是反映了工时的利用效率。

4. 固定制造费用差异的计算与分析

固定制造费用主要是同生产能力的形成及其正常维护相联系的，生产活动水平在一定范围内变动，并不会对它直接发生影响。因此，固定制造费用一般是采用固定预算进行控制的。但是，在日常经济活动过程中，由于实际耗用的工时总数与预计的标准不一致，而固定制造费用的实际发生数与预算数往往也不一致，因此就会发生差异。

固定制造费用差异是实际固定制造费用与标准固定制造费用的差额，具体由预算差异和能量差异两部分构成。即：

固定制造费用差异＝实际固定制造费用－标准固定制造费用

或：

固定制造费用差异＝固定制造费用预算差异＋固定制造费用能量差异

固定制造费用预算差异＝固定制造费用实际支付数－固定制造费用预算数

固定制造费用能量差异＝固定制造费用标准分配率×（产能标准总工时－实际产量应耗标准工时）

【例 10－4】 接【例 10－3】资料，本期实际发生固定制造费用 58 000 元，预计本厂的生产能力为 12 000 工时，固定制造费用预算数为 60 000 元，单位产品的工时耗用标准为 18 工时，则固定制造费用差异计算如下：

固定制造费用标准分配率＝60 000÷12 000＝5(元)

固定制造费用差异＝58 000－500×18×5＝13 000(元)(不利差异)

固定制造费用预算差异＝58 000－60 000＝－2 000(元)(有利差异)

固定制造费用能量差异＝5×(12 000－500×18)＝15 000(元)(不利差异)

固定制造费用差异＝13 000(元)(不利差异)

就预算差异来说，其产生的原因可能是：资源价格的变动，某些酌量性固定成本因管理上的新决定而有所增减，资源的数量比预算增加或减少，等等。至于能量差异，从理论上说，它只反映计划生产能量的利用程度，一般不能说明固定制造费用的超支或节约，应分析具体原因，以便确定应由谁负责。

二、战略成本控制方法

（一）作业成本管理

作业成本管理是利用作业成本核算的有关信息，对企业的作业进行管理，分析作业成本产生的真正成本动因，并寻找降低成本的途径，不断优化经营过程，实现持续改善经营管理的目的。

作业成本管理可分为事前管理、事中管理和事后管理三个方面。

事前管理是要找出不必要的作业或者无效作业，并尽可能将其消除；对于确实需要且能带来效益的作业，要根据作业分析结果为各项作业制定消耗标准，包括产品消耗作业的标准和作业消耗资源的标准，编制作业成本的预算，以作为成本控制的标准和分析差异的依据。

事中管理就是认真监控各项标准的执行情况，及时揭示成本差异，并重点揭示成本差异产生的成本动因，进行信息反馈，可以及时发现企业在生产经营过程中哪一个作业中心、在哪一种作业上发生了偏差、发生偏差的原因，以便及时排除不利影响，保证成本管理目标的实现。

事后管理是将实际执行情况与成本管理目标进行对比，全面分析差异，并落实作业责任，为作业中心的业绩考核、新作业标准的制定及改进措施的选择提供依据。

（二）目标成本管理

目标成本法也叫价格驱动成本法，它是以客户愿意支付的价格为基础确定企业产品或服务成本的方法，将这种成本确定的方法和目标管理方法相结合，用于成本控制，就是目标成本管理。

目标成本管理强调管理以目标成本为出发点，对目标成本的实现过程进行严格控制，确定成本差异，查找原因，明确责任。

目标成本管理作为一种成本管理方法，可以将战略性利润目标和成本管理流程相结合，通过确保成本足够低来保证企业的竞争优势。实施过程要注意以下原则：

1. 价格导向成本

目标成本＝目标价格－目标利润，这个表达式强调了目标成本管理中首先要确定价格，它反映了“企业的利润来自于企业为客户提供的价值”的管理思想，强调了企业在管理实践中要更关注客户、更关注市场。

2. 关注产品设计

产品设计是实现目标成本的关键因素,因为产品成本的大部分在此阶段已经被锁定,生产阶段的成本控制空间相对较小,只能是成本改进。目标成本管理运用价值工程法,尽可能将成本与产品价值相匹配,将成本控制前置到源头。

3. 全员、全过程参与

要实现目标利润,仅仅依靠生产部门控制制造成本是不可能完成的,需要生产以外的各职能部门的专家、工作人员的配合,需要全体员工参与,需要管理层的积极支持,确保每一作业流程以最有效率的方式进行。

4. 关注生命周期成本

产品处于不同的生命周期,其成本是不相同的,成本控制手段也不相同,因此,细分产品目标成本时,必须要与产品的生命周期成本相协调。

目标成本管理除了关注产品制造阶段的成本控制外,还对产品的规划设计成本、测试成本、分销成本、售后服务成本等其他生命周期成本给予足够的关注,强调单位产品的生命周期成本越低,成本消耗越少,产品性价比越高,越能满足用户的需求。

(三)即时成本控制

即时成本控制(JIT)是配合即时生产而施行的成本控制系统,其指导思想是消除各种非增值作业,仅在顾客需要时才生产,尽可能仅安排增加客户价值的作业活动。它是根据丰田汽车公司的成本管理经验总结而来的。

即时成本控制的生产和需求是同步的,产品从设计、采购、制造到配送整条作业链是简洁的、高效率的,它通过需求拉动生产,以客户需求为动力持续改进成本控制系统。即时成本控制相对于传统成本控制,在需求拉动生产、小规模经常性采购与配送、单元制造式生产布局、即时推行全面质量管理、全员参与、改变业绩评价系统以及简化会计核算七个方面有所突破。

(四)质量成本控制

产品质量是企业竞争的基础,因此,质量成为企业或者责任中心业绩评价的重要的非财务指标之一。

质量成本是指为了满足客户的特定需要,使产品或服务的质量达到特定水平所发生的耗费。

质量成本按其经济内容,可以分为预防成本、鉴定成本、内部损失成本、外部损失成本。质量成本控制一方面需要控制成本的发生率,即提高产品和服务的优秀率、合格率;另一方面,使质量总成本最低。这两者有时是一致的,有时是矛盾的。

第二节 业绩评价

一、业绩评价及其意义

业绩评价是指运用科学、规范的管理学、财务学和数理统计等方法,对企业或其各责任中心一定经营期间内的生产经营状况、资本运营效益、经营者业绩等进行定量与定性的考核、分析,并做出客观公正的综合评价。业绩评价的关键在于通过业绩评价,找出影响业绩的关键点,明确影响业绩的关键责任人,以便最终改善业绩。

通过业绩评价，可以将企业战略逐步转化为执行目标；通过业绩评价，可以完善激励机制，提升企业价值；通过业绩评价，可以揭示企业价值创造的动因，提高企业成本管理决策依据的科学性。

二、责任中心的业绩评价

责任中心是指按照各自的管理权限，承担相应经济责任，并能考核其经济责任履行情况的企业内部单位。责任中心通常包括三类：成本中心、利润中心和投资中心。对责任中心进行业绩评价，可以分析各责任中心的责任履行过程、结果及其原因，以落实有效的约束和激励机制。对各类责任中心进行业绩评价的最有效标准是各责任中心的责任预算值。

（一）成本中心的业绩评价

成本中心是成本（费用）发生的责任区域，是以成本（费用）作为主要目标和控制数据的责任中心，由于它只能控制成本，而无法控制销售和收益，因而只需对成本负责。在三类责任中心中，成本中心是最基础、最直接的责任中心。

在对成本中心进行考核时，该中心只对其可控的成本负责。可控成本是指在特定时期内，特定责任中心能够直接控制其发生的成本。成本可控还是不可控，是相对于某一特定责任中心而言的。通常，此成本中心的可控成本，应该是彼成本中心的不可控成本。也就是说，这种考核应是上级考核其可以直接控制的下级，下级再考核其可以直接控制的更下一级，以此类推。

成本中心业绩评价的基本内容是将实际成本与责任成本（可控成本之和）进行比较，确定两者差异的性质、数额以及形成的原因，并根据差异分析的结果，对各成本中心进行奖惩，以督促各成本中心调整行为误差，保证责任目标的实现。

成本中心业绩评价的主要指标是责任成本增加额、责任成本升降率以及与其作业相关的非财务指标等。

成本（费用）增减额＝实际成本（费用）额－预算成本（费用）额

成本（费用）升降率＝成本（费用）额增减÷预算成本（费用）额

由于成本中心通常是运行在较低层的组织，而财务业绩指标的综合性特征使其在成本中心的运用非常有限，因此，非财务指标更普遍使用于成本中心。对于成本中心，一般根据投入产出关系等财务指标评价其经营效率，而对于经营效果的评价，则根据其在特定质量要求下和特定时间内的产量水平确定。因此，常用废品率（合格率、优秀率）等质量类非财务指标和交货速度、完成进度、小时产量等时间类非财务指标作为财务指标的重要补充。当然，不同成本中心的作业性质、作业内容不同，其非财务指标也不尽相同，必须针对每一个企业的具体情况具体确定。

（二）利润中心的业绩评价

利润中心不同于成本中心，它不仅对成本负责，而且对收入负责，并进一步将收入与成本对比，考核其利润。由于不同类型、不同层次的利润中心和可控范围不同，从而其用于评价的收益指标亦不相同，具体可包含毛利、贡献毛益、营业利润三种不同层次的收益形式。

1. 毛利

毛利等于销售净额与销售成本的差额，它是收益表中最有意义的指标之一。毛利作为利润中心的考核指标，它包含了利润中心管理者所能控制的销售收入和销售成本两个因素，满足了责任会计制度的基本要求，有利于各部门进行成本分析与控制。

2. 贡献毛益

贡献毛益是销售收入与变动成本总额的差额。采用贡献毛益指标对利润中心进行评价，可以保持利润中心目标与企业总目标的一致，可以更好地体现可控性原则，还可有利于高层管理者的决策。例如，当一个部门亏损时，只要它能创造贡献毛益，在没有其他更佳方案的前提下，就应保留。

3. 营业利润

营业利润是指在上述毛利额的基础上减去各部门应负担的营业费用后的余额。采用营业利润作为评价指标，可以克服上述毛利指标带来的利润中心目标和企业目标有可能不一致的问题。但是，由于企业发生的间接费用通常属于共同费用，它们不能直接确认、归属于某一部门，因此，只能根据企业的具体情况，分别采用适当的比例加以分配。

（三）投资中心的业绩评价

投资中心是对投资负责的责任中心，其特点是既要对成本和利润负责，又要对投资效果负责。从管理层次看，投资中心是最高一级的责任中心，业绩评价的基本内容是有关责任中心的成本、收入、利润及资金占用等指标的完成情况。

一般来说，投资中心的业绩评价有三个重要财务指标：投资报酬率、剩余收益和经济增加值。

1. 投资报酬率

投资报酬率（ROI）也称资本运用回报率，是应用最普遍的投资中心业绩评价指标。该指标有助于投资中心业绩评价的纵向比较。

投资报酬率是投资中心一定时期内的利润和该期的投资占用额之比，可以表示为：

$$\text{投资报酬率}=(\text{利润}\div\text{投资额})\times 100\%$$

这里的利润可用根据公认会计准则确定的营业利润，也可用变动成本法利润、作业成本法利润。投资额一般定义为长期资产和营运资本之和。

该公式还可以扩展为：

$$\begin{aligned}\text{投资报酬率}&=(\text{销售收入}\div\text{投资额})\times(\text{销售利润}\div\text{销售收入})\\&=\text{投资周转率}\times\text{销售利润率}\end{aligned}$$

【例 10—5】 假设某集团下属 A、B 两个投资中心，报告期 A 投资中心的经营资产平均余额为 2 800 000 元，利润为 560 000 元；B 投资中心的经营资产平均余额为 2 000 000 元，利润为 500 000 元。

A 投资中心的投资报酬率＝(560 000÷2 800 000)×100%＝20%

B 投资中心的投资报酬率＝(500 000÷2 000 000)×100%＝25%

计算结果表明，B 投资中心的经营业绩优于 A 投资中心。

但是，投资报酬率作为评价投资中心经营业绩的指标也有其局限性，有的投资中心可能为了达到较高的投资报酬率而采取减少投资的方式，导致个别投资中心局部目标与企业总体目标不一致。

【例 10—6】 假定【例 10—5】中，公司要求 B 投资中心计划期生产某种新产品，该产品的预计投资额是 380 000 元，预计年利润将增加 80 000 元。生产新产品后，B 投资中心计划期预计的投资报酬率为：

B 投资中心预计投资报酬率＝(580 000÷2 380 000)×100%＝24.37%

生产新产品后，B 投资中心的投资报酬率从 25%下降到 24.37%，说明经营业绩下降，B 投资中心当然不乐意接受这一新的投资项目。为了克服以投资报酬率评价投资中心经营业绩的局限性,往往采用剩余收益作为评价指标。

2. 剩余收益

剩余收益是一个部门的营业利润超过其预期最低收益的部分。一个部门的预期最低收益是该部门的投资占用额与企业最高管理当局所确定的预期最低投资报酬率的乘积。可以表示为:

剩余收益=营业利润-预期最低收益

=营业利润-投资占用额×预期最低投资报酬率

【例 10-7】 假定在【例 10-6】中,企业改用剩余收益指标评价B投资中心。企业各投资中心的平均投资报酬率为 20%,则B投资中心生产新产品的剩余收益为:

80 000-380 000×20%=4 000(元)

利用剩余收益指标评价投资中心的经营业绩可以使投资中心的局部利益与企业的整体利益趋于一致。当资金比较充裕时,一般采用剩余收益指标较好,只要有利可图即可;当资金比较短缺时,应尽可能充分利用好资金,将其投入到最有利的项目中去,力求尽可能高的投资报酬率。

3. 经济增加值

经济增加值(EVA)是企业税后营业利润减去资本成本总额后的余额。用公式表示为:

经济增加值=税后营业利润-资本成本总额

经济增加值与剩余收益不同,经济增加值扣除的是资本成本而不是最低报酬率,是债务成本和股权成本的加权资本成本,其战略性要稍强。经济增加值是一种全面财务管理和薪金激励体制的框架,它把资本预算、绩效评价和激励报酬有效地结合起来。以经济增加值为目标导向的管理几乎涵盖了管理决策的所有方面,从战略计划、资源分配、兼并与分立、确定年度目标,一直到日常经营决策等,而所有这些活动的目的都是增加经济增加值。

三、平衡计分卡

平衡计分卡是由美国哈佛大学的卡普兰(Robert S.Kaplan)教授和诺顿(David D.Norton)教授率先提出的。平衡计分卡作为一种管理方法,其注意力主要放在组织目标的实现方面。该方法认识到,企业要向员工、供应商、顾客、合伙人、社区和股东等不同利益相关集团负责。由于不同利害关系人的目标和要求不同,企业必须在这些相互矛盾和竞争的不同要求之间进行平衡,因此,从本质上看,平衡计分卡实际上是在衡量和评价公司在满足不同利害关系人要求方面的业绩。平衡计分卡在将公司使命和战略转化为具体目标和业绩指标的同时,也在平衡公司各方利害关系人之间的不同要求。

平衡计分卡的基本内容表现为以下四个方面:

1. 财务方面

评价企业业绩传统上通常采用财务绩效指标,公司的利益相关者(包括股东、经理人、员工、债权人)都是按照财务指标判断企业是否成功,平衡计分卡保留有关财务方面的内容,是因为财务指标对概述可计量经济结果是有价值的,财务业绩指标能反映出公司的战略是否对提高企业净利有帮助。典型的财务业绩指标包括如上所述的利润、投资报酬率、经济增加值等。

2. 客户方面

在客户方面,管理者要确定经营单位将要面对的竞争性客户和市场份额,并计量经营单位在这个目标范围内的业绩情况。典型的客户方面的核心业绩指标包括客户满意程度、客户保持程度、新客户的获得、客户可获利能力及市场份额等。

3. 内部作业流程方面

内部作业流程是内部经营过程在平衡计分卡上的反映，包含三个主要过程：创新、经营和售后服务。创新过程包括确定市场和开发产品、提供服务两个方面。经营过程是把现有的产品和服务生产出来并交付给客户，这一过程强调效率、一致。售后服务过程包括保证书、修理及退换货、支付手段的管理。

4. 学习与成长方面

在平衡计分卡的学习和成长方面，确立了企业必须建立长期的成长和进步的基础结构。企业的学习和成长来自三个方面：人员、信息系统和企业的程序。在平衡计分卡上的财务目标、客户目标和内部作业流程目标，通常显示出在现有人员、系统和程序的生产能力与实现突破性业绩目标所要求的生产能力之间的巨大差距。为了弥补这些差距，企业必须投资于培训雇员、提高信息技术和信息系统，以及组织企业程序改进等方面。

作为一种战略导向的综合绩效评价系统，平衡计分卡对传统绩效评价的改善主要体现在以下几个方面：

第一，平衡计分卡将战略目标具体化。平衡计分卡的设计首先要分析企业目标和基本战略对于经营活动各方面的基本要求，并由此确定各方面工作的着重点，有利于保证目标与战略在具体经营活动中的体现。

第二，平衡计分卡的运用，从绩效评价体系构建的方法上加强了内部沟通，也就使各个层次的具体职员能更好地理解企业的目标和战略，从而有助于促进内部决策目标的战略一致性。

第三，平衡计分卡以客户为尊，重视竞争优势的获取和保持。

第四，平衡计分卡重视非财务业绩的计量，促进了结果考核和过程控制的结合。

第五，平衡计分卡利用多方面考核所具有的综合性，促进了短期利益和长期利益的平衡。

第十一章

会计信息系统概述

会计是一个信息系统，它旨在向利害攸关的各个方面传递企业或其他经济个体的以财务信息为主的经济信息。在一个会计信息系统中，会计数据和会计信息在互相交换着，会计数据经过处理变成会计信息，会计信息又会转为另一个功能模块的会计数据。会计的功能模块是指具有相对独立完成会计数据的输入、处理和输出功能的各个组成部分。本章分析了会计信息的要求、流动、处理的方式和特点及会计操作技术的发展对会计信息系统的影响，阐述了手工会计和电算化会计的相同点和不同点。结合会计信息系统的职能，提出了会计信息系统是企业管理信息系统的一个子系统，本身又分为会计核算、会计管理和会计决策三种不同职能的子系统。会计信息系统通过会计核算来反映企业的经营活动情况，通过会计管理来监督企业的经营活动情况，通过会计决策来参与企业管理。

第一节　会计信息系统的含义

一、会计数据与会计信息

（一）会计数据

会计数据通常是指记录下来的会计事实，是产生会计信息的源泉。一般来说，会计数据包括数字数据和非数字数据，它们还不能作为人们判断、得出结论的可靠依据。在会计工作中，从不同渠道取得的各种原始资料、原始凭证及记账凭证等，都属于会计数据。

（二）会计信息

会计信息是经过加工或者处理后的会计数据，是对会计数据的解释。它可以用数字、符号、文字、图表等来表示。依靠会计信息可以反映和监督企业的生产经营活动，并做出财务决策。

（三）会计数据与会计信息的关系

会计数据和会计信息是既有紧密联系、又有本质区别的两个概念。会计信息是通过对会计数据的处理而产生的；会计数据也只有按照一定的要求或需要进行加工或处理，变成会计信息后，才能满足管理的需要，为管理者所用。但是，会计数据与会计信息并没有截然的界限，有的会计数据对一些管理人员来说是会计信息，对另一些管理人员来说则需要在此基础上进一步加工处理，才成为会计信息。比如，某车间某月某部件的成本资料，对车间的管理人员来说是会计信息，但对企业领导来说，需要的是企业的成本资料，因此，该部件的车间成本资料仅是会计数据，还需要进一步处理，才能变成企业领导需要的会计信息。会计数据与会计信息的这种相对关系可用图 11－1 表示。

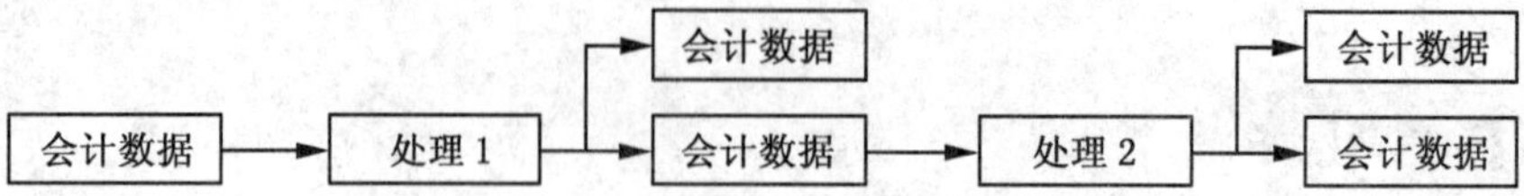

图 11－1　会计数据与会计信息的关系

在一个会计信息系统中，数据和信息在互相转换着，数据和信息又不断地流动着，数据流不断变为信息流，信息流又不断变为数据流。所以，会计数据处理一般也称为会计信息处理。

二、会计是一个信息系统

信息在当代社会已成为最重要的战略资源之一，企业决策离不开信息，信息反映企业经营环境的客观真实情况，要使企业在社会竞争中立于不败之地，必须随时掌握反映客观真实情况的信息。企业决策所需信息大部分来自会计系统，从而通过信息分析所做的决策在很大程度上依赖于会计信息。

会计是以货币为主要计量单位，运用特有的一套方法，对经济过程中所有财产、物资和发生劳动消耗的原始数据进行收集、存储、加工和传输，并提供给有关部门和人员，作为经济管理中所需要的各种以财务信息为主的经济信息，以反映过去的经济活动，控制目前的经济活动，并预测未来的经济活动。

会计是一个信息系统，它旨在向利害攸关的各个方面传递企业或其他经济个体的以财务信息为主的经济信息。会计的各项活动体现了对信息的不同作用。填制和审核凭证是收集信息、初步确认信息；设置账户是为了取得某种信息，预先设置好塑造该种信息的模型或框架；复式记账是信息的分类；登记账簿是进一步确认信息；财产清查是确认账面信息；成本计算是通过各种分类的方法，把有关成本信息从发生的总费用中提炼出来；编制会计报表是汇总信息；经济活动分析是会计信息的反馈；会计管理是会计信息的使用；会计检查主要是审查会计信息。

企业在发生经济业务时，首先是填制和审核凭证，然后在开设好的账户中，用复式记账的方法来登记账簿，要定期或不定期地进行财产清查，期末要进行成本计算，在账证、账账、账实相符的基础上，编制会计报表，达到账表相符、表表相符；要不时地对经济活动进行分析考核，运用会计信息进行管理，并依据国家有关的财经政策审查会计信息的合理性和合法性。所有这些会计活动都有着紧密的内在联系，它们相互依存、环环紧扣，构成了一个有秩序的数据处理和信息生成的过程。这一过程可分为若干部分，每一部分都有各自的信息处理任务；但所有部分又互相联系、互相配合，服从于一个统一的目标，形成一个会计活动的有机整体。这个有机整体就称为会计信息系统。

第二节　企业信息化的关键是会计信息化

会计信息对于经济活动的有效管理是必不可少的。在一个企业组织内，会计信息产生于一个系统。会计信息系统所服务的对象是现代企业组织，它是一个很复杂的机构。这样，一个组织可以雇用成千上万的人从事设计和研制新产品，直至广大销售人员的推销管理工作。现代企业组织在当今世界具有重要的地位，它的经济活动关系到社会中很多部门的利益。

现代企业如何能够计划、协调和控制多方面的经济活动？它如何向关心其经济活动的人士和机构提供信息？又怎样反过来从那些关心其经济活动的人士和机构获取信息？会计信息系统在完成这些工作方面，起着极其重要的作用。

一、会计信息的使用者

从会计信息使用者的角度来考察会计信息是有益的。会计信息的使用者有两种基本类型：企业外部的使用者和企业内部的管理部门。企业外部有很多不同的使用者（顾客、供应单位、职工、贷款人、股东以及管辖其经营的各级政府机构），公布通用的财务报表，如资产负债表和损益表，可以满足其某种限度的需要。为外部使用者提供信息的会计分支，称为财务会计。会计信息还有很多不同的内部使用者，但他们在信息的需要上有着一个共同的目的，即在社会中尽量扩大企业组织的经济效益。与企业内部信息需要有关的会计分支，称为管理会计。会计信息系统是为会计信息的内部和外部两个方面的使用者服务的。

由于会计信息使用者有外部和内部的区别，企业组织的会计信息系统就发展为两大组成部分：一部分叫“财务会计”，另一部分叫“管理会计”。

财务会计是指为企业组织以外的决策制定者提供所需要的经济信息而实施的会计，也称为“对外报告会计”。这种会计的主要职能是通过记账、算账和报账的形式，向外界使用者提供关于企业组织的获利能力、财务状况和财务状况的变动方面的信息。在传统的财务会计中，由于它所提供的经济信息是旨在供所有的外部使用者而不是特定使用者的需要，因此，这种会计所提供的信息一般是采用总括的财务报表形式。在我国，财务会计在数据的处理和信息的呈报方面受到会计准则和会计制度的约束。

管理会计是指为企业组织管理当局提供所需要的经济信息而实施的会计，也称为“对内报告会计”。这种会计的目的是帮助企业组织管理当局制定长期计划及规划，指导和控制当期的经营，因而它所提供的经济信息不仅须适应管理当局的需要，且在内容上都较详细，所使用的呈报方式也比较灵活。

需要说明的是，财务会计和管理会计是很难加以截然分开的。一切主要的会计记录都是为了编制法律上所直接或间接要求的财务报表，同样，制定管理决策用的会计信息也都来自这些记录。另一方面，有时管理会计的一些对内报表也可能上升为对外呈报的财务会计报告。

二、企业管理信息系统的构成

现阶段以计算机为管理手段的信息系统主要有三类：

（一）事务处理系统

事务处理系统（Transaction Processing System，TPS）是一种纯数据处理系统，其目的是为某一部门处理并提供有关数据。在该系统中，数据的收集、存储、加工、传输等一系列处理都是严格按照事先给定的程序进行的。销售订单输入、旅馆房间预定、客户信息、工资表、发货等都是这方面的例子。这类系统是计算机信息系统在组织中最早的应用形式，也是最基本的形式，是构成计算机辅助管理系统的基础，至今还广泛地在各企业中应用和发展。

（二）管理信息系统

管理信息系统（Management Information System，MIS）是由人、程序和数据组成的用于进行数据的收集、存储、处理、传输的系统。顾名思义，管理信息系统为组织的管理层服务，它不仅为经理们提供报表、报告，也为经理们提供企业组织当前状况和历史记录的联机查询。在职能上，管理信息系统主要为管理层的计划、控制和决策制定服务。可见，管理信息系统主要面向企业组织内部，而不对外部或环境。管理信息系统也需要数据来源，但主要是从底层的事务处理系统中获取，而非重新输入。

（三）决策支持系统

任何支持决策的系统都叫做决策支持系统（Decistion Support System，DSS）。同管理信息系统一样，决策支持系统也是一个部门的管理工具，为企业组织的管理层服务。但它适用于那些所需信息不能事先确定，而且容易变化的管理工作。一个完善的决策支持系统是以计算机为基础，由模型库、方法库、数据库等组成的。随着企业组织外部竞争环境的加剧和现代信息技术的普及、推广，决策支持系统越来越受到人们的重视和认可。

企业管理信息系统的构成，按照不同的角度有不同的分类，如物理结构、层次结构和职能结构。这里主要从职能结构上来分析。从管理职能看，企业管理信息系统是由一系列实现各种不同管理职能的子系统构成的。尽管目前还没有统一的职能划分模式，但一般是从企业管理任务和目标来划分的，子系统的多少取决于企业规模、生产特点和管理要求。借鉴国外的先进经验，结合我国企业的具体情况，目前我国工业企业在研制管理信息系统时，一般包括以下几个子系统：工业技术标准子系统、生产管理子系统、物资供应子系统、人事劳资子系统、设备管理子系统、销售管理子系统和会计信息子系统。

三、企业信息化的关键是会计信息化

从上面的分析可以看出，会计信息系统是企业管理信息系统的一个子系统，但这还不够，正确的表达方式应该是会计信息系统是企业管理信息系统中的一个重要的子系统。这是因为，尽管企业组织是由众多子系统组成的生产经营系统，企业组织的各个子系统也有着各自的作用和任务，但由于会计是以货币的价值形式反映和监督企业组织整个生产经营活动过程的，因此，会计信息系统与其他子系统相比有其明显的特点：

（一）信息量大

据测算，会计信息量占企业组织全部信息量的70%左右。如此大的信息量都是经过会计人员在会计信息系统中进行收集、输入、存储、处理和传输等各个环节生成的。

（二）正确性高

会计信息系统尽管从表面上来看处理的是一些数据、信息，但透过现象看本质，我们不难发现，这些数据、信息涉及的是与企业组织有利害关系的各方的利益。因此，会计数据不仅要正确，而且要可靠。正确性与可靠性的衡量标准就是现行的会计法规、会计准则和会计制度。

（三）全面性

会计信息是全面反映企业组织供应、生产、销售各个环节并全面参与企业组织管理的综合信息，它是由会计信息系统采集、加工和输出的。会计信息的全面性决定了会计信息系统的全面性。因此，会计信息系统是全面地反映、监督和控制整个企业组织生产经营活动，保证以最小的投入取得最大经济效益的子系统。至于企业管理信息系统中的其他子系统，它们一方面参与经济活动数据的采集，另一方面又是会计信息系统的客户。但这些子系统，无论是提供会计数据，还是作为会计信息的客户，终究反映和监督的只是企业组织生产经营活动的一个侧面。如人事劳资子系统，仅反映企业组织人员、考勤、工资定额、工资额方面的信息。

（四）综合性

会计信息系统是以货币这种形式来反映和监督企业组织的生产经营活动的，货币的特有

功能决定了会计信息系统输出的会计信息具有一定的综合性。任何以实物计量单位和劳动计量单位表示的信息在货币面前都不再有任何差别，与货币同化了。

（五）复杂性

会计信息系统的复杂性主要体现在两个方面：一是会计信息系统内部结构的复杂性。在静态上，它由资产和权益两个方面构成；在动态上，它由收入、费用和利润三个方面构成；在静态与动态的综合上，它由若干个子系统构成。二是会计信息系统在企业组织内部不是独立存在的，它与企业管理信息系统中的其他子系统有错综复杂的联系，这是由会计信息系统所处的地位决定的。

总之，会计信息系统在企业管理信息系统中居于十分重要的地位，而且这种地位是其他任何子系统都不可取代的。这也从另一个侧面使我们认识到研究企业信息化的关键是会计信息系统及其与其他子系统的关系问题，即会计信息化问题。社会信息化已成为这个时代的主旋律，社会信息化的基础是企业信息化，企业信息化的关键是会计信息化，实现企业信息化应该从会计信息化开始。加快会计信息化的发展将成为下一个阶段我国信息化建设的重要任务，加快会计信息化进程是时代赋予我们的重任。[①] 会计信息系统与其他管理信息子系统的关系如图 11－2 所示。

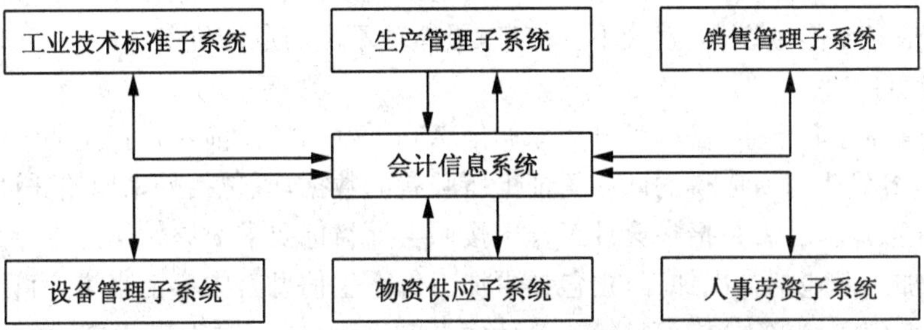

图 11－2　会计信息系统与其他管理信息子系统的关系

四、会计信息化

（一）从会计信息谈起

1. 对信息的进一步解释

美国贝尔电话研究所的数学家申农（C.E.Shznnon）1948 年发表了《通讯的数学理论》和 1949 年发表了《噪声中通讯》两篇论文，奠定了信息论的基础，申农也因此成为信息论的创始人。申农认为，信息是"用来消除未来的某种不定性的东西"。信息是通讯的内容，通讯的直接目的就是要消除接受端（信宿）对于发出端（信源）可能会发出那些消息的不确定性。

当前，信息论在科学技术、经济管理和行政管理等方面得到广泛的应用，从不同的方面或不同的学科、专业出发，就有不同的关于信息的概念，因而对信息的解释也有多种：

（1）信息是指对信息接受者来说预先不知道的报导。

（2）信息是对数据的解释。

（3）信息是为了达到某种特定的目的而获得的知识。

① 胡仁昱：《自助式会计系统》，立信会计出版社 2000 年版。

(4)信息是经过加工整理的对企业组织生产经营活动有影响的数据和资料。

(5)信息是数据、信号等所构成的消息之中所载有的内容。

(6)信息是消息、情报和知识。

(7)信息是事物存在的方式和运动状态。

但是,在信息理论研究和信息实践工作中,对信息也有各种各样的误解。归纳起来,主要是:

(1)不能说有用的是信息,"无用"的不是信息。

(2)经过加工整理的是信息,没有经过加工整理的不是信息。

(3)不知道的是信息,已经知道的不是信息。

(4)数据是信息,不是数据的不是信息。

2. 会计信息及其构成要素

会计信息是反映资金的特征及其运动状态的事物的属性。会计信息是由数据、载体和传递等基本要素构成的:(1)数据。它是指能描述经济业务的数字、字母、符号、字、图表等所组成的序列。(2)载体。它是载荷会计信息的物体。会计信息的载体,一种是直接记录的载体,如纸张、磁性材料;另一种是处于运动状态的载体,如信号。会计信息借助一定载体,才得以传输、加工和存储。(3)传递。会计信息是可以传递的,会计信息的价值也正是通过传递来实现的,假若会计信息不能传递,也就谈不上信息,更体现不出信息的价值。

3. 会计信息的种类

(1)会计信息按其产生过程,可分为原始信息和派生信息。前者是指企业组织在生产经营活动中经济业务发生时所取得的原始凭证上所载有的数据,既包括外来原始凭证数据,也包括自制原始凭证数据。后者是指在会计工作中按照会计目标要求对原始信息进行加工以后产生的信息,这种加工既包括初次加工,也包括再加工。派生信息就内容上来讲,有记账凭证信息、账簿信息、报表信息、财务分析信息等。会计信息的这种分类,对于搞清会计信息加工对象以及目标信息有着重要的意义。

(2)会计信息按其来源,可分为内部信息和外部信息。区分内部信息和外部信息的边界是会计主体的划分。来自于会计主体之内的信息称为内部信息,它主要是由企业组织内部各职能部门提供的,有资金、成本、利润等各方面的信息。来自于会计主体以外的信息称为外部信息,它是由供应商、客户、银行、财政、税务等各方面提供的,有发票账单、借贷凭据、完税凭证等。会计信息的这种分类对于理顺信息来源渠道、及时准确地获取信息有着重要的意义。

(3)会计信息按其稳定性,可分为固定信息和变动信息。固定信息是指在一定时期内,其价值计量基本上不发生重大变化的、可重复利用的信息,如职工的基本工资、各种定额、计划信息等。变动信息是指在一定时点上,随着生产经营活动的进行,其价值计量是发生变化的、不能重复利用的信息,如职工的实发工资、每次的材料采购量、某种产品各月的单位成本等。会计信息的这种分类对会计信息化过程中进行数据的加工处理有着极其重要的意义。

(4)会计信息按其时间性,可分为过去信息、现在信息和未来信息。过去信息即历史信息,它是通过财务会计报告获取的,如前期产品实际成本信息。现在信息是指报告期的动态信息,在多数情况下它是作为反馈信息来使用的,如本期产品实际成本信息。未来信息是预期信息,如下期产品成本信息。会计信息按时态进行的这种分类,对于企业组织会计管理有着重要的意义。

(5)会计信息按其表现形式,可分为会计文件信息、会计凭证信息、会计账簿信息、会计报表信息和其他信息。这是一种按会计信息的存储介质进行的分类，这在传统会计中是极其重要的，因为传统会计信息赖以存在的是“只读寄存”的存储介质。在会计信息化时代，“只读寄存”方式将被“随机寄存”方式所取代，会计信息的这种分类概念依然存在，但有逐渐淡化的趋势。

(6)会计信息按其计量属性，可分为货币性信息和非货币性信息。前者是指能够用货币计量的信息，后者是用货币以外的计量手段表示的信息。在企业组织资源日渐多元化、复杂化的今天，单纯用单一的货币计量属性已经不能客观地反映一个企业组织的实际能力及潜在的价值，增加货币以外的计量属性将能够更全面、更完整地揭示一个企业组织的价值。

4. 会计信息的作用

会计信息在会计工作中具有认识作用和管理作用。

认识作用是会计人员通过编制会计凭证、登记会计账簿、编制会计报表和进行会计分析，对经营活动进行记录、汇总、整理、归类和分析而得到的会计信息，并向有关单位或个人提供，借以认识资金运动和提高经济效益的客观规律。(1)通过会计凭证信息进行零星认识；(2)通过会计账簿进行某方面认识；(3)通过会计报表进行全面认识；(4)通过会计分析进行本质认识。会计信息认识作用的机理如图 11－3 所示：

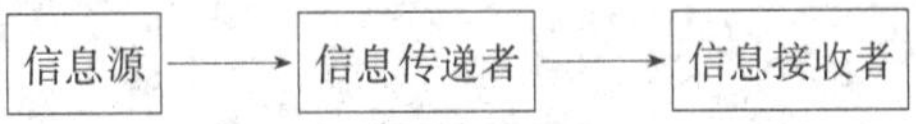

图 11－3　会计信息认识作用的机理

会计信息的认识功能的作用表现在信息接受者接受信息以后，对客观事物的认识能减少不定度、减少未知度、减少疑惑度、减少模糊度。

会计是企业组织经济管理工作的重要组成部分，会计具有管理的辅助作用是人所共知的。事实上，会计的管理作用是通过会计信息的利用体现出来的。在实际工作中，会计信息的作用具体体现在：(1)会计人员根据会计信息，预测经济前景，参与经济决策，规划经营目标，控制经营活动，考核经济效益。(2)企业组织领导和其他人员，根据会计信息对企业组织生产经营活动进行预测、决策、计划、控制、分析、考核。

总之，通过会计管理活动，促进企业组织发展生产，扩大销售，降低成本，增加盈利，提高经济效益。

5. 会计信息的质量特征

为了保证会计信息的认识功能和管理功能的实现，必须保证会计信息的质量特征。关于会计信息的质量特征，会计理论界有各种各样的说法，我们认为会计信息的质量特征不管有多少条，但关键的是：

(1)真实性。会计信息的真实性是指会计信息的内容是客观存在的，是合法合理的，价值核算是正确的。会计信息真实性的特征是，既能反映当时、当地交易的价格，又有原始单证可以查考，也符合相关法律、法规和制度的规定。历史和现实已经不止一次地说明真实性是会计的生命。真实性对财务会计比对管理会计有着更重要的意义。

(2)相关性。相关性是指会计信息的内容与凭借该信息进行决策的经济内容是一致的，利用该信息进行决策能够减少信息使用者决策的不确定性。从会计管理的角度上讲，相关性比真实性显得更加重要。

但是，会计信息的真实性与相关性必须建立在会计信息内容具有同质性的基础之上。所谓同质性,是指会计信息的内容具有共同的特征。由此,我们可以理解,离开同质性,真实性与相关性就失去了其存在的前提。同质性的基本要求是:(1)会计信息要与统计信息、业务信息和技术信息相区别;(2)不同时期、不同年份的会计信息要相区别;(3)不同部门或单位的会计信息要相区别;(4)资金信息、成本信息和利润信息要相区别。只有会计信息具有同质性,才能保证对资金运动认识的正确性,才能使会计信息在不同时间和不同空间具有可比性。为了使会计信息具有有用性,必须提高会计信息的密集度,减少会计信息的冗余度,降低会计信息的模糊度。

无论在理论上,还是在实践上,会计信息的真实性与相关性都是一对矛盾。因为,财务会计强调的是会计信息的真实性,管理会计强调的是会计信息的相关性。传统会计无法同时兼顾会计信息的真实性和相关性两种要求,会计信息化是调和会计信息真实性和相关性的根本出路。

6. 会计信息流与物资流、资金流的关系

企业组织的会计信息反映资金运动,而资金运动反映生产经营活动,生产经营活动的实际内容又主要是物资运动。但是,物资运动和资金运动都是在会计信息的作用下进行的。在企业组织,物资运动、资金运动和会计信息,一般叫物资流、资金流和会计信息流。三者的关系如图 11－4 所示。

图 11－4　会计信息流与物资流、资金流的关系

会计信息来自物资运动和资金运动,又作用于物资运动和资金运动。资金运动反映物资运动,会计信息依附于物资运动而使其具有物质性。

(二)会计信息化的内容

会计信息化的内容是极其广泛而丰富的,可以从不同的角度进行归纳。我们循着会计信息系统的内容和会计信息化的发展过程两条线索对会计信息化的内容进行讨论,进而提出会计信息化的内容。首先,从会计信息系统的内容来看,如前所述,会计信息系统包括财务会计和管理会计两个方面的内容。财务会计是通过确认、计量、记录和报告来实现对会计对象要素的记账、算账和报账功能,即会计核算。管理会计则主要是预测经济前景、参与经济决策、规划经营目标、控制经济活动和考核评价经营业绩。将财务会计和管理会计统一起来考虑,就是以事前为主的"决策"、以事中为主的"管理"和以事后为主的"核算"。其次,从我国会计信息化的发展过程来看,主要分为三个基本的阶段,即会计核算信息化、会计管理信息化、会计决策支持信息化三个阶段。所以,无论从会计信息系统的内容上讲,还是从会计信息化的阶段上讲,会计信息化都不外乎是会计核算信息化、会计管理信息化和会计决策支持信息化三个方面的内容。会计信息化的架构如图 11－5 所示。

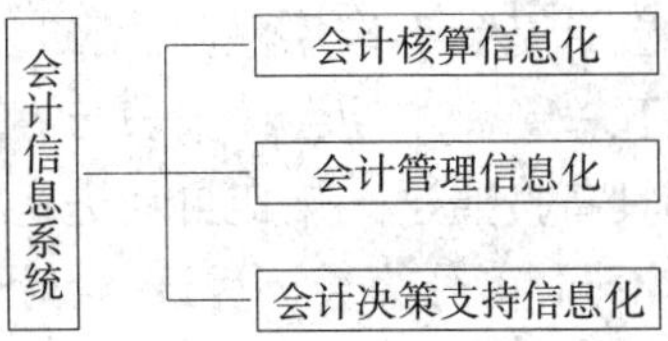

图 11－5 会计信息化的架构

1. 会计核算信息化

会计核算信息化是会计信息化的第一个阶段，在这一阶段完成的主要任务包括：设置会计科目、填制会计凭证、登记会计账簿、进行成本计算、编制会计报表等。会计核算信息化主要是指这几个方面运用会计核算软件，实现会计数据处理信息化。

(1)设置会计科目信息化

设置会计科目信息化是通过会计核算软件的初始化功能实现的。初始化功能是在软件开始正式投入使用时运用的，除了输入总分类和明细分类会计科目名称和编码外，还要输入：会计核算所必需的期初及有关资料，包括年初数、累计发生额、往来款项、工资、固定资产、存货、成本费用、营业收入核算必需的期初数字；计算有关指标需要的各种比例；选择会计核算方法，包括记账方法、固定资产折旧方法、存货计价方法、成本核算方法等；定义自动转账凭证；输入操作人员岗位分工情况，包括操作人员姓名、操作权限、操作密码等。

(2)填制会计凭证信息化

会计凭证包括原始凭证和记账凭证，对这两类凭证的处理方法，在各个会计核算软件中是不同的。记账凭证是根据审核无误的原始凭证登记的，有的会计核算软件要求会计人员手工填制好记账凭证，再由操作人员输入电子计算机；有的会计核算软件要求会计人员根据原始凭证，直接在计算机屏幕上填制记账凭证；有的会计核算软件要求会计人员直接将原始凭证输入电子计算机，由计算机根据输入的原始凭证数据自动编制记账凭证。前两种方法比较接近，区别在于一个是输入已经手工写好的记账凭证，一个是边输入边做记账凭证，但都是把所有记账凭证输入电子计算机。而后一种方法与前两种有很大的差别，它增加了会计信息化的深度，提高了会计信息化的水平。

(3)登记会计账簿信息化

会计信息化后，登记会计账簿一般分两个步骤进行：首先是计算机根据会计凭证自动登记机内账簿，其次是把机内账簿打印输出。1996 年财政部发布的《会计基础工作规范》考虑了信息化的要求，对信息化条件下登记会计账簿提出了规范，改变了过去设计会计制度时主要考虑手工操作的做法。

(4)成本计算信息化

根据账簿记录，对企业组织经营过程中发生的采购费用、生产费用、销售费用，进行成本计算，是会计核算的一项重要任务。在会计软件中，成本计算是由计算机根据机内上述费用，按照会计制度规定的方法自动进行的。许多通用会计软件提供了多种成本计算方法供用户选用；定点开发会计软件的成本计算方法，则相对少一些。

(5)编制会计报表信息化

编制会计报表工作，在通用会计软件中都是由计算机自动进行的，一般都有一个用户可自行定义报表的报表生成功能模块，它可以定义报表的格式和数据来源等内容，这样无论报表如何变化也都可以适应。但是在各个会计软件中，这个功能模块的开发水平有很大的差别，有的灵活性比较强，有的则比较差。《会计基础工作规范》规定："会计报表之间，会计报表各项目之间，凡有对应关系的数字，应该相互一致。本期会计报表与上期会计报表之间有关的数字应当相互衔接"，多数会计报表软件都具备按照这一规定自动进行核对的功能。

会计核算信息化按信息载体不同，可分为会计凭证、会计账簿和会计报表三个子系统。会计核算信息化系统如图 11－6 所示。

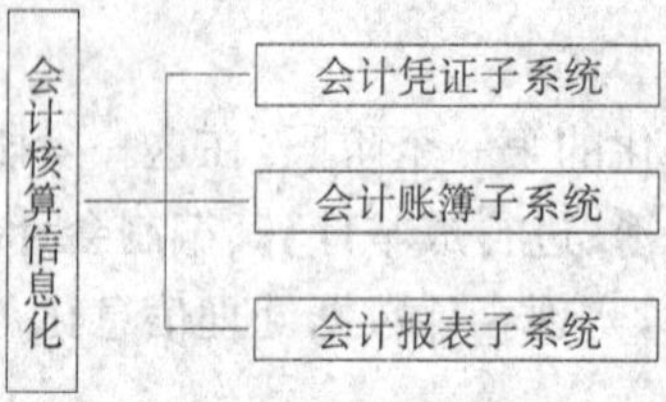

图 11－6 会计核算信息化结构

严格意义上讲，会计核算信息化属于事务处理系统。它的特点是：(1)会计核算信息化是会计信息系统的最底层，它跨越企业组织与其环境之间的边界；(2)会计核算信息化是为会计管理信息化和会计决策支持信息化提供信息的主要生产者。

2. 会计管理信息化

会计管理信息化是在会计核算信息化的基础上，利用会计核算提供的数据和其他有关数据，借助计算机会计管理软件提供的功能和信息，帮助会计人员筹措和运用资金，节约生产成本和经费开支，提高经济效益。会计管理信息化主要有以下任务：(1)进行会计预测；(2)编制财务计划；(3)进行会计控制。

会计管理信息化系统按会计管理的内容，可以分为资金管理、成本管理和利润管理三个子系统。会计管理信息化系统如图 11－7 所示。

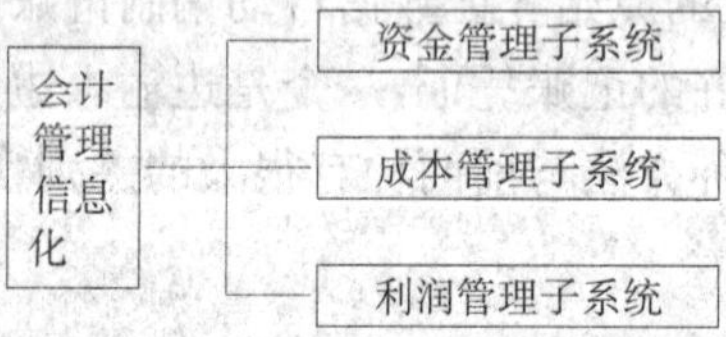

图 11－7 会计管理信息化结构

会计管理信息化的主要特点是：(1)它不仅支持作业层和管理层的结构化和半结构化决策，而且对决策层的计划工作也是有用的；(2)会计管理信息化一般是面向报告和控制的；(3)会计管理信息化依赖于企业组织现有的数据和数据流；(4)会计管理信息化一般用过去和当前的数据辅助决策；(5)会计管理信息化是针对内部的而不是外部的；(6)会计管理信息化的信息需求是已知和稳定的。

3. 会计决策支持信息化

会计决策支持信息化是会计信息化的最高阶段，在这个阶段，由会计辅助决策支持软件来完成决策工作。该软件根据会计预测的结果，对产品销售和定价、生产、成本、资金和企业组织经营方向等内容进行决策，并输出决策结果。主要包括经营活动决策模型及其应用、投资活动决策模型及其应用、筹资活动决策模型及其应用。会计决策支持系统与会计信息系统中其他子系统共同构成了一个完整的会计信息系统，它们相辅相成，分别完成会计核算、会计管理、会计预测决策等相关工作。其中，会计核算信息化是基础，是后两个层次的重要数据来源；会计决策支持信息化是从前两个阶段的信息化发展而来的，决策所依据的数据要靠前者来提供。

会计决策支持系统按会计决策的时间区间，可以分为短期决策和长期决策两个子系统。前者以生产经营为内容，后者以项目投资和证券投资及长期资金筹集为内容。会计决策支持信息化系统如图 11－8 所示。

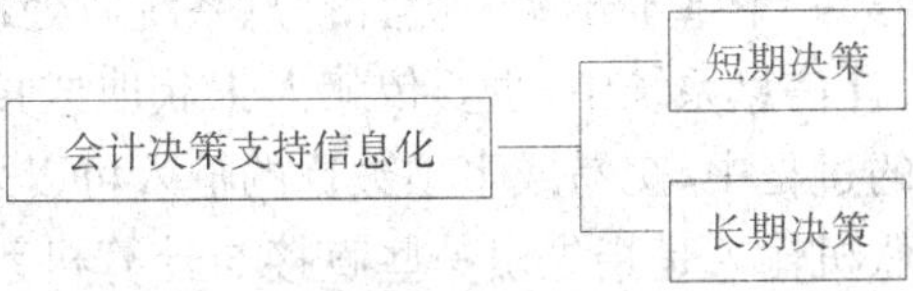

图 11－8　会计决策支持信息化结构

会计决策支持信息化的特点是：(1)能够给用户灵活性、适应性和快速响应；(2)会计决策支持信息化让用户设置和控制系统的输入和输出；(3)会计决策支持信息化基本上不需要专业程序员的帮助；(4)会计决策支持信息化一般是针对非结构化问题的；(5)会计决策支持信息化需要使用复杂的分析和建模工具。

会计核算信息化、会计管理信息化和会计决策支持信息化可以是独立的信息系统，但更应该是集成的信息系统。这是因为会计信息系统本来就是一个整体。一方面，会计核算信息化、会计管理信息化和会计决策支持信息化存在着如图 11－9 所示的相互关系；另一方面，集成化的会计信息系统的效率远远超过各子系统独立存在的效率，即 1＋1＋1＞3。

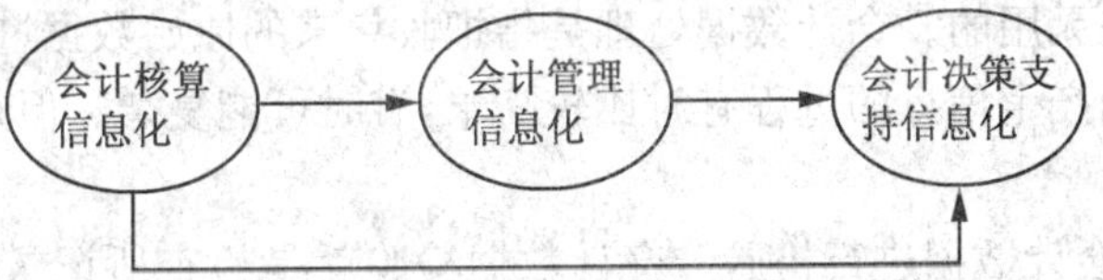

图 11－9　三种信息化及其相互之间的集成关系

（三）会计信息化的基本环节

1. 会计数据源、数据采集与数据输入

(1)会计数据源

会计数据源的分布及其变化的规律性是会计数据源研究的主要内容。会计数据源分布是一种客观存在，是数据长期运动的结果。会计数据源有各种各样的分类。首先，如果以企业组织边界为界限，可将会计数据源分为内部数据源和外部数据源。内部数据来自企业组织内部，一般比较可靠。外部数据是从其他地方收集或买来的，核心问题是其正确性。其次，从时间标准来划分，会计数据源可分为一次数据源和二次数据源。前者是由现场直接采集的数据，后者是各种文件和数据库中存储的数据。再次，根据数据运动的形式，可将数据源分为静态数据源和动态数据源。前者是指那些具有相对稳定性的数据，后者是指那些反映生产经营活动中的实际进程和状态的数据。

(2)会计数据采集

会计数据源的格局一经确定后，这时的工作重点就转移到会计数据的采集方面了。会计数据采集是会计信息资源能够得以充分开发和有效利用的基础。在会计数据采集时首先要明确采集什么数据，也就是要对各种数据加以选择。选择是数据采集的核心。选择什么数据并不取决于采集人员的主观意志，而是取决于用户信息需求的分析结果和实际能够提供什么信息。这就要求数据采集人员一方面要摸清用户的主要信息需求，另一方面还要选准能够满足用户主要信息需求的核心资源。此外，在数据采集活动中，还要保证数据的及时性、准确性、适用性和经济性。

(3)会计数据输入

数据输入是任何系统的第一个基本步骤。会计信息系统所处理的数据均来自既定企业组织的交易和事项。在传统会计信息系统中，主要依赖人工获取或接收各种经营事项或交易所产生的数据；在会计信息化的过程中，交易或事项数据的输入可以采用非联机输入或联机输入的方式，或者是两者兼用。联机输入是指先由一些直接与计算机系统相连接的设备执行交易或事项数据的初始输入，而联机输入是指通过与计算机系统直接连线的设备执行交易或事项数据的输入。如果交易或事项数据是分批地发生与进行，非联机输入方式具有如下优点：单项交易或事项数据的输入成本相对较低，因而可节省计算机资源的耗费；由于由专业职员执行整批输入作业，输入的作业效率相对较高。而联机输入的优点则在于：输入数据的时效性强，且简单、灵活；在交易或事项发生时将数据输入计算机系统，更新有关文档资料，有助于为经营决策提供及时的信息；由业务执行者直接输入数据，可在输入时立即发现原始凭证中的任何差错，减少错误数据对系统的影响。

2. 会计数据的处理

会计数据的采集和输入是为了利用，从采集到利用之间还有数据处理这一工作环节。会计数据处理是会计信息化过程中不可缺少的环节。如果没有这一步，数据永远也只能是数据，采集的数据再多也是无用的。会计数据处理是指把收集来的原始数据进行加工使之成为二次信息的活动。从数据产生信息的过程有时比较简单，有时可能复杂。但是不管如何，都可以分解为以下一些操作：

(1)对收集到的会计数据进行检验。会计数据检验就是检查所记录的数据是否正确。可以是人工检验，也可用计算机检验。

(2)会计数据分类。会计数据分类是将会计数据按使用目的进行分类，使它具有一定的意义。会计数据排序是会计数据分类最典型的做法。

(3)会计数据汇总。会计数据汇总包括在数字上加以累计，或在逻辑上加以简化。

会计数据处理中最常用的概念是定期处理和实时处理。前者是将送来的数据存起来达到一定数量或时间后，再集中进行批处理。后者是将送来的数据立即进行处理，即时做出响应。这两种方式适用在不同的场合，但从长远来看，会计数据处理正从定期处理方式向实时处理方式发展。

3. 会计信息的存储

会计信息寄存在载体上的过程，就是会计信息的存储过程。会计信息存储是将信息保存起来，以备将来应用。会计信息存储包括物理存储和逻辑组织两个方面。也就是说，会计信息存储不仅强调存储设备，更强调存储思路，即必须考虑下述问题：为什么要存储这些信息，这些信息存储多长时间，以什么方式存储这些信息，存储在什么介质上，将来有什么用途或对决策产生的效果是什么等。

在传统的会计信息系统中，企业组织经营活动中交易或事项所产生的处理结果主要是各种凭证、账册和报表，并且以书面的原始凭证、记账凭证、会计账簿与财务会计报告等作为信息存储和输出的载体。在会计信息化过程中，尽管原始凭证、记账凭证、账簿和报表仍然存在，但它们将主要由计算机系统编制和打印输出，因而以不可见形式存储于磁性媒体或光性媒体之中。会计信息存储方式从"只读寄存"向"随机寄存"的这种变革，其优越性是无以伦比的：一是节省了会计信息的存储空间，二是增强了会计信息的可读性，三是提高了会计信息的利用效率。

4. 会计信息的输出

经过既定应用程序的处理，会计信息系统将根据使用者的不同需要产生多样化的输出，无论是在内容上，还是在形式上。不同于传统会计信息系统和电算化会计信息系统的是，在会计信息化环境下，由于计算机网络的支持，使得会计信息的集成度（包括会计部门内的集成、企业组织内的集成、企业组织之间的集成三种形式）更高、输出和传输的面更广（因集成的范围而定）、传输的速度更快，因而会计信息的受益者就更多，获取会计信息也就更加及时和便捷。

第三节　会计信息处理

企业组织中的会计人员，日复一日地对各种经济业务的原始资料（即数据）进行着采集、分类、计算、记录、分析、检查、编表等处理工作，这一工作产生的结果，就是为企业管理和决策提供有用的会计信息。

一、对会计信息的要求

无论在怎样的经济社会和经济活动中，正确、及时、畅通和经济的会计信息是必不可少的。

会计信息必须正确才有用，否则不但无用，反而有害。因为不准确的信息可能导致错误的结论；不可靠的信息可能产生不良的后果，甚至是不可收拾的结局。

会计信息的处理和提供必须及时。为了适应瞬息万变的需要，信息必须及时修正或更新才有用。

会计信息必须畅通。在企业管理中，各部门之间所用的信息应该交流、结合或者转化为决策所需要的信息；在会计部门内部，各种会计信息（资金信息、成本信息、利润信息等）也应互相交流，才能使会计信息发挥更大的作用。

会计信息处理工作还应该考虑经济性，即以最小的代价收集所需要的信息。

二、会计信息的流动

要进行会计信息处理，首先要明白会计信息的流动。图 11－10 说明了会计信息的流动过程。

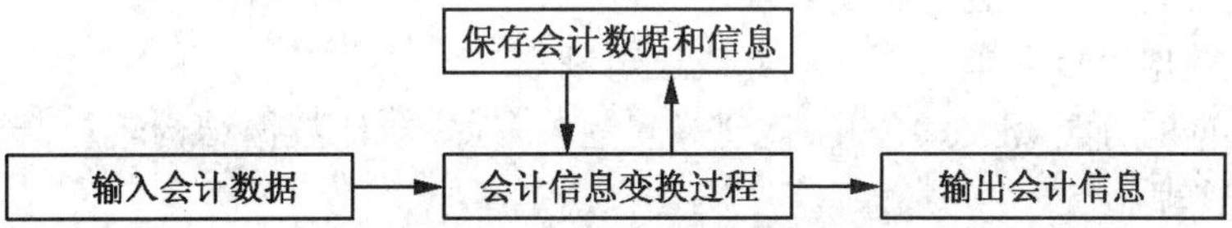

图 11－10　会计信息的流动过程

会计信息的流动是以会计信息变换过程为中心，由输入会计数据、保存会计数据和信息以及输出会计信息构成，它是一种有序排列的结构。

输入会计数据的作用是传达有关业务所引起会计要素变化的信息，一般属于变动信息，如收料单、销售发票、记账凭证等。

保存会计数据和信息的作用是保存一些会计档案资料，以备查询，一般属于固定信息，如各种账簿、一览表等。

输出会计信息的作用是传送处理后的信息，一般属于变动信息，如各种报表、账簿等。会计信息的变换过程就是对原始资料(各种原始凭证、记账凭证中的数据等)进行收集、加工、传送、存储、检索等的处理过程。这一过程使数据获得新的结构和形态，转变成有一定用途的信息。

三、会计信息的处理方式

会计信息的处理方式有收集、加工、传送、存储、检索等。

收集是指对会计原始数据的收集。根据不同的目的，要求有不同的数据。原始数据的收集工作很重要，因为会计信息的质量在很大程度上取决于原始数据的完整性、真实性和确定性。在收集过程中，还必须注意对数据进行校对和审核。

加工是指对会计数据进行分类、计算、比较、合并、选择等处理工作。分类是对数据按不同类型进行有规则的排列，如分类后的记账凭证分别登记到各种账簿上去。计算是对数据进行运算，如计算产品的生产成本。同种数据还要进行比较、合并和选择，如编制可比产品成本计算表。

传送是指对经过加工后的会计信息，按其需要，向各个部门传送。有些是单向传送，也可以是多向传送，以及信息的反馈。传送过程直接影响信息的作用，如各种会计报表传送到各个主管部门、会计报表上的有些信息可以为下次决策提供依据。

存储是指保存会计信息。因为收集的数据和经过处理后的信息，在传送时有时间上的差异和数量上的累积过程，所以，数据和信息都需要保存，如月报、季报、年报等，这些报表都是把会计信息累积到一定的时期才产生，故要把会计信息保存起来。

检索是查找所需要用的会计数据和信息。信息处理工作依据不同的问题，从不同角度使用会计数据，因此，往往根据需要从大量数据中寻找所要处理的数据。例如，记账凭证数据库，所有的记账凭证都在里面，可以根据需要按相同的会计科目进行检索，然后登记到同一账簿上去。

四、会计信息处理的特点

会计信息的处理有其自身的特点，具体如下：

1. 会计信息处理必须符合会计法、会计准则和有关行业的会计制度。

2. 对大量的会计数据进行重复处理。

3. 对原始数据进行简单的算术运算或逻辑判断。

4. 由于数据的分类、汇总、合并、整理等问题较多，故会计数据结构较复杂，需要对会计数据进行严密的管理。

5. 会计数据处理的过程和结果要有一定的可审计性，要留有一定的审计线索。

6. 会计数据的安全性、正确性要求高，要通过一定的手段，保证会计数据的安全、可靠、正确。

7. 会计信息处理的结果往往需要以文档资料方式加以保护，随着电子计算机的应用，会计信息保存的形式从纸质的转变为磁性介质，从可视的转变为不可视的。

第四节　会计信息化是会计发展的必然趋势

一、会计信息系统的价值在于提供与决策相关的信息

会计信息系统是由会计人员、数据处理工具和数据处理规程组成的有机整体。会计信息系统历史渊源，直到今天仍然久经不衰，并且呈现出经济越发展、会计越重要的趋势。其根本原因就是它能够加工和利用会计信息对经济活动进行控制，满足经济管理的需要。提供会计信息既是会计信息系统的出发点，也是会计信息系统的终结点。在这个方面，无论是传统会计信息系统，还是电算化会计信息系统，或者是会计信息化系统，可以说不存在什么差别。这是由会计信息系统的特点及其在社会经济生活中所处的地位所决定的。一方面，经济及其发展水平是会计信息系统的助推器。经济是“因”，会计信息系统是“果”。不同的经济形态和经济发展水平，对会计信息系统的要求也不同。结绳记事是会计信息系统对原始社会经济发展水平的适应，“资产＝负债＋业主权益”的平衡公式是会计信息系统对封建及原始资本积累经济发展水平的适应，成本和损益计算是会计信息系统对于工业经济社会的适应，会计信息化是会计信息系统对全球经济一体化的适应。另一方面，会计信息系统对它所处的社会及其经济发展也有很大的促进作用。结绳记事促进了原始社会剩余物品的分配，“资产＝负债＋业主权益”促进了人类社会借贷关系的发展，成本和损益计算促进了现代工业的进步，会计信息化则促进了经济的全球化。在上述两方面中，相比之下我们更加关注后者。因为只有这样，才有利于探讨会计信息系统的价值。

我们研究会计信息系统只是一种过程或手段，而真正的目的是这个系统的产品——会计信息。这是因为会计信息系统的价值是通过提供会计信息来体现出来的。会计信息有使用价值和价值双重属性。会计信息的使用价值是指它能为决策者所使用，并能够减少决策过程中的不确定性。会计信息的价值是指决策者在利用会计信息进行决策时所能够减少的不确定性程度。会计信息越是有序，经济决策中的不确定性程度就越小，会计信息的价值就越大。会计信息的使用价值和价值是相互依存、相互制约的。会计信息有使用价值，就一定有其价值。使用价值越大，价值就越大。反之，亦然。不仅如此，会计信息的使用价值和价值的内涵会随着社会进步、经济发展和科技进步，不断发展，不断进步，不断丰富。

会计信息的价值是通过其在决策过程中的作用体现出来的。在现代社会经济生活中，决策无处不在、无时不有，到处充满着经济决策，而决策是建立在信息基础之上的。无论是微观经济决策，还是宏观经济决策，概不例外。会计信息是经济决策的基础信息和重要信息，在微观经济和宏观经济管理中有着举足轻重的作用。但必须强调的是，会计信息在经济决策中作用的体现是必须建立在其符合质量特征的基础之上。如前所述，会计信息的质量特征有多种表现，而最核心的还是其决策相关性。

二、传统手工会计信息系统的价值是极其有限的

传统手工会计信息系统产生于中世纪意大利威尼斯的商贸活动，完善和发展于 20 世纪中叶的工业社会。它是以手工为主的会计，或者说是一个手工数据处理系统。在这个系统中，会计人员借助于笔、算盘和凭证、账簿及报表对经济活动中发生的交易或事项，依据会计准则、制度，按照复式记账法、历史成本和权责发生制的会计思想体系，进行会计处理，最终生成会计信

息。在传统的手工会计信息系统存续的漫长历史时期，它不仅与当时的经济和科技发展水平相适应，而且促进了经济和科技的进步和发展，这是有目共睹的事实。但是，人类社会进入后工业社会以后，传统手工会计信息系统显得越来越不能适应经济发展和社会进步对它的要求了。随着经济环境的不断变化，企业组织自身经营活动种类的增多和规模的扩大，会计信息系统所需处理的数据量越来越大，改善经营、加强管理、提高效益的要求也就越来越高，传统的手工会计信息系统越来越显得捉襟见肘。第一，会计数据处理的效率低下。会计人员面对大量的交易或事项，整日计计算算、抄抄写写，虽然付出了极大的劳动，但提供的会计信息还总是时过境迁。第二，及时性差。会计信息的时效性要求极强，它的时滞必然带来信息使用者决策的失误。在传统的手工会计信息系统中，会计信息时效性问题的解决要以牺牲簿记费用为代价，而从效益大于成本的原则考虑，这又是不足取的。第三，数据处理的差错率高。真实性是会计信息的生命。传统手工会计信息系统为此付出了极大的代价，一般从经济活动的内容、数量、单价、金额、对应科目、记账方向等项目来核对，并通过制单、审核等不同岗位分工来互相促进、互相监督账目的正确性。此外，还通过账证核对、账账核对、账实核对来保证数据的正确性。尽管如此，手工处理下会计信息的差错率仍然居高不下，且一旦发生差错，查找十分困难。第四，基于纸张的会计信息存储介质，加大了簿记费用。传统手工会计信息系统以纸张为存储介质，这种"只读寄存"的数据存储方式不仅使得数据存取效率低下，而且数据冗余度极高，导致存储成本高昂。这些成本包括纸张本身的成本，记录、维护和使用数据所带来的相关成本，以及纸张记录的损坏成本等。由此可见，传统手工会计信息系统随着企业组织外部环境的变化和内部经营管理的提高，由于自身的条件所限，提供的会计信息及其会计信息所能实现的价值是十分有限的。

三、电算化会计信息系统是一个会计信息"孤岛"

电算化会计信系统是随着计算机的诞生而产生和发展起来的，1954 年 10 月美国通用电气公司第一次在计算机上计算职工工资，开创了利用计算机进行会计数据处理的新纪元。在我国，计算机在会计数据处理中的应用是从 1979 年长春第一汽车制造厂开始的。在这方面，我国的特点是起步晚、发展快，可以说实现了跨越式发展。我们仅仅用了 20 多年的时间，基本上实现了用电算化会计信息系统取代传统手工会计信息系统的目标。电算化会计信息系统的形成，实现了会计记账、算账和报账的自动化，并在此基础上向管理者提供财务信息，辅助决策。电算化会计信息系统的建立和发展，使会计工作发生了很大的变化。具体体现在：第一，减轻了会计人员的工作强度，提高了会计工作效率；第二，促进了会计工作的规范化，提高了会计工作质量；第三，促进了会计职能的转变，提升了会计人员的素质；第四，电算化会计信息系统是企业管理信息系统的一个重要的子系统，它的建立为企业管理工作现代化奠定了雄厚的基础；第五，电算化会计信息系统部分地改变了会计核算的内容、方式、方法，促进了会计自身的发展。

但是，我们也必须看到，电算化会计信息系统的建立并未实现会计信息系统的创新和革命性的变化，距离现代企业管理对它的要求还有很大的差距。造成这种情况和局面的主要原因是因为电算化会计信息系统是一个会计信息"孤岛"。所谓会计信息"孤岛"是指"会计信息系统依据会计科目体系，对企业生产经营活动的数据进行分类采集、汇总、加工、储存和报告的会计信息不能满足使用者决策需求的状态。它主要表现在对外报告的决策有用性不够及财务信息与非财务信息的分离；对内企业业务活动的业务流、资金流、信息流相分离，以及财务会计信息与管理会计信息的分离”①。

由此可见，电算化会计信息系统是会计数据处理历史上的一种进步，但是，由于会计信息“孤岛”的客观存在，导致电算化会计信息系统的如下一些缺陷：第一，电算化会计信息系统独立于企业组织其他管理信息系统之外，它重复存储了企业组织各个业务部门管理信息系统已经存储了的数据，使得数据必然产生冗余，引发了企业组织中数据的不一致，也提高了信息管理的成本。第二，受第一种缺陷的影响，电算化会计信息系统只采集和存储了那些符合会计确认条件的交易或事项，自然输出的信息也只能是财务信息，而不包括非财务信息，即系统所能输出的信息内容十分有限。第三，会计信息系统的数据输入，依赖于企业组织其他各个业务部门的信息输出。但是，由于电算化会计信息系统未能与企业组织其他各个业务部门的信息系统集成起来，所以也就无法直接从企业组织其他各个业务部门的信息系统中提取数据，实现数据的实时采集，自然也就谈不上数据的实时处理和会计信息的实时支持。

四、会计信息化是会计发展的必然趋势

正像电算化会计信息系统取代传统手工会计信息系统一样，会计信息化取代电算化会计信息系统也是历史的必然。因此，在可预见的未来，会计信息化是会计发展的必然趋势。

现代企业组织所处的外部经济环境复杂多变，企业组织自身的经营管理活动要想适应这种环境，就必须既了解自身的经营活动，又能对外部环境审时度势。这就需要有充足的信息，而任何信息都必须有由信息输入、信息转换和信息传输等部分组成的信息系统。对企业组织来讲，这个信息系统就是管理信息系统。有了管理信息系统，企业组织就可以不断地从自身和外界获得新的信息来及时调整自己的生产经营，并与不断变化的环境相适应。如果企业管理达到了这种境界，我们就可以说企业组织已经实现了管理信息化。任何企业组织的经营管理活动都需要信息系统，并且需要这个系统提供的信息种类多、数量大，因而需要有多个不同的信息系统，以适应有效管理的需要，会计信息系统就是其中一部分。如果会计信息系统能够集会计核算、会计管理与会计决策支持于一体，并与管理信息系统中的其他子系统和企业组织外部的相关经济信息系统实现无缝联结，达到物流、资金流、信息流和业务流的融合，同样可以说，企业组织已经实现了会计信息化。此时，如上所述的电算化会计信息系统的缺憾，正是会计信息化的优势之所在。

① 欧阳电平、杨培坤：《“会计信息孤岛”的成因与治理》，《中国会计电算化》2003年1月。

附录　　1 元的终值、现值及 1 元的年金终值、年金现值

1 元复利终值系数表　　$CF_{i,n}=(1+i)^n$

年	1%	2%	3%	4%	5%	6%	7%	8%	9%	10%	12%
1	1.010	1.020	1.030	1.040	1.050	1.060	1.070	1.080	1.090	1.100	1.120
2	1.020	1.040	1.061	1.082	1.102	1.124	1.145	1.166	1.188	1.210	1.254
3	1.030	1.061	1.093	1.125	1.158	1.191	1.225	1.260	1.295	1.331	1.405
4	1.041	1.082	1.126	1.170	1.216	1.262	1.311	1.360	1.412	1.464	1.573
5	1.051	1.104	1.159	1.217	1.276	1.338	1.403	1.469	1.539	1.611	1.762
6	1.062	1.126	1.194	1.265	1.340	1.419	1.501	1.587	1.677	1.772	1.974
7	1.072	1.149	1.230	1.316	1.407	1.504	1.606	1.714	1.828	1.949	2.211
8	1.083	1.172	1.267	1.369	1.478	1.594	1.718	1.851	1.993	2.144	2.476
9	1.094	1.195	1.305	1.423	1.551	1.689	1.838	1.999	2.172	2.358	2.773
10	1.105	1.219	1.344	1.480	1.629	1.791	1.967	2.159	2.367	2.594	3.106
11	1.116	1.243	1.384	1.539	1.710	1.898	2.105	2.332	2.580	2.853	3.478
12	1.127	1.268	1.426	1.601	1.796	2.012	2.252	2.518	2.813	3.138	3.896
13	1.138	1.294	1.469	1.665	1.886	2.133	2.410	2.720	3.066	3.452	4.363
14	1.149	1.319	1.513	1.732	1.980	2.261	2.579	2.937	3.342	3.797	4.887
15	1.161	1.346	1.558	1.801	2.079	2.397	2.759	3.172	3.642	4.177	5.474
16	1.173	1.373	1.605	1.873	2.183	2.540	2.952	3.426	3.970	4.595	6.130
17	1.184	1.400	1.653	1.948	2.292	2.693	3.159	3.700	4.328	5.054	6.866
18	1.196	1.428	1.702	2.026	2.407	2.854	3.380	3.996	4.717	5.560	7.690
19	1.208	1.457	1.754	2.107	2.527	3.026	3.617	4.316	5.142	6.116	6.613
20	1.220	1.486	1.806	2.191	2.653	3.207	3.870	4.661	5.604	6.728	9.646
25	1.282	1.641	2.094	2.666	3.386	4.292	5.427	6.848	8.623	10.835	17.000
30	1.348	1.811	2.427	3.243	4.322	5.743	7.612	10.063	13.268	17.449	29.960
年	14%	15%	16%	18%	20%	25%	32%	40%	50%	60%	80%
1	1.140	1.150	1.160	1.180	1.200	1.250	1.320	1.400	1.500	1.600	1.800
2	1.300	1.323	1.346	1.392	1.440	1.563	1.742	1.960	2.250	2.560	3.240
3	1.482	1.521	1.561	1.643	1.728	1.953	2.300	2.711	3.375	4.096	5.832
4	1.689	1.749	1.811	1.939	2.074	2.441	3.036	3.842	5.063	6.554	10.498
5	1.925	2.011	2.100	2.288	2.488	3.052	4.007	5.378	7.594	10.486	18.896
6	2.195	2.313	2.436	2.700	2.986	3.815	5.290	7.530	11.391	16.777	34.012
7	2.502	2.660	2.826	3.185	3.583	4.768	6.983	10.541	17.086	26.844	61.222
8	2.853	3.059	3.278	3.759	4.300	5.960	9.217	14.758	25.629	42.950	110.200
9	3.252	3.518	3.803	4.435	5.160	7.451	12.166	20.661	38.443	68.720	198.359
10	3.707	4.046	4.411	5.234	6.192	9.313	16.060	28.925	57.665	109.950	357.047
11	4.226	4.652	5.117	6.176	7.430	11.642	21.199	40.496	86.493	175.922	642.684
12	4.818	5.350	5.936	7.288	8.891	14.552	27.983	56.694	129.746	281.475	1 156.831
13	5.492	6.153	6.886	8.499	10.699	18.190	36.937	79.372	194.619	450.360	2 082.296
14	6.261	7.076	7.988	10.147	12.839	22.737	48.757	111.120	291.929	720.576	3 748.133
15	7.138	8.137	9.266	11.974	15.407	28.422	64.359	155.568	437.894	1 152.921	6 746.641
16	8.137	9.358	10.748	14.129	18.486	35.527	84.954	217.795	656.84	1 844.7	12 144.0
17	9.276	10.761	12.468	16.672	22.186	44.409	112.139	304.913	985.26	2 851.5	21 359.1
18	10.575	12.375	14.463	19.673	26.623	55.511	148.024	426.879	1 477.9	4 722.4	39 346.4
19	12.056	14.232	16.777	23.214	31.948	69.386	195.391	597.630	2 216.8	7 555.8	70 823.5
20	13.743	16.367	19.461	27.393	38.338	86.736	257.916	836.683	3 325.3	12 089.3	127 482.4
25	26.462	32.919	40.874	62.669	95.396	264.693	1 033.590	4 497.880	25 251.0	126 765.1	2 408 865.9
30	50.950	66.212	85.850	143.371	237.376	807.794	4 142.075	24 201.432	19 175.1	1 329 228.0	45 517 159.6

1元复利现值系数表 $DF_{i,n}=\frac{1}{(1+i)^n}$

年	1%	2%	3%	4%	5%	6%	7%	8%	9%	10%	12%	14%
1	0.990	0.980	0.971	0.962	0.952	0.943	0.935	0.926	0.917	0.909	0.893	0.877
2	0.980	0.961	0.943	0.925	0.907	0.890	0.873	0.857	0.842	0.826	0.797	0.769
3	0.971	0.942	0.915	0.889	0.864	0.840	0.816	0.794	0.772	0.751	0.712	0.675
4	0.961	0.924	0.888	0.855	0.823	0.792	0.763	0.735	0.708	0.683	0.636	0.592
5	0.951	0.906	0.863	0.822	0.784	0.747	0.713	0.681	0.650	0.621	0.567	0.519
6	0.942	0.888	0.837	0.790	0.746	0.705	0.666	0.630	0.596	0.564	0.507	0.456
7	0.933	0.871	0.813	0.760	0.711	0.665	0.623	0.583	0.547	0.513	0.452	0.400
8	0.923	0.853	0.789	0.731	0.677	0.627	0.582	0.540	0.502	0.467	0.404	0.351
9	0.914	0.837	0.766	0.703	0.645	0.592	0.544	0.500	0.460	0.424	0.361	0.308
10	0.905	0.820	0.744	0.676	0.614	0.558	0.508	0.463	0.422	0.386	0.322	0.270
11	0.896	0.804	0.722	0.650	0.585	0.527	0.475	0.429	0.388	0.350	0.287	0.237
12	0.887	0.788	0.701	0.625	0.557	0.497	0.444	0.397	0.356	0.319	0.257	0.208
13	0.879	0.773	0.681	0.601	0.530	0.469	0.415	0.368	0.326	0.290	0.229	0.182
14	0.870	0.758	0.661	0.577	0.505	0.442	0.388	0.340	0.299	0.263	0.205	0.160
15	0.861	0.743	0.642	0.555	0.481	0.417	0.362	0.315	0.275	0.239	0.183	0.140
16	0.853	0.728	0.623	0.534	0.458	0.394	0.339	0.292	0.252	0.218	0.163	0.123
17	0.844	0.714	0.605	0.513	0.436	0.371	0.317	0.270	0.231	0.198	0.146	0.108
18	0.836	0.700	0.587	0.494	0.416	0.350	0.296	0.250	0.212	0.180	0.130	0.095
19	0.828	0.686	0.570	0.475	0.396	0.331	0.276	0.232	0.194	0.164	0.116	0.083
20	0.820	0.673	0.554	0.456	0.377	0.312	0.258	0.215	0.178	0.149	0.104	0.073
25	0.780	0.610	0.478	0.375	0.295	0.233	0.184	0.146	0.116	0.092	0.059	0.038
30	0.742	0.552	0.412	0.308	0.231	0.174	0.131	0.099	0.075	0.057	0.033	0.020

年	15%	16%	18%	20%	25%	30%	35%	40%	45%	50%	60%	80%
1	0.870	0.862	0.847	0.833	0.800	0.769	0.741	0.714	0.690	0.667	0.625	0.556
2	0.756	0.743	0.718	0.694	0.640	0.592	0.549	0.510	0.476	0.444	0.391	0.309
3	0.658	0.641	0.609	0.579	0.512	0.455	0.406	0.364	0.328	0.296	0.244	0.171
4	0.572	0.552	0.516	0.482	0.410	0.350	0.301	0.260	0.226	0.198	0.153	0.095
5	0.497	0.476	0.437	0.402	0.328	0.269	0.223	0.186	0.156	0.132	0.095	0.053
6	0.432	0.410	0.370	0.335	0.262	0.207	0.165	0.133	0.108	0.088	0.060	0.029
7	0.376	0.354	0.314	0.279	0.210	0.159	0.122	0.095	0.074	0.059	0.037	0.016
8	0.327	0.305	0.266	0.233	0.168	0.123	0.091	0.068	0.051	0.039	0.023	0.009
9	0.284	0.263	0.225	0.194	0.134	0.094	0.067	0.048	0.035	0.026	0.015	0.005
10	0.247	0.227	0.191	0.162	0.107	0.073	0.050	0.035	0.024	0.017	0.009	0.003
11	0.215	0.195	0.162	0.135	0.086	0.056	0.037	0.025	0.017	0.012	0.006	0.002
12	0.187	0.168	0.137	0.112	0.069	0.043	0.027	0.018	0.012	0.008	0.004	0.001
13	0.163	0.145	0.116	0.093	0.055	0.033	0.020	0.013	0.008	0.005	0.002	0.001
14	0.141	0.125	0.099	0.078	0.044	0.025	0.015	0.009	0.006	0.003	0.001	
15	0.123	0.108	0.084	0.065	0.035	0.020	0.011	0.006	0.004	0.002	0.001	
16	0.107	0.093	0.071	0.054	0.028	0.015	0.008	0.005	0.003	0.002		
17	0.093	0.080	0.060	0.045	0.023	0.012	0.006	0.003	0.002	0.001		
18	0.081	0.069	0.051	0.038	0.018	0.009	0.005	0.002	0.001			
19	0.070	0.060	0.043	0.031	0.014	0.007	0.003	0.002	0.001			
20	0.061	0.051	0.037	0.026	0.012	0.005	0.002	0.001	0.001			
25	0.030	0.024	0.016	0.010	0.004	0.001	0.001					
30	0.015	0.012	0.007	0.004	0.001							

1元年金终值系数表 $ACF_{i,n}=\dfrac{(1+i)^n-1}{i}$

年	1%	2%	3%	4%	5%	6%	7%	8%	9%	10%	12%
1	1.000	1.000	1.000	1.000	1.000	1.000	1.000	1.000	1.000	1.000	1.000
2	2.010	2.020	2.030	2.040	2.050	2.060	2.070	2.080	2.090	2.100	2.120
3	3.030	3.060	3.091	3.122	3.152	3.184	3.215	3.246	3.278	3.310	3.374
4	4.060	4.122	4.184	4.262	4.310	4.375	4.440	4.506	4.573	4.641	4.779
5	5.101	5.204	5.309	5.416	5.526	5.637	5.751	5.867	5.985	6.105	6.353
6	6.152	6.308	6.468	6.633	6.802	6.975	7.153	7.336	7.523	7.716	8.115
7	7.214	7.434	7.662	7.898	8.142	8.394	8.654	8.923	9.200	9.487	10.089
8	8.286	8.583	8.892	9.214	9.549	9.897	10.260	10.637	11.028	11.436	12.300
9	9.369	9.755	10.159	10.583	11.027	11.491	11.978	12.488	13.021	13.579	14.776
10	10.462	10.950	11.464	12.006	12.578	13.181	13.816	14.487	15.193	15.937	17.549
11	11.567	12.169	12.808	13.486	14.207	14.972	15.784	16.645	17.560	18.531	20.655
12	12.683	13.412	14.192	15.026	15.917	16.870	17.888	18.977	20.141	21.384	24.133
13	13.809	14.680	15.618	16.627	17.713	18.882	20.141	21.495	22.953	24.523	28.029
14	14.947	15.974	17.086	18.292	19.599	21.051	22.550	24.215	26.019	27.975	32.393
15	16.097	17.293	18.599	20.024	21.579	23.276	25.129	27.152	29.361	31.772	37.280
16	17.258	18.639	20.157	21.825	23.657	25.673	27.888	30.324	33.003	35.950	42.753
17	18.430	20.012	21.762	23.698	25.840	28.213	30.840	33.750	36.974	40.545	48.884
18	19.615	21.412	23.414	25.645	28.132	30.906	33.999	37.450	41.301	45.599	55.750
19	20.811	22.841	25.117	27.671	30.539	33.760	37.379	41.446	46.010	51.159	63.440
20	22.019	24.297	26.870	29.778	33.066	36.786	40.995	45.762	51.160	57.275	72.052
25	28.243	32.030	36.459	41.646	47.727	54.865	63.249	73.016	84.701	98.347	133.334
30	34.785	40.568	47.575	56.085	66.439	79.058	94.461	113.283	136.308	164.494	241.333

年	14%	15%	16%	18%	20%	25%	32%	40%	50%	60%	80%
1	1.000	1.000	1.000	1.000	1.000	1.000	1.000	1.000	1.000	1.000	1.000
2	2.140	2.150	2.160	2.180	2.200	2.250	2.320	2.400	2.500	2.600	2.800
3	3.440	3.472	3.506	3.572	3.640	3.812	4.062	4.360	4.750	5.160	6.040
4	4.921	4.993	5.066	5.215	5.368	5.765	6.362	7.104	8.125	9.256	11.872
5	6.610	6.742	6.877	7.154	7.442	8.207	9.398	10.946	13.188	15.810	22.370
6	8.536	8.754	8.977	9.442	9.930	11.258	13.406	16.324	20.781	26.295	41.265
7	10.730	11.067	11.414	12.142	12.916	15.073	18.696	23.853	32.172	43.073	75.278
8	13.233	13.727	14.240	15.327	16.499	19.841	25.678	34.395	49.258	69.916	136.500
9	16.085	16.786	17.518	19.082	20.799	25.802	34.895	49.153	74.887	112.866	246.699
10	19.337	20.304	21.321	23.521	25.959	33.252	47.062	69.814	113.330	181.585	445.058
11	23.045	24.349	25.733	28.755	32.150	42.566	63.122	98.739	170.995	291.536	802.105
12	27.271	29.002	30.850	34.931	39.581	54.207	84.320	139.235	257.493	467.458	1 444.788
13	32.089	34.352	36.786	42.219	48.497	68.759	112.303	195.929	387.239	748.933	2 601.619
14	37.581	40.505	43.672	50.818	59.196	86.949	149.240	275.300	581.859	1 199.293	1 683.914
15	43.842	47.580	51.660	60.965	72.035	109.686	197.997	386.400	873.788	1 919.869	8 432.045
16	50.980	55.717	60.925	72.939	87.442	138.108	262.36	541.99	1 311.7	3 072.8	15 179.0
17	59.118	65.075	71.673	87.068	105.931	173.635	347.31	759.78	1 968.6	4 917.5	27 323.0
18	68.394	75.836	84.141	103.740	128.117	218.044	459.45	1 064.7	2 953.8	7 868.9	49 182.0
19	78.969	88.212	98.603	123.414	154.740	273.555	607.47	1 491.6	4 431.7	12 591.0	88 528.0
20	91.025	102.443	115.380	146.628	186.688	342.944	802.86	2 083.2	6 648.5	20 147.0	159 350.0
25	181.871	212.793	249.215	342.603	471.981	1 054.791	322.68	11 247.0	50 500.0	211 270.0	3 011 100.0
30	356.787	434.745	530.312	790.942	1 181.882	3 227.174	1 294.10	60 501.0	583 501.0	2 215 400.0	56 886 000.0

1 元年金现值系数表 $ADF_{i,n}=R\left[\frac{1-\frac{1}{(1+i)^n}}{i}\right]$

年	1%	2%	3%	4%	5%	6%	7%	8%	9%	10%	12%	14%
1	0.990	0.980	0.971	0.962	0.952	0.943	0.935	0.926	0.917	0.909	0.893	0.877
2	1.970	1.942	1.913	1.886	1.859	1.833	1.808	1.783	1.759	1.736	1.690	1.647
3	2.941	2.884	2.829	2.775	2.723	2.673	2.624	2.577	2.531	2.487	2.402	2.322
4	3.902	3.808	3.717	3.630	3.546	3.465	3.387	3.312	3.240	3.170	3.037	2.914
5	4.853	4.713	4.580	4.452	4.329	4.212	4.100	3.993	3.890	3.791	3.605	3.433
6	5.795	5.601	5.417	5.242	5.076	4.917	4.766	4.623	4.486	4.355	4.111	3.889
7	6.728	6.472	6.230	6.002	5.786	5.582	5.389	5.206	5.033	4.868	4.564	4.288
8	7.652	7.325	7.020	6.733	6.463	6.210	5.971	5.747	5.535	5.335	4.968	4.639
9	8.566	8.162	7.786	7.435	7.108	6.802	6.515	6.247	5.985	5.759	5.328	4.946
10	9.471	8.983	8.530	8.111	7.722	7.360	7.024	6.710	6.418	6.145	5.650	5.216
11	10.368	9.787	9.253	8.760	8.306	7.887	7.499	7.139	6.805	6.495	5.938	5.453
12	11.255	10.575	9.954	9.385	8.863	8.384	7.943	7.536	7.161	6.814	6.194	5.660
13	12.134	11.348	10.635	9.986	9.394	8.853	8.358	7.904	7.487	7.103	6.424	5.842
14	13.004	12.106	11.296	10.563	9.899	9.295	8.745	8.244	7.786	7.367	6.628	6.002
15	13.865	12.849	11.938	11.118	10.380	9.712	9.108	8.559	8.061	7.606	6.811	6.142
16	14.718	13.578	12.561	11.652	10.838	10.106	9.447	8.851	8.312	7.824	6.974	6.265
17	15.562	14.292	13.166	12.166	11.274	10.477	9.763	9.122	8.544	8.022	7.120	6.373
18	16.398	14.992	13.754	12.659	11.690	10.828	10.059	9.372	8.756	8.201	7.250	6.467
19	17.226	15.678	14.324	13.134	12.085	11.158	10.336	9.604	8.950	8.365	7.366	6.550
20	18.046	16.351	14.877	13.590	12.462	11.470	10.594	9.818	9.128	8.514	7.469	6.623
25	22.023	19.523	17.413	15.622	14.094	12.783	11.654	10.675	9.823	9.077	7.843	6.873
30	25.807	22.397	19.600	17.292	15.373	13.765	12.409	11.258	10.274	9.427	8.055	7.003

年	15%	16%	18%	20%	25%	30%	35%	40%	45%	50%
1	0.870	0.862	0.847	0.833	0.800	0.769	0.741	0.714	0.690	0.667
2	1.626	1.605	1.566	1.528	1.440	1.361	1.289	1.224	1.165	1.111
3	2.283	2.246	2.174	2.106	1.950	1.816	1.696	1.589	1.493	1.407
4	2.855	2.798	2.690	2.589	2.362	2.166	1.997	1.849	1.720	1.605
5	3.352	3.274	3.127	2.991	2.689	2.436	2.220	2.035	1.876	1.737
6	3.784	3.685	3.498	3.326	2.951	2.643	2.385	2.168	1.983	1.824
7	4.160	4.039	3.812	3.605	3.161	2.802	2.508	2.263	2.057	1.883
8	4.487	4.344	4.078	3.837	3.329	2.925	2.598	2.331	2.108	1.922
9	4.772	4.607	4.303	4.031	3.463	3.019	2.665	2.379	2.144	1.948
10	5.019	4.833	4.494	4.193	3.571	3.092	2.715	2.414	2.168	1.965
11	5.234	5.029	4.656	4.327	3.656	3.147	2.752	2.438	2.185	1.977
12	5.421	5.197	4.793	4.439	3.725	3.190	2.779	2.456	2.196	1.985
13	5.583	5.342	4.910	4.533	3.780	3.223	2.799	2.468	2.204	1.990
14	5.724	5.468	5.008	4.611	3.824	3.249	2.814	2.477	2.210	1.993
15	5.847	5.575	5.092	4.675	3.859	3.268	2.825	2.484	2.214	1.995
16	5.954	5.669	5.162	4.730	3.887	3.286	2.834	2.489	2.216	1.997
17	6.047	5.749	5.222	4.775	3.910	3.295	2.840	2.492	2.218	1.998
18	6.128	5.818	5.273	4.812	3.920	3.304	2.844	2.494	2.219	1.999
19	6.198	5.877	5.316	4.844	3.942	3.311	3.848	2.496	2.220	1.999
20	6.259	5.929	5.353	4.870	3.954	3.316	2.850	2.497	2.221	1.999
25	6.464	6.097	5.467	4.948	3.985	3.329	2.856	2.499	2.222	2.000
30	6.566	6.177	5.517	4.979	3.995	3.332	2.857	2.500	2.222	2.080

高等院校会计与财务管理系列教材
上海市精品课程

会计学练习册

（第四版）

丁小云　袁树民　主编

上海财经大学出版社

前　言

本书是《会计学》的配套书。全书主要包括练习题和参考答案两个部分，其编写目的旨在帮助初学会计者更好地掌握会计学这门课程。本书也可供普通高校和继续教育的学员和教师作为复习备考、教师辅导的参考书。

本书按照《会计学》教材的章节顺序，根据最新会计准则和该课程教学大纲的要求，针对教材中的重点和难点，精心设计了各种类型的练习，包括名词解释、单项选择题、多项选择题、判断题、简答题、实务题（或案例分析题）等。在编写过程中，我们力求做到使各类练习具有典型性、科学性、系统性和实用性。

本书由丁小云、袁树民担任主编，其中第一章、第十一章由袁树民编写，第二章、第八章、第九章、第十章由丁小云编写，第三章、第七章由廖声华编写，第四章、第五章、第六章由张慧珏编写，最后由袁树民、丁小云共同修改、补充和定稿。

由于时间仓促，水平有限，本书在编写内容上难免有疏漏和错误，恳请读者批评指正。

作　者

2016 年 8 月

目　录

前言/1

第一部分　练习题

第一章　总论/3
一、名词解释/3
二、单项选择题/3
三、多项选择题/3
四、判断题/4
五、简答题/4
六、实务题/4

第二章　账户与复式记账/8
一、名词解释/8
二、单项选择题/8
三、多项选择题/10
四、判断题/11
五、简答题/12
六、实务题/12

第三章　资产的核算/18
一、名词解释/18
二、单项选择题/18
三、多项选择题/21
四、判断题/23
五、简答题/24
六、实务题/25

第四章　负债的核算/29
一、名词解释/29
二、单项选择题/29
三、多项选择题/30
四、判断题/31

五、简答题/31
六、实务题/32

第五章　所有者权益的核算/34
一、名词解释/34
二、单项选择题/34
三、多项选择题/35
四、判断题/36
五、简答题/36
六、实务题/36

第六章　收入、费用与利润的核算/38
一、名词解释/38
二、单项选择题/38
三、多项选择题/39
四、判断题/40
五、简答题/40
六、实务题/40

第七章　财务报表及其分析利用/42
一、名词解释/42
二、单项选择题/42
三、多项选择题/44
四、判断题/45
五、简答题/46
六、实务题/46

第八章　管理会计概述/50
一、名词解释/50
二、简答题/50

第九章　决策与规划/51
一、名词解释/51
二、单项选择题/51
三、多项选择题/53
四、判断题/55
五、简答题/56
六、计算分析题/57

第十章　控制与业绩评价/63
一、名词解释/63
二、单项选择题/63
三、多项选择题/63
四、判断题/64
五、简答题/64
六、计算分析题/64

第十一章　会计信息系统概述/66
一、名词解释/66
二、简答题/66

第二部分　参考答案

第一章　总论/69
第二章　账户与复式记账/72
第三章　资产的核算/79
第四章　负债的核算/83
第五章　所有者权益的核算/85
第六章　收入、费用与利润的核算/86
第七章　财务报表及其分析利用/88
第八章　管理会计概述/90
第九章　决策与规划/91
第十章　控制与业绩评价/97
第十一章　会计信息系统概述/99

第一部分

练习题

第一章

总 论

一、名词解释

会计信息系统	会计管理活动	会计	会计对象
资金运动	会计目标	会计职能	会计主体
持续经营	会计分期	货币计量	权责发生制
收付实现制	真实性	相关性	明晰性
可比性	重要性	谨慎性	及时性
实质重于形式	会计基本程序	会计核算方法	会计法律规范
会计道德规范			

二、单项选择题

1. 会计的基本职能是(　　)。

A. 分析与考核　　B. 预测与决策　　C. 反映与核算　　D. 反映与控制

2. 会计的主要方法是(　　)。

A. 会计核算方法　　B. 会计分析方法　　C. 会计预测方法　　D. 会计决策方法

3. 外部会计信息使用者了解会计信息最主要的途径是(　　)。

A. 财务报告　　B. 账簿　　C. 财产清查　　D. 会计凭证

4. 下列不属于会计核算方法的是(　　)。

A. 设置账户　　B. 编制财务预算　　C. 财产清查　　D. 编制财务报表

5. 下列关于会计主体的表述,正确的是(　　)。

A. 会计主体必然是法律主体,法律主体不一定是会计主体

B. 企业内部的二级单位不能作为会计主体

C. 企业集团情况下,母、子公司可以成为一个会计主体

D. 只有在政府部门注册登记、能够独立承担民事责任的实体,才是会计主体

6. (　　)要求会计核算所提供的经济信息应当有助于信息使用者作出经济决策。

A. 真实性　　B. 相关性　　C. 可比性　　D. 及时性

三、多项选择题

1. 现代会计学的两大分支为(　　)。

A. 财务会计　　B. 成本会计　　C. 管理会计　　D. 审计

2. 会计的本质是(　　)。

A. 会计核算　　B. 提供信息　　C. 参与管理　　D. 会计计量

3. 下列各项中,构成会计核算基本前提的有(　　)。

A. 会计主体　　B. 持续经营　　C. 会计分期　　D. 货币计量

E. 权责发生制

4. 会计的基本程序有(　　)。

A. 会计确认　　B. 会计计量　　C. 会计记录　　D. 财务报告

5. 可以作为会计计量尺度的有(　　)。

A. 货币　　B. 实物　　C. 时间　　D. 价值

四、判断题

1. 预测和决策也是会计的两个重要职能。(　　)

2. 凡是会计主体,都应进行独立核算。(　　)

3. 随着社会经济的发展和经济管理水平的提高,会计职能也得到了不断的充实和发展。(　　)

4. 会计不仅是一个经济信息系统,还是一种管理活动。(　　)

5. 企业把融资租入的固定资产视为自有固定资产核算,体现了实质重于形式的会计信息质量要求。(　　)

五、简答题

1. 为什么说"经济越发展,会计越重要"?

2. 如何理解会计的定义?

3. 为什么说从会计信息使用者的角度来考察会计信息是有益的?

4. 何为会计目标? 何为会计职能? 试阐述二者之间的关系。

5. 企业会计核算的前提条件有哪些?

6. 会计信息的质量要求有哪些?

7. 权责发生制与收付实现制的区别是什么?

8. 试说明会计核算方法包括的基本内容。为什么说这些方法构成了一个完整的系统?

9. 试指出我国会计规范体系的内容,并说明它们之间的相互关系。

六、实务题

1. 面对牛劲十足的股市,小李跃跃欲试,于是他开始留意相关的信息资料,某一天他看到南星股份有限公司(以下简称南星公司)的相关财务报告,具体如表1—1、表1—2、表1—3、表1—4所示。

表1—1　　主要财务指标

指　标	2016年年末	2016年第三季度	2016年中期	2015年年末
每股收益(元)	0.030 7	0.008 9	0.013 0	0.020 0
每股收益(扣除后)(元)	0.030 8	0.008 9	0.013 0	0.020 0

续表

指　标	2016 年年末	2016 年第三季度	2016 年中期	2015 年年末
每股净资产(元)	0.933 2	0.911 3	0.915 2	0.902 4
每股公积金(元)	0.228 2	0.228 2	0.228 2	0.228 2
销售毛利率(%)	37.01	38.95	33.55	42.48
主营业务利润率(%)	36.68	38.54	33.13	41.54
净利润率(%)	6.82	4.03	7.87	6.57
净资产收益率(%)	3.29	0.98	1.39	1.72
股东权益(%)	35.99	47.20	50.35	58.41
流动比率	3.14	4.06	3.61	0.98
速动比率	1.56	3.57	3.01	0.74
每股经营现金流量(元)	−0.273 0	−0.103 5	−0.068 4	0.030 5
会计师事务所的意见	无保留	未审计	未审计	无保留
报表公布日	2017 年 4 月 21 日	2016 年 10 月 31 日	2016 年 8 月 31 日	2016 年 4 月 1 日

表 1—2　　**资产负债表摘要**　　单位:万元

指　标	2016 年末期	2016 年中期	2015 年末期	2015 年中期
货币资金	3 269.91	7 296.13	217.11	3 008.88
存货	27 321.57	5 068.72	5 060.93	6 787.65
应收账款	2 467.15	3 119.11	867.08	2 647.08
其他应收款	9 532.35	9 610.30	8 599.92	19 281.86
流动资产	54 448.71	30 645.31	21 009.03	35 103.57
固定资产	9 828.97	9 134.78	9 161.25	17 851.62
无形资产及其他资产	26 231.26	8 600.00	8 600.00	12 708.02
总资产	91 353.59	64 036.48	54 429.11	66 672.54
短期借款	7 437.50	7 250.00	7 300.00	11 000.00
预收账款	341.46	3.73	0.00	2.00
应付账款	9.33	1.10	—	1 408.00
流动负债	17 363.74	8 486.26	21 422.00	19 620.36
长期负债	24 000.00	22 000.00	—	12 000.00
总负债	41 363.74	30 486.26	21 422.00	31 620.36
资本公积金	8 039.96	8 039.96	8 039.96	8 039.96
股东权益	32 874.17	32 241.77	31 791.14	31 320.64

表 1—3　　单季度利润表摘要　　单位:万元

指　标	2017 年第一季度	2016 年第四季度	2016 年第三季度	2016 年第二季度
一、营业收入	4 343.04	8 123.47	2 063.06	2 673.37
营业成本	2 710.42	5 267.48	951.91	1 742.75
营业税金及附加	11.66	20.81	8.25	10.69
销售费用	164.85	97.70	18.96	0.03
管理费用	505.71	1 033.51	691.37	297.90
财务费用	502.34	711.33	451.13	470.05
投资收益	—	−70.00	−23.17	10.54
二、营业利润	448.07	992.69	−58.56	151.94
营业外收入	—	0.00	0.68	0.00
营业外支出	1.00	2.12	2.00	0.00
三、利润总额	447.07	920.58	−83.05	162.48
所得税费用	27.38	23.97	0.00	0.00
四、净利润(新准则)	419.69	—	—	—
母公司所有者净利润	424.82	769.91	−135.57	1 223.44
少数股东损益	−5.13	126.70	52.52	39.04

表 1—4　　单季度现金流量表摘要　　单位:万元

指　标	2017 年第一季度	2016 年第四季度	2016 年第三季度	2016 年第二季度
经营现金流入小计	4 687.67	7 534.48	3 430.03	3 170.47
经营现金流出小计	5 196.52	13 507.21	4 665.33	5 348.12
经营现金流量净额	−508.84	−5 972.73	−1 235.30	−2 177.65
投资现金流入小计	—	7.93	−14.36	—
投资现金流出小计	—	3.15	0.00	—
投资现金流量净额	—	4.78	−14.36	—
筹资现金流入小计	—	11 080.00	4 000.00	19 800.00
筹资现金流出小计	651.84	11 293.48	652.63	10 381.12
筹资现金流量净额	−651.84	−213.48	3 347.37	9 418.88
现金等的净增加额	−1 160.68	−6 123.93	2 097.71	7 255.60

南星公司的基本信息如下:

南星公司的主营业务为宝石及珠宝饰品的加工、批发、销售,翡翠原材料的批发、销售,文化旅游项目的开发,工艺美术品等的代购、代销等。2016 年 1～9 月,南星公司实现主营业务收入7 760.76万元,主营业务利润2 990.74万元,净利润 313.12 万元。报告期内,因新增贷款、支付股改费用、诉讼费用等原因,致使财务费用、管理费用上升,本公司 7～9 月净利润为亏损。

看着这些资料,小李不由产生了一些疑问:

(1)这些信息对他判断是否购买该公司股票有何帮助?

(2)这些信息是怎么产生的?

(3)这些信息反映了该公司的哪些情况?如何理解这些信息?

(4)还有哪些单位或个人关心这些信息?

带着这些疑问,小李找到你,请你为他做一番解答。

2. 根据下述资料,分析判断会计在处理这些经济业务时是否完全正确;若有错误,指出主要违背了哪项会计假设或会计信息质量要求。

(1)甲作为某会计师事务所的合伙人之一,某日从事务所出纳处拿了 500 元现金给自己的孩子购买玩具,会计将 500 元记为事务所的办公费支出。

(2)某会计师事务所收到某外资企业支付的业务咨询费2 000美元,会计没有将其折算为人民币反映,而是直接记入美元账户中。

(3)A 公司计提固定资产折旧采用年数总和法,而这之前计提折旧均采用直线法。

(4)某公司于 2016 年年末发现公司销售萎缩,无法实现年初确定的销售收入目标,但考虑到在 2017 年春节前后,公司销售可能会出现较大幅度的增长,公司为此提前预计商品销售,在 2016 年年末制作了若干存货出库凭证,并确认销售收入实现。

(5)某会计师事务所于 6 月 30 日收到 B 公司的预付审计费用10 000元,会计将其作为 6 月份的收入处理。

(6)7 月 15 日,会计将 7 月 1 日至 15 日的收入、费用汇总后计算出半个月的利润,并编制了利润表。

(7)C 公司在编报资产负债表时,没有将融资租入的固定资产列入,理由是融资租入的资产从法律形式上讲并不拥有其所有权。

(8)某公司对可能发生的资产减值损失未计提资产减值准备,对售出商品可能发生的保修义务也未确认预计负债。

3. 假设 A 公司 2016 年 9 月发生以下经济业务,要求按照权责发生制和收付实现制确认当月收入与费用:

(1)销售产品 40 000 元,款项已经存入银行。

(2)销售产品 10 000 元,收到货款 8 000 元。

(3)本月应计银行借款利息 4 000 元。

(4)收到上月份客户所欠的购货款 40 000 元。

(5)收到客户交来的预付货款 8 000 元,该批商品下个月交货。

(6)本月应付水电费 2 000 元,下月支付。

习题用表

单位:元

业务号	权责发生制		收付实现制	
	收　入	费　用	收　入	费　用
1				
2				
3				
4				
5				
6				
合　计				

第二章

账户与复式记账

一、名词解释

会计要素	资产	负债	所有者权益
收入	费用	利润	会计等式
会计科目	会计账户	借贷记账法	试算平衡
对应账户	会计分录	平行登记	会计循环
会计凭证	原始凭证	记账凭证	会计账簿
结账			

二、单项选择题

1. 下列各项中,不属于企业资产的是(　　)。

A. 融资租赁租入的固定资产　　B. 经营租赁租出的固定资产

C. 经营租赁租入的固定资产　　D. 出租的包装物

2. 下列各项中,属于企业流动资产的是(　　)。

A. 企业持有的在活跃市场中没有报价、公允价值不能可靠计量的权益性投资

B. 为交易目的而持有的股票

C. 企业持有的对联营企业的权益性投资

D. 研发支出

3. 负债是由于(　　)交易、事项形成的现时义务,履行该义务预期会导致经济利益流出企业。

A. 过去的　　B. 将来的　　C. 现在的　　D. 现在的和将来的

4. 下列各项不属于企业资产的是(　　)。

A. 融资租入固定资产　　B. 接受外来原材料加工制造的代制品

C. 库存已失效的存货　　D. 企业的库存现金

5. 企业的长期股权投资属于会计要素中的(　　)。

A. 资产　　B. 负债　　C. 所有者权益　　D. 费用

6. 某汽车制造厂生产的汽车对该厂来讲属于(　　)。

A. 流动资产　　B. 长期资产　　C. 固定资产　　D. 递延资产

7. 预收账款属于会计要素中的(　　)。

A. 资产　　B. 负债　　C. 所有者权益　　D. 收入

8. 某企业"应付账款"账户的期初贷方余额为100万元，本期贷方发生额为800万元，本期借方发生额为600万元，则期末贷方余额为(　　)万元。

A. 1 500　　B. －100　　C. 300　　D. 100

9. 无论企业的经济业务引起资产和权益发生怎样的变化，企业在任何时间所有的资产总额必定等于它的(　　)总额。

A. 负债　　B. 权益　　C. 收入　　D. 费用

10. 基本的会计等式在会计年度(　　)，就转化为扩展的会计等式。

A. 开始　　B. 期间　　C. 结束　　D. 自始至终

11. 下列经济业务中，会引起资产和负债同时增加的是(　　)。

A. 以银行存款购买材料　　B. 收到投资款存入银行

C. 取得短期借款存入银行　　D. 以银行存款偿还前欠货款

12. 下列经济业务中，会引起资产和所有者权益同时增加的是(　　)。

A. 从银行提取现金　　B. 收到投资款存入银行

C. 以银行存款购买固定资产　　D. 购买材料货款未付

13. 企业应付票据到期，因无款支付而转为应付账款。此项业务属于(　　)的变化业务。

A. 资产项目间此增彼减　　B. 负债项目间此增彼减

C. 资产项目和负债项目同时增加　　D. 资产项目和负债项目同时减少

14. 企业销售商品取得收入，款项存入银行。此项业务属于(　　)的变化业务。

A. 收入发生引起资产增加　　B. 收入发生引起负债减少

C. 费用发生引起资产减少　　D. 费用发生引起负债增加

15. 企业本期期末余额是指(　　)。

A. 本期增加发生额减本期减少发生额　　B. 本期期初余额减本期减少发生额

C. 本期期初余额加本期增加发生额　　D. C—本期减少发生额

16. 账户的增加发生额与它的期末余额一般都记在账户的(　　)。

A. 借方　　B. 贷方　　C. 相同方向　　D. 相反方向

17. 本期的期末余额转入下期，就是下期的(　　)。

A. 期初余额　　B. 本期增加额　　C. 本期减少额　　D. 期末余额

18. 借贷记账法的理论依据是(　　)。

A. 会计要素的分类　　B. 会计等式原理

C. 会计核算原则　　D. 会计循环原理

19. 复式记账法要求对每项经济业务都要以相等的金额在(　　)进行登记。

A. 一个账户　　B. 两个账户

C. 一个或两个账户　　D. 两个或两个以上的账户

20. 采用借贷记账法，账户的借方是登记增加额还是登记减少额，取决于账户的(　　)。

A. 结构　　B. 性质　　C. 金额大小　　D. 类别

21. 下列会计分录中，属于简单会计分录的有(　　)。

A. 一借一贷　　B. 一借多贷　　C. 多借一贷　　D. 多借多贷

22. (　　)账户通常没有余额。

A. 资产类　　B. 负债类　　C. 所有者权益类　　D. 损益类

23. 收料单属于(　　)。

A. 记账凭证　B. 收款凭证　C. 自制原始凭证　D. 汇总凭证

24. 固定资产明细账一般使用(　　)。

A. 活页账　B. 订本账　C. 卡片账　D. 序时账

三、多项选择题

1. 下列会计要素中,反映企业财务状况静态表现的有(　　)。

A. 资产　B. 负债　C. 所有者权益　D. 收入

E. 费用　F. 利润

2. 下列会计要素中,反映企业经营成果动态表现的有(　　)。

A. 资产　B. 负债　C. 所有者权益　D. 收入

E. 费用　F. 利润

3. 下列项目中,属于企业流动负债的有(　　)。

A. 应收账款　B. 应付账款　C. 预收账款　D. 预付账款

4. 负债按流动性分类,可以分为(　　)。

A. 流动负债　B. 长期负债　C. 预计负债　D. 非流动负债

5. 企业发生费用可能会引起(　　)。

A. 资产的减少　B. 资产的增加　C. 负债的减少　D. 负债的增加

6. 企业的期间费用包括(　　)。

A. 制造费用　B. 管理费用　C. 销售费用　D. 财务费用

7. 经济业务的发生引起会计要素变动的基本类型有(　　)。

A. 资产与权益项目同时增加　B. 资产项目之间此增彼减

C. 资产和权益项目之间此增彼减　D. 资产与权益项目同时减少

E. 权益项目之间此增彼减

8. 在会计工作中,账户的格式设计一般包括以下内容:(　　)。

A. 账户的名称　B. 经济业务发生的日期

C. 摘要　D. 凭证号数

E. 增加和减少的金额及余额

9. 采用借贷记账法,账户的借方登记(　　)。

A. 资产增加　B. 负债增加　C. 所有者权益增加　D. 收入增加

E. 费用增加

10. 采用借贷记账法,账户的贷方登记(　　)。

A. 资产增加　B. 负债增加　C. 所有者权益增加　D. 收入增加

E. 费用增加

11. 借贷记账法的试算平衡可按下列公式进行:(　　)。

A. 全部账户的借方期初余额合计数=全部账户的贷方期初余额合计数

B. 全部账户的本期借方发生额合计数=全部账户的本期贷方发生额合计数

C. 全部账户的借方期末余额合计数=全部账户的贷方期末余额合计数

D. 全部账户的增加额=全部账户的减少额

12. 一笔完整的会计分录一般应包括以下内容:(　　)。

A. 账户名称　B. 记账金额　C. 账户性质　D. 记账符号

E. 记账程序

13. 下列错误中,不能通过试算平衡发现的有(　　)。

A. 借贷两方同时多记了相等的金额

B. 漏记了某项经济业务

C. 只登记了借方金额,未登记贷方金额

D. 借贷方方向记错,但金额相等

E. 借贷方一方多记了金额,另一方少记了金额

14. 会计科目按其所提供信息的详细程度及其统驭关系不同,可分为(　　)。

A. 资产类科目　　B. 负债类科目　　C. 总分类科目　　D. 明细分类科目

15. 会计凭证按照编制的程序和用途不同,分为(　　)两类。

A. 一次凭证　　B. 累计凭证　　C. 原始凭证　　D. 记账凭证

16. 购货单位取得的增值税专用发票属于(　　)。

A. 外来原始凭证　　B. 自制原始凭证　　C. 一次凭证　　D. 累计凭证

17. 账簿按其用途不同,可分为(　　)。

A. 序时账簿　　B. 分类账簿　　C. 备查账簿　　D. 卡片式账簿

18. 现金日记账的记账依据有(　　)。

A. 现金收款凭证　　B. 银行存款收款凭证

C. 现金付款凭证　　D. 银行存款付款凭证

19. 下列各项中,体现了会计科目与账户之间联系的有(　　)。

A. 会计科目是账户的名称　　B. 会计科目不存在结构

C. 账户具有一定的格式和结构　　D. 账户是会计科目的具体运用

20. 在实际工作中,收入减去费用,并经过调整后,才等于利润。下列各项中,属于此类调整项目的有(　　)。

A. 自然灾害损失　　B. 材料销售收入

C. 固定资产盘亏　　D. 出租无形资产收入

四、判断题

1. 会计要素中既有反映财务状况的要素,也有反映经营成果的要素。(　　)

2. 所有者权益是指企业投资人对企业资产的所有权。(　　)

3. 企业取得收入,意味着便会形成利润。(　　)

4. 所有者权益在数额上相当于企业的净资产。(　　)

5. 制造费用属于期间费用,应计入当期损益。(　　)

6. 任一经济业务的发生都会引起会计等式左右两边的数额发生变化。(　　)

7. 任一经济业务的发生均不会改变会计等式左右两边的平衡关系。(　　)

8. 会计科目是对会计要素进一步进行分类的项目。(　　)

9. 企业应按照国家的统一规定使用会计科目,不得自行增设、减少或合并会计科目。(　　)

10. 在登记账户时,左方登记增加额,右方登记减少额。(　　)

11. 在借贷记账法下,如果贷方登记某项要素的增加额,则借方一定登记该项要素的减少额。(　　)

12. 资产类账户的结构与负债类账户的结构正好相反。 ( )

13. 在借贷记账法下,发生的每一项经济业务都必须要在两个账户中同时登记。 ( )

14. 账户的对应关系是指某个账户内借方与贷方的相互关系。 ( )

15. 一借多贷或多借一贷的会计分录不能反映账户的对应关系。 ( )

16. 试算平衡表中借贷发生额合计数如果平衡,说明记账肯定没有错误。 ( )

17. 在资产类账户中,登记增加金额与登记余额是在同一方向。 ( )

18. 资本公积属于企业的留存收益。 ( )

19. 收入是指会导致所有者权益增加的,与所有者投入资本无关的经济利益的总流入。 ( )

20. 利润是指企业在一定会计期间的经营成果,利润包括收入减去费用后的净额、利得和损失等。 ( )

21. 若企业不拥有某项资源的所有权,则该项资源就一定不是企业的资产。 ( )

22. 收入费用明细账一般采用多栏式账簿。 ( )

23. 原始凭证不得外借和复制。 ( )

24. 总分类账簿和明细分类账簿所提供的核算信息是编制会计报表的主要依据。( )

25. 现金和银行存款之间的经济业务,为了避免重复记账,一般只编制付款凭证,不编制收款凭证。 ( )

五、简答题

1. 会计要素包括哪些内容?
2. 怎样理解资产与权益的平衡关系?
3. 经济业务的发生会引起会计等式发生哪些类型的变化?
4. 为什么要设置账户?账户与会计科目之间的关系如何?
5. 简要说明账户格式的具体内容。
6. 试述借贷记账法的账户结构。
7. 从经济信息到会计信息提供给使用者这一过程需要通过哪些环节?
8. 在实际工作中,根据发生的经济业务,应如何选择合适的记账凭证?
9. 如何对账簿进行分类?
10. 期末应如何进行账项调整?
11. 怎样进行期末的结账?

六、实务题

1. 兴华公司20××年4月30日的有关资料列示如下,见表2—1。

表2—1 **兴华公司20××年4月30日的有关资料**

序号	项目	资产	负债	所有者权益
1	开户银行的存款			
2	生产用机器设备			
3	已提取的盈余公积金			

续表

序　号	项　目	资　产	负　债	所有者权益
4	签发并承兑的商业汇票			
5	预付某单位购货款			
6	应付给供应单位的购料款			
7	库存的原材料			
8	采购员预借的差旅费			
9	向银行借入的短期借款			
10	国家投入的资本			
11	购货单位未付的购货款			
12	应付给食堂的代扣职工伙食费			
13	尚未分配的利润			
14	应交未交的所得税			
15	已入账的专利权			
16	预收某单位购货款			

要求：根据上述资料确定资产、负债、所有者权益项目，并在上列表格相应的空栏处填上相应的会计科目。

2. 茂名厂 2016 年 1 月 31 日资产和权益状况如表 2—2 所示。

表 2—2　　茂名厂资产、负债、所有者权益平衡表

2016 年 1 月 31 日

单位：元

资　产	金　额	负债及所有者权益	金　额
库存现金	200	短期借款	18 000
银行存款	36 000	应付账款	8 000
应收账款	5 800	应交税费	4 000
其他应收款	400	实收资本	964 000
原材料	52 000	本年利润	22 000
生产成本	9 600		
库存商品	12 000		
固定资产	900 000		
合　计	1 016 000	合　计	1 016 000

茂名厂 2 月份发生以下经济业务：

(1)从银行存款中提取现金 600 元。

(2)财务科以现金预借给采购员李立差旅费 600 元。

(3)以银行存款缴清上月欠缴税金 4 000 元。

(4)从大丰厂购入材料 16 000 元,货款尚未支付(假设不考虑有关税费)。

(5)外单位投入新机器一台,作为对茂名厂的投资,价值 70 000 元。

(6)向银行借入短期借款 30 000 元,存入银行。

(7)以银行存款偿还大丰厂货款 24 000 元(包括上月所欠 8000 元和本月所欠 16 000 元)。

(8)生产车间领用材料 32 000 元,全部投入产品生产。

(9)收到新华厂归还上月所欠货款 5 800 元,存入银行。

(10)以银行存款归还银行短期借款 18 000 元。

要求:根据资料分清资产、负债、所有者权益的增减变化及其结果,编制 2 月末的资产、负债、所有者权益平衡表。具体格式如表 2—3 所示。

表 2—3　　资产、负债、所有者权益平衡表

年　月　日　　　　单位:元

资产项目	月初余额	本月增加数	本月减少数	期末余额	负债及所有者权益项目	月初余额	本月增加数	本月减少数	期末余额
合　计					合　计				

3. 根据表 2—4 中的有关账户资料,计算填写括号内的金额。

表 2—4　　胜利公司某年 7 月份部分账户资料　　单位:元

账户名称	期初余额		本期发生额		期末余额	
	借　方	贷　方	借　方	贷　方	借　方	贷　方
库存现金	450		750	(　)	960	
银行存款	(　)		30 000	33 000	3 000	
应收账款	5 100		(　)	16 500	12 600	
库存商品	(　)		15 000	22 500	(　)	
固定资产	105 000		15 000	(　)	114 000	
短期借款		19 800	(　)	7 500		(　)
应交税费		9 150	(　)	1 260		9 660
实收资本		10 200	—	—		102 000
销售费用	—		31 500	(　)	—	
主营业务收入		—	(　)	36 000		—
本年利润		—	31 500	(　)		4 500
合　计	130 950	130 950	(　)	(　)	(　)	(　)

4. 参见实务题习题二的资料。

要求：根据所给的经济业务资料，编制会计分录。

5. 通过查账，进一步练习借贷记账法。

资料：

(1)大同工厂 20××年 2 月份发生的部分经济业务如下：

①从兴达厂借用塑料箱 10 只，每只塑料箱的押金为 110 元，共计 1 100 元，当即以银行存款支付。

②收到中和厂还来前欠货款 64 000 元，其中 6 000 元直接归还银行短期借款，其余存入银行。

③生产产品领用库存材料 3 000 元。

④从银行存款户提取现金 24 000 元，准备发放工资。

⑤产品生产完毕验收入库，结转完工产品成本 60 000 元。

⑥从银行借入短期借款 46 000 元，存入银行。

⑦从兴达厂购入材料 12 000 元，货款未付(假设不考虑有关税费)。

⑧以银行存款归还上述购料欠款 12 000 元。

⑨收到国家作为追加投资投入的资本 28 000 元，存入银行。

(2)将上述经济业务编制会计分录，登记入账后的账户记录如下：

生产成本

(3)300	(5)60 000

原材料

(7)12 000	(3)300

银行存款

(2)6 000	(1)1 100
(6)4 600	(4)24 000
(9)28 000	(8)12 000

库存商品

(5)60 000	

短期借款

(2)58 000	

实收资本

	(6)46 000
	(9)28 000

应付职工薪酬

(2)24 000	

应付账款

(8)12 000	

其他应付款

(2)1 100	

应收账款

	(2)64 000
	(7)12 000

要求：根据所给资料，判断已编制会计分录的正确性；如有错误，请写出正确的会计分录。

6. 参见实务题第 2 题、第 4 题的资料。

要求：

(1)开设各有关账户，登记期初余额。

(2)根据第(4)题编制的会计分录，在有关账户中进行登记。

(3)结出各账户的本期发生额和期末余额。

(4)编制试算平衡表。

习题用纸

总分类账户本期发生额和期末余额试算平衡表

2016 年 2 月 28 日　　　　单位:元

账户名称	期初余额		本期发生额		期末余额	
	借　方	贷　方	借　方	贷　方	借　方	贷　方
合　计						

第三章

资产的核算

一、名词解释

资产	流动资产	货币资金	库存现金
坐支	银行存款	未达账项	其他货币资金
应收账款	商业折扣	现金折扣	总价法
净价法	预付账款	存货	先进先出法
个别计价法	定期盘存制	永续盘存制	投资
交易性金融资产	持有至到期投资	可供出售金融资产	长期股权投资
固定资产	固定资产折旧	无形资产	

二、单项选择题

1. 下列各项中,不通过“其他货币资金”账户核算的是(　　)。

A. 外埠存款　　B. 银行汇票存款　　C. 备用金　　D. 银行本票存款

2. 下列不能用现金结算的是(　　)。

A. 支付离退休人员工资　　B. 企业职工出差借差旅费 2 000 元

C. 购买办公用品 280 元　　D. 向农村合作社收购物资 20 000 元

3. 某企业对销售部门所需备用金采用定额备用金制度,当销售部门报销日常管理支出而补足其备用金定额时,应借记的会计科目是(　　)。

A.“其他应收款”账户　　B.“其他应付款”账户

C.“销售费用”账户　　D.“生产成本”账户

4. 企业现金清查中,经检查仍无法查明原因的现金短款,经批准后应计入(　　)。

A. 财务费用　　B. 管理费用　　C. 营业费用　　D. 营业外支出

5. 企业在进行现金清查时,查出现金溢余,并将溢余数记入“待处理财产损溢”账户。后经进一步核查,无法查明原因,经批准后,对该现金溢余正确的会计处理方法是(　　)。

A. 将其从“待处理财产损溢”账户转入“管理费用”账户

B. 将其从“待处理财产损溢”账户转入“营业外收入”账户

C. 将其从“待处理财产损溢”账户转入“其他应付款”账户

D. 将其从“待处理财产损溢”账户转入“其他应收款”账户

6. 对于银行已经入账而企业尚未入账的未达账项,企业应当(　　)。

A. 根据“银行对账单”记录的金额入账

B. 根据“银行存款余额调节表”和“银行对账单”自制原始凭证入账

C. 在编制“银行存款余额调节表”的同时入账

D. 待有关结算凭证到达后入账

7. 某企业 5 月 10 日销售产品一批，销售收入为40 000元，规定的现金折扣条件为 2/10、1/20、n/30，适用的增值税税率为 17%。企业 5 月 26 日收到该笔款项时，应给予客户的现金折扣为(　　)元(假定计算现金折扣时不考虑增值税)。

A. 0　　B. 400　　C. 936　　D. 468

8. 某企业赊销商品一批，商品标价 10 000 元，商业折扣为 20%，增值税税率为 17%，现金折扣条件为 2/10，n/20。企业销售商品时，代垫运费 200 元，若企业应收账款按总价法核算，则应收账款的入账金额为(　　)元。

A. 9 560　　B. 9 360　　C. 11 700　　D. 11 900

9. 预付货款不多的企业，可以将预付货款直接记入(　　)的借方，而不单独设置“预付账款”账户。

A. “应收账款”账户　　B. “其他应收款”账户

C. “应付账款”账户　　D. “应收票据”账户

10. 在以余额百分比法计提坏账准备的情况下，已确认的坏账又收回时，应借记(　　)账户，贷记“坏账准备”账户。

A. “应收账款”　　B. “银行存款”　　C. “资产减值损失”　　D. “营业外收入”

11. 某企业与应收账款有关的“坏账准备”账户的年初余额为4 000元，“应收账款”账户的年初余额为40 000元。当年，不能收回的应收账款2 000元确认为坏账损失。“应收账款”账户的年末余额为70 000元，假定该企业年末确定的坏账提取比例为 10%。该企业年末应提取的坏账准备为(　　)元。

A. 1 000　　B. 3 000　　C. 5 000　　D. 7 000

12. 企业对于已记入“待处理财产损溢”账户的存货盘亏及毁损事项进行会计处理时，应计入管理费用的是(　　)。

A. 管理不善造成的存货净损失　　B. 自然灾害造成的存货净损失

C. 应由保险公司赔偿的存货损失　　D. 应由过失人赔偿的存货损失

13. 某企业 10 月 8 日销售商品 100 件，增值税专用发票上注明的价款为 10 000 元，增值税额为 1 700 元。企业为了及早收回货款而在合同中规定的现金折扣条件为 2/10、1/20、n/30。假定计算现金折扣时不考虑增值税。如果买方在 10 月 24 日付清货款，该企业实际收款金额应为(　　)元。

A. 11 466　　B. 11 500　　C. 11 583　　D. 11 600

14. 设置“预付账款”账户的企业，在收到材料并入库、抵偿预付款时，应编制(　　)会计分录。

A. 借：预付账款
　　贷：银行存款

B. 借：预付账款
　　贷：原材料

C. 借：原材料
　　贷：预付账款

D. 借：原材料
　　贷：应付账款

15. 某企业为增值税一般纳税人，购入材料一批，增值税专用发票上标明的价款为 25 万元，增值税为 4.25 万元，另支付材料的保险费 2 万元、包装物押金 2 万元。该批材料的采购成本为(　　)万元。

A. 27　　B. 29　　C. 29.25　　D. 31.25

16. 下列应收、暂付款项中,不通过"其他应收款"账户核算的是(　　)。

A. 应收保险公司的赔款　　B. 应收出租包装物的租金

C. 应向职工收取的各种垫付款项　　D. 应向购货方收取的代垫运杂费

17. 某企业采用月末一次加权平均计算发出原材料的成本。2月1日,甲材料结存200千克,每千克的实际成本为100元;2月10日,购入甲材料300千克,每千克的实际成本为110元;2月25日,发出甲材料400千克。2月末,甲材料的库存余额为(　　)元。

A. 10 000　　B. 10 500　　C. 10 600　　D. 11 000

18. 应计入产品生产成本的费用是(　　)。

A. 管理费用　　B. 制造费用　　C. 销售费用　　D. 财务费用

19. 工业企业外购存货在运输途中的合理损耗应计入(　　)。

A. 管理费用　　B. 营业外损失　　C. 其他业务支出　　D. 采购成本

20. 材料盘盈时,在报经批准前,应做的账务处理是(　　)。

A. 借:原材料
　　贷:待处理财产损溢

B. 借:原材料
　　贷:营业外收入

C. 借:待处理财产损溢
　　贷:管理费用

D. 借:待处理财产损溢
　　贷:营业外收入

21. 盘亏的存货如果是由于非正常灾害造成的,经批准,可以转作(　　)。

A. 经营费用　　B. 管理费用　　C. 其他业务成本　　D. 营业外支出

22. 下列原材料相关损失项目中,应计入营业外支出的是(　　)。

A. 发料时计量差错引起的原材料盘亏　　B. 自然灾害造成的原材料损失

C. 原材料运输途中发生的合理损耗　　D. 人为责任造成的原材料损失

23. 下列项目中,应冲减交易性金融资产成本的有(　　)。

A. 期末交易性金融资产的公允价值大于其账面余额

B. 交易性金融资产的处置

C. 企业持有交易性金融资产期间,被投资企业宣告发放的现金股利

D. 收到购入交易性金融资产时实际支付的价款中包含的已到期尚未领取的债券利息

24. 关于交易性金融资产的计量,下列说法中正确的是(　　)。

A. 应当按取得该金融资产的公允价值和相关交易费用之和作为初始确认金额

B. 应当按取得该金融资产的公允价值作为初始确认金额,相关交易费用在发生时计入当期损益

C. 资产负债表日,企业应将金融资产的公允价值变动计入当期所有者权益

D. 处置该金融资产时,其公允价值与初始入账金额之间的差额应确认为投资收益,不调整公允价值变动损益

25. 甲公司于4月5日从证券市场上购入B公司发行在外的股票100万股作为交易性金融资产,每股支付价款5元(含已宣告但尚未发放的现金股利1元),另支付相关费用8万元,甲公司交易性金融资产取得时的入账价值为(　　)万元。

A. 408　　B. 400　　C. 500　　D. 508

26. 甲公司于2016年11月5日从证券市场上购入B公司发行在外的股票100万股作为

交易性金融资产，每股支付价款 5 元，另支付相关费用 20 万元，当年 12 月 31 日，这部分股票的公允价值为 550 万元，甲公司 2016 年 12 月 31 日应确认的公允价值变动损益为（　　）万元。

A. 损失 50　　B. 收益 50　　C. 收益 30　　D. 损失 30

27. 甲公司于 4 月 5 日从证券市场上购入 B 公司发行在外的股票 200 万股作为可供出售金融资产，每股支付价款 4 元（含已宣告但尚未发放的现金股利 0.5 元），另支付相关费用 12 万元，甲公司可供出售金融资产取得时的入账价值为（　　）万元。

A. 700　　B. 800　　C. 712　　D. 812

28. 甲公司于 2016 年 1 月 1 日以 600 万元的价格购进当日发行的面值为 550 万元的公司债券。其中，债券的买价为 595 万元，相关税费为 5 万元。该公司债券的票面利率为 8%，期限为 5 年，一次还本付息。甲公司将其划分为持有至到期投资，则记入"持有至到期投资"账户的金额为（　　）万元。

A. 600　　B. 550　　C. 595　　D. 555

29. 甲公司 2016 年 1 月 2 日从证券市场上购入 A 公司于 2015 年 1 月 1 日发行的债券，该债券 5 年期，票面利率为 6%，每年 1 月 5 日支付上年度的利息，到期日为 2019 年 1 月 1 日，到期一次支付本金和最后一次利息。甲公司购入债券面值 800 万元，实际支付价款 792.77 万元，另支付相关费用 10 万元。甲公司将其划分为持有至到期投资，购入债券后的实际利率为 5%。购买当日，应当记入"持有至到期投资——成本"账户的数额为（　　）万元。

A. 792.77　　B. 810　　C. 800　　D. 802.77

30. 企业某台设备原价为100 000元，预计使用年限为 5 年，预计净残值率为 5%，按平均年限法计提折旧。设备的年折旧率和折旧额分别是（　　）。

A. 20%，20 000　　B. 19%，19 000　　C. 19%，20 000　　D. 20%，19 000

31. 下列各项，应计提固定资产折旧的是（　　）。

A. 已提足折旧仍继续使用的设备　　B. 以经营租赁方式租入的设备

C. 按照规定单独估价入账的土地　　D. 因季节原因停止使用的设备

32. 采用平均年限法计算固定资产的折旧率时，固定资产的折旧率与（　　）无关。

A. 预计净残值　　B. 预计使用年限

C. 固定资产原值　　D. 预计总工作量

33. 下列各项，视同自有固定资产管理的是（　　）。

A. 经营租出固定资产　　B. 融资租入固定资产

C. 经营租入固定资产　　D. 融资租出固定资产

34. 企业 2 月购入一台不需要安装的施工机械，应从当年（　　）月开始计提折旧。

A. 2　　B. 3　　C. 4　　D. 8

三、多项选择题

1. 下列各项中，属于其他货币资金的有（　　）。

A. 备用金　　B. 存出投资款　　C. 银行承兑汇票　　D. 银行汇票存款

2. 按照现行会计准则的规定，不能用应收票据及应付票据核算的票据包括（　　）。

A. 银行本票存款　　B. 银行承兑汇票

C. 外埠存款　　D. 商业承兑汇票

3. 按照现行会计准则的规定，下列各项中可以记入“应收账款”账户的有（　　）。

A. 销售商品价款　　B. 销售商品的增值税销项税额

C. 代购货单位垫付的运杂费支出　　D. 商业折扣

4. 其他应收款的范围包括（　　）。

A. 付给企业各内部单位的备用金　　B. 应收的各种罚款

C. 收取的出租包装物的押金　　D. 应向职工收取的各种垫付款项

5. 在我国会计实务中，确认应收账款为坏账的条件是（　　）。

A. 债务人破产或者死亡，以其破产财产或者遗产清偿后仍无法收回

B. 债务人逾期未履行其偿债义务，且具有明显特征表明无法收回或收回的可能性极小

C. 债务人到期未履行其偿债义务

D. 债务人认为无法偿还

E. 计划对应收账款进行重组

6. 在（　　）情况下，企业银行存款日记账余额会小于银行对账单余额。

A. 企业开出支票，对方未到银行兑现

B. 银行误将其他公司的存款记入本企业银行存款账户

C. 银行代扣水电费，企业尚未接到通知

D. 银行收到委托收款结算方式下的结算款项，企业尚未收到通知

7. 下列各项中，应记入“坏账准备”账户借方的有（　　）。

A. 提取坏账准备 20 000 元　　B. 冲回多提坏账准备 20 000 元

C. 收回以前确认并转销的坏账　　D. 备抵法下实际发生坏账

8. 按照我国企业会计准则的规定，下列各项中可以记入“应收账款”账户的有（　　）。

A. 销售商品价款

B. 一般纳税人企业销售商品的增值税销项税额

C. 代购货单位垫付的运杂费支出

D. 商业折扣

E. 采用备抵法核算发生的坏账

9. 下列各项中，构成工业企业外购存货入账价值的有（　　）。

A. 买价　　B. 运杂费

C. 运输途中的合理损耗　　D. 入库前的挑选整理费用

10. 估计坏账损失的主要方法有（　　）。

A. 余额百分比法　　B. 账龄分析法　　C. 销货百分比法　　D. 总价法

11. 企业购进货物已验收入库，但月底发票单据未到，货款尚未支付，应做的账务处理有（　　）。

A. 购入材料在验收入库时，按暂估价入账　　B. 购入材料月底按暂估价入账

C. 下月初用红字冲销月末的记录　　D. 收到发票单据支付货款时正式入账

12. 材料按实际成本计价进行核算，一般需要设置的账户有（　　）账户。

A.“材料采购”　　B.“材料成本差异”

C.“原材料”　　D.“在途物资”

13. 下列情况下，投资方应采用权益法核算长期股权投资的是（　　）。

A. 控制　　B. 重大影响　　C. 无重大影响　　D. 共同控制

14. 长期股权投资的核算方法包括(　　)。

A. 成本法　　B. 权益法

C. 市价法　　D. 成本与市价孰低法

15. 下列事项中,投资企业应采用成本法核算的有(　　)。

A. 投资企业能够对被投资单位实施控制的长期股权投资

B. 投资企业对被投资单位不具有共同控制或重大影响,并且在活跃市场中没有报价、公允价值不能可靠计量的长期股权投资

C. 投资企业对被投资单位不具有共同控制或重大影响,并且在活跃市场中有报价、公允价值能够可靠计量的长期股权投资

D. 投资企业对被投资单位具有共同控制的长期股权投资

16. 下列各项固定资产,应当计提折旧的有(　　)。

A. 闲置的固定资产　　B. 单独计价入账的土地

C. 经营租出的固定资产　　D. 已提足折旧仍继续使用的固定资产

17. 按照固定资产的经济用途进行分类,可以将其分为(　　)。

A. 生产经营用固定资产　　B. 使用中固定资产

C. 未使用固定资产　　D. 不需用固定资产

E. 非生产经营用固定资产

18. 下列各项,不应计提固定资产折旧的是(　　)。

A. 当月出售的房屋　　B. 当月购置的设备

C. 未提足折旧提前报废的施工机械　　D. 已提足折旧继续使用的建筑物

E. 季节性停用的设备

19. 下列固定资产中,不计提折旧的固定资产有(　　)。

A. 土地　　B. 当月增加的固定资产

C. 未提足折旧提前报废的固定资产　　D. 大修理停用的固定资产

20. 下列各项,应通过"固定资产清理"科目核算的有(　　)。

A. 盘亏的固定资产　　B. 出售的固定资产

C. 报废的固定资产　　D. 毁损的固定资产

21. 企业计算固定资产折旧额的主要依据有(　　)。

A. 固定资产的预计使用年限　　B. 固定资产取得时的原始价值

C. 固定资产的净残值　　D. 固定资产的使用部门

22. 关于无形资产应同时满足的确认条件有(　　)。

A. 符合无形资产的定义

B. 与该资产有关的经济利益很可能流入企业

C. 该无形资产的成本能够可靠地计量

D. 必须是企业外购的

四、判断题

1. 如果发生现金短款或长款,应待查明原因后,才能进行有关账务处理。　　(　　)

2. 对于因未达账项而使企业银行存款日记账余额和银行对账单余额出现的差异,无需做账面调整,待结算凭证到达后再进行账务处理,登记入账。　　(　　)

3. “库存现金”账户反映企业的库存现金，包括企业内部各部门周转使用、由各部门保管的现金。 ( )

4. 采用定额制核算备用金的企业，备用金使用部门日常凭单据报销差旅费时，会计部门应按报销金额冲减“其他应收款——备用金”或“备用金”账户。 ( )

5. 我国会计实务中，应收账款通常在收入实现时入账，若存在现金折扣的情况，应按总价法核算。 ( )

6. 对于存在商业折扣的商品销售，应按扣除商业折扣后的净额确认销售收入和应收账款。 ( )

7. 生产车间管理人员的工资属于管理性费用，不能计入产品成本。 ( )

8. 经营性租入的固定资产和经营性租出的固定资产，企业不应作为固定资产核算。 ( )

9. 购入材料在运输途中发生的合理损耗应计入管理费用。 ( )

10. 属于非常损失造成的存货毁损，应按该存货的实际成本计入营业外支出。 ( )

11. 处置持有至到期金融资产时，应将所取得的价款与该投资账面价值之间的差额计入资本公积。 ( )

12. 以公允价值计量且其变动计入当期损益的金融资产包括交易性金融资产和可供出售金融资产。 ( )

13. 对于一项资产，企业只有在拥有所有权的情况下，才能作为企业的资产予以确认。 ( )

14. 持有至到期投资在持有期间应当按照公允价值计量，公允价值与账面价值的差额计入公允价值变动损益。 ( )

15. 企业对融资租入的固定资产虽不拥有所有权，但能对其进行控制，故应将其作为本企业的固定资产核算。 ( )

16. 企业生产车间以经营租赁方式将一台固定资产租给某单位使用，该固定资产的所有权尚未转移，企业对该固定资产仍应计提折旧。 ( )

17. 企业在计提固定资产折旧时，当月增加的固定资产当月不提折旧，当月减少的固定资产当月照提。 ( )

18. 购入固定资产的入账价值应包括为该固定资产支付的增值税。 ( )

19. 无形资产成本在取得的当月开始摊销，处置无形资产的当月不再摊销。

20. 使用寿命不确定的无形资产不摊销。 ( )

五、简答题

1. 如何进行库存现金的清查？
2. 现金管理制度主要包括哪些内容？
3. 什么是未达账项？未达账项包括哪几种情况？如何检查、核对未达账项？
4. 其他应收款主要包括哪些内容？
5. 构成企业存货的项目有哪些？
6. 存货有哪些计价方法？这些计价方法分别有什么优、缺点？适用范围是什么？
7. 存货数量有哪两种盘存方法？分别有什么优、缺点？
8. 交易性金融资产、可供出售金融资产、持有至到期投资分别如何进行账务处理？

9. 简述长期股权投资成本法与权益法核算的主要区别和形成这种区别的原因。

10. 使用寿命为有限的无形资产如何摊销？

六、实务题

1. 某企业3月1日到3月31日企业银行存款日记账账面记录与银行出具的3月31日对账单资料核对后，发现如下未达账项：

(1)企业开出支票，支付原材料货款64 500元，持票人尚未到银行办理转账。

(2)银行代交电费12 210.24元，款项已划转，尚未通知企业。

(3)企业送存支票，系销货款64 067.91元，银行尚未入账。

(4)银行收取货款43 000元，银行已收款入账，尚未通知企业。

(5)企业开出支票，支付汽车修理费4 500元，持票人尚未到银行办理转账。

(6)银行代付电话费5 099.32元，款项已划转，尚未通知企业。

企业银行存款账面余额为506 000.52元，银行对账单余额为536 623.05元。

要求：编制银行存款余额调节表。

2. 甲公司在一次现金清查中，发现现金溢余1 500元。经过仔细调查后，无法查明原因，经批准，进行相应的账务处理。

要求：编制会计分录。

3. 甲公司对现金进行清查，发现短缺500元。经过仔细调查后，发现其中300元是由出纳员李同造成的，另外200元无法查明原因，经批准，进行相应账务处理。

要求：编制会计分录。

4. 甲公司决定对总务科实行定额备用金制度，核定周转使用备用金定额1 500元。当年1月，发生以下有关经济业务：

(1)用现金拨付总务科备用金1 000元。

(2)总务科凭单据报销办公费750元，财务部门审核后予以报销，并用现金补足定额。

要求：编制会计分录。

5. 甲公司为增值税一般纳税企业，适用的增值税税率为17%。20××年3月1日，甲公司向乙公司销售某商品1 000件，每件售价为1 800元(售价中不含增值税额)，已开出增值税专用发票，商品已交付给乙公司，为了及早收回货款，甲公司在合同中规定的现金折扣条件为2/10、1/20、*n*/30。

要求：

(1)编制甲公司销售商品时的会计分录。

(2)根据以下假定，分别编制甲公司收到款项时的会计分录。

①乙公司在3月8日按合同规定付款，甲公司收到款项并存入银行。

②乙公司在3月19日按合同规定付款，甲公司收到款项并存入银行。

③乙公司在3月29日按合同规定付款，甲公司收到款项并存入银行。

6. 甲公司采用余额百分比法核算坏账损失，坏账准备的提取比率为5%。有关资料如下：

(1)20××年12月1日，应收账款的期初余额为100万元，坏账准备的贷方余额5万元；

(2)12月5日，确认坏账损失2万元；

(3)12月28日，收回前期已确认的坏账1万元，存入银行；

(4)20××年年末计提坏账准备，假设本月销售有关应收款项全部是应收票据。

要求:编制会计分录。

7. 甲公司2月1日销售产品一批,售价为40 000元,应收取的增值税额为6 800元,该商品的增值税税率为17%,产品已经发出,收到买方承兑的商业承兑汇票一张,付款期为3个月,面值为46 800元。

要求:编制会计分录。

8. 甲公司销售产品一批,价目表中该产品价格(不含税)为10 000元,增值税税率为17%,商业折扣为10%。产品已经发出,客户尚未付款。

要求:编制销售产品、收到货款的会计分录。

9. 甲公司为增值税一般纳税人,5月15日向A企业预付材料款50万元,5月20日收到A企业的材料并验收入库,A企业开具的增值税发票注明材料款60万元,增值税款10.2万元,故补足A企业款项20.2万元。

要求:编制会计分录。

10. 2月10日,甲公司采购人员李刚出差,预借差旅费1 000元。2月20日,李刚出差回来,报销差旅费900元,退回100元。

要求:编制会计分录。

11. 甲公司从江海公司购入B材料3 600千克,买价为15 810元,运杂费为210元,款项已用银行存款支付,材料也已验收入库。增值税税率为17%。

要求:编制会计分录。

12. 月中,甲公司收到新江厂发来A材料500千克,合同价每千克为30元,增值税税率为17%,材料已验收入库,直到月末尚未收到对方单位的结算凭证,也未付款。次月5日收到结算凭证,买价为15 000元,增值税为2 550元,对方代垫运杂费150元。

要求:编制会计分录。

13. 甲公司收到开户银行转来的元通工厂的委托收款凭证通知,甲公司应承付下列材料款:A材料1 600千克,买价为12 800元;B材料3 000千克,买价为13 500元。另有进项税额4 471元,运杂费920元。款项均已承付,材料尚未运到(运杂费按购入材料重量分摊)。

要求:编制会计分录。

14. 月末,甲公司根据"发料凭证汇总表"的记录,本月基本生产车间为生产产品领用A材料6 000千克(甲产品使用了5 000千克,乙产品使用了1 000千克),车间管理部门领用A材料1 000千克,企业管理部门领用A材料1 000千克;基本生产车间为生产产品领用B材料5 000千克(甲产品使用了4 000千克,乙产品使用了1 000千克),车间管理部门领用B材料1 000千克,企业管理部门领用B材料500千克。A材料的单价为2元,B材料的单价为3元。

要求:编制会计分录。

15. 月末,甲公司结算本月职工薪酬:生产甲产品的生产工人工资薪酬为16 500元,生产乙产品的生产工人工资薪酬为10 000元,车间管理人员的工资薪酬为2 000元,公司行政管理人员的工资薪酬为20 000元。

要求:编制会计分录。

16. 月末,甲公司分配制造费用。本月制造费用共计15 370元(按生产工人工资分配,生产甲产品的生产工人工资薪酬为16 500元,生产乙产品的生产工人工资薪酬为10 000元)。

要求:编制会计分录。

17. 月末,甲公司本月生产的甲产品全部完工验收入库,本月投入直接材料、人工及分配的制造费用合计为36 070元，月初甲产品的生产成本余额为1 200元。结转甲产品的成本。乙产品全部未完工。

要求：编制会计分录。

18. 甲公司按先进先出法计算材料的发出成本。3月1日，结存A材料100千克，每千克的实际成本为100元。本月发生以下有关业务：

(1)3日，购入A材料50千克，每千克的实际成本为105元，材料已验收入库。

(2)5日，发出A材料80千克。

(3)7日，购入A材料70千克，每千克的实际成本为98元，材料已验收入库。

(4)12日，发出A材料130千克。

(5)20日，购入A材料80千克，每千克的实际成本为110元，材料已验收入库。

(6)25日，发出A材料30千克。

要求：根据上述资料，计算A材料的以下成本。

(1)5日发出的成本；

(2)12日发出的成本；

(3)25日发出的成本；

(4)期末结存的成本。

19. 资料如第18题，如果甲公司采用移动加权平均法计算材料的发出成本。

要求：根据上述资料，计算A材料的以下成本。

(1)5日发出的成本；

(2)12日发出的成本；

(3)25日发出的成本；

(4)期末结存的成本。

20. 甲公司库存商品甲产品盘亏7 000元；盘亏产成品经批准转销：2 000元为定额内损耗；1 000元为过失人责任，由保管员李刚赔偿；4 000元为自然灾害所致。

要求：编制会计分录。

21. 6月25日，甲公司以每股1.3元用银行存款购进某股票200万股(包含已宣告未发放现金股利0.3元/股)，缴纳相关交易费用100 000元，准备短期持有，划分为交易性金融资产；6月30日，该股票市价为每股1.1元；7月5日，收到已宣告现金股利；11月2日，以每股1.4元的价格全部出售该股票。

要求：编制会计分录。

22. 2016年1月1日，甲公司按面值从债券二级市场上购入A公司公开发行的债券，面值为150万元，票面利率为3%，划分为可供出售金融资产。假定甲公司初始确认该债券时计算确定的债券实际利率为3%，且不考虑其他因素。2016年12月31日，该债券的市场价格为140万元。公司预计该债券的价格下跌是暂时的。

要求：编制会计分录。

23. 5月25日，甲公司以每股1.3元用银行存款购进某股票200万股(包含已宣告未发放现金股利0.3元/股)，缴纳相关交易费用100 000元，将之划分为可供出售金融资产；6月30日，该股票市价为每股1.1元；7月5日，收到已宣告现金股利；12月31日，该股票市价为每股1.03元；次年6月20日，按照每股1.3元的价格全部出售。

要求：编制会计分录。

24. 甲公司于1月1日从证券市场上购入A公司于当日发行的债券，该债券为3年期，票面年利率为4%，到期日一次归还本金和利息。甲公司购入债券的面值为1 000万元，实际支付价款为947.5万元，另支付相关费用20万元。甲公司购入后，将其划分为持有至到期投资。购入债券的实际利率为5%。

要求：假定以年计提利息，编制甲公司这几年上述有关业务的会计分录。

25. 甲公司对机器设备采用平均年限法计提折旧。201×年12月20日，甲公司购入一台不需要安装的机器设备，价款为98 000元，增值税为16 660元，另支付运输费2 000元，包装费1 000元，款项均以银行存款支付。该设备即日起投入基本生产车间使用，预计可使用5年，预计净残值为5 000元，假定不考虑固定资产减值因素。

要求：

(1)编制甲公司购入设备时的会计分录。

(2)计算甲公司月折旧额。

(3)编制甲公司月末计提折旧时的会计分录。

26. 甲公司11月1日购入一台需要安装的机器设备，价款为850 000元，增值税为144 500元，另支付运输费4 500元、包装费1 000元，款项均以银行存款支付。甲公司收到该专用设备后，立即投入安装。在安装上述专用设备过程中，领用生产用库存原材料20万元，增值税进项税额为3.4万元；应付工程人员的工资为15万元，用银行存款支付其他费用为4.8万元。同年12月15日，该项工程完工，达到预定可使用状态，并投入第一基本生产车间使用。

要求：

(1)编制购买机器设备的会计分录。

(2)编制甲公司安装专用设备的会计分录。

(3)编制甲公司专用设备安装完工并投入使用的会计分录。

27. 甲公司于201×年年初自行建造仓库一座，购入为工程准备的各种物资100 000元，支付的增值税额为17 000元，实际领用工程物资（含增值税）105 300元，剩余物资转作企业生产用原材料丙材料；另外，还领用了企业生产用的原材料乙材料一批，实际成本为10 000元，应转出的增值税为1 700元；分配工程人员工资43 000元，用银行存款另外支付其他费用50 000元。工程于201×年4月达到预定可使用状态并交付使用。

要求：编制201×年与工程物资和固定资产购建有关的会计分录。

28. 甲公司12月25日盘亏机器设备一套，原值为10 000元，已提折旧为4 000元。最后经批准，作为损失处理。

要求：编制会计分录。

29. 甲公司2013年1月1日从A企业购入一项专利的所有权用于产品生产，以银行存款支付买价和有关费用共计100万元。该专利自可供使用时起至不再作为无形资产确认时止的年限为10年。假定甲公司于年末一次计提全年无形资产摊销。2015年10月1日，甲公司将上项专利权出售，取得收入90万元存入银行，不考虑其他税费。

要求：

(1)编制从A企业购入专利权的会计分录；

(2)编制专利权年摊销的有关会计分录；

(3)编制与该项专利权转让有关的会计分录。

第四章

负债的核算

一、名词解释

负债　流动负债　短期借款　应付票据
应付账款　预收账款　应付职工薪酬　其他应付款
长期借款　应付债券　长期应付款

二、单项选择题

1. 下列选项中不属于流动负债项目的是(　　)。
A. 应交税费　B. 应付票据　C. 预付账款　D. 应付账款
2. 按照现行会计制度的规定，短期借款所发生的利息，一般应计入(　　)。
A. 管理费用　B. 营业外支出　C. 财务费用　D. 投资收益
3. 非流动负债主要包括(　　)。
A. 短期借款　B. 应付股利
C. 长期应付款　D. 不带息的应付票据
4. 下列税金不通过“应交税费”账户核算的是(　　)。
A. 营业税　B. 增值税　C. 所得税　D. 印花税
5. 下列属于非货币性负债的是(　　)。
A. 短期借款　B. 应交所得税　C. 应付账款　D. 预收账款
6. 企业购进货物用于工程项目时，该货物负担的增值税额应当计入(　　)。
A. 应交税费——应交增值税　B. 在建工程
C. 营业外支出　D. 管理费用
7. 企业开出承兑商业汇票抵付应付账款时，应借记(　　)账户。
A. 材料采购　B. 应交税费——应交增值税(进项税额)
C. 库存商品　D. 应付账款
8. 某企业以一张期限为4个月、面值为100万元的商业承兑汇票支付货款，票面年利率为6%。该票据到期时，企业应支付的金额为(　　)万元。
A. 100　B. 102　C. 104　D. 106
9. 下列各项中，不应在“应付账款”账户借方登记的是(　　)。
A. 购买材料所形成的应付未付款项　B. 偿还的应付账款
C. 开出商业汇票抵付应付账款的款项　D. 冲销无法支付的应付账款

10. 企业对应付的商业承兑汇票，如果到期不能足额付款，在会计处理上应将其转作(　　)。

A. 应付账款　B. 其他应付款　C. 预付账款　D. 短期借款

11. 企业向金融机构借入2年期借款，主要用于对外投资，取得借款时，应贷记(　　)账户。

A. 短期借款　B. 长期应付款　C. 长期借款　D. 应付账款

12. 企业从应付职工工资中代扣的职工房租，应借记的会计账户是(　　)。

A. 应付职工薪酬　B. 银行存款　C. 其他应收款　D. 其他应付款

13. 预收货款业务不多的企业，可以不设置"预收账款"账户，其所发生的预收货款，可通过(　　)账户核算。

A. 预付账款　B. 应付账款　C. 应收账款　D. 其他应付款

14. 企业为完成其经营目标所从事的经常性活动以及与之相关的其他活动所引起的应交城市维护建设税，应借记(　　)账户。

A. 其他业务成本　B. 营业税金及附加

C. 销售费用　D. 主营业务成本

15. 下列各项中，不通过"应交税费"账户核算的是(　　)。

A. 应交的教育费附加　B. 矿产资源补偿费

C. 应交住房公积金　D. 代扣代缴的职工个人所得税

16. 企业在资产负债表日，企业按合同利率计算的短期借款利息费用应(　　)。

A. 借记"财务费用"账户，贷记"短期借款"账户

B. 借记"财务费用"账户，贷记"预提费用"账户

C. 借记"财务费用"账户，贷记"应付利息"账户

D. 借记"短期借款"账户，贷记"应付利息"账户

17. 企业转销确实无法支付的应付账款，应按其(　　)。

A. 未来应付金额计入营业外收入

B. 账面余额计入营业外收入

C. 账面余额与未来应付金额之间的差额计入资本公积

D. 账面余额计入资本公积

18. 企业对于到期企业无力支付的银行承兑汇票，应将应付票据的账面余额转入(　　)账户的贷方。

A. 应付账款　B. 长期借款　C. 短期借款　D. 应付债券

19. 企业因购买材料而开出、承兑的商业汇票，应当按其(　　)作为应付票据的入账金额。

A. 票面金额　B. 未来现金流出量的现值

C. 票面金额现值　D. 票面金额与支付的银行承兑手续费之和

三、多项选择题

1. 企业支付短期借款利息时，可能借记的账户有(　　)。

A. 短期借款　B. 银行存款　C. 应付利息　D. 财务费用

2. 企业分配工资时，应借记的账户有(　　)。

A. 制造费用　B. 生产成本　C. 管理费用　D. 销售费用

3. 企业城市维护建设税是以(　　)为计税依据征收的一种税。

A. 增值税　B. 消费税　C. 营业税　D. 所得税

4. 应付商业汇票到期,如果企业无力支付票款,应将应付票据按票面金额转作(　　)。

A. 短期借款　B. 应付账款　C. 营业外收入　D. 资本公积

5. 下列各项中,应通过"应交税费"账户核算的有(　　)。

A. 矿产资源补偿费　B. 印花税　C. 教育费附加　D. 消费税

6. 企业应缴纳的(　　),应借记"管理费用"账户。

A. 土地增值税　B. 土地使用税　C. 房产税　D. 车船税

7. "长期借款"账户可设置(　　)等明细账户,进行明细分类核算。

A. 本金　B. 成本　C. 公允价值变动　D. 利息调整

8. 下列项目中,属于流动负债的是(　　)。

A. 预付账款　B. 应交税费　C. 短期借款　D. 应付股利

9. 下列税金中,不能通过"营业税金及附加"账户核算的有(　　)。

A. 增值税　B. 营业税　C. 消费税　D. 印花税

10. 职工薪酬包括(　　)。

A. 职工福利费　B. 住房公积金　C. 非货币性福利　D. 辞退福利

四、判断题

1. 企业经过决策机构决议确定分配给投资者的利润,应通过"应付股利"账户核算。(　　)

2. 应付账款附有现金折扣的,应按应付账款总额扣除现金折扣后的金额作为应付账款的入账金额。(　　)

3. "长期借款"账户的期末账面余额,反映企业尚未偿还的各种长期借款的本金。(　　)

4. 对于预收货款业务不多的企业,其所发生的预收货款可以通过"应收账款"账户进行核算。(　　)

5. 企业开出并承兑的银行承兑汇票到期时,如无力支付票款,应进行的账务处理是转作短期借款。(　　)

6. 企业代扣代缴的个人所得税属于代缴性质,应作为其他应付款处理,不应通过"应交税费"账户核算。(　　)

7. 企业以其自产产品作为非货币性福利发放给职工的,应当根据受益对象,按照该产品的账面价值,计入相关资产成本或当期损益,同时确认应付职工薪酬。(　　)

8. 无法支付的应付款项应计入"资本公积"账户。(　　)

9. 企业发放工资时,若存在应代扣代缴的个人所得税,应借记"应付职工薪酬"账户,贷记"库存现金或银行存款"、"应交税费——应交个人所得税"账户。(　　)

10. 企业的短期借款利息在月末计提时,应借记"财务费用"账户,贷记"预提费用"账户。(　　)

五、简答题

1. 负债有哪些基本特征?

2. 流动负债和非流动负债一般是如何区分的？各包括哪些内容？

3. 短期借款核算的内容包括哪些？

4. 简述应付职工薪酬的内容。

5. 简述应交税费的内容。

六、实务题

1. 甲股份有限公司于201×年7月1日向银行借入一笔短期借款，金额共计480 000元，期限为3个月，年利率为9%。利息分月预提，按季支付，本金到期一次归还。作甲股份有限公司取得借款、月末计提利息、季末支付利息、到期偿还本金进行相应的会计处理。

2. A企业为增值税一般纳税人，该企业于201×年5月4日开出一张面值为351 000元、期限为2个月的不带息商业承兑汇票，用于采购一批材料。增值税专用发票上注明材料的价款为300 000元，增值税额为51 000元。7月4日，汇票到期，该企业足额支付票款，作出相关会计处理。若该企业于汇票到期日无力支付票款，应该如何处理？

3. 某公司6月1日赊购一批材料，材料价格为100 000元，增值税额为17 000元，付款条件为2/10，n/30，该批材料已验收入库。该公司于6月7日付款。若该公司于6月20日付款，应该如何进行会计处理？(采用总价法，假设增值税不考虑折扣)

4. 某企业接受一批订货，计价款为600 000元，增值税额为102 000元。按照合同规定，7月1日，订货方预付货款300 000元，款项收妥入账，其余款项待产品完工发出后再支付；7月23日，企业发出商品；7月24日，收到订货单位补付货款。根据上述业务，进行相关会计处理。

5. 某工业企业每月工资总额为500 000元，其中：生产工人工资300 000元，车间管理人员工资50 000元，厂部管理人员工资100 000元，销售人员工资50 000元。代扣代缴个人所得税25 000元，社会保险费55 000元，住房公积金40 000元。实际发放工资380 000元，职工福利费、职工工会经费、职工教育经费分别按照工资总额的6%、2%、1.5%提取；单位应当缴纳的社会保险费按工资总额的32%提取；单位住房公积金的缴存比例为8%。支付职工生活困难补助5 000元。根据上述业务，做以下相关会计处理：

(1)从银行提取现金备发工资时；

(2)发放在职职工工资时；

(3)月份终了，分配工资时；

(4)代扣代缴个人所得税时；

(5)代扣代缴个人应当缴纳的社会保险费时；

(6)代扣代缴个人应当缴纳的住房公积金时；

(7)提取职工福利时；

(8)提取工会经费时；

(9)提取职工教育经费时；

(10)提取社会保险费时；

(11)提取住房公积金时；

(12)缴纳社会保险费时；

(13)缴纳住房公积金时；

(14)缴纳个人所得税时；

(15)支付职工困难补助时。

6. A 企业本期实际应上缴增值税 200 000 元，消费税 100 000 元，营业税 100 000 元。该企业适用的城市维护建设税税率为 7%。计算应缴纳的城市维护建设税，并编制以银行存款缴纳城市维护建设税的会计分录。

7. 甲公司 12 月 31 日按协议规定计算出应付给其他单位的投资利润30 000元，并于次年年初以银行存款支付。要求对甲公司 12 月 31 日及次年年初的应付投资者利润进行会计处理。

第五章

所有者权益的核算

一、名词解释

所有者权益　　实收资本　　资本公积　　盈余公积

未分配利润　　留存收益

二、单项选择题

1. 所有者权益是指企业资产扣除负债后由所有者享有的(　　)。

A. 剩余权益　　B. 使用权益　　C. 处置权益　　D. 分配权益

2. 所有者权益是一种(　　)行为产生的权益。

A. 短期投资　　B. 实物投资　　C. 货币投资　　D. 长期投资

3. 当企业提取的法定盈余公积达到注册资本的(　　)时,可以不再提取。

A. 50%　　B. 20%　　C. 25%　　D. 40%

4. 企业以盈余公积转增资本时,转增后的盈余公积的数额不得少于注册资本的(　　)。

A. 10%　　B. 20%　　C. 25%　　D. 35%

5. 按照规定,企业应当提取税后利润的(　　)的法定盈余公积金。

A. 5%　　B. 10%　　C. 25%　　D. 35%

6. 某股份有限公司委托M证券公司代理发行普通股100万股,每股面值1元,发行价格5元。双方协定,按发行价格的3%计算手续费,发行完毕,M证券公司交来股款并存入银行。会计分录中"股本"账户的入账金额是(　　)万元。

A. 99.7　　B. 500　　C. 498.5　　D. 100

7. 普通的有限责任公司增资扩股时,新加入的股东缴纳的出资额大于其原有股东约定比率计算的出资部分,应计入(　　)账户中。

A. 实收资本　　B. 盈余公积　　C. 利润分配　　D. 资本公积

8. 按照我国《公司法》的规定,股票不得(　　)发行。

A. 溢价　　B. 折价　　C. 平价　　D. 面值

9. 留存收益是指企业从历年实现的净利润中提取或形成的留存于企业的内部积累,是股东权益的组成部分,主要包括(　　)和未分配利润。

A. 资本公积　　B. 公益金　　C. 盈余公积　　D. 应付利润

10. 中天股份有限公司委托某证券公司代理发行普通股2 000万股,每股面值为1元,每股按4元的价格出售。按双方协议约定,证券公司从发行收入中扣取2%的手续费。股票发行冻结资金期间产生的利息收入为 20 万元。中天公司计入资本公积的数额为(　　)万元。

A. 6 000　　B. 5 820　　C. 5 840　　D. 5 860

11. 甲股份有限公司委托 A 证券公司发行普通股1 000万股，每股面值为 1 元，每股发行价格为 4 元。根据约定，股票发行成功后，甲股份有限公司应按发行收入的 2%向 A 证券公司支付发行费。如果不考虑其他因素，股票发行成功后，甲股份有限公司记入“资本公积”账户的金额应为(　　)万元。

A. 20　　B. 80　　C. 2 920　　D. 3 000

12. 某企业年初未分配利润的贷方余额为 200 万元，本年实现净利润1 000万元，按净利润的 10%提取法定盈余公积，提取任意盈余公积 50 万元。该企业年末可供分配利润为(　　)万元。

A. 1 200　　B. 1 100　　C. 1 050　　D. 1 000

13. 某企业年初未分配利润的贷方余额为 200 万元，本年利润总额为 800 万元，本年所得税费用为 300 万元，按净利润的 10%提取法定盈余公积，提取任意盈余公积 25 万元，向投资者分配利润 25 万元。该企业年末未分配利润的贷方余额为(　　)万元。

A. 600　　B. 650　　C. 625　　D. 570

14. 下列各项能够引起企业所有者权益减少的是(　　)。

A. 股东大会宣告派发现金股利　　B. 以资本公积转增资本

C. 提取法定盈余公积　　D. 提取任意盈余公积

15. 下列各项会引起留存收益总额发生增减变动的是(　　)。

A. 盈余公积转增资本　　B. 盈余公积补亏

C. 资本公积转增资本　　D. 用税后利润补亏

三、多项选择题

1. 所有者权益从组成内容上看，主要包括(　　)。

A. 实收资本　　B. 资本公积　　C. 盈余公积　　D. 未分配利润

2. 投资者向企业投入资本，出资方式可以是(　　)。

A. 货币资金　　B. 实物资产

C. 无形资产　　D. 已设立担保特权的资产

3. 企业实收资本增加的主要途径有(　　)。

A. 资本公积转入　　B. 盈余公积转入

C. 分配现金股利转入　　D. 投资者投资

4. 盈余公积可分为(　　)两大类。

A. 公益金　　B. 一般盈余公积　　C. 法定盈余公积　　D. 任意盈余公积

5. 按照规定，企业提取的一般盈余公积可以用于(　　)。

A. 弥补亏损　　B. 转增资本

C. 分配现金股利　　D. 用于个人职工福利支出

6. 下列各项中，能够引起企业留存收益总额发生变动的是(　　)。

A. 盈余公积转增资本　　B. 法定盈余公积金转为任意盈余公积金

C. 盈余公积弥补亏损　　D. 向投资者宣告分配现金股利

7. 所有者权益作为所有者在某个企业所享有的一种财产权利，包括所有者对投入资本的

（　　）。

A. 所有权　　B. 使用权　　C. 处置权　　D. 收益分配权

8. 在我国，公司股利发放以（　　）两种形式为主。

A. 财产股利　　B. 现金股利　　C. 负债股利　　D. 股票股利

9. 下列各项构成企业留存收益的有（　　）。

A. 资本公积　　B. 盈余公积　　C. 未分配利润　　D. 应付利润

E. 实收资本

10. 下列各项中，属于所有者权益的有（　　）。

A. 盈余公积　　B. 实收资本

C. 直接计入所有者权益的利得　　D. 坏账准备

E. 直接计入所有者权益的损失

四、判断题

1. 所有者权益是企业剩余资产的请求权。（　　）

2. 所有者的投入资本是企业实收资本的唯一来源，也是企业资本公积形成的主要来源。（　　）

3. 股份有限公司委托其他单位发行股票支付的手续费、佣金等相关费用，直接计入当期损益。（　　）

4. 企业增加实收资本的唯一途径就是投资者投资。（　　）

5. 资本公积同实收资本因同属于投入资本的范畴，所以，两者没有实质上的区别。（　　）

6. 盈余公积是企业按照规定从净利润中提取的各种限定用途的累计资金。（　　）

7. 在企业当年发生亏损的情况下，企业也应该按规定提取盈余公积金。（　　）

8. 企业按规定将资本公积转增实收资本，不会引起所有者权益总额的增加。（　　）

9. 我国《公司法》规定，股票可以低于票面金额折价发行。（　　）

10. 股份有限公司按面值发行股票时，其发行费用应冲减盈余公积，盈余公积不足的，再冲减未分配利润。（　　）

五、简答题

1.所有者权益和债权人权益的区别是什么？

2.简述所有者权益的构成内容。

3.资本公积包括哪些内容？

4.试说明盈余公积的用途。

六、实务题

1. 天宏有限责任公司设立时，注册资本为120万元，由甲、乙、丙三位投资者等额认缴出资额。现收到甲投入人民币18万元；投入汽车一辆，该汽车在甲处的账面原值为30万元，累计折旧5万元，双方确认价值22万元。乙投入一块土地使用权，双方确认价值20万元；投入房屋一幢，其账面原价为18万元，累计折旧5万元，双方确认价值20万元。丙投入人民币10万元；投入一项专利权，其账面价值20万元，双方确认价值18.3万元；投入材料一批，原购材料增值税专用发票上列示其价款为 10 万元，增值税额为 1.7 万元，经双方确认，材料按原购成本入账。

该有限责任公司若干年后经批准追加资本 40 万元，经协商由丁投资者出资介入，丁投入人民币 60 万元，享受公司 25%的权益。

假设经批准，将该公司资本公积的 40%转增资本。

要求：根据上述资料，编制天宏有限责任公司设立、追加资本和转增资本的会计分录。

2. 某有限责任公司由甲、乙、丙三位股东各自出资 300 万元而设立，这时的实收资本为 900 万元。经过 3 年的经营，该企业的留存收益为 300 万元。这时，又有丁投资者有意投资该企业，并表示愿意出资 400 万元而仅占该企业实收资本的 25%。公司收到投资款，存入银行。

要求：编制收到丁投资者投资款时的会计分录。

3. A 股份有限公司委托证券公司按面值发行普通股 6 000 000 股，每股面值 1 元，发行费用 50 000 元。发行完毕，证券公司扣除发行费用后，付来发行款5 950 000元存入银行。该公司的盈余公积为 100 000。

要求：编制 A 股份有限公司收到发行款时的会计分录。

4. A 公司委托甲证券公司代理发行普通股200 000股，每股面值 1 元，按每股 1.5 元的价格发行。公司与受托单位约定，按发行收入的 2%收取手续费，假定收到的股款已存入银行。

要求：编制 A 公司收到发行款时的会计分录。

5. 某股份有限公司 2012 年年底的税后利润为500 000元，按照税后利润的 10%提取法定盈余公积，按照税后利润的 10%提取任意盈余公积。

要求：编制该公司提取法定盈余公积和任意盈余公积的会计分录。

6. 假设某股份有限公司在 2011 年年底尚有200 000元亏损还没有弥补，经董事会同意，决定用盈余公积弥补亏损。

要求：编制该公司用盈余公积弥补亏损的会计分录。

7. 某股份有限公司董事会决定并经过股东代表大会批准，以任意盈余公积600 000元转增资本。

要求：编制该公司的任意盈余公积转增资本的会计分录。

第六章

收入、费用与利润的核算

一、名词解释

收入　　费用　　利润　　销售折让　　销售退回

二、单项选择题

1. 企业为扩大销售市场发生的业务招待费，应当计入（　　）。

A. 管理费用　　B. 营业外支出　　C. 销售费用　　D. 其他业务支出

2. 下列各项支出中，应当列入"制造费用"账户中的项目是（　　）。

A. 生产车间的固定资产折旧费　　B. 管理部门的固定资产折旧

C. 生产车间生产工人的工资　　D. 管理部门人员的工资

3. 企业专设销售机构的固定资产折旧费，应当计入（　　）。

A. 管理费用　　B. 主营业务成本　　C. 销售费用　　D. 其他业务支出

4. 企业取得的下列收入中，不属于营业外收入的是（　　）。

A. 出售原材料净收入　　B. 出售固定资产净收入

C. 出售无形资产净收入　　D. 罚款收入

5. 企业某年度可供分配的利润是指（　　）。

A. 本年净利润　　B. 年初未分配利润加本年净利润

C. 本年利润总额　　D. 年初未分配利润加本年利润总额

6. 企业于会计期末结账时，应将本期发生的各类支出转入（　　）。

A. "本年利润"账户借方　　B. "本年利润"账户贷方

C. "利润分配"账户借方　　D. "利润分配"账户贷方

7. 下列项目中，属于工业企业主营业务收入的是（　　）。

A. 产品销售收入　　B. 原材料销售收入

C. 包装物出租收入　　D. 固定资产出租收入

8. A 上市公司 2016 年 9 月 1 日承接一项安装业务，安装期为 6 个月，合同总收入为 60 万元，至年底已预收款项 39 万元，实际发生成本 30 万元，估计至安装结束还需发生成本 20 万元。在剩余合同价款能可靠收回的情况下，A 上市公司 2016 年度该项安装业务应确认的劳务收入为（　　）万元。

A. 30　　B. 36　　C. 39　　D. 40

9. 下列经济业务中，会影响营业利润的是（　　）。

A. 固定资产减值损失的计提　　B. 固定资产的清理损益
C. 无形资产所有权的转让损益　　D. 政府补贴

10. 企业对外销售需要安装的商品时，若安装和检验属于销售合同的重要组成部分，则确认该商品销售收入的时间是(　　)。

A. 发出商品时　　B. 收到商品销售货款时
C. 商品运抵并开始安装时　　D. 商品安装完毕并检验合格时

三、多项选择题

1. 企业的产品成本项目一般包括(　　)。

A. 直接材料　　B. 期间费用　　C. 直接人工　　D. 制造费用

2. 期间费用主要包括(　　)。

A. 待摊费用　　B. 预提费用　　C. 管理费用　　D. 财务费用
E. 销售费用

3. 按照收入的性质分类，收入可分为(　　)。

A. 劳务收入
B. 其他业务收入
C. 商品销售收入
D. 提供他人使用本企业的资产而取得的收入

4. 我国的《企业会计准则——收入》规定，销售商品收入确认时，必须同时具备的条件包括(　　)。

A. 相关的收入和成本能够可靠地计量
B. 与交易相关的经济利益能够流入企业
C. 企业已将商品所有权上的主要风险和报酬转移给买方
D. 企业既没有保留通常与所有权相联系的继续管理权，也没有对已售出的商品实施控制

5. 下列业务中，属于营业外支出开支范围的有(　　)。

A. 出售无形资产的净损失　　B. 存货的非常损失
C. 离退休职工的退休金　　D. 待业保险费

6. 以下应确认为收入的有(　　)。

A. 出租固定资产而收到的租金　　B. 出售商品以后回购情况下的销售
C. 旅行社代客户购买的门票　　D. 让渡现金使用权而取得的利息收入

7. 下列经济业务中，取得的收入应通过“其他业务收入”账户核算的是(　　)。

A. 原材料的销售　　B. 出租固定资产
C. 出售无形资产　　D. 出租包装物

8. 下列项目中，应计入营业外支出的有(　　)。

A. 固定资产盘亏损失　　B. 债务重组损失
C. 公益救济性捐赠支出　　D. 超过规定限额的业务招待费

9. 企业取得的下列款项中，符合“收入”会计要素定义的有(　　)。

A. 出租固定资产收取的租金　　B. 出售固定资产收取的价款
C. 出售原材料收取的价款　　D. 出售自制半成品收取的价款

10. 下列各项中，会导致工业企业当期营业利润减少的有(　　)。

A. 出售无形资产发生的净损失　　　　B. 计提行政管理部门固定资产折旧
C. 办理银行承兑汇票支付的手续费　　D. 固定资产清理损失

四、判断题

1. 按照我国现行企业会计准则的定义，工业企业处置固定资产、无形资产、因其他企业违约收取罚款等，这些活动形成的经济利益的总流入属于企业的利得而不是收入。（　）

2. 收入形成的经济利益总流入只能增加资产或减少负债。（　）

3. 按照我国现行企业会计准则的定义，费用是指企业在日常活动中发生的、会导致所有者权益减少、与向所有者分配利润无关的经济利益的总流出。（　）

4. 向所有者分配利润或股利会构成企业费用的增加。（　）

5. 商业折扣不会对收入产生特殊的影响，企业销售商品涉及商业折扣的，应当按照扣除商业折扣后的金额确定销售商品收入金额。（　）

6. 销售折扣是指企业因所售商品的质量不合格、品种与要求不一致等原因而在售价上给予购买方的减让。（　）

7. 企业的期间费用包括财务费用、管理费用、销售费用。（　）

8. 采用预收货款方式销售产品的情况下，应当在收到货款时确认收入的实现。（　）

9. 不符合确认条件但商品已经发出的情况，企业不需要进行账务处理，只需要在备查簿中登记。（　）

10. 企业用盈余公积弥补亏损，会导致留存收益的减少。（　）

五、简答题

1.收入的特征是什么？它可以分为那几类？

2.费用的特征是什么？它可以分为那几类？

3.利润总额由哪些内容组成？

4.营业外收入，营业外支出包括哪些内容？

5.税前会计利润与纳税所得的区别是什么？

6.销售商品收入的确认条件是什么？

7.期间费用包括哪些内容？

六、实务题

A 有限责任公司 12 月份发生下列经济业务，要求根据以下经济业务编制会计分录：

(1)收到海丰公司投入资金 400 000 元，存入银行。

(2)向茂昌公司购入甲材料 1 000 千克，每千克 5 元；乙材料 800 千克，每千克 8 元；增值税专用发票上注明的税额为1 938元，当即开出承兑期为 2 个月的商业承兑汇票，支付进货款项。

(3)以银行存款 399 元支付上述甲、乙材料的运杂费（运杂费以购入甲、乙材料的买价比例分摊）。

(4)接银行通知，收到欣欣公司上月货款 2 500 元，已转入企业存款户。

(5)向茂昌公司购入的甲、乙材料已运达，经验收合格入库，按实际采购成本入账。

(6)取得投资收益 20 000 元，存入银行。

(7)以现金支付总务科办公用品费 150 元。

(8)以银行存款发放本月职工工资 81 500 元。

(9)提取本月固定资产折旧费 12 000 元,其中车间负担 6 500 元,行政管理部门负担 3 000 元,销售部门负担 2 500 元。

(10)预提本月短期借款利息 760 元。

(11)以银行存款支付产品广告费 1 600 元。

(12)出售 A 产品 5 000 件,每件售价 35 元;出售 B 产品 300 件,每件售价 60 元,该产品的增值税税率为 17%;货款当即收妥,存入银行。

(13)结转本月职工工资 81 500 元,其中,A 产品工人工资 35 000 元,B 产品工人工资 25 000元,车间管理人员工资8 000元,行政管理人员工资10 000元,销售部门人员工资3 500 元。

(14)按本月职工工资总额的 6%计提职工福利费。

(15)以银行存款支付公益性捐赠款项 2 000 元。

(16)本月仓库发出材料情况如下:

单位:元

领用部门	甲材料	乙材料	小计
制造 A 产品	4 600	9 000	13 600
制造 B 产品	2 500	4 500	7 000
车间一般耗用	200	1 200	1 400
行政管理部门耗用		1 800	1 800
合　计	7 300	16 500	23 800

(17)结转本月制造费用 16 380 元(按 A、B 产品生产工时比例分配,其中,A 产品 6 000 工时,B 产品 4 000 工时)。

(18)本月 A 产品 10 000 件全部完工,结转完工产品成本,B 产品尚未完工。

(19)结转本月已销产品销售成本(已知 A 产品的单位成本为 20 元,B 产品的单位成本为 40 元)。

(20)期末结转各损益类账户。

(21)计提和结转本期应交所得税额 18 720 元。

(22)将税后净利润转入"利润分配"账户。

(23)按税后净利润的 10%提取法定盈余公积,按税后净利润的 20%支付给投资者利润。

第七章

财务报表及其分析利用

一、名词解释

资产负债表　　利润表　　现金流量表　　所有者权益变动表

二、单项选择题

1. 下列各项中，对企业财务状况、经营成果和现金流量情况进行结构性表述的是（　　）。

A. 利润表　　B. 资产负债表　　C. 财务报表　　D. 现金流量表

2. 下列各项中，不属于财务报表构成内容的是（　　）。

A. 审计报告　　B. 会计报表附注

C. 会计报表　　D. 所有者权益变动表

3. 甲工业企业期末“原材料”账户的余额为 100 万元，“生产成本”账户的余额为 5 万元，“库存商品”账户的余额为 140 万元，“工程物资”账户的余额为 200 万元。则甲工业企业期末资产负债表中“存货”账户的金额为（　　）万元。

A. 245　　B. 315　　C. 325　　D. 515

4. 某企业“应收账款”账户的月末借方余额为 40 000 元，其中：“应收甲公司账款”明细账户的借方余额为35 000元，“应收乙公司账款”明细账户的借方余额为5 000元；“预收账款”账户的月末贷方余额为 15 000 元，其中：“预收 A 工厂账款”明细账户的贷方余额为25 000元，“预收 B 工厂账款”明细账户的借方余额为 10 000 元。此外，“坏账准备”账户的有关应收账款的余额为2 000元。该企业月末资产负债表中“应收账款”账户的金额为（　　）元。

A. 38 000　　B. 23 000　　C. 13 000　　D. 48 000

5. “应收账款”账户明细分类账中若有贷方余额，应将其记入资产负债表中的（　　）项目。

A. 应收账款　　B. 预收款项　　C. 应付账款　　D. 其他应付款

6. 下列会计报表中，属于反映企业在一定会计期间经营成果的会计报表是（　　）。

A. 所有者权益变动表　　B. 利润分配表

C. 利润表　　D. 资产负债表

7. 下列会计报表中，属于以静态会计等式为依据编制的会计报表的是（　　）。

A. 利润表　　B. 资产负债表

C. 现金流量表　　D. 所有者权益变动表

8. 下列各项中，属于现金流量表编制基础的是（　　）。

A. 短期投资　　B. 银行存款

C. 长期投资　　D. 现金和现金等价物

9. 在资产负债表中，资产的排列依据是（　　）。

A. 项目收益性　　B. 项目重要性　　C. 项目时间性　　D. 项目流动性

10. 目前，我国利润表的结构采用的是（　　）利润表。

A. 单步式　　B. 多步式　　C. 账户式　　D. 报告式

11. 我国会计制度规定，企业的资产负债表一般采用（　　）资产负债表。

A. 单步式　　B. 多步式　　C. 账户式　　D. 报告式

12. 在资产负债表中，货币资金项目中包含的项目是（　　）。

A. 银行本票存款　　B. 银行承兑汇票

C. 商业承兑汇票　　D. 交易性金融资产

13. 在下述企业流动资产项目中，流动性最强的是（　　）。

A. 存货　　B. 交易性金融资产

C. 货币资金　　D. 应收及预付账款

14. "预付账款"账户的明细分类账中若有贷方余额，应将其记入资产负债表中的（　　）项目。

A. 应收账款　　B. 预收款项　　C. 应付账款　　D. 其他应付款

15. 企业期末"本年利润"账户的借方余额为 7 万元，"利润分配"和"应付股利"账户的贷方余额分别为 18 万元和 12 万元，则在当期资产负债表中，"未分配利润"项目金额应为（　　）万元。

A. 30　　B. 23　　C. 18　　D. 11

16. 在利润表中，只需根据有关账户的借方发生额填列的项目是（　　）。

A. 营业税金及附加　　B. 营业收入　　C. 营业利润　　D. 营业成本

17. 下列各项中，属于现金流量表中现金和现金等价物的是（　　）。

A. 定期存款　　B. 3 个月以上到期的短期债券投资

C. 不能够随时用于支付的银行存款　　D. 能够随时用于支付的其他货币资金

18. 下列各项中，属于企业在编制现金流量表时应遵循的原则是（　　）。

A. 实地盘存制原则　　B. 收付实现制原则

C. 权责发生制原则　　D. 永续盘存制原则

19. 现金等价物具有期限短的特点，期限一般是指从购买日起，（　　）内到期。

A. 3 个月　　B. 4 个月　　C. 6 个月　　D. 1 年

20. 在下列各项企业资产项目中，流动性最强的是（　　）。

A. 固定资产　　B. 无形资产　　C. 流动资产　　D. 长期股权投资

21. 以下项目中，属于资产负债表中流动负债项目的是（　　）。

A. 长期借款　　B. 长期应付款　　C. 应付股利　　D. 应付债券

22. 某企业"应付账款"账户的月末贷方余额为 50 000 元，其中："应付甲公司账款"明细分类账的贷方余额为45 000元，"应付乙公司账款"明细分类账的贷方余额为20 000元，"应付丙公司账款"明细分类账的借方余额为 15 000 元。"预付账款"账户的月末贷方余额为20 000元，其中："预付 A 工厂账款"明细分类账的贷方余额为 30 000 元，"预付 B 工厂账款"明细分类账的借方余额为 10 000 元。该企业月末资产负债表中"预付款项"项目的金额为（　　）元。

A. 45 000　　B. 50 000　　C. −20 000　　D. 25 000

23."预收账款"账户明细分类账中若有借方余额,应将其记入资产负债表中的(　　)项目。

A. 应收账款　　B. 预收款项　　C. 应付账款　　D. 其他应付款

24. 编制多步式利润表的第一步,应(　　)。

A. 以营业收入为基础,计算营业利润　　B. 以营业收入为基础,计算利润总额

C. 以营业利润为基础,计算利润总额　　D. 以利润总额为基础,计算净利润

25. 下列经济业务所产生的现金流量中,属于"经营活动产生的现金流量"的是(　　)。

A. 变卖固定资产所产生的现金流量　　B. 取得债券利息收入所产生的现金流量

C. 支付经营租赁费用所产生的现金流量　　D. 偿还债务所产生的现金流量

26. 引起现金流量净额变动的项目是(　　)。

A. 将现金存入银行　　B. 用银行存款购买1个月到期的债券

C. 用固定资产抵偿债务　　D. 用银行存款清偿20万元的债务

27. 下列项目中,属于经营活动产生的现金流量的有(　　)。

A. 固定资产的购置与处置　　B. 支付在建工程人员工资

C. 转让股票投资取得的收入　　D. 用现金购买办公用品

28. 某公司的流动资产由速动资产和存货构成,其年末流动负债为40万元,流动比率为2.2,速动比率为1.2,本年主营业务收入为100万元,毛利率为30%,年初存货为30万元。可计算存货周转率及存货周转天数为(　　)。

A. 2.1　180　　B. 2　182.5　　C. 2.5　175　　D. 1.8　183

29. 企业持有较多的货币资金,最有利于企业的(　　)。

A. 投资人　　B. 经营者　　C. 长期债权人　　D. 短期债权人

30. 通过分析企业流动资产与流动负债之间的关系,可以判断企业的(　　)。

A. 短期偿债能力　　B. 长期偿债能力　　C. 盈利能力　　D. 营运能力

三、多项选择题

1. 下列各项中,属于现金流量表中现金及现金等价物的有(　　)。

A. 定期存款　　B. 库存现金

C. 3个月内到期的短期债券投资　　D. 能够随时用于支付的其他货币资金

E. 能够随时用于支付的银行存款

2. 下列各项,影响企业营业利润的项目有(　　)。

A. 销售费用　　B. 管理费用　　C. 投资收益　　D. 所得税费用

3. 财务报表至少应该包括(　　)。

A. 资产负债表　　B. 附注　　C. 利润表　　D. 可行性研究报告

E. 现金流量表

4. 下列各项中,属于现金流量表编制基础的有(　　)。

A. 现金　　B. 银行存款　　C. 有价证券　　D. 现金等价物

E. 其他货币资金

5. 下列各项中,影响企业利润总额的有(　　)。

A. 营业利润　　B. 营业外支出　　C. 投资收益　　D. 所得税

6. 下列各项中,属于现金流量基本内容的有(　　)。

A. 筹资活动产生的现金流量
B. 投资活动产生的现金流量
C. 经营活动产生的现金流量
D. 分配活动产生的现金流量
E. 生产活动产生的现金流量

7. 下列各项中,可以通过资产负债表反映的有(　　)。
A. 某一时点的财务状况
B. 某一时期的现金流量
C. 某一时期的经营成果
D. 某一时点的净资产数额

8. 下列各项中,可以通过利润表反映的有(　　)。
A. 某一时点的财务状况
B. 某一时期收入与产出之间的关系
C. 某一时期的经营成果
D. 某一时期的现金流量

9. 下列各项中,对资产负债表的作用描述正确的有(　　)。
A. 通过编制资产负债表可以反映企业资产的构成及其状况
B. 通过编制资产负债表可以分析企业的偿债能力
C. 通过编制资产负债表可以分析企业的获利能力
D. 通过编制资产负债表可以反映企业所有者权益的情况

10. 下列各项中,属于现金流量表中投资活动产生的现金流量的有(　　)。
A. 购建固定资产支付的现金
B. 转让无形资产所有权收到的现金
C. 购买 3 个月内到期的国库券支付的现金
D. 收到分派的现金股利

11. 下列交易和事项中,不影响当期经营活动产生的现金流量的有(　　)。
A. 用产成品偿还短期借款
B. 支付管理人员薪酬
C. 收到被投资单位的利润
D. 支付各项税费

四、判断题

1. 资产负债表中的“固定资产”项目应包括融资租入固定资产的价值。(　　)

2. 资产负债表中的“应收账款”项目应根据“应收账款”和“预收账款”账户所属各明细账户的期末借方余额合计数减去“坏账准备”账户中有关应收账款计提的坏账准备期末余额后的金额填列。(　　)

3. “利润分配”总账的年末余额不一定与相应的资产负债表中未分配利润项目的数额一致。(　　)

4. 利润表中“营业税金及附加”项目不包括增值税。(　　)

5. 资产负债表中“应付账款”项目应根据“应付账款”和“预收账款”所属明细账的贷方余额合计数填列。(　　)

6. 企业必须对外提供资产负债表、利润表和现金流量表,但会计报表附注不属于企业必须对外提供的资料。(　　)

7. 资产负债表中“应付账款”、“预付款项”项目应直接根据该科目的总账余额填列。(　　)

8. 会计报表提供的信息仅对外部的投资者和债权人有用。(　　)

9. 现金流量表中的经营活动是指企业投资活动和筹资活动以外的交易和事项。销售商品或提供劳务、处置固定资产、分配利润等产生的现金流量均包括在经营活动产生的现金流量之中。(　　)

10. 发行债券收到的现金属于投资活动产生的现金流量。(　　)

五、简答题

1. 财务报表分析的方法有哪些？
2. 反映企业短期偿债能力的财务比率有哪些？它们的计算公式是什么？
3. 反映企业长期偿债能力的财务比率有哪些？它们的计算公式是什么？
4. 反映企业盈利能力的财务比率有哪些？它们的计算公式是什么？
5. 反映企业资产利用效率的财务比率有哪些？它们的计算公式是什么？

六、实务题

1. 根据下列账户的期末有关资料(见表 7－1)，计算资产负债表中的有关项目。

表 7－1　　总分类账户期末余额表

20××年 7 月 31 日

单位：元

账户名称	借方余额	贷方余额	账户名称	借方余额	贷方余额
库存现金	900		应付账款：		26 400
银行存款	42 000		其中：A 单位		30 000
其他货币资金	2 100		B 单位	3 600	
原材料	60 000		预收账款：		8 000
在途物资	20 000		其中：D 单位		10 000
生产成本	5 000		E 单位	2 000	
库存商品	10 000		长期借款		80 000
包装物	700		其中：1 年内到期		20 000
应收账款	8 000		应付债券		50 000
其中：甲公司	9 000		其中：1 年内到期		10 000
乙公司		1 000	利润分配		60 000
预付账款	12 000		本年利润		140 000
其中：丙公司	14 000				
丁公司		2 000			

要求：计算资产负债表中的下列项目：(要求写出过程)：

(1)货币资金＝

(2)存货＝

(3)应收账款＝

(4)预付款项＝

(5)预收账款＝

(6)应付账款＝

(7)1 年内到期的非流动负债＝

(8)未分配利润＝

2. 甲公司 20××年 6 月 30 日有关总分类账户及明细分类账户的期末余额如表 7－2 所示。

表 7—2

总分类账户及明细分类账户期末余额表

20××年 6 月 30 日

单位:元

账户名称	借方	贷方	账户名称	借方	贷方
库存现金	800		短期借款		50 000
银行存款	115 000		应付票据		50 000
交易性金融资产	155 000		应付账款		35 000
应收账款	60 000		——D 企业		85 000
——A 企业	80 000		——E 企业	50 000	
——B 企业		20 000	预收账款		20 000
坏账准备		2 000	——F 企业		30 000
			——H 企业	10 000	
——应收账款		2 000	其他应付款		10 300
预付账款	20 000		应付职工薪酬		5 000
——C 企业	20 000		应交税费		2 500
其他应收款	5 000		应付股利		20 000
原材料	15 000		长期借款		106 000
生产成本	30 000		其中:1 年内到期的长期借款		16 000
库存商品	50 000		实收资本		600 000
长期待摊费用	20 000		资本公积		20 000
长期股权投资	200 000		盈余公积		200 000
固定资产	1 000 000		本年利润		300 000
累计折旧		180 000	利润分配		150 000
无形资产	80 000		合　计	1 830 800	1 830 800

要求:根据上述资料,编制该公司 20××年 6 月 30 日的资产负债表(见下表 7—3)(年初数略)。

表 7—3

资产负债表

会企 01 表

编制单位:甲公司　　20××年 6 月 30 日　　单位:元

资　产	期末余额	年初余额	负债和所有者权益(或股东权益)	期末余额	年初余额
流动资产:			流动负债:		
货币资金			短期借款		
交易性金融资产			交易性金融负债		
应收票据			应付票据		

续表

资　产	期末余额	年初余额	负债和所有者权益（或股东权益）	期末余额	年初余额
应收账款			应付账款		
预付款项			预收款项		
应收利息			应付职工薪酬		
应收股利			应交税费		
其他应收款			应付利息		
存货			应付股利		
1年内到期的非流动资产			其他应付款		
其他流动资产			1年内到期的非流动负债		
流动资产合计			其他流动负债		
非流动资产：			流动负债合计		
可供出售金融资产			非流动负债：		
持有至到期投资			长期借款		
长期应收款			应付债券		
长期股权投资			长期应付款		
投资性房地产			专项应付款		
固定资产			预计负债		
在建工程			递延所得税负债		
工程物资			其他非流动负债		
固定资产清理			非流动负债合计		
生产性生物资产			负债合计		
油气资产			所有者权益(或股东权益)		
无形资产			实收资本(或股东)		
开发支出			资本公积		
商誉			减:库存股		
长期待摊费用			盈余公积		
递延所得税资产			未分配利润		
其他非流动资产			所有者权益(或股东权益)合计		
非流动资产合计					
资产总计			负债和所有者权益（或股东权益）总计		

3. 甲公司月末有如下账户余额资料，试计算利润表有关项目：

主营业务收入	5 800 000
主营业务成本	3 600 000
营业税金及附加	320 000
其他业务收入	500 000
其他业务成本	300 000
投资收益	350 000(贷方余额)
营业外支出	50 000
营业外收入	40 000
管理费用	850 000
销售费用	650 000
财务费用	400 000
所得税费用	130 000

要求：计算利润表中下列项目：(要求写出过程)：

(1)营业利润＝

(2)利润总额＝

(3)净利润＝

4. 某公司20××年12月31日资产负债表(简表)如表7—4所示。

表7—4　资产负债表

20××年12月31日　　单位：万元

资　产	年　初	年　末	负债及所有者权益	年　初	年　末
流动资产			流动负债合计	220	218
货币资金	100	95			
应收账款净额	165	185	长期负债合计	290	372
存货	160	170	负债合计	510	590
流动资产合计	425	450	所有者权益合计	715	720
固定资产净值	800	860			
合　计	1 225	1 310	合　计	1 225	1 310

20××年该公司的销售收入净额为1 014万元(其中，赊销收入为570万元)，净利润为253.5万元。

要求：根据以上资料，计算：

(1)20××年年末的流动比率、速动比率、产权比率、资产负债率。

(2)20××年的应收账款周转率、固定资产周转率、总资产周转率。

第八章

管理会计概述

一、名词解释

管理会计　　科学管理　　代理人理论　　权变理论

二、简答题

1. 试从管理会计的发展历程，分析管理会计的实质。
2. 现代管理会计的理论基础有哪些？分别对管理会计产生了什么影响？
3. 管理会计的基本内容是什么？主要方法有哪些？
4. 试结合实际，分析管理会计在企业中的作用。
5. 简述管理会计与财务会计的关系。

第九章

决策与规划

一、名词解释

成本习性	固定成本	变动成本	本量利分析
贡献毛益	保本点	保利点	经营决策
机会成本	专属成本	成本平衡点	资本支出决策
货币时间价值	终值	现值	年金
现金流量	净现值	现值指数	投资回收期
内含报酬率	预算	业务预算	资本预算
财务预算	固定预算	弹性预算	零基预算
滚动预算	概率预算		

二、单项选择题

1. 管理会计将全部成本区分为固定成本和变动成本两个部分,其区分的依据是(　　)。

A. 成本的内容　　B. 成本的性态

C. 成本的经济用途　　D. 成本的可控性

2. 甲企业每月生产某零件数在 1 000 件以内时,需要化验员 2 名,在此基础上,每增加产量 400 件,需要增加 1 名化验员。此种情况下,化验员的工资成本属于(　　)。

A. 阶梯式混合成本　　B. 标准式混合成本

C. 低坡式混合成本　　D. 曲线式混合成本

3. 在相关范围内,单位变动成本(　　)。

A. 随业务量增加而增加　　B. 随业务量增加而减少

C. 不随业务量发生增减变动　　D. 在不同的产量水平各不相同

4. 在一个初始量的基础上,随业务量变动但不存在线性关系的成本是(　　)。

A. 标准式混合成本　　B. 曲线式混合成本

C. 低坡式混合成本　　D. 阶梯式混合成本

5. 加班工资和浮动工资一般属于(　　)。

A. 标准式混合成本　　B. 曲线式混合成本

C. 低坡式混合成本　　D. 阶梯式混合成本

6. 如果产品的单价与单位变动成本上升的百分率相同,其他因素不变,则保本销售量(　　)。

A. 不变　　B. 上升　　C. 下降　　D. 不确定

7. 当单价为100元，边际贡献率为40%，安全边际量为1 000件时，企业可实现利润(　　)元。

A. 2 500　　B. 100 000　　C. 60 000　　D. 40 000

8. 下列措施中，只能提高安全边际而不能降低保本点的是(　　)。

A. 增加销售量　　B. 提高单价

C. 降低单位变动成本　　D. 压缩固定成本开支

9. 在采用图解法确定产品保本点时，保本点是保本图中(　　)。

A. 变动成本线与销售收入线的交点　　B. 固定成本线与销售收入线的交点

C. 总成本线与销售收入线的交点　　D. 变动成本线与总成本线的交点

10. 保本点作业率指标数值(　　)。

A. 越大，经营越安全　　B. 越大，盈利额越多

C. 越小，经营越危险　　D. 越小，经营越安全

11. 下列(　　)是其他各项预测的基础和前提。

A. 利润预测　　B. 成本预测　　C. 资金预测　　D. 销售预测

12. 下列(　　)与其他方法不属于同一类别。

A. 集合意见法　　B. 专家调查法　　C. 因果预测法　　D. 专家会议法

13. 平滑系数取值越大，则近期实际数对预测结果的影响(　　)。

A. 越大　　B. 越小　　C. 不大　　D. 不明显

14. 只要固定成本不等于零，经营杠杆系数恒(　　)。

A. 大于1　　B. 小于1　　C. 等于1　　D. 等于0

15. 未来利润变动率等于产销变动率与经营杠杆系数(　　)。

A. 相加　　B. 相减　　C. 相乘　　D. 相除

16. 单价的变动与经营杠杆率的变动方向(　　)。

A. 相反　　B. 一致　　C. 相同　　D. 无关

17. 影响原材料费用变动的因素有材料价格和(　　)。

A. 材料采购数量　　B. 材料消耗定额　　C. 设备折旧额　　D. 劳动生产率

18. 工资费用变动对产品成本影响与下列哪项因素无关：(　　)。

A. 平均工资增长　　B. 生产工人工资占产品成本比重

C. 劳动生产率　　D. 工资的内部构成

19. 下列(　　)适用于可比产品成本费用预测。

A. 目标成本法　　B. 因素分析法　　C. 技术测定法　　D. 类比分析法

20. 销售百分比法是用来进行(　　)预测的。

A. 销售　　B. 成本　　C. 利润　　D. 资金需要量

21. 应增产哪一种产品的选择，主要考虑(　　)。

A. 产品的销售收入　　B. 产品的利润

C. 每小时产品的边际贡献　　D. 产品的单位边际贡献

22. 在生产能力允许范围内考虑接受特殊订货的条件是(　　)。

A. 特殊订货所增加边际贡献大于压缩正常订货的边际贡献

B. 特殊订货所增加边际贡献大于所增加的固定成本

C. 特殊订货有新增加的边际贡献
D. 特殊订货有新增加的税前利润
23. 零基预算在编制时，对于所有的预算支出，均(　　)为基底。
A. 以零　　B. 以销售预算　　C. 以原始资料　　D. 以实际出发
24. 下列项目中，不属于全面预算内容体系的是(　　)。
A. 经营预算　　B. 财务预算　　C. 专门决策预算　　D. 弹性预算

三、多项选择题

1. 成本习性是指成本总额与特定业务量之间在数量方面的依存关系，其中，特定的业务量可以是(　　)。
A. 实物量　　B. 价值量　　C. 时间量　　D. 百分比
2. 我国工业企业中制造费用不随产量变动的固定成本包括(　　)。
A. 折旧费、租赁费　　B. 办公费、差旅费
C. 劳动保护费　　D. 管理人员工资
3. 固定成本的主要特点是(　　)。
A. 在一定条件下，固定成本总额不变性
B. 在一定条件下，单位固定成本不变性
C. 在一定条件下，单位固定成本反比例变动性
D. 可分为约束性和酌量性固定成本
4. 变动成本的主要特点是(　　)。
A. 成本总额的不变性　　B. 单位成本的反方向变动性
C. 成本总额的正比例可变性　　D. 单位成本的不变性
5. 降低固定成本的可行途径有(　　)。
A. 通过增加产量，相对降低约束性固定成本
B. 通过增加产量，相对降低酌量性固定成本
C. 通过财务决策，绝对降低约束性固定成本
D. 通过财务决策，绝对降低酌量性固定成本
6. 将会使保本点上升的业务有(　　)。
A. 提高单价　　B. 扩大销售
C. 增加固定成本　　D. 增加单位变动成本
7. 在进行本量利分析时，假定其他因素不变，仅提高销售单价，将会导致的结果有(　　)。
A. 保利点下降　　B. 保本点上升
C. 单位边际贡献率增加　　D. 边际贡献率提高
8. 在生产单一品种的条件下，对保本点、保利点和实现目标税后利润都有影响的因素包括(　　)。
A. 固定成本　　B. 单位变动成本　　C. 销售单价　　D. 销售量
9. 下列各因素单独变化对保本点的影响是(　　)。
A. 销售单价降低，保本点上升　　B. 销售量上升，保本点不变
C. 单位变动成本降低，保本点上升　　D. 固定成本下降，保本点下降

10. 下列各项中,可以作为判定企业处于保本状态的条件有(　　)。
A. 销售额等于零　　B. 边际贡献率等于固定成本
C. 保本作业率等于零　　D. 安全边际等于零
11. 预测分析的基本方法是(　　)。
A. 定量分析法　B. 趋势预测分析法　C. 因果预测分析法　D. 定性分析法
E. 专家调查法
12. 下列(　　)属于销售预测的定性分析法。
A. 集合意见法　B. 专家调查法　C. 因果预测法　D. 专家会议法
E. 时间序列法
13. 关于算术平均法,下列表述正确的是(　　)。
A. 是以过去若干期指标的算术平均值作为计划期预测值
B. 算术平均法将各期间的差异平均化,故误差较大
C. 应用算术平均法要求各期指标值应比较稳定
D. 该种方法适用于短期预测
E. 该种方法适用于长期预测
14. 关于利润敏感系数,下列说法正确的是(　　)。
A. 销售单价的敏感系数总是最高
B. 销售量的敏感系数最低
C. 销售单价的敏感系数等于单位变动成本的敏感系数加上销售量的敏感系数
D. 销售量的敏感系数等于固定成本的敏感系数加上 1
E. 利润敏感系数的计算是建立在一定假定条件基础上的
15. 在前后期单价、单位变动成本和固定成本不变的情况下,(　　)。
A. 产销量越大,经营杠杆系数越大　　B. 产销量越大,经营杠杆系数越小
C. 产销量越小,经营杠杆系数越大　　D. 产销量越小,经营杠杆系数越小
E. 产销量的变动对经营杠杆系数没有影响
16. 根据经营杠杆率进行利润预测时,还必须利用的指标有(　　)。
A. 基期利润　B. 单位变动成本　C. 固定成本总额　D. 产销变动率
E. 销售单价
17. 下列(　　)适用于不可比产品成本费用预测。
A. 目标成本法　B. 回归分析法　C. 因素分析法　D. 类比分析法
E. 技术测定法
18. 在资金需要量的预测中,可作为内部周转资金来源的项目是(　　)。
A. 应收账款　B. 存货　C. 周转中的货币资金
D. 扣除用于更新改造金额后的折旧　E. 留存收益
19. 下列说法正确的是(　　)。
A. 移动加权平均法考虑了近期发展的趋势,故其预测结果比较接近于计划期的实际情况
B. 若想使预测的平均值能反映观测值的长期变动趋势,可选用较小的平滑系数
C. 若想使预测的平均值能反映观测值的近期变动趋势,可选用较大的平滑系数
D. 当企业销售的历史资料明显地呈现曲线趋势时,应按二次曲线方程建立销售预测
E. 相关系数 R 的绝对值越接近 1,说明预测结果越准确

20. 以下属于相关成本的有(　　)。

A. 不可避免成本　B. 机会成本　C. 边际成本　D. 账面成本

21. 短期经营决策必须通盘考虑的因素有(　　)。

A. 相关利润　B. 相关业务量　C. 相关收入　D. 相关成本

22. 货币时间价值的影响因素有(　　)。

A. 风险　B. 利率　C. 通货膨胀　D. 时间

23. 现金流出的内容包括(　　)。

A. 建设性投资　B. 垫支营运资本　C. 折旧　D. 经营支出

24. 常见的资本支出决策分析指标包括(　　)。

A. 动态投资回收期　B. 净现值　C. 现值指数　D. 内涵报酬率

25. 全面预算的主要内容包括(　　)。

A. 专门决策预算　B. 业务预算　C. 财务预算　D. 综合预算

26. 现金预算由(　　)组成。

A. 现金收入　B. 现金的多余和不足

C. 现金支出　D. 融资

四、判断题

1. 在相关范围内,固定成本总额和单位固定成本均具有不变性。(　　)

2. 在相关范围内,固定成本总额和单位变动成本均具有不变性。(　　)

3. 管理者短期决策行为影响酌量性固定成本而不影响约束性固定成本。(　　)

4. 单位变动成本性态模型在以业务量为横轴、单位成本为纵轴的直角坐标系中,反映为一条与横轴平行的直线。(　　)

5. 固定成本的总额无法变动,只能通过提高产品产量、降低单位成本。(　　)

6. 折旧费用均属于间接成本,并属于企业制造费用的内容。(　　)

7. 若产品销售单价与单位变动成本同方向、同比例变动,则单一品种的产品保本点业务量不变。(　　)

8. 如果变动成本率为60%,固定成本总额为30 000元,则保本销售额为50 000元。(　　)

9. 在其他条件不变的情况下,单位变动成本越小,保本点越低。(　　)

10. 在多品种条件下,若其他因素不变,只要提高边际贡献率较大的产品的销售比重,就可以降低全厂综合保本额和保利额。(　　)

11. 保本点作业率表明了在保本状态下企业生产经营能力的利用程度。(　　)

12. 边际贡献率小于零的企业,必然是亏损企业。(　　)

13. 安全边际越小,保本点就越大,利润就越高。(　　)

14. 若边际贡献等于固定成本,则企业处于保本状态。(　　)

15. 在缺乏完备的历史资料或有关变量之间缺乏明显的数量关系的情况下,应采用定性分析法进行预测。(　　)

16. 当利润变动率为+80%,销售变动率为+50%时,则经营杠杆系数为1.5。(　　)

17. 由于经营杠杆系数随产销量的变动而成正方向变动,因此,提高产销量会增加经营风险。(　　)

18. 应用修正的时间序列回归分析法进行销售预测时，当预测期为奇数时，应取 t 的间隔期为 1，其余前后各期均以等差形式递增或递减。（　）

19. 因果预测分析法是利用事物发展的因果关系来推测事物发展趋势的方法。最常用的有指数平滑法和连续比例法。（　）

20. 专家会议法存在的缺陷是各专家的意见可能会受到权威专家意见的影响，其客观性较德尔菲法差。（　）

21. 目标利润＝预计销售收入×销售利润率。（　）

22. 影响利润的各因素每增长一个百分点，能引起利润产生较大幅度增长的为高敏感性因素，引起利润产生较大幅度降低的是低敏感性因素。（　）

23. 当劳动生产率的增长速度超过平均工资的增长速度时，会增加产品成本中的工资费用。（　）

24. 资金保证是企业经营的基础，因此，资金预测是企业其他各项预测的起点和基础。（　）

25. 历史成本和沉落成本都是指过去发生的成本，与企业的未来决策无关，均属无关成本。（　）

26. 增量成本和边际成本从广义上说属于差别成本。（　）

27. 机会成本并非实际支出，不记入会计账簿，因此在决策中也不必考虑。（　）

28. 销售预算是编制全面预算的起点。（　）

五、简答题

1. 什么是成本习性？成本按习性可分为哪几类？
2. 什么是固定成本？其特点是什么？
3. 什么是变动成本？其特点是什么？
4. 什么是贡献毛益？有什么意义？
5. 保本点的含义是什么？如何测算保本点？
6. 保利点的含义是什么？如何测算保利点？
7. 预测分析的基本方法有哪些？为什么在实践工作中应将定量分析法与定性分析法结合起来应用？
8. 什么是趋势预测分析法？它有哪几种具体的预测方法？
9. 什么是指数平滑法？平滑系数的大小对预测结果有何影响？
10. 何谓因果预测分析法？它有哪些常用的具体方法？
11. 什么是判断分析法？它有哪几种类型？
12. 什么是调查分析法？在销售预测中一般可以从哪几个方面进行调查分析？
13. 什么是利润预测的敏感性分析法？如何运用利润敏感系数进行利润预测？
14. 什么是经营杠杆系数？它在利润预测中是如何应用的？
15. 什么是成本预测？进行成本预测有何意义？进行成本预测的基本方法有哪些？
16. 什么是资金需要量预测？如何进行资金需要量预测？
17. 常用的定价决策方法有哪些？
18. 如何判断亏损产品是否应该停产？
19. 自制或外购决策的基本依据是什么？

20. 接受特殊订货的基本依据是什么？

21. 什么是货币时间价值？其决策意义是什么？

22. 如何确定现金净流量？

23. 试比较各种不同的资本支出决策分析方法的异同。

24. 简述各种预算编制方法的特点。

25. 如何确定预算的起点？预算内容具有怎样的逻辑联系？

26. 什么是现金预算？它包括哪几个组成部分？

六、计算分析题

1. 向阳公司20××年甲产品生产量和生产成本的资料摘录如下：

	高 点	低 点
生产量(件)	140 000	80 000
生产成本(元)	400 000	280 000

生产成本是由变动成本、固定成本与混合成本三个部分组成的。公司对低点生产成本进行了分解：变动成本为120 000元，固定成本为80 000元，混合成本为80 000元。

要求：

(1)用高低点法对混合成本进行分解，并建立数学方程。

(2)当生产量为126 000件时，预测其生产成本。

2. 表9－1是四个公司在20××年的产销资料，假定每个公司只产销一种产品，且均产销平衡。

表9－1　　四个公司在20××年的产销资料

公司	销售数量	销售收入总额	变动成本总额	固定成本总额	单位边际贡献	利润(或亏损)
甲	10 000件	100 000元	60 000元	25 000元	元	元
乙	5 000台	200 000元	160 000元	元	元	(10 000)元
丙	套	250 000元	元	50 000元	15元	25 000元
丁	8 000件	元	96 000元	元	8元	24 000元

要求：

(1)根据本量利分析的基本数学模型，计算并填列上表空白栏的数额，写出计算过程。

(2)根据本量利分析的基本概念及其计算公式，分别计算丙和丁两个公司的单位变动成本、边际贡献率、变动成本率，并验证边际贡献率与变动成本率的互补关系。

3. 利民公司产销A产品，单位售价20元，全年预计销售12 000件。A产品的单位变动生产成本为8.60元，单位变动销售及管理费用为3.40元，全年固定制造费用为64 000元，全年固定销售及管理费用为16 000元。

要求：

(1)计算A产品的保本点业务量。

(2)绘制保本图，并验证要求(1)的计算结果。

4. 某公司产销甲产品，其各项变动成本占销售收入的百分率的数据如下：变动生产成本占30%，变动销售费用占10%，变动管理费用占20%；该公司全年的固定成本总额为128 000元，甲产品的销售单价为80元。

要求：

(1)计算确定该公司的保本点业务量。

(2)若该公司全年销售量为 10 000 件，则实现利润多少元？

5. 新华公司以销定产，上半年度的销售额如下表所示：

月　份	1	2	3	4	5	6
销售额(万元)	900	750	1 050	1 200	1 350	1 200

要求：

(1)用算术平均法、加权移动平均法预测 7 月份的销售额。算术平均法的观测期为 6 年，加权移动平均法的观测期为 3 年。

(2)用指数平滑法预测 7 月份的销售额(6 月份预测数为 1 100 万元，平滑系数为 0.3)。

(3)用修正的时间序列回归法预测 7 月份的销售额。

6. 长江服装厂近几年女装销售量资料如下表所示：

年　份	2011	2012	2013	2014	2015
销售量(万件)	5	8	12	18	24

要求：根据上述资料，用二次曲线法预测 2016 年的销售量。

7. 中兴公司专门生产电冰箱的压缩机，决定压缩机销售量的主要因素是电冰箱的销售量。假设最近 5 年全国电冰箱的实际销售量的统计资料和中兴公司电冰箱压缩机的实际销售量资料如下表所示：

年　份	2011	2012	2013	2014	2015
压缩机销售量(万只)	20	25	30	36	40
电冰箱销售量(万台)	100	120	140	150	165

假设预测期 2016 年全国电冰箱的销售量预测数为 180 万台。

要求：采用回归分析法预测 2016 年中兴公司的压缩机销售量。

8. 2015 年通达公司下属冷气机厂、阀门厂、制冷设备厂的有关资料如下：

单位：万元

厂　名	销售收入	资金占用额	销售成本	利润总额
冷气机厂	6 000	9 000	4 800	960
阀门厂	2 400	3 600	1 440	480
制冷设备厂	3 000	4 500	2 400	600

已知：冷气机厂 2016 年的预计销售收入为 7 200 万元，阀门厂 2016 年的预计资金占用额为 4 500 万元，制冷设备厂 2016 年的预计销售成本为 2 900 万元。

要求：

(1)利用求得的销售利润率预测冷气机厂 2016 年的利润。

(2)利用求得的资金利润率预测阀门厂 2016 年的利润。

(3)利用求得的销售成本利润率预测制冷设备厂 2016 年的利润。

9. 大通公司经营一种产品，单价 45 元，单位变动成本 25 元，固定成本 120 000 元，2015 年销售 10 000 件，获利 80 000 元。

要求：

(1)计算各因素的利润敏感系数。

(2)假设该公司预计 2016 年单价上升 4%，单位变动成本上升 3%，试计算这两个因素单独变动后对利润的影响程度，并预测 2016 年的利润额。

(3)假设销售单价变化＋4%，单位变动成本变化＋2%，产销量变化＋6%，固定成本变化＋2%，要求计算这四个因素同时变动后对利润的影响程度，并预测 2016 年的利润。

10. 已知中盛公司基期实际利润为 120 000 元，基期产销量为 7 500 件，基期单价为 180 元，基期单位变动成本为 120 元，计划期销售增长率为 8%。

要求：预测计划期的利润。

11. 大华工厂 2015 年 A 产品成本及相关资料如下表所示：

成本项目	成本金额(元)	成本比重(%)
直接材料	58 000	50
直接人工	32 000	27.59
制造费用	21 000	18.10
其中：变动制造费用	7 000	6.03
固定制造费用	14 000	12.07
废品损失	5 000	4.31
合　计	116 000	100

该厂 2016 年将有如下因素发生变化：劳动生产率提高 30%，可比产品产量增长 60%，材料消耗定额降低 20%，变动制造费用上升 8%，固定费用不变，预计材料价格上升 10%，生产工人平均工资增长 5%，废品损失下降 30%。

要求：预测 2016 年度的成本金额。

12. 假定通达公司 2015 年度生产能力只利用了 65%，实际销售收入总额为 85 万元，获得税后净利 42 500 元，并以 17 000 元发放了股利。该公司 2015 年末的资产负债表(简表)如下：

资产负债表

2015 年 12 月 31 日　　单位：元

资　产		负债及所有者权益	
库存现金	20 000	应付账款	100 000
应收账款	150 000	应交税费	50 000
存货	200 000	长期借款	230 000
固定资产(净额)	300 000	普通股股本	350 000
长期投资	40 000	留存收益	40 000
无形资产	60 000		
资产总计	770 000	权益总计	770 000

若该公司计划年度(2016 年)预计销售收入总额将增至 100 万元,并仍按 2015 年度股利发放率支付股利。2015 年折旧准备提取数为 60 000 元,其中 70%用于更新改造原有的固定设备。又假定 2016 年零星资金需要量为 25 000 元。

要求:采用销售百分比法,为该公司预测计划年度需要追加多少资金?

13. 南洋公司生产“孔雀”牌衬衫,年产销量为 50 000 件,只达到生产能力的 50%,最近收到一份来自国外的订单,要求订购30 000件,单价为 6 元,接受这一特殊订单后,南洋公司总的销售量从 50 000 件增加到 80 000 件,预计成本如表 9-2 所示。

表 9-2　预计成本　单位:元

销售量	50 000 件	80 000 件
直接材料	75 000	120 000
直接人工	75 000	120 000
间接费用	200 000	260 000
总成本	350 000	500 000
单位成本	7	6.25

销售科长认为,这笔特殊订货的定价每件为 6 元,虽然每件亏本 1 元(7-6),仍应接受这笔订货,理由是能打入国外市场,为今后打开销路。

生产科长认为,售价还不够成本(6.25-6),不应接受。

会计科长做了一番计算,认为不但不亏本,反而能够盈利。

要求:

(1)说明为什么销售从 50 000 件增加到 80 000 件时,单位成本从 7 元下降到 6.25 元。

(2)用数据说明是生产科长正确,还是会计科长正确。

14. 假定晨光机器厂只生产甲机床,全年最大生产能力为 100 台,正常产销数量为 80 台,甲机床的销售单价为1 000元,其单位生产成本如表 9-3 所示。

表 9-3　甲机床的单位生产成本　单位:元

直接材料	300
直接人工	200
制造费用:	
变动制造费用	100
固定制造费用	200
单位生产成本合计	800

要求:

(1)决策当有外商前来订货 20 台,只愿出价每台 700 元时,订货能否接受。

(2)若外商前来订货 40 台,这时晨光机器厂如果接受该项订货,就将减少正常的产品销售 20 台,但对方出价仍为每台 700 元,决策此项订货能否接受。

15. 华新公司生产落地电扇,年产量为 10 000 台,单价为 200 元,单位变动成本为 120 元,年固定成本为200 000元。现在有松江五金厂可以供应电风扇底座,送到本厂仓库每只价格

18 元，原来自制底座的成本如表 9—4 所示。

表 9—4　　**自制底座成本**　　单位：元

单位直接材料成本	6
单位直接人工成本	5
单位变动制造费用	3
单位固定制造费用	8
单位生产成本合计	22

要求：根据下列情况，分别作出决策：

(1)如果该公司外购底座，原有设备别无他用，应否外购？

(2)如果外购底座，可将原有设备出租，每月租金收入为 1 000 元，底座应否外购？

(3)如果外购底座，省下的人力和设备可以增产落地电扇1 000台，电扇供不应求，销路无问题，底座应否外购？

(4)如果外购底座，多余能力可以制造新型壁灯与壁扇的组合新产品，因而获得95 000元的边际贡献，但需另外开支10 000元试制费用，底座应否外购？

如果聘请你为公司的经理，让你对上述四个方案作出最后的决策，你认为何方案为优？说明你的理由。

16. 先锋电机厂生产三种不同规格的电动机，目前的生产能力为3 510机器小时/每月，固定成本总额每月为400 000元，产品的需求预测是在现有产量基础上，甲产品增加 30%，乙产品增加 40%，丙产品增加 50%，销路不成问题。现将各产品的实际生产数据列表如表 9—5 所示。

表 9—5　　**各产品的实际生产数据**

产品成本	每月产量(台)	单位售价(元)	单位变动成本(元)	单位生产时间(机器小时)	单位产品边际贡献	每机器小时的边际贡献
甲	210	1 900	1 080	5	820	164
乙	270	2 180	1 260	6	920	153.30
丙	210	1 480	900	4	580	145

经过劳动组织的合理调整，机器小时可由现在的每月 3 510 小时提高 30%，计每月可有 4 563小时，固定成本不变。

要求：合理确定产品结构和各种产品的产量(计算出具体数据)，为了获得较好的经济效益，预计利润是多少？

17. 某人现在存入本金 10 000 元，定期 5 年，若银行存款年利率为 10%，那么 5 年到期时本利和为多少？

18. 某企业拟组建一年产 1 000 台机床的分厂。该资本支出项目的有关资料为：

(1)固定资产投资总额 400 万元，分 3 年于各年年初投入。第 1 年投入 200 万元，第 2 年投入 100 万元，第 3 年投入 100 万元。固定资产寿命期为 6 年，终结时有残值 40 万元。采用直线法计提折旧。

(2)垫支流动资金 200 万元，于第 3 年年末一次投入。

(3)预计机床的年销售量与产量相同,其单位售价为1万元,单位成本为7 000元(其中折旧为600元)。所得税税率为25%。

要求:试确定该资本支出项目的现金流量。

19. ABC公司2×15年10～12月份的实际销售额分别为50 000万元、51 000万元和52 000万元,预计2×16年1月份的销售额为55 000万元。每月销售收入中有50%能于当月收现,30%于次月收现,20%于第三个月收讫,不存在坏账。假定该公司销售的产品只需缴纳消费税,税率为10%,并于当月以现金缴纳。该公司2×15年12月末现金余额定为100万元,不存在应收、应付款项。

2×16年1月份有关项目的预计资料如下:采购材料20 000万元(当月付款80%),工资支出8 800万元(用现金支付),制造费用9 000万元(其中,非付现费用为4 000万元),营业费用和管理费用均为500万元(用现金支付),预缴所得税3 200万元,购买设备15 000万元(用现金支付)。现金不足时,通过向银行借款解决(借款是100万元的倍数)。2×16年1月末,现金余额要求不低于160万元。

要求:根据上述资料,编制该公司2×16年1月份的现金预算,填入表9—6。

表9—6 现金预算 单位:万元

项目	金额
(1)月初现金余额	
(2)经营现金收入	
(3)可运用的现金合计	
(4)材料采购支出	
(5)直接工资支出	
(6)应交税费及附加支出	
(7)制造费用支出	
(8)营业费用	
(9)管理费用	
(10)预交所得税	
(11)购置固定资产	
(12)现金支出合计	
(13)现金余缺	
(14)向银行借款	
(15)归还银行借款	
(16)支付借款利息	
(17)月末现金余额	

第十章

控制与业绩评价

一、名词解释

成本控制	成本差异	作业成本管理	目标成本管理
即时成本控制	质量成本控制	责任中心	成本中心
利润中心	投资中心	投资报酬率	剩余收益
经济增加值	平衡计分卡		

二、单项选择题

1. 按照成本差异的形成因素，可以将成本差异分为(　　)。

A. 有利差异和不利差异　　B. 可控差异和不可控差异

C. 价格差异和用量差异　　D. 随机差异和模型差异

2. (　　)是在产品送达客户前，通过鉴定发现的质量低劣产品已发生的成本。

A. 预防成本　　B. 鉴定成本　　C. 内部失败成本　　D. 外部失败成本

3. 在成本差异分析中，属于数量差异的是(　　)。

A. 直接人工工资率差异　　B. 直接材料价格差异

C. 直接材料用量差异　　D. 变动制造费用分配率差异

4. 在成本差异分析中，属于价格差异的是(　　)。

A. 直接人工效率差异　　B. 直接人工工资率差异

C. 直接材料用量差异　　D. 变动制造费用效率差异

5. 材料价格差异是根据实际数量与价格脱离标准的差额计算的，其中实际数量是指材料的(　　)。

A. 采购数量　　B. 入库数量　　C. 领用数量　　D. 耗用数量

6. 成本中心考核的成本是(　　)。

A. 产品成本　　B. 责任成本　　C. 可控成本　　D. 管理费用

三、多项选择题

1. 有可能成为存货控制相关成本的有(　　)。

A. 材料买价　　B. 缺货损失

C. 变动性订货成本　　D. 固定性储存成本

2. 与成本中心考核有关的成本是(　　)。

A. 机会成本　　B. 可控成本　　C. 不可控成本　　D. 责任成本

3. 企业通常采用(　　)方法制定内部转移价。

A. 标准成本　　B. 实际成本　　C. 市场价格　　D. 标准成本加成

4. 平衡计分卡从(　　)方面对管理业绩进行评价。

A. 财务　　B. 顾客　　C. 内部流程　　D. 学习与成长

5. 下列成本差异中，通常不属于生产部门责任的是(　　)。

A. 直接材料价格差异　　B. 直接人工工资率差异

C. 直接人工效率差异　　D. 变动制造费用效率差异

四、判断题

1. 对企业而言，有利差异是节约差，因此，差异额越大越好。(　　)

2. 目标成本管理强调以成本管理为出发点。(　　)

3. 投资中心进行绩效评价时，既要评价其成本和收益状况，还要衡量其投资报酬率大小和投资效果的好坏。(　　)

4. 投资中心必然是利润中心。(　　)

5. 同一成本项目，对有的部门来说是可控的，而对另一部门则可能是不可控的。也就是说，成本的可控与否是相对的，而不是绝对的。(　　)

五、简答题

1. 什么是成本差异？成本差异就其性质而言，可分为哪几个部分？

2. “材料价格差异应由采购部门负责”，“材料用量差异应由生产部门负责”，这两句话对不对？为什么？

3. 什么是质量成本？它主要包括哪些内容？

4. 什么是责任中心？责任中心分为哪几类？它们之间的关系怎样？

5. 什么是投资中心？如何对它进行业绩评价？怎样计算？

6. 平衡计分卡的意义何在？包括哪几个方面的基本内容？

六、计算分析题

1. A 产品 7 月份的实际产量为 800 件，具体资料如表 10－1 所示。

表 10－1

项　目	实际数	标准数
单位产品材料耗用量	4 千克	5 千克
材料单价	11 元	10 元
单位产品耗用直接人工小时	2.1 小时	2 小时
小时工资率	3.2 元	3 元
变动制造费用分配率	0.8 元/小时	1 元/小时

要求：计算直接材料、直接人工、变动制造费用的成本差异，并分别指出是有利差异还是不利差异。

2. 某集团公司下设 A、B 两个投资中心。A 中心的投资额为 500 万元，投资利润率为 12%；B 中心的投资利润率为 15%，剩余收益为 30 万元；集团公司要求的平均投资利润率为 10%。集团公司决定追加投资 200 万元，若投向 A 公司，每年增加利润 25 万元；若投向 B 公司，每年增加利润 30 万元。

要求：

(1)计算追加投资前 A 中心的剩余收益；

(2)计算追加投资前 B 中心的投资额；

(3)计算追加投资前集团公司的投资利润率；

(4)若 A 公司接受追加投资，计算其剩余收益；

(5)若 B 公司接受追加投资，计算其投资利润率和剩余收益。

第十一章

会计信息系统概述

一、名词解释

会计数据　　会计信息　　会计信息系统　　会计信息处理

二、简答题

1. 什么是数据？什么是信息？试说明它们之间的区别和联系。
2. 为什么说会计是一个信息系统？
3. 会计信息处理方式一般有哪些？
4. 为什么说电算化会计信息系统是一个新的系统？
5. 电算化会计信息系统有什么特点？
6. 电算化会计信息系统包含什么内容？
7. 什么是管理信息系统？
8. 试分析电算化会计信息系统和手工会计信息系统的不同之处。

第二部分

参考答案

第一章　总　论

一、名词解释

1. 会计信息系统：是指有着紧密的内在联系的会计活动，相互依存、环环紧扣，构成了一个有秩序的数据处理和信息生成的过程的有机整体。

2. 会计管理活动：是指以货币为主要计量单位，以凭证为依据，借助于专门的技术方法，对一定主体的经济活动进行完整、综合、连续、系统的核算与监督，并向有关方面提供会计信息的一种经济管理活动。

3. 会计：会计是以货币为主要计量单位，运用特有的一套方法，对一个组织的经济活动过程中所有财产、物资和发生劳动消耗的事项进行连续、全面、综合地反映和控制，既是一个以提供财务信息为主的经济信息系统，同时直接或间接地参与管理，也是一种管理活动。

4. 会计对象：是指会计所反映和监督的内容。

5. 资金运动：是指资金在企业内部依次经过不同过程不断改变自己的存在状态的循环与周转。

6. 会计目标：是指会计作为系统运行的基本导向和最终归宿。

7. 会计职能：是指会计固有的功能，是会计本质的体现。

8. 会计主体：是指会计工作特定的空间范围。

9. 持续经营：是指如果不存在明显的反证，一般都认为企业将无限期地经营下去。

10. 会计分期：在会计工作中，人为地在时间上把连续不断的企业生产经营活动及其结果用起讫日期加以划分，形成会计期间。

11. 货币计量：是指当会计为持续经营的会计主体进行核算时，是以采用币值稳定的货币为前提。

12. 权责发生制：是指会计核算应按实际发生和影响的期限来确认企业的收入和费用。

13. 收付实现制：以现金的实际收付作为当期的收入和费用，并以其差额列为利润或亏损的计量模式。

14. 真实性：真实性又称客观性，是指企业应当以实际发生的交易或者事项为依据进行会计确认、计量和报告，如实反映符合确认和计量要求的各项会计要素及其他相关信息，保证会计信息真实可靠、内容完整。

15. 相关性：又称有用性，是指企业提供的会计信息应当与财务会计报告使用者的经济决策需要相关，有助于财务会计报告使用者对企业过去、现在或者未来的情况做出评价或者预测。

16. 明晰性：又称清晰性，是指企业提供的会计信息应当清晰明了，便于财务报告使用者理解和使用。

17. 可比性：是指不同企业发生的相同或者相似的交易或者事项，应当采用规定的会计政策，确保会计信息口径一致、相互可比，以便于不同地区和行业间企业会计信息的比较、分析、汇总，从而为国家进行宏观调控和管理、为投资者做出正确决策提供必要的依据。

18. 重要性：是指企业提供的会计信息应当反映与企业财务状况、经营成果和现金流量等有关的所有重要交易或者事项。

19. 谨慎性：又称稳健性，是指企业对交易或者事项进行会计确认、计量和报告应当保持应有的谨慎，不应高估资产或者收益、低估负债或者费用。

20. 及时性：是指企业对于已经发生的交易或者事项，应当及时进行会计确认、计量和报告，不得提前或者延后。

21. 实质重于形式：是指企业应当按照交易或者事项的经济实质进行会计确认、计量和报告，不应仅以交易或者事项的法律形式为依据。

22. 会计基本程序：是指会计信息系统在加工数据并形成最终会计信息的过程中所特有的步骤，包括会计确认、计量、记录与报告几个基本环节。

23. 会计核算方法：是指会计核算过程所采用的填制与审核凭证、设置账户、复式记账、登记账簿、财产清查、成本计算和编制财务报表等处理方法。

24. 会计法律规范:是指国家机构所制定的会计法规、准则等的总称,它既是约束会计行为的标准,也是对会计工作进行评价的依据。

25. 会计道德规范:是指会计人员的职业道德规范,它是一般社会公德在会计工作中的具体体现,是制约、引导会计人员行为,调整会计人员与社会、与相关利益集团以及会计人员之间关系的社会规范。

二、单项选择题

1. D　2. A　3. A　4. B　5. C　6. B

三、多项选择题

1. AC　2. BC　3. ABCDE　4. ABCD　5. ABC

四、判断题

1. √　2. √　3. √　4. √　5. √

五、简答题

1. 会计是社会经济发展到一定阶段的产物,经济的发展推动了会计的发展。会计经历了一个由简单到复杂、由低级到高级的发展过程。它从早期实物数量的简单记录和计算,逐渐发展成为用货币作为计量单位来综合核算和监督经济活动过程。会计理论和方法,经过长期的社会实践以及吸收先进的科学技术成果,也逐渐完善起来。随着经济的发展和企业规模的扩大,人们越来越依赖会计信息,促进了会计理论、方法和技术的进步。会计方法、技术的发展又推动了社会文明的进程,推动经济的进一步发展。

2. 会计是以货币为主要计量单位,运用特有的一套方法,对一个组织的经济活动过程中所有财产、物资和发生劳动消耗的事项进行连续、全面、综合地反映和控制,即是一个提供以财务信息为主的经济信息系统,同时直接或间接地参与管理,也是一种管理活动。

这一概念包含了以下四个基本要点:

(1)会计的特点——以货币为主要计量单位(基本特征),以及连续性、全面性、综合性(一般特性)。

(2)会计对象——一个组织中的经济活动。

(3)会计的基本职能——反映和控制。

(4)会计的本质——提供信息、参与管理。

3. 会计对象是指会计所反映和监督的内容,从会计信息使用者的角度来考察会计对象是有益的。会计信息的使用者有两种基本类型:组织外部的使用者和组织内部的管理部门。组织外部有很多不同的使用者(顾客、供应单位、职工、贷款人、股东以及管辖其经营的各级政府机构)。公布通用的财务报表,如资产负债表和利润表,可以满足其某种程度的需要。为外部使用者提供信息的会计分支,称为财务会计。会计信息还有很多不同的内部使用者,但他们在信息的需要上有着一个共同的目的,即在社会中尽量扩大组织的经济效益。与组织内部信息需要有关的会计分支,称为管理会计。会计信息系统是为会计信息的内部和外部两个方面的使用者服务的。

4. 会计目标是指会计作为系统运行的基本导向和最终归宿。会计职能是指会计固有的功能,是会计本质的体现。职能是会计本质的体现,带有客观必然的要求,因而成为确定会计目标的客观依据;会计目标是会计信息使用者向会计信息系统提出的主观要求,但会计目标的提出不能脱离、也不能超越会计职能。

5. 会计核算主要是向有关方面提供决策所需的会计信息。使用者对会计信息的需求是多方面的,这就要求会计在一定的时间和空间范围内按一定的程序和方法予以提供。会计核算的基本前提就是为保证会计工作的正常进行而对会计核算的范围、内容以及基本程序和方法所做的限定,它包括会计主体、持续经营、会计分期、货币计量和权责发生制五项内容。

6. 会计信息质量要求是指为了保证从事会计账务处理、编制会计报表的质量而应依据的一般规则和准绳，主要包含真实性、相关性、清晰性、可比性、重要性、谨慎性、及时性和实质重于形式等对会计信息质量方面的要求。

7. 权责发生制是指会计核算应按实际发生和影响的期限来确认企业的收入和费用。收付实现制是指以现金的实际收付作为当期的收入和费用，并以其差额列为利润或亏损的计量模式。

8. 在会计的发展过程中，为了实现会计信息系统的目标而逐渐形成了七种基本的会计核算方法，即填制与审核凭证、设置账户、复式记账、登记账簿、财产清查、成本计算和编制财务报表。

各种会计核算方法相互联系、紧密结合，形成了一个完整的会计核算方法体系，任何企业当经济业务发生时，总是先填制和审核凭证，然后在开设好的账户中，用复式记账的方法来登记账簿，定期或不定期地进行财产清查，期末进行成本计算，在账证、账账、账实相符的基础上编制会计报表，达到账表相符、表表相符。

9. 会计规范体系一般包括会计法律规范和会计道德规范。我国的会计法律规范体系主要由《会计法》、会计准则和会计制度等组成，并已形成了以《会计法》为核心、以会计准则和会计制度为基本内容的一个比较完整的规范体系。会计道德规范可以加强会计职业道德教育，以及会计人员增进会计职业道德修养三位一体，是形成良好的会计职业道德风尚和改善会计职业环境，并卓有成效地保证其他会计规范顺利贯彻实施的重要条件。

六、实务题

1. 略。

2. 略。

3. 权责发生制下收入合计数为 50 000 元，费用合计数为 6 000 元。收付实现制下收入合计数为 96 000 元，费用合计数为 0。

第二章　账户与复式记账

一、名词解释

1. 会计要素：是对会计对象进行的基本分类，是会计核算对象的具体化。

2. 资产：是指企业过去的交易或者事项形成的、由企业拥有或者控制的、预期会给企业带来经济利益的资源。

3. 负债：是指企业过去的交易或者事项形成的、预期会导致经济利益流出企业的现时义务。

4. 所有者权益：是指企业资产扣除负债后由所有者享有的剩余权益。股份有限公司的所有者权益又称为股东权益。

5. 收入：是指企业在日常活动中形成的、会导致所有者权益增加的、与所有者投入资本无关的经济利益的总流入。

6. 费用：是指企业在日常活动中发生的、会导致所有者权益减少的、与向所有者分配利润无关的经济利益的总流出。

7. 利润：是指企业在一定会计期间的经营成果。利润包括收入减去费用后的净额、直接计入当期利润的利得和损失等。

8. 会计等式：是指表明会计要素之间内在经济联系的恒等式。

9. 会计科目：是对会计对象具体内容进行分类核算和监督的项目。

10. 会计账户：是根据会计科目设置的，具有一定格式和结构，用来分类、连续地记录经济业务，反映会计要素增减变动及其结果的载体。

11. 借贷记账法：是以会计等式作为记账原理，以“借”、“贷”做记账符号，记录各会计要素增减变化和结果的一种复式记账法。

12. 试算平衡：是指根据资产和权益之间的平衡关系以及记账规则来检查账户记录是否正确的一种验算方法。

13. 对应账户：在经济业务登记过程中所形成的有关账户之间的应借应贷关系，称为账户的对应关系，发生对应关系的账户，称为对应账户。

14. 会计分录：是指按照复式记账的原理，对发生的各项经济业务指明其应借应贷账户名称及应记入账户金额的记录，简称分录。

15. 平行登记：是指对发生的每项经济业务，都要以会计凭证为依据，一方面要登记有关总分类账户，另一方面还要登记该总分类账户所属有关明细分类账户的方法。

16. 会计循环：是指依次发生、周而复始的以记录为主的会计处理过程。

17. 会计凭证：简称凭证，是记录经济业务、明确经济责任、作为记账依据的证明。

18. 原始凭证：又称原始单据，是在经济业务发生或完成时取得或编制的。它是载明经济业务的具体内容、明确经济责任、具有法律效力的书面证明。

19. 记账凭证：是会计人员根据审核无误的原始凭证或原始凭证汇总表填制的、反映经济业务内容、应借应贷方向及金额，并直接作为记账依据的会计凭证。

20. 会计账簿：是以会计凭证为依据，由具有一定格式而又相互连结的账页所组成，用来序时、分类地记录和反映各项经济业务的簿籍。

21. 结账：是指本期内所发生的经济业务在全部登记入账的基础上，于会计期末按照规定的方式结算账目，包括结计出本期发生额和期末余额。

二、单项选择题

1. C　2. B　3. A　4. C　5. A　6. A　7. B　8. C　9. B　10. B
11. C　12. B　13. B　14. A　15. D　16. C　17. A　18. B　19. D　20. B
21. A　22. D　23. C　24. C

三、多项选择题

1. ABC　2. DEF　3. BC　4. AD　5. AD　6. BCD　7. ABDE　8. ABCDE　9. AE
10. BCD　11. ABC　12. ABD　13. ABD　14. CD　15. CD　16. AC　17. ABC　18. ACD
19. AD　20. AC

四、判断题

1. √　2. ×　3. ×　4. √　5. ×　6. ×　7. √　8. √　9. ×　10. ×
11. √　12. ×　13. ×　14. ×　15. ×　16. ×　17. √　18. ×　19. ×　20. ×
21. ×　22. √　23. ×　24. √　25. √

五、简答题

1. 会计要素包括资产、负债、所有者权益、收入、费用和利润。前三项为财务状况会计要素，反映企业一定时点(如月末、季末、年末)的财务状况，是编制资产负债表的基础；后三项为经营成果会计要素，反映企业一定期间(如月度、季度、年度)的经营成果，是编制利润表的基础。

2. 资产与权益是企业同一资金的两个不同方面，是从两个不同角度观察和分析的结果。资产和权益相互依存、互为条件，没有权益的存在，就不会有资产；同样，没有资产的存在，就不会产生有效的权益。从数量关系看，一定量的资产必有与其等量的权益，反过来，一定量的权益也必然有与其等量的资产。所以，任何一个企业的全部资产总额与全部权益总额必然相等。资产与权益之间这种客观存在的数量上的平衡关系，用公式表示为：资产＝权益

3. 第一种类型：经济业务的发生引起会计等式左右两边金额同时增加。

第二种类型：经济业务的发生引起会计等式左右两边金额同时减少 。

第三种类型：经济业务的发生引起会计等式左边内部项目金额发生增减变动。

第四种类型：经济业务的发生引起会计等式右边内部项目金额发生增减变动 。

4. 会计科目只是规定了对会计要素具体内容进行分类核算的项目或名称，还不能进行具体的会计核算，不能反映经济业务发生所引起的会计要素各项目的增减变动情况和结果。为了全面、序时、连续、系统地记录由于经济业务发生而引起的会计要素增减变动，提供各种会计信息，还必须根据规定的会计科目在账簿中开设账户。

会计账户和会计科目是会计学中两个密切相关的概念，两者之间既有联系，又有区别。联系是：它们都是用来分门别类地反映会计要素的具体内容的，两者口径一致，性质相同，会计科目是设置会计账户的依据，是会计账户的名称，会计账户是会计科目的具体运用。区别是：首先，二者概念不同。会计科目只是对会计要素具体内容分类的标志；而会计账户是记录由于发生经济业务而引起的会计要素具体内容的各项目增减变化的空间场所。其次，两者的表现形式不同，会计科目仅是一个分类标志，本身没有结构，不能记录和反映经济业务的内容；而会计账户则有一定的结构，能记录和反映经济业务的增减变化及结果。

5. 实际工作中，账户的格式包括账户名称(即会计科目)、日期(用以说明经济业务发生的日期)、凭证编号(表明账户记录所依据的凭证)、摘要(概括说明经济业务的内容)以及增加额、减少额和余额(说明经济业务的数量)。

理论教学中把账户的核心部分简化为"T"形，只保留左、右两方，分别记录增加额和减少额。增减相抵后的差额，即为余额。

6. 在借贷记账法下，任何账户都分为借方和贷方两个基本部分，通常左方为借方，右方为贷方，分别表示各会计要素的增加和减少。不同性质的账户，其结构是不同的。

(1)资产类账户结构：借方登记资产的增加额，贷方登记资产的减少额；期末余额在借方。

(2)负债及所有者权益类账户结构：贷方登记负债及所有者权益的增加额，借方登记负债及所有者权益的减少额，期末余额在贷方。

(3)成本费用类账户结构：借方登记增加额，贷方登记减少额或转销额。除反映成本的账户外，费用类账户期末一般没有余额。成本类账户如果有余额，表示资产的余额。

(4)收入类账户结构：贷方登记收入增加额，借方登记收入减少额或转销额，通常没有期末余额。

7. (1)填制审核原始凭证。

(2)编制记账凭证。

(3)登记账簿。

(4)试算平衡。

(5)编制调整分录并过账。

(6)结账。

(7)编制财务会计报告。

8. 记账凭证按其与货币资金收付有无直接关系，可分为收款凭证、付款凭证、转账凭证。在实际工作中，可以根据发生的经济业务分别选择相应的记账凭证。其中，收款凭证是用来记录现金和银行存款收入业务的记账凭证，是根据有关现金和银行存款收入业务的原始凭证填制的记账凭证。付款凭证是用来记录现金和银行存款付出业务的记账凭证，是根据现金和银行存款付出业务的原始凭证填制的记账凭证。转账凭证是用来记录不涉及现金和银行存款收付业务的记账凭证，是根据现金和银行存款收付以外的其他原始凭证填制的记账凭证。

9. (1)账簿按用途不同，可以分为序时账簿、分类账簿和备查账簿。

(2)会计账簿按外表形式不同，可以分为订本式账簿、活页式账簿和卡片式账簿。

(3)会计账簿按账页格式不同，分为三栏式账簿、多栏式账簿和数量金额式账簿。

10. 期末进行账项调整，可以在利润表中正确反映本期的经营成果，也可以正确地反映企业期末的财务状况。一般企业年末结账前应予调整的项目分为应计项目(应收收入、应付费用)、递延项目(预收收入、预付费用)和估计项目。

11. 结账前，必须将本期内发生的各项经济业务全部登记入账。实行权责发生制的单位，应按照权责发生制的要求，进行账项调整的账务处理，并在此基础上，进行其他有关转账业务的账务处理，以计算确定本期的成本、费用、收入和利润。结账时，应结出现金日记账、银行存款日记账以及总分类账和明细分类账各账户的本期发生额和期末余额，并将期末余额结转下期。

六、实务题

1.

序号	项 目	资 产	负 债	所有者权益
1	开户银行的存款	银行存款		
2	生产用机器设备	固定资产		
3	已提取的盈余公积金			盈余公积
4	签发并承兑的商业汇票		应付票据	
5	预付某单位购货款	预付账款		
6	应付给供应单位的购料款		应付账款	

续表

序号	项 目	资 产	负 债	所有者权益
7	库存的原材料	原材料		
8	采购员预借的差旅费	其他应收款		
9	向银行借入的短期借款		短期借款	
10	国家投入的资本			实收资本(或股本)
11	购货单位未付的购货款	应收账款		
12	应付给食堂的代扣职工伙食费		其他应付款	
13	尚未分配的利润			利润分配——未分配利润
14	应交未交的所得税		应交税费	
15	已入账的专利权	无形资产		
16	预收某单位购货款		预收账款	

2.

资产、负债、所有者权益平衡表

2016 年 2 月 28 日　　　　单位:元

资产项目	月初余额	本月增加数	本月减少数	期末余额	负债及所有者权益项目	月初余额	本月增加数	本月减少数	期末余额
库存现金	200	600	600	200	短期借款	18 000	30 000	18 000	30 000
银行存款	36 000	30 000 5 800	600,18 000 4 000,24 000	25 200	应付账款	8 000	16 000	24 000	0
					应交税费	4 000		4 000	0
应收账款	5 800		5 800	0	实收资本	964 000	70 000		1 034 000
其他应收款	400	600		1 000					
原材料	52 000	16 000	32 000	36 000	本年利润	22 000			22 000
生产成本	9 600	32 000		41 600					
库存商品	12 000			12 000					
固定资产	900 000	70 000		970 000					
合 计	1 016 000	155 000	85 000	1 086 000	合 计	1 016 000	116 000	46 000	1 086 000

3.

胜利公司某年 7 月份部分账户资料

单位:元

账户名称	期初余额		本期发生额		期末余额	
	借 方	贷 方	借 方	贷 方	借 方	贷 方
库存现金	450		750	(240)	960	
银行存款	(6 000)		30 000	33 000	3 000	
应收账款	5 100		(24000)	16 500	12 600	
库存商品	(14 400)		15 000	22 500	(6 900)	
固定资产	105 000		15 000	(6 000)	114 000	
短期借款		19 800	(6 000)	7 500		(21 300)
应交税费		9 150	(750)	1 260		9 660
实收资本		(102 000)	—	—		102 000
销售费用	—		31 500	(31 500)	—	
主营业务收入		—	(36 000)	36 000		—
本年利润		—	31 500	(36 000)		4 500
合 计	(130 950)	(130 950)	(190 500)	(190 500)	(137 460)	(137 460)

4.

(1)借:库存现金	600	
贷:银行存款		600
(2)借:其他应收款——李立	600	
贷:库存现金		600
(3)借:应交税费	4 000	
贷:银行存款		4 000
(4)借:原材料	16 000	
贷:应付账款——大丰厂		16 000
(5)借:固定资产	70 000	
贷:实收资本(或股本)		70 000
(6)借:银行存款	30 000	
贷:短期借款		30 000
(7)借:应付账款——大丰厂	24 000	
贷:银行存款		24 000
(8)借:生产成本	32 000	
贷:原材料		32 000
(9)借:银行存款	5 800	
贷:应收账款——新华厂		5 800
(10)借:短期借款	18 000	
贷:银行存款		18 000

5.

(1)错

正确分录:

借:其他应收款——兴达厂	1 100	
贷:银行存款		1 100

(2)错

正确分录:

借:短期借款	6 000	
银行存款	58 000	
贷:应收账款——中和厂		64 000

(3)错

正确分录:

借:生产成本	3 000	
贷:原材料		3 000

(4)错

正确分录:

借:库存现金	24 000	
贷:银行存款		24 000

(5)对

(6)错

正确分录:

借:银行存款	46 000	
贷:短期借款		46 000

(7)错

正确分录：

借：原材料　　12 000

　　贷：应付账款——兴达厂　　12 000

(8)对

(9)对

6.

库存现金

期初余额	200		
	(1)600		(2)600
本期发生额	600	本期发生额	600
期末余额	200		

银行存款

期初余额	36 000		(1)600
			(3)4 000
	(6)30 000		(7)24 000
	(9)5 800		(10)18 000
本期发生额	35 800	本期发生额	46 600
期末余额	25 200		

其他应收款

期初余额	400		
	(2)600		
本期发生额	600	本期发生额	0
期末余额	1 000		

应交税费

		期初余额	4 000
	(3)4 000		
本期发生额	4 000	本期发生额	0
		期末余额	0

原材料

期初余额	52 000		
	(4)16 000		(8)32 000
本期发生额	16 000	本期发生额	32 000
期末余额	36 000		

应付账款

		期初余额	80 00
	(7)24 000		(4)16 000
本期发生额	24 000	本期发生额	16 000
		期末余额	0

固定资产

期初余额	900 000		
	(5)70 000		
本期发生额	70 000	本期发生额	0
期末余额	970 000		

实收资本

		期初余额	964 000
			(5)70 000
本期发生额	0	本期发生额	70 000
		期末余额	1034 000

短期借款

		期初余额	18 000
	(10)18 000		(6)30 000
本期发生额	18 000	本期发生额	30 000
		期末余额	30 000

库存商品

期初余额	12 000		
本期发生额	0	本期发生额	
期末余额	12 000		

生产成本

期初余额	9 600		
	(8)32 000		
本期发生额	32 000	本期发生额	0
期末余额	41 600		

应收账款

期初余额	5 800		(10)5 800
本期发生额	0	本期发生额	5 800
期末余额	0		

本年利润

		期初余额	22 000
本期发生额	0	本期发生额	0
		期末余额	22 000

总分类账户本期发生额和期末余额试算平衡表

2016 年 2 月 28 日　　　　单位:元

账户名称	期初余额		本期发生额		期末余额	
	借　方	贷　方	借　方	贷　方	借　方	贷　方
库存现金	200		600	600	200	
银行存款	36 000		35 800	46 600	25 200	
应收账款	5 800			5 800	0	
其他应收款	400		600		1 000	
原材料	52 000		16 000	32 000	36 000	
生产成本	9 600		32 000		41 600	
库存商品	12 000				12 000	
固定资产	900 000		70 000		970 000	
短期借款		18 000	18 000	30 000		30 000
应付账款		8 000	24 000	16 000		0
应交税费		4 000	4 000			0
实收资本		964 000		70 000		1 034 000
本年利润		22 000				22 000
合　计	1 016 000	1 016 000	201 000	201 000	1 086 000	1 086 000

第三章　资产的核算

一、名词解释

1. 资产:是指企业过去的交易或者事项形成的、由企业拥有或者控制的、预期会给企业带来经济利益的资源。

2. 流动资产:是指可在1年内或超过1年的一个营业周期内变现或者耗用的资产。

3. 货币资金:是指企业生产经营过程中处于货币形态的资产。

4. 库存现金:是指通常存放于企业财会部门、由出纳人员经管的货币,包括人民币现金和外币现金。

5. 坐支:是指企业、事业单位和机关、团体、部队从本单位的现金收入中直接用于现金支出。

6. 银行存款:是指企业存放在银行或其他金融机构的货币资金。

7. 未达账项:是指由于企业与银行取得有关凭证的时间不同,发生的一方已经取得凭证登记入账而另一方由于未取得凭证尚未入账的款项。

8. 其他货币资金:是指企业除库存现金、银行存款以外的各种货币资金,主要包括外埠存款、银行本票存款、银行汇票存款、信用证保证金存款、信用卡存款和存出投资款等。

9. 应收账款:是指企业在正常经营活动中,由于销售商品、产品或提供劳务,而应向购货单位或接受劳务单位收取的款项,包括代垫的运杂费。

10. 商业折扣:是指企业为了适应市场供需的情况,或针对不同的顾客,在商品(产品)交易时,从价目单所列售价中扣减的一定数额。

11. 现金折扣:是指在以赊销方式销售商品及提供劳务的交易中,为了鼓励客户提前付款,根据客户付款的早晚决定折扣的多少。

12. 总价法:是指将未减去现金折扣前的金额作为实际售价,记作应收账款的入账价值。销售方在折扣期内给予客户的现金折扣,作为财务费用处理。

13. 净价法:是指将扣减现金后的金额作为实际售价,据以确认应收账款的入账价值。销售方由于客户超过折扣期限而多收入的金额,作为冲减财务费用处理。

14. 预付账款:是指企业预付给供货方购货款项而产生的债权。

15. 存货:是指企业在正常生产经营过程中持有以备出售的产成品或商品,仍然处在生产过程中的在产品,在生产过程或提供劳务过程中耗用的材料、物料等。

16. 先进先出法:是以先购入的存货先发出这样一种存货实物流转假设为前提,对发出存货进行计价的一种方法。采用这种方法,先购入的存货成本在后购入的存货成本之前转出,据此确定发出存货和期末存货的成本。

17. 个别计价法:又称分批实际法、个别认定法、具体辨认法。这种方法是假设存货的成本流转与实物流转相一致,按照各种存货,逐一辨认分批发出存货和期末存货所属的购进批别或生产批别,分别按其购入或生产时所确定的单位成本作为计算各批发出存货和期末存货成本的方法。

18. 定期盘存制:又称“实地盘存制”,是指平时根据会计凭证在有关账簿中只登记存货的增加数,不登记减少数,月末通过实地盘点,将盘点的实存数作为账面结存数,然后倒挤推算出本期发出数的一种存货核算方法。

19. 永续盘存制:又称“账面盘存制”,是指平时对各项实物财产的增减变动都必须根据会计凭证逐日逐笔地在有关账簿中登记,并随时结算出其账面结存数量的一种盘存方法。

20. 投资:是指企业为了获得收益或实现资本增值,向被投资单位投放资金的经济行为。

21. 交易性金融资产:主要是指为了近期内出售而持有的金融资产。通常情况下,以赚取差价为目的从二级市场购入的股票、债券和基金等,应分类为交易性金融资产。

22. 持有至到期投资:是指到期日固定、回收金额固定或可确定,且企业有明确意图和能力持有至到期的非衍生金融资产。

23. 可供出售金融资产：是指初始确认时即被指定为可供出售的非衍生金融资产，以及没有划分为以公允价值计量，且其变动计入当期损益的金融资产、持有至到期投资、贷款和应收款项等金融资产。

24. 长期股权投资：指企业持有时间超过1年的对其他企业的股权投资。包括同一控制下企业合并形成的，非同一控制下企业合并形成的，以支付现金、非现金资产等方式形成的，投资者投入的长期股权投资等。

25. 固定资产：是指同时具有下列两个特征的有形资产：为生产商品、提供劳务、出租或经营管理而持有的；使用寿命超过一个会计期间。

26. 固定资产折旧：是指固定资产在使用过程中，因逐渐磨损与损耗而转移到成本费用中的那部分价值耗费。

27. 无形资产：是指企业拥有或者控制的没有实物形态的可辨认非货币性资产，如专利权、商标权、非专利技术、著作权、土地使用权、特许权等。

二、单项选择题

1. C	2. D	3. C	4. B	5. B	6. D	7. B	8. A	9. C	10. A
11. C	12. A	13. D	14. C	15. A	16. D	17. C	18. B	19. D	20. A
21. D	22. B	23. B	24. B	25. B	26. B	27. C	28. A	29. C	30. B
31. D	32. D	33. B	34. B						

三、多项选择题

1. BD	2. AC	3. ABC	4. ABD	5. AB	6. ABD	7. BD	8. ABCE	9. ABCD
10. ABC	11. BCD	12. CD	13. BD	14. AB	15. AB	16. AC	17. AE	18. BCD
19. ABC	20. BCD	21. ABC	22. BC					

四、判断题

1. ×	2. √	3. ×	4. ×	5. √	6. √	7. ×	8. ×	9. ×	10. √
11. ×	12. ×	13. ×	14. ×	15. √	16. √	17. √	18. √	19. √	20. √

五、简答题

1. 库存现金清查，是指对库存现金的盘点与核对，包括出纳人员每日终了前进行的库存现金账款核对和清查小组进行的定期或不定期的库存现金盘点、核对。对于库存现金清查的结果，应编制库存现金盘点报告单，注明库存现金溢缺的金额，查明原因，并进行相应的账务处理。

2. 第一，只能在规定范围内开支使用现金；

第二，库存现金限额的规定；

第三，现金坐支；

第四，现金管理“八不准”。

3. 所谓未达账项，是指由于企业与银行取得有关凭证的时间不同，发生的一方已经取得凭证登记入账而另一方由于未取得凭证尚未入账的款项。具体有以下四种情况：

(1)企业已收款入账，银行尚未收款入账；

(2)企业已付款入账，银行尚未付款入账；

(3)银行已收款入账，企业尚未收款入账；

(4)银行已付款入账，企业尚未付款入账。

对未达账项，应通过编制“银行存款余额调节表”进行检查核对，如没有记账错误，调节后的双方余额应相等。

4.(1)应收的各种赔款、罚款；

(2)应收的出租包装物租金；

(3)存出保证金，如租入包装物支付的押金；

(4)备用金(向企业各职能科室、车间等拨付的备用金)；

(5)应向职工收取的各种垫付的款项，如为职工垫付的水电费及应由职工负担的医药费、房租费等。

(6)其他各种应收、暂付款项。

5. 具体来讲，存货包括各类材料、在产品、半成品、产成品、商品以及包装物、低值易耗品、委托代销商品等。

6.(1)先进先出法。采用先进先出法，其存货的成本是按最近购货确定的，期末存货成本比较接近现行的市价，其优点是使企业不能随意挑选存货的计价以调整当期利润，缺点是工作量比较繁多，特别是对于存货进出量频繁的企业更是如此。而且，在物价上涨时，会过高估计企业的当期利润和库存存货价值；反之，会低估企业存货价值和当期利润。

(2)加权平均法。加权平均法包括月末一次加权平均法和移动加权平均法。①月末一次加权平均法只在月末一次计算加权平均单价，比较简单，而且在市场价格上涨或下跌时所计算出来的单位成本平均化，对存货成本的分摊较为均衡。但这种方法平时无法从账上提供发出和结存存货的单价及金额，因而不利于加强对存货的管理。②采用移动加权平均法随时可以从账上了解发出和结存存货的单价及金额，有利于存货管理。

(3)个别计价法。采用个别计价法计算发出存货的成本和期末存货的成本比较合理、准确，但这种方法的前提是需要对发出和结存存货的批次进行具体认定，以辨别其所属的收入批次，实务操作的工作量繁重，困难较大。并且，采用这种方法极易被用作调节利润的手段。因为如果营业不佳，估计利润不高，管理人员就可以高价售出低成本的商品，以提高利润，或以相反的方法调低利润。

7.(1)定期盘存制，是指平时根据会计凭证在有关账簿中只登记存货的增加数，不登记减少数，月末通过实地盘点，将盘点的实存数作为账面结存数，然后倒挤推算出本期发出数的一种存货核算方法。在定期盘存制下，平时工作手续简便，省去了物资减少数及每日结存数的详细记录，但是核算不够严密，账簿中无法随时反映实物财产的减少数和结存数，并有可能将损耗、浪费、被盗等的实物财产全部算入本期的支出(减少)额，不利于对实物财产的控制。而且，采用该方法对实物财产进行实地盘点的结果，只能作为计算其本期减少数的依据，而不能用来核算账实是否相符。

(2)永续盘存制又称“账面盘存制”，是指平时对各项实物财产的增减变动都必须根据会计凭证逐日逐笔地在有关账簿中登记，并随时结算出其账面结存数量的一种盘存方法。采用这种盘存方法，需要按照实物财产的项目设置数量金额式明细账并详细记录，以便及时地反映各项实物财产的收入、发出和结存的情况。

永续盘存制的优点是有利于加强对实物财产的管理，不足之处是日常的工作量较大。

8.(1)交易性金融资产的主要账务处理如下：

①企业取得交易性金融资产，按其公允价值，借记“交易性金融资产——成本”账户；按发生的交易费用，借记“投资收益”账户；按已到付息期但尚未领取的利息或已宣告但尚未发放的现金股利，借记“应收利息”或“应收股利”账户；按实际支付的金额，贷记“银行存款”等账户。

②交易性金融资产持有期间被投资单位宣告发放的现金股利或在资产负债表日按分期付息、一次还本债券投资的票面利率计算的利息，借记“应收股利”或“应收利息”账户，贷记“投资收益”账户。

③资产负债表日，交易性金融资产的公允价值高于其账面余额的差额，借记“交易性金融资产——公允价值变动”账户，贷记“公允价值变动损益”账户；公允价值低于其账面余额的差额，做相反的会计分录。

④出售交易性金融资产时，应按实际收到的金额，借记“银行存款”等账户；按该金融资产的账面余额，借记或贷记“交易性金融资产”有关明细账户；按其差额，贷记或借记“投资收益”账户；同时，将原计入该金融资产的公允价值变动转出，借记或贷记“公允价值变动损益”账户，贷记或借记“投资收益”账户。

(2)持有至到期投资的主要账务处理如下：

企业应设置“持有至到期投资”总账，并设置“成本”、“利息调整”、“应计利息”等明细账，进行明细分类核算，期末借方余额，反映企业持有至到期投资的摊余成本。

①企业取得的持有至到期投资，应按该投资的面值，借记“持有至到期投资——成本”账户；按支付的价款

中包含的已到付息期但尚未领取的利息，借记“应收利息”账户；按实际支付的金额，贷记“银行存款”等账户；按其差额，借记或贷记“持有至到期投资——利息调整”账户。

②资产负债表日，持有至到期投资为分期付息、一次还本债券投资的，应按票面利率计算确定的应收未收利息，借记“应收利息”账户；按持有至到期投资的摊余成本和实际利率计算确定的利息收入，贷记“投资收益”账户；按其差额，借记或贷记“持有至到期投资——利息调整”账户。

持有至到期投资为一次还本付息债券投资的，应于资产负债表日按票面利率计算确定的应收未收利息，借记“持有至到期投资——应计利息”账户；按持有至到期投资的摊余成本和实际利率计算确定的利息收入，贷记“投资收益”账户；按其差额，借记或贷记“持有至到期投资——利息调整”账户。

③出售持有至到期投资，应按实际收到的金额，借记“银行存款”、“存放中央银行款项”、“结算备付金”等账户，按其账面余额，贷记“持有至到期投资——成本”、“持有至到期投资——应计利息”账户，借记或贷记“持有至到期投资——利息调整”账户；按其差额，贷记或借记“投资收益”账户。已计提减值准备的，还应同时结转减值准备。

(3)可供出售金融资产的主要账务处理如下：

①企业取得可供出售金融资产时，应按可供出售金融资产的公允价值与交易费用之和，借记“可供出售金融资产——成本”账户，贷记“银行存款”等账户。价款中包含的已宣告未发放的现金股利，应记入“应收股利”账户。

如果是债券投资，应按债券的面值，借记“可供出售金融资产——成本”账户；价款中包含的已到付息期但尚未领取的利息，应借记“应收利息”账户；按实际支付的金额，贷记“银行存款”账户；按照差额，借记或贷记“可供出售金融资产——利息调整”账户。

②资产负债表日，可供出售债券为分期付息、一次还本债券投资的，应按票面利率计算确定的应收未收利息，借记“应收利息”账户；按可供出售债券的摊余成本和实际利率计算确定的利息收入，贷记“投资收益”账户；按其差额，借记或贷记“可供出售金融资产——利息调整”账户。

可供出售债券为一次还本付息债券投资的，应于资产负债表日按票面利率计算确定的应收未收利息，借记“可供出售金融资产——应计利息”账户；按可供出售债券的摊余成本和实际利率计算确定的利息收入，贷记“投资收益”账户；按其差额，借记或贷记“可供出售金融资产——利息调整”账户。

③资产负债表日，可供出售金融资产的公允价值高于其账面余额的差额，借记“可供出售金融资产——公允价值变动”账户，贷记“资本公积——其他资本公积”账户；公允价值低于其账面余额的差额，做相反的会计分录。

④出售可供出售的金融资产，应按实际收到的金额，借记“银行存款”等账户；按其账面余额，贷记“可供出售金融资产”账户(成本、公允价值变动、利息调整、应计利息)；按应从所有者权益中转出的公允价值累计变动额，借记或贷记“资本公积——其他资本公积”账户；按其差额，贷记或借记“投资收益”账户。

9. 下列长期股权投资应当采用成本法核算：投资企业能够对被投资单位实施控制的长期股权投资；投资企业对被投资单位不具有共同控制或重大影响，并且在活跃市场中没有报价、公允价值不能可靠计量的长期股权投资。投资企业对被投资单位具有共同控制或重大影响的长期股权投资，应当采用权益法核算。

采用成本法核算时，企业投资后按实际成本确认账面价值，除追加投资或收回投资、分得被投资企业在取得本企业投资前实现的净利润分配的现金股利或利润外，长期股权投资的账面价值一般保持不变。权益法则是投资最初以投资成本计价，投资以后随被投资单位的所有者权益份额变动，企业根据享有的股权比例对投资的账面价值进行调整。

10. 无形资产的使用寿命是有限的，应当估计该使用寿命的年限或者构成使用寿命的产量等类似计量单位数量；其应摊销金额应当在使用寿命内系统合理摊销，摊销自无形资产可供使用时起，至不再作为无形资产确认时止；无形资产摊销方法，应当反映与该项无形资产有关的经济利益的预期实现方式。无法可靠确定预期实现方式的，应当采用直线法摊销；摊销金额一般应当计入当期损益，其他会计准则另有规定的除外。

六、实务题

1. 调节后银行存款余额为 531 690.96 元。

2—29. 会计分录略。

第四章　负债的核算

一、名词解释

1. 负债：是指企业过去的交易或者事项形成的、预期会导致经济利益流出企业的现时义务。

2. 流动负债：是指将在 1 年(含 1 年)或者超过 1 年的一个营业周期内偿还的债务。

3. 短期借款：是指企业向银行或其他金融机构等借入的期限在 1 年以下(含 1 年)的各种借款，通常是为了满足正常生产经营的需要。

4. 应付票据：是指企业购买材料、商品和接受劳务供应等而开出、承兑的商业汇票，包括银行承兑汇票和商业承兑汇票。

5. 应付账款：是指企业因购买材料、商品和接受劳务供应等而应付给供应单位的款项。

6. 预收账款：是指企业按照合同规定向购货单位预收的购货定金或部分货款。

7. 应付职工薪酬：是指企业根据有关规定应付给职工的各种薪酬，包括职工工资、奖金、津贴和补贴，职工福利费，医疗、养老、失业、工伤、生育等社会保险费，住房公积金，工会经费，职工教育经费，非货币性福利等因职工提供服务而产生的义务。

8. 其他应付款：是指企业除应付票据、应付账款、预收账款、应付职工薪酬、应交税费、应付股利等经营活动以外的其他各项应付、暂收的款项。

9. 长期借款：是指企业向银行或其他金融机构借入的期限在 1 年以上(不含 1 年)的各种借款。

10. 应付债券：是指企业为筹集(长期)资金而发行的债券。

11. 长期应付款：是指企业除长期借款和应付债券以外其他各种长期应付的款项。

二、单项选择题

1. C　2. C　3. C　4. D　5. D　6. B　7. D　8. B　9. A　10. A
11. C　12. A　13. C　14. B　15. C　16. C　17. B　18. C　19. A

三、多项选择题

1. CD　2. ABCD　3. ABC　4. AB　5. ACD　6. BCD　7. AD　8. BCD　9. AD
10. ABCD

四、判断题

1. √　2. ×　3. ×　4. √　5. √　6. ×　7. ×　8. ×　9. ×　10. ×

五、简答题

1. (1)负债是由已经发生的经济业务所引起的现时经济义务；

(2)负债是能用货币确切计量或合理估计的；

(3)负债都有确切或不太确切的债权人和到期日；

(4)负债需要企业在未来某一特定时日用债权人所能接受的资产或劳务来偿付。

2. 负债可以按流动性，也就是偿还期的长短，分为流动负债和非流动负债两大类。流动负债是指将在 1 年(含 1 年)或者超过 1 年的一个营业周期内偿还的债务。非流动负债是指偿还期在 1 年或者超过 1 年的一个营业周期以上的债务。流动负债包括短期借款、应付账款，预收账款、应付职工薪酬、应付票据、应交税费、应付股利、应付利息、其他应付款等。非流动负债包括长期借款、应付债券、长期应付款等。

3. 短期借款的核算主要包括短期借款的借入、利息的发生和本金及利息的偿还等。

当企业从银行或其他金融机构取得短期借款时，借记“银行存款”账户，贷记“短期借款”账户。

企业的短期借款利息一般采用月末预提、按季偿还的方式进行核算。短期借款利息属于筹资费用，应记入“财务费用”账户。企业应当在资产负债表日按照计算确定的短期借款利息费用，借记“财务费用”账户，贷记“应付利息”账户。实际支付利息时，根据已经预提的利息，借记“应付利息”账户；根据该月应计利息，借记“财务费用”账户；根据应付利息总额，贷记“银行存款”账户。

当企业短期借款到期偿还本金时，借记“短期借款”账户，贷记“银行存款”账户。

4. 应付职工薪酬主要包括以下几个方面内容：(1)职工工资、奖金、津贴和补贴；(2)职工福利费；(3)社会保险；(4)住房公积金；(5)工会经费和职工教育经费；(6)非货币性福利；(7)其他职工薪酬。

5. 应交税费是指企业按照税法规定计算应缴纳的各种税费，包括增值税、消费税、营业税、所得税、资源税、土地增值税、城市维护建设税、房产税、土地使用税、车船税、教育费附加、矿产资源补偿费、企业代扣代缴的个人所得税等。

六、实务题

略。

第五章　所有者权益的核算

一、名词解释

1. 所有者权益:是指企业资产扣除负债后由所有者享有的剩余权益。

2. 实收资本:是投资者以各种形式投入企业的资本金。

3. 资本公积:是企业收到投资者的超出其在企业注册资本(或股本)中所占份额的投资,以及直接计入所有者权益的利得和损失等。

4. 盈余公积:是企业按照规定从净利润中提取的各种积累资金。它是企业指定了专门用途的留存收益,包括法定盈余公积和任意盈余公积。

5. 未分配利润:是指企业实现的净利润扣除提取的盈余公积和向投资者分配利润等利润分配之后剩余的利润。

6. 留存收益:是企业通过其生产经营活动而创造积累的,未分配或限制分配给投资者的净利润。它包括盈余公积和未分配利润两个部分。

二、单项选择题

1. A　2. D　3. A　4. C　5. B　6. D　7. D　8. B　9. C　10. D
11. C　12. A　13. A　14. A　15. A

三、多项选择题

1. ABCD　2. ABC　3. ABD　4. CD　5. ABC　6. AD　7. ABCD　8. BD　9. BC
10. ABCE

四、判断题

1. √　2. ×　3. ×　4. ×　5. ×　6. √　7. ×　8. √　9. ×　10. √

五、简答题

1. 虽然所有者权益和债权人权益均对企业的资产享有要求权,然而,两者却有着根本的区别,主要表现在以下几个方面:

(1)性质不同;

(2)权利不同;

(3)偿还的期限不同;

(4)收益与企业经营业绩的联系程度不同。

2. 所有者权益可分为实收资本(或股本)、资本公积、盈余公积和未分配利润等部分。其中,盈余公积和未分配利润统称为留存收益。

3. 资本公积包括资本溢价(或股本溢价)和直接计入所有者权益的利得和损失等。资本溢价(或股本溢价)是企业收到投资者的超出其在企业注册资本(或股本)中所占份额的投资。形成资本溢价(或股本溢价)的原因有溢价发行股票、投资者超额缴入资本等。直接计入所有者权益的利得和损失是指不应计入当期损益,会导致所有者权益发生增减变动,与所有者投入资本或者向所有者分配利润无关的利得或者损失。

4. 企业提取的盈余公积经批准可用于弥补亏损、转增资本、发放现金股利或利润等。

六、实务题

略。

第六章　收入、费用与利润的核算

一、名词解释

1. 收入:按照我国现行企业会计准则的定义,收入是指企业在日常活动中形成的、会导致所有者权益增加、与所有者投入资本无关的经济利益的总流入。

2. 费用:按照我国现行企业会计准则的定义,费用是指企业在日常活动中发生的、会导致所有者权益减少、与向所有者分配利润无关的经济利益的总流出。

3. 利润:是指企业在一定会计期间的经营成果。利润包括收入减去费用后的净额、直接计入当期利润的利得和损失等。

4. 销售折让:是指企业因所售商品的质量不合格、品种与要求不一致等原因而在售价上给予购买方的减让。

5. 销售退回:是指企业所售商品因质量、品种、规格不符合要求等原因而发生的退货。

二、单项选择题

1. C　2. A　3. C　4. A　5. B　6. A　7. A　8. B　9. A　10. D

三、多项选择题

1. ACD　2. CDE　3. ACD　4. ABCD　5. AB　6. AD　7. ABD　8. ABC　9. ACD　10. BC

四、判断题

1. √　2. ×　3. √　4. ×　5. √　6. ×　7. √　8. ×　9. ×　10. ×

五、简答题

1. 收入的特征是:(1)收入是企业在日常活动中形成的经济利益的总流入。(2)收入会导致企业所有者收益的增加。(3)收入与所有者投入资本无关。

按企业从事日常活动的性质不同,收入可分为销售商品收入、提供劳务收入、让渡资产使用权收入;按企业经营业务的主次不同,收入可分为主营业务收入和其他业务收入。

2. 费用的特征是:(1)费用是企业在日常活动中发生的经济利益的总流出;(2)费用会导致企业所有者利益的减少;(3)费用与向所有者分配利润无关。

按照与收入配比的关系来划分,费用可以分为直接配比的费用、间接配比的费用、期间配比的费用;按照经济内容与用途划分,费用主要包括主营业务成本、其他业务成本、营业税金及附加、销售费用、管理费用和财务费用等。

3. 利润总额=营业利润+营业外收入−营业外支出

其中:

营业利润=营业收入−营业成本−营业税金及附加−销售费用−管理费用−财务费用−资产减值损失+公允价值变动收益(−公允价值变动损失)+投资收益(−投资损失)

4. 营业外收入主要包括非流动资产处置利得、盘盈利得、罚没利得、捐赠利得、确实无法支付而按规定程序经批准后转作营业外收入的应付款项等。

营业外支出主要包括非流动资产处置损失、盘亏损失、罚款支出、公益性捐赠支出、非常损失等。

5. 应纳税所得额＝税前会计利润＋纳税调整增加额－纳税调整减少额

纳税调整增加额主要包括税法规定允许扣除项目中企业已计入当期费用但超过税法规定扣除标准的金额，以及企业已计入当期损失但税法规定不允许扣除项目的金额。纳税调整减少额主要包括按税法规定允许弥补的亏损和准予免税的项目。

6. 销售商品收入的确认条件是：(1)企业已将商品所有权上的主要风险和报酬转移给购货方；(2) 企业既没有保留通常与所有权相联系的继续管理权，也没有对已售出的商品实施有效控制；(3)收入的金额能够可靠地计量；(4)相关的经济利益很可能流入企业；(5)相关的已发生或将发生的成本能够可靠地计量。

7. 期间费用是指不能直接归属于某种特定产品成本的费用。它容易确定其发生的期间，而难以判别其所应归属的产品，因而在发生的当期便从当期的损益中扣除。期间费用包括销售费用、管理费用和财务费用。

六、实务题

(1)～(17)略。

(18)完工 A 产品成本为 60 528 元。

(19)A 产品的销售成本为 100 000 元，B 产品的销售成本为 12 000 元。

(20)"本年利润"账户的贷方金额为 213 000 元，"本年利润"账户的借方金额为 138 120 元。

(22)净利润为 50 169.6 元。

第七章　财务报表及其分析利用

一、名词解释

1. 资产负债表:是反映企业某一特定日期财务状况的会计报表。
2. 利润表:是反映企业在一定会计期间经营成果的报表。
3. 现金流量表:是反映一定会计期间现金和现金等价物流入和流出的报表。
4. 所有者权益变动表:是反映构成所有者权益各组成部分当期增减变动情况的报表。

二、单项选择题

1. C　2. A　3. A　4. D　5. B　6. C　7. B　8. D　9. D　10. B
11. C　12. A　13. C　14. C　15. D　16. A　17. D　18. B　19. A　20. C
21. C　22. D　23. A　24. A　25. C　26. D　27. D　28. B　29. D　30. A

三、多项选择题

1. BCDE　2. ABC　3. ABCE　4. AD　5. ABC　6. ABC　7. AD　8. BC　9. ABD
10. ABD　11. AC

四、判断题

1. √　2. √　3. ×　4. √　5. ×　6. ×　7. ×　8. ×　9. ×　10. ×

五、简答题

1. 财务报表分析的方法一般有比较分析法、因素分析法、趋势分析法以及比率分析法。
2. 反映企业短期偿债能力的比率指标有:
流动比率=流动资产/流动负债
速动比率=速动资产/流动负债
速动资产=流动资产-存货
现金比率=(现金+银行存款+交易性金融资产)/流动负债
3. 反映企业长期偿债能力的比率可以通过计算以下 3 个指标说明:
资产负债率=负债总额/资产总额×100%
产权比率=负债总额/所有者权益×100%
利息保障倍数=息税前利润/债务利息
4. 反映企业获利能力的财务比率主要有:
销售利润率=利润总额/销售收入净额
销售毛利率=(销售收入-销售成本)/销售收入×100%
成本费用利润率=利润总额/成本费用总额×100%
资产报酬率=税后利润/资产总额×100%
所有者权益报酬率=税后利润/所有者权益平均总额
每股收益=(净利润-优先股股利)/发行在外普通股平均股数
市盈率=普通股每股市价/普通股每股收益
价格股利率=普通股每股现金股利/普通股每股市价

股利分配率＝普通股每股现金股利/普通股每股收益额

每股账面价值＝普通股股东权益/年终流通在外的普通股股数

5. 反映企业资产利用效率的比率主要有：

存货周转率＝产品销售成本/平均存货成本×100％

应收账款周转率＝赊销净额/平均应收账款余额×100％

应收账款周转天数＝365/应收账款周转率

流动资产周转率＝销售收入/流动资产平均额×100％

固定资产周转率(周转次数)＝主营业务收入净额/平均固定资产净值

总资产周转率＝销售收入/总资产平均额

总资产周转天数＝资产平均总额×计算期天数/销售净收入

六、实务题

1.(1)货币资金＝45 000 元

(2)存货 ＝95 700 元

(3)应收账款＝11 000 元

(4)预付款项＝17 600 元

(5)预收账款＝11 000 元

(6)应付账款＝32 000 元

(7)一年内到期的非流动负债＝30 000 元

(8)未分配利润＝200 000 元

2. 资产总计数为 1 648 800 元,负债和所有者权益(或股东权益)总计数为 1 648 800 元。

3.(1)营业利润＝530 000 元

(2)利润总额＝520 000 元

(3)净利润＝390 000 元

4.(1)流动比率＝2.06

速动比率＝1.28

产权比率＝0.82

资产负债率＝45％

(2)应收账款周转率＝3.26 次

固定资产周转率＝1.22 次

总资产周转率＝0.8 次

第八章　管理会计概述

一、名词解释

1. 管理会计：是现代会计信息系统中，体现预测、决策、规划、控制和责任考核评价等管理职能的一个管理控制系统。

2. 科学管理：它倡导应对劳动者的作业动作和时间进行研究，并用精确的调查研究和科学知识来代替个人的单纯经验，实施作业管理，由此而提高劳动生产率。

3. 代理人理论：是以研究委托人和代理人关系为主的微观经济学理论，其目的在于协调并且正确处理委托人和代理人双方的权、责、利关系。

4. 权变理论：是指在进行管理会计系统设计时，必须充分考虑该系统的各种相关环境因素及其作用影响，必须结合企业的具体环境、特征，而且尽可能使之具有灵活性，以顺应经济社会环境多变的需要。

二、简答题

1. 管理会计作为现代会计信息系统中体现预测、决策、规划、控制和责任考核评价等管理职能的一个管理控制系统，同其他学科一样，也经历了从小到大、从简单到复杂、从低级到高级的发展阶段。管理会计的实践最初萌生于19世纪末、20世纪初，其雏形产生于20世纪上半叶，正式形成和发展于第二次世界大战之后，20世纪70年代后在世界范围内得以迅速发展。追寻管理会计的发展轨迹，我们可以找到清晰的脉络，即经济环境的变化引起公司组织结构的调整，相应地改变了公司管理的要求，随之而来的是人们对管理信息的需求，而对管理信息的需求便推动了管理会计的萌芽、形成与发展。

2. 现代管理会计的理论基础有科学管理理论、组织行为学、信息经济学、代理人理论、权变理论。其中，科学管理导致了管理会计的萌芽；组织行为学促成了管理会计由"物本"观向"人本"观的转变；信息经济学的引入，改变了传统的在不计信息成本基础上的对信息质量的认识；代理人理论对于委托人和代理人关系的分析，使管理会计系统处于愈加重要的地位；权变理论的引入，要求我们在进行管理会计系统设计时，必须充分考虑该系统的各种相关环境因素及其作用影响，必须结合企业的具体环境、特征，而且尽可能使之具有灵活性，以顺应经济社会环境多变的需要。

3. 管理会计的基本内容是决策与规划会计和控制与评价会计。主要方法有本量利分析法、差量分析法、贡献毛益法、作业成本法等。

4. 一方面，通过管理会计对企业内部经营活动的记录、反映，为管理控制系统的运行提供重要的决策信息。另一方面，管理会计通过沟通内部环境和外部环境，沟通企业内部各个层面的经营管理人员，主动渗透到管理控制的每一方面。

5. 管理会计从传统财务会计中分离出来之后，与财务会计共同构成现代会计学的两大分支。因此，管理会计与财务会计既有密切的联系，也存在一定的区别。

(1)联系：管理会计与财务会计的信息来源相同，管理会计与财务会计的工作对象相同；管理会计与财务会计最终目的是一致的。

(2)区别：主要体现在服务对象、工作重点、约束依据、时间跨度、会计主体、会计程序、会计方法、核算要求以及信息特征等方面。

第九章　决策与规划

一、名词解释

1. 成本习性:又叫成本性态,是指成本总额与业务量总数的依存关系。

2. 固定成本:是指在一定的相关范围内,成本总额不受业务量增减变动的影响而保持固定不变的成本。

3. 变动成本:是指在一定的相关范围内,成本总额随着业务量的增减变化成正比例增减变动的成本。

4. 本量利分析:是以成本习性分析为基础,通过研究一定期间的成本、业务量和利润之间的规律性联系来进行各项分析的一种方法。

5. 贡献毛益:是反映产品盈利能力的指标,具体有贡献毛益总额和单位贡献毛益、贡献毛益率与变动成本率。

6. 保本点:又称盈亏临界点,是指企业利润等于零时的销售量或销售金额。

7. 保利点:是指实现目标利润时的销售量或销售金额。

8. 经营决策:是指通过计算、分析和比较有关短期经营决策方案的优劣,据以作出选择的过程。

9. 机会成本:是指在经营决策时,因为选择其中一个方案而放弃另一个方案从而丧失的潜在收益。

10. 专属成本:是指那些能够明确归属于特定决策方案的固定成本或混合成本。

11. 成本平衡点:是指使得不同决策方案成本相等时的业务量。

12. 资本支出决策:是指金额大、资金占用的时间较长、风险较大的决策。

13. 货币时间价值:是指在不考虑通货膨胀和风险的情况下,同一货币量在不同时间的价值量的差额。

14. 终值:是指一定货币量在一定时期后,按某种计息法折算所得的未来价值,类似于本利和。

15. 现值:是指一定时期后的一定货币量,按一定的计息法折算所得的现在价值。

16. 年金:是指依照相同时期间隔在连续若干期收入或付出的一系列金额相等的款项。

17. 现金流量:是指特定的资本支出项目在其整个寿命周期内所发生的现金流入量和现金流出量的总称。

18. 净现值:是指从资本支出项目开始投资直至项目寿命终结,所有现金流量按资本成本或其他特定的折现率计算的现值之和,亦可表述为未来现金净流量的现值总额与初始投资现值总额的差额。

19. 现值指数:是指投资项目未来报酬(净现金流量)的总现值与原始投资额现值的比率。

20. 投资回收期:是指某一投资项目可收回投资的期限。

21. 内含报酬率:是指未来现金流入量现值等于未来现金流出量现值的贴现率,或者说是使得净现值等于零时的贴现率。

22. 预算:就是用货币来计量,将决策目标所涉及的经济资源的配置,以计划的形式具体地、系统地反映出来。

23. 业务预算:主要是反映企业在计划期间日常发生的基本活动的预算。具体包括销售预算、生产预算、直接材料预算、直接人工预算、制造费用预算、产品成本预算、销售及管理费用预算等。

24. 资本预算:是指企业为长期投资决策项目所编制的预算。

25. 财务预算:是反映企业在计划期内有关现金收支、财务状况和经营成果方面的预算。

26. 固定预算:是根据预算期内正常的可实现的某一业务量水平而编制的预算,该方法所涉及到的各项预定指标均为固定数据,这种方法也叫静态预算。

27. 弹性预算:是指按照预算期内可预见的多种业务量水平所编制的、能够适应不同业务量情况的预算。

28. 零基预算:即以零为基础的预算,是指在编制预算时,不考虑过去情况如何,对所有业务活动都重新进行评价,从根本上去考虑其必要性和规律的预算编制方法。

29. 滚动预算:是指将预算期始终保持在一个固定期间,连续进行预算编制的方法。

30. 概率预算:它是一种修正的弹性预算,是将每一事项可能发生的概率结合应用到弹性预算的编制中去。

二、单项选择题

1.B 2.A 3.C 4.B 5.C 6.C 7.D 8.A 9.C 10.D
11.D 12.C 13.A 14.A 15.C 16.A 17.B 18.D 19.B 20.D
21.C 22.C 23.A 24.D

三、多项选择题

1.AC 2.ABCD 3.AC 4.CD 5.AD 6.CD 7.ACD 8.ABC 9.ABD
10.BD 11.AD 12.ABD 13.ABCD 14.ACDE 15.BC 16.AD 17.ADE 18.DE
19.ABCDE 20.BC 21.BCD 22.AD 23.ABD 24.ABCD 25.ABC 26.ABCD

四、判断题

1.× 2.√ 3.√ 4.√ 5.× 6.× 7.× 8.× 9.√ 10.√
11.√ 12.√ 13.× 14.√ 15.√ 16.× 17.× 18.√ 19.× 20.√
21.√ 22.× 23.× 24.× 25.√ 26.√ 27.× 28.

五、简答题

1. 成本习性，又叫成本性态，是指成本总额与业务量总数的依存关系。按照成本习性，可以将成本划分为固定成本、变动成本和混合成本三类。

2. 固定成本，是指在一定的相关范围内，成本总额不受业务量增减变动的影响而保持固定不变的成本。即在一定范围内，固定成本总额不随业务量的变动而变动，但就单位固定成本而言，却随着业务量的增减变动呈反比例变动。

3. 变动成本，是指在一定的相关范围内，成本总额随着业务量的增减变化成正比例增减变动的成本。就单位变动成本而言，却不随着业务量的增减变动而变动。

4. 贡献毛益是反映产品盈利能力的指标。具体有贡献毛益总额和单位贡献毛益、贡献毛益率与变动成本率。贡献毛益是管理会计所特有的收益概念，在企业内部管理的各个领域中具有重要的作用，反映了各产品的生产经营对企业盈利的贡献。

5. 保本点又称盈亏临界点，是指企业利润等于零时的销售量或销售金额。保本点有两种表示方式，即保本点销售量和保本点销售金额。对生产单一品种产品的企业，保本点既可以用数量表示，也可以用金额表示，但多品种企业的保本点则只能用金额表示。

6. 保利点，是指实现目标利润时的销售量或销售金额。目标利润的销售量是指在销售单价、单位变动成本和固定成本总额均不变的情况下，为达到确定的目标利润应该销售的产品数量。

7. 预测分析的基本方法大体上可归纳为两大类，即定量分析法与定性分析法。在实际工作中，定量分析法和定性分析法并非相互排斥，而是相互补充、相辅相成。定量分析法虽然较精确，但许多非计量因素无法考虑。例如，国家政策以及政治、经济形势的变动，消费者心理以及习惯的改变，投资者的意向以及竞争对手的动态，等等。这些因素都是定量分析法无法量化的因素。而定性分析法虽然可以将这些非计量因素考虑进去，但估计的准确性在很大程度上受预测人员的经验和素质的影响，不免使预测结论因人而异，带有一定的主观随意性。因此，在实际工作中，预测人员应根据具体情况，把这两类方法结合起来应用，相互取长补短，以提高经营预测结论的可信性。

8. 趋势预测分析法即将预测对象过去的历史数据按时间顺序排列，应用一定的数学方法进行加工、计算，借以预测其未来发展趋势的分析方法，亦称“时间序列分析法”或“外推分析法”。具体包括算术平均法、移动加权平均法、指数平滑法、修正的时间序列回归法及二次曲线法。

9. 指数平滑法是以平滑系数以及(1－平滑系数)分别作为前期实际观测值和前期预测值的权数，计算出两者的加权平均数，作为计划期的销售预测值的预测方法。用指数平滑法进行销售预测时，平滑系数通常由预测者根据销售实际数与预测值之间差异的大小确定。平滑系数取值越大，则近期实际数对预测结果的影响就越大；平滑系数取值越小，则近期实际数对预测结果的影响越小。所以，若想使预测的平均值能反映观测值的长期变动趋势，可选用较小的平滑系数；若想使预测的平均值能反映观测值的近期变化趋势，则可选用较大的平滑系数。

10. 因果预测分析法，是利用事物发展的因果关系来推测事物发展趋势的方法。它是根据已掌握的历史资料，找出预测对象的变量与其相关对象的变量之间的依存关系，来建立相应的因果预测的数学模型，据以预测计划期的销售量或销售额。具体方法有本量利分析法、回归分析法、连续比例法。

11. 判断分析法是通过一些具有丰富实践经验的经济专家、推销商或本企业的经理人员、推销人员等，对计划期商品的销售情况进行分析研究，并做出判断和预测的方法。具体包括集合意见法、专家调查法及专家会议法。

12. 调查分析法，就是通过对某种商品在市场上的供需情况和消费者购买意向的详细调查，来预测其销售量或销售额的专门方法。

调查分析法一般可以从以下四个方面进行：

(1)调查商品本身处于产品“寿命周期”的哪一个阶段。任何工业品都有其发生、发展、衰亡的过程，经济学界把这个过程叫做产品的寿命周期。它一般可分为试销、成长、成熟、饱和和衰退五个阶段，不同阶段的销售量(额)是各不相同的。

(2)调查消费者的情况，摸清消费者的经济情况、个人爱好、风俗习惯以及对商品的要求等因素，据此分析未来一定时期的市场情况。

(3)调查市场上竞争对手的情况，充分了解生产经营同类商品企业的市场占有情况及他们所采取的各种促销措施，以掌握本企业产品的优势、劣势及市场占有率。

(4)调查国内外和本地区经济发展的趋势，以了解经济的发展趋势对商品销售量(额)的影响。

将上述四个方面的调查资料进行综合、整理、加工、计算，就可以对某种商品在未来一定时期的销售情况进行预测。

13. 利润预测敏感性分析法是指分析影响利润各有关因素发生变化时对利润影响的方向和程度，并利用这种关系原理预测计划期利润的一种专门方法。

某因素的利润敏感系数是指该因素按上述假定单独变动1%后导致的利润变动率与该因素的变动率相除的指标。影响计划期利润的各因素为计划期的销售收入、销售数量、单位变动成本以及固定成本。各因素的变化均会对企业利润带来影响，但影响的方向和程度是不同的。有的因素每增长一个百分点会对利润产生同方向的较大或较小的变动，有的因素每增长一个百分点会对利润产生反方向的较大或较小的变动，也就是说，各因素对利润影响的敏感度不同。单个因素单独变动或多因素同时任意幅度变动均会对利润产生一定的影响，进而可以预测计划期的利润。

14. 经营杠杆系数(DOL)是指在一定产销量基础上，利润的变动率相当于产销量变动率的倍数。

如果已知销售变动率 K_0 和经营杠杆系数 DOL，可以求得利润变动率 K_1，进而预测计划期利润：

$$P_1=P_0\times(1+K_1)=P_0\times(1+K_0\cdot DOL)$$

15. 成本预测是通过对成本构成的各要素及影响成本变动的有关因素进行分析测算，进而对企业未来一定时期内的成本水平及其发展趋势进行的科学规划。

在现代企业管理中，成本是评价企业经济管理成效的一个重要指标，降低成本水平、提高产品质量是企业提高竞争力的重要方面。通过事前准确的成本预测，制定计划期的目标成本，可以提高企业生产经营的预见性，减少决策的盲目性，有利于企业规划成本，控制成本，从而有效地降低成本，并且有利于企业利润的目标管理。

可比产品成本预测的基本方法有高低点法、回归分析法和因素分析法。不可比产品成本预测的基本方法有技术测定法、类比分析法及目标成本法。

16. 资金需要量预测是指包括流动资金和固定资金在内的资金需要总量的预测。

进行资金需要量预测的基本方法有回归分析法和销售百分比法。资金预测的回归分析法就是应用最小平方法原理，对过去若干期间的销售额及资金占用总额的历史资料进行分析，确定反映销售收入总额(x)与资金占用总额(y)之间相互关系的回归直线($y=a+bx$)，并据以预测计划期的资金需要量的一种方法。

销售百分比法就是根据资金各个项目与销售收入总额之间的依存关系，按照计划期销售额的增长情况来预测需要相应追加多少资金的方法。

17. 常用的定价决策方法有以完全成本为基础的定价法、以变动成本为基础的定价法、以市场为基础的定价法。

18. 亏损产品如果仍然提供贡献毛益，在有关设备即使停产也无其他用途的情况下，仍应保留该产品的生产；如果亏损产品停产后，有关设备、人员能有其他用途，则应具体分析。如果该产品无贡献毛益，那么生产得越多，亏损得也越多，则不宜再生产。

19. 产品的零部件是自制还是外购合算？对于这类问题的决策，主要是比较成本的高低。外购零部件进货成本包括购价、运费、验收费等，自制成本包括直接材料、直接人工、变动制造费用等，将这两部分成本进行比较，选取成本低的方案。

20. 特殊订货的决策，是指是否接受客户低于正常售价的追加订货的选择。一般决策时要结合生产能力的范围来考虑。对于特殊的订货，如果企业是利用剩余生产能力来生产，则只要追加订货客户的出价高于产品的单位变动成本(若有专属固定成本，还应补偿专属固定成本)，该追加订货就是可接受的。对于超越生产能力允许范围的特殊订货，如果接受订货，就存在两种情况：一种是压缩正常订货，满足特殊订货；另一种是扩大生产能力，增加固定成本，以满足特殊订货。无论哪种情况，决策的原则都是将特殊订货前后的利润进行比较，对企业有利的就可以接受。

21. 所谓货币时间价值，是指在不考虑通货膨胀和风险的情况下，同一货币量在不同时间的价值量的差额。资本支出项目由于具有影响时间长的特点，资金的投入与收益往往发生在不同时间，而不同时间收付的资金不能直接相比，否则将导致决策错误。因此，在资本支出项目评价中，必须将发生于各不同时点的现金流入量和现金流出量进行时间价值的计算，将它们全部折算为同一时点上的值，使之具有可比性后，方能比较、确定资本支出项目的财务收益好坏，方能进行可行与否的决策。所以，树立货币时间价值观念是正确进行资本支出项目评价的前提。

22. 某年现金净流量＝－当年的投资额(1)＋当年的净利润(2)＋当年计提的折旧(3)＋当年的回收额(4)

其中：第(1)项通常发生在项目建设期，表示现金的流出量；第(2)项和第(3)项通常发生在经营期，两者之和表示经营期的年净现金流量。第(4)项通常发生在项目的终结期，具体内容包括固定资产的残值收入和垫支流动资金的回收等 。

23. 资本支出决策分析的方法按是否考虑货币时间价值，分为静态分析方法和动态分析方法两大类。静态分析方法的评价指标包括年均投资报酬率和投资回收期两种。动态分析方法的评价指标包括净现值、现值指数、投资回收期和内含报酬率四种。净现值法是通过计算确定净现值进行资本支出项目评价的方法，其评价标准是净现值是否大于0，而且净现值越大，方案越优。现值指数是指投资项目未来报酬(净现金流量)的总现值与原始投资额现值的比率，现值指数越大，方案越优；单一方案决策时，现值指数大于1，方案才可取。单一方案的项目回收期一般不能长于项目投资有效期的一半，多个方案选优则以回收期最短者为好。内含报酬率大于资本成本，方案可行；反之则不可行。在多个方案中择优时，则以内含报酬率大者为优。

24. 固定预算编制的方法简便易行，但当实际业务量水平与预算确定的业务量水平相差甚远时，用固定预算就很难正确地考核和评价预算的执行情况，从而降低了预算的控制和考核作用。

弹性预算的适用性较强，但其工作量也较大。

零基预算的主要优点是：打破老框框的束缚，既能充分发挥各部门人员的积极性和创造性，又能促使各部门合理使用资源，提高全部资源的使用效率。

滚动预算的优点在于：保证了预算的完整性和连续性，长计划、短安排的具体做法使预算能适时反映实际经营状况，从而更增强了预算的指导作用。

概率预算把各种可预计的可能性都考虑进去了，因而比较接近于客观实际情况，同时还能帮助企业管理当局对各种经营情况及其结果出现的可能性做到心中有数、有备无患。

25. 销售预算是总预算编制的起点，是其他经营业务预算和财务预算的基础。逻辑联系见教材中的总预算关系图(图 9—11)。

26. 现金预算是综合反映企业预算期间由于经营理财等各项活动引起的现金流入与流出状况的预算。现金结算预算通常由四个部分构成：现金流入、现金流出、现金余绌以及现金通融。

六、计算分析题

1.(1)b=0.5 元　a=40 000 元　y=40 000+0.5x

(2)生产成本=372 000 元

2.(1)甲：p=15 000 元　cm=4 元；

乙：a=50 000 元　cm=8 元

丙：bx=175 000 元　x=5 000 套

丁：a=40 000 元　px=160 000 元

(2)丙：b=35 元　p=50 元　cmR=30%　bR=70%　$bR+cmR=1$

丁：p=20 元　b=12 元　bR=60%　cmR=40%　$bR+cmR=1$

3.(1)b=12 元　a=80 000 元　x_0=10 000 件　y_0=200 000 元

(2)略

4.(1)bR=60%　cmR=40%　b=48 元　cm=32 元　x_0=4 000 件　y_0=320 000 元

(2)P=192 000 元

5.(1)算术平均法：1 075 万元　　加权移动平均法：1 250 万元

(2)指数平滑法：1 130 万元

(3)修正的时间序列回归法：1 420.03 万元

6. 二次曲线法：31.79 万件

7. 回归分析法：44.28 万只，相关系数 R=0.9897

8. 销售利润率法：1 152 万元

资金利润率法：600 万元

销售成本利润率法：725 万元

9.(1)$S_p=5.625$；$S_b=3.125$；$S_x=2.5$；$S_a=1.5$

(2)销售单价变动影响利润变动率(R_p)=+22.5%

目标利润(P)=98 000(元)

单位变动成本变动影响利润变动率(R_p)=−9.375%

目标利润(P)=72 500(元)

(3)四个因素同时变动对利润的影响程度(R_p)=29.225%

目标利润(P)=103 380(元)

10. 计划期利润(P)=156 000(元)

11. 材料消耗定额和价格同时降低影响的成本下降率=6%

劳动生产率和平均工资相互作用影响的成本降低率=5.31%

生产增长超过变动制造费用增长影响的成本降低率=1.96%

生产增长固定制造费用不变影响的成本降低率=4.53%

废品损失下降影响的成本降低率=1.29%

计划期 A 产品总成本=109 984.9(元)

12.15 830 元

13.(1)间接费用分析：

固定成本 100 000 元，单位变动成本 2 元。

产量 5 万件，单位固定成本=2 元。

产量 8 万件，单位固定成本=1.25 元。

2－1.25=7－6.25

(2)单位变动成本为 5 元(6－5)，有利润 30 000，故会计科长是正确的。

14.(1)700＞600，可接受。

(2)8 000＞4 000，不接受。

15.x_1=1 500(件)　x_2=3 000(件)　x_3=2 400(件)

16.(1)14＜18 宜自制。

(2)28 000，宜自制。

(3)36 000，宜外购并增产。

(4)45 000，宜外购增加新产品。

17.10 000×1.611=16 110(元)

18. 第 1 年的 CF=－200＋(10 000－7 000)×1 000×75%＋60=85(万元)

第 2 年的 CF=－100＋(10 000－7 000)×1 000×75%＋60=185(万元)

第 3 年的 CF=－300＋(10 000－7 000)×1 000×75%＋60=－15(万元)

第 4 年的 CF=(10 000－7 000)×1 000×75%＋60=285(万元)

第 5 年的 CF=(10 000－7 000)×1 000×75%＋60=285(万元)

第 6 年的 CF=(10 000－7 000)×1 000×75%＋60＋200=485(万元)

19.

单位:元

项　目	金　额
(1)月初现金余额	100
(2)经营现金收入	53 300
(3)可运用的现金合计	53 400
(4)材料采购支出	16 000
(5)直接工资支出	8 800
(6)应交税费及附加支出	5 500
(7)制造费用支出	5 000
(8)营业费用	500
(9)管理费用	500
(10)预交所得税	3 200
(11)购置固定资产	15 000
(12)现金支出合计	54 500
(13)现金余缺	－1 100
(14)向银行借款	1 300
(15)归还银行借款	
(16)支付借款利息	
(17)月末现金余额	200

第十章　控制与业绩评价

一、名词解释

1. 成本控制：是企业根据事先规定的成本标准，对各个对成本负责的责任中心日常发生的成本、费用的实际发生额进行严格的考评与监督，以保证企业成本目标实现的管理活动。

2. 成本差异：是实际成本和标准成本核算的差异额。

3. 作业成本管理：是利用作业成本核算的有关信息，对企业的作业进行管理，分析作业成本产生的真正成本动因，并寻找降低成本的途径，不断优化经营过程，实现持续改善经营管理的目的。

4. 目标成本管理：强调管理以目标成本为出发点，对目标成本实现过程进行严格控制，确定成本差异，查找原因，明确责任。

5. 即时成本控制：是配合即时生产而施行的成本控制系统，其指导思想是消除各种非增值作业，仅在顾客需要时才生产，尽可能仅安排增加客户价值的作业活动。

6. 质量成本控制：是指控制质量成本的发生率以及质量总成本最低的活动。

7. 责任中心：是指按照各自的管理权限，承担相应经济责任，并能考核其经济责任履行情况的企业内部单位。

8. 成本中心：是指成本（费用）发生的责任区域，是以成本（费用）作为主要目标和控制数据的责任中心。

9. 利润中心：是指不仅对成本负责，而且对收入负责的责任中心。

10. 投资中心：是指既要对成本和利润负责，又要对投资效果负责的责任中心。

11. 投资报酬率：是指投资中心一定时期内的利润和该期的投资占用额之比。

12. 剩余收益：是一个部门的营业利润超过其预期最低收益的部分。

13. 经济增加值：是企业税后营业利润减去资本成本总额后的余额。

14. 平衡计分卡：是一种管理方法，认为企业要向员工、供应商、顾客、合伙人、社区和股东等不同利益相关集团负责。基本内容表现在财务、客户、内部作业流程以及学习与成长方面。

二、单项选择题

1. C　2. C　3. C　4. B　5. D　6. B

三、多项选择题

1. ABC　2. BD　3. ACD　4. ABCD　5. AB

四、判断题

1. ×　2. ×　3. ×　4. √　5. √

五、简答题

1. 成本差异是实际成本和标准成本核算的差异额。按照成本差异的性质，可以分为有利差异和不利差异。按照成本差异的形成因素，可以分为价格差异和数量差异。

2. 不对。材料的价格差异通常应由采购部门负责。但是，对差异形成的原因和责任，还需要根据具体情况做进一步的分析，也可能是由于其他部门的原因造成的，如生产上要求对某项材料的紧急订货，由此可能会形成不利的差异。

材料的数量差异一般应由生产部门负责，但有时也可能是由于其他部门的原因造成的差异。例如，采购部门购进了质量较差的材料，从而造成材料耗用量的增长。设备维修部门没能按时维修保养机器，造成了耗料的增加，等等。

3. 质量成本，是指为了满足客户的特定需要，使产品或服务的质量达到特定水平所发生的耗费。质量成本按其经济内容，可以分为预防成本、鉴定成本、内部损失成本、外部损失成本。

4. 责任中心，是指按照各自的管理权限，承担相应经济责任，并能考核其经济责任履行情况的企业内部单位。责任中心通常包括三类：成本中心、利润中心和投资中心。成本中心是最基础、最直接的责任中心；利润中心不仅对成本负责，而且对收入负责；投资中心是最高一级的责任中心。

5. 投资中心是对投资负责的责任中心，其特点是既要对成本和利润负责，又要对投资效果负责。一般来说，投资中心的业绩评价有三个重要财务指标：投资报酬率、剩余收益和经济增加值。

投资报酬率＝(利润÷投资额)×100%

剩余收益＝营业利润－投资占用额×预期最低报酬率

经济增加值(EVA)＝税后营业利润－资本成本

6. 平衡计分卡作为一种管理方法，其注意力主要放在组织目标的实现方面。该方法认识到，企业要向员工、供应商、顾客、合伙人、社区和股东等不同利益相关集团负责。由于不同利害关系人的目标和要求不同，企业必须在这些相互矛盾和竞争的不同要求之间进行平衡，因此，从本质上看，平衡计分卡实际上是在衡量和评价公司在满足不同利害关系人要求方面的业绩。平衡计分卡在将公司使命和战略转化为具体目标和业绩指标的同时，也在平衡公司各方利害关系人之间的不同要求。

平衡计分卡包括财务、客户、内部作业流程以及学习与成长四个方面的基本内容。

六、计算分析题

1. (1)材料价格差异＝800×4×(11－10)＝3 200(元)(不利差异)

材料数量差异＝10×(800×4－800×5)＝－8 000(元)(有利差异)

材料成本差异总额＝－4 800(元)(有利差异)

(2)工资率差异＝800×2.1×(3.2－3)＝336(元)(不利差异)

效率差异＝3×(800×2.1×－800×2)＝240(元)(不利差异)

直接人工成本差异总额＝576(元)(不利差异)

(3)变动制造费用差异＝800×2.1×(0.8－1)＝－336(元)(有利差异)

变动制造费用效率差异＝1×(800×2.1－800×2)＝80(元)(不利差异)

变动制造费用差异总额＝－256(元)(有利差异)

2. (1)A 中心的剩余收益＝10 万元；

(2)B 中心的投资额＝600 万元；

(3)集团公司的投资利润率＝13.64%；

(4)A 公司接受追加投资后的剩余收益＝15 万元；

(5)B 公司接受追加投资后的投资利润率＝15%，剩余收益＝40 万元。

第十一章　会计信息系统概述

一、名词解释

1. 会计数据：是指记录下来的会计事实，是产生会计信息的源泉。

2. 会计信息：是经过加工或者处理后的会计数据，是对会计数据的解释。

3. 会计信息系统：作为数据处理和信息生成过程的会计活动可分为若干部分，每一部分都有各自的信息处理任务；但所有部分又互相联系、互相配合，服从于一个统一的目标，形成一个会计活动的有机整体。这个有机整体就称为会计信息系统。

4. 会计信息处理：是指对发生的各种经济业务的原始资料进行着采集、分类、计算、记录、分析、检查、编表的处理工作。

二、简答题

1. 会计数据通常是指记录下来的会计事实，是产生会计信息的源泉。会计信息是经过加工或者处理后的会计数据，是对会计数据的解释。会计数据和会计信息是既有紧密联系、又有本质区别的两个概念。会计信息是通过对会计数据的处理而产生的；会计数据也只有按照一定的要求或需要进行加工或处理，变成会计信息后，才能满足管理的需要，为管理者所用。但是，会计数据与会计信息并没有截然的界限，有的会计数据对一些管理人员来说是会计信息，对另一些管理人员来说则需要在此基础上进一步加工处理，才成为会计信息。

2. 会计活动有着紧密的内在联系，它们相互依存、环环紧扣，构成了一个有秩序的数据处理和信息生成的过程。这一过程可分为若干部分，每一部分都有各自的信息处理任务；但所有部分又互相联系、互相配合，服从于一个统一的目标，形成一个会计活动的有机整体。这个有机整体就称为会计信息系统。

3. 会计信息的处理方式有收集、加工、传送、存储、检索等。

收集是指对会计原始数据的收集。加工是指对会计数据进行分类、计算、比较、合并、选择等处理工作。传送是指对经过加工后的会计信息，按其需要，向各个部门传送。有些是单向传送，也可以是多向传送，以及信息的反馈。存储是指保存会计信息。检索是查找所需要用的会计数据和信息。

4. 在手工会计中，会计系统一般由会计师根据会计法规、会计准则、上级主管机构制定的统一的会计制度，并参考同行业的经验，针对企业工作的需要，拟订撰写而成。有了计算机，会计数据处理高度自动化，账册、报表都要根据打印机的要求重新设计，不但要遵循手工情况下的会计准则和会计制度，还要遵循电算化下一些特定的电算化制度。区别更大的是电算化会计系统需要经过一系列相当复杂的过程开发出来，预先要编制好程序，然后才能指挥计算机按照指令，一步步完成会计工作的要求。这样一个过程，称为系统开发过程。系统开发就是在对原手工会计系统分析的基础上，进行系统设计、系统编程和调试，从而建立一个新的电算化会计系统。

5. 电算化会计所使用的计算工具是计算机，是以磁性介质作为信息载体。它完全打破了手工会计各种账簿的不同处理方式和核对方法，已实现了数出一门（都从凭证上来）、数据共享（同时产生日记账、特种日记账、总分类账、明细分类账、报表等）的目的。

在电算化会计中，会计工作的组织体制以数据的不同形态作为主要依据，原来的内部控制方式部分地被计算机所代替，由人工控制转为人机控制。后者的控制要求更为严密，范围更广。

6.（1）采集数据，予以输入。

（2）对数据进行加工处理，如排序、分类、计算和传递。

（3）存储记录和资料。

（4）制定各种程序，规定需要何种数据，于何时何地取得该项数据，以及如何使用和传递。

(5)编制输出报表。实行电算化会计，由于使用了现代化的设备和科学的管理体制，报表输出被赋予了新的含义。

7. 管理信息系统是一个以人为主导，利用计算机硬件、软件、网络通信设备以及其他办公设备，进行信息的收集、传输、加工、储存、更新和维护，支持组织高层决策、中层控制、基层运作的集成化的人机系统。

8. (1)所用的计算工具不同；

(2)载有数据、信息的媒体不同；

(3)会计工作的组织体制不同；

(4)会计人员素质不同；

(5)对账、结账和期末账项调整的方式、方法不同；

(6)内部控制制度不同；

(7)会计系统的设计方法不同。